"十二五"职业教育国家规划教材
职业教育·道路运输类专业教材

经全国职业教育
教材审定委员会审定

Gonglu Gongcheng Guanli

公路工程管理

（第4版）

吴 琼 主 编
陈传德 主 审

人民交通出版社股份有限公司
China Communications Press Co.,Ltd.

内 容 提 要

本书为“十二五”职业教育国家规划教材、职业教育·道路运输类专业教材。全书共分八章,系统地介绍了公路工程项目管理、流水作业、网络图技术、公路工程机械化施工、公路施工组织设计、公路工程定额、公路工程概(预)算的基本内容。为了便于学生学习,在每章正文之前给出了本章的学习目标与学习指南,每章末提供相应的小结和思考与实训。

本书可供交通类高职院校道路桥梁工程专业、工程监理专业、工程造价专业的师生学习使用,也可供交通土建类相关专业的工程技术人员和管理人员借鉴参考。

本书有配套课件,教师可通过加入职教路桥教学研讨群(QQ 561416324)获取。

图书在版编目(CIP)数据

公路工程管理 / 吴琼主编. — 4 版. — 北京 :
人民交通出版社股份有限公司, 2020.1
ISBN 978-7-114-15954-1

Ⅰ. ①公… Ⅱ. ①吴… Ⅲ. ①道路工程—施工管理—教材 Ⅳ. ①U415.1

中国版本图书馆 CIP 数据核字(2019)第 257745 号

“十二五”职业教育国家规划教材
职业教育·道路运输类专业教材

书　　名:公路工程管理(第 4 版)
著 作 者:吴　琼
责任编辑:刘　倩
责任校对:张　贺
责任印制:张　凯
出版发行:人民交通出版社股份有限公司
地　　址:(100011)北京市朝阳区安定门外外馆斜街 3 号
网　　址:http://www.ccpress.com.cn
销售电话:(010)59757973
总 经 销:人民交通出版社股份有限公司发行部
经　　销:各地新华书店
印　　刷:北京市密东印刷有限公司
开　　本:787 × 1092　1/16
印　　张:19.25
字　　数:453 千
版　　次:2015 年 8 月　第 3 版
2020 年 1 月　第 4 版
印　　次:2023 年 2 月　第 4 版　第 4 次印刷　总第11次印刷
书　　号:ISBN 978-7-114-15954-1
定　　价:52.00 元

第4版

前·言

Preface

本书是“十二五”职业教育国家规划教材,以此为基础,结合当前高等职业教育发展和公路行业发展的实际情况,以及适应交通运输部2018年12月发布《公路工程建设项目投资估算编制办法》(JTG 3820—2018)、《公路工程建设项目概算预算编制办法》(JTG 3830—2018)、《公路工程估算指标》(JTG/T 3821—2018)、《公路工程概算定额》(JTG/T 3831—2018)、《公路工程预算定额》(JTG/T 3832—2018)、《公路工程机械台班费用定额》(JTG/T 3833—2018)的使用,对第3版做了全面修订,形成了本书第4版。

本书第4版具有的主要特色是:

1.满足职业技能的需求

随着我国公路建设的持续发展,国、省道公路与县乡道路建设对公路行业技术与管理人才的需求更加迫切。公路工程的施工组织设计、项目管理、工程项目的概(预)算编制与审核是公路建设技术人员必须掌握的基本知识和能力,也是道路桥梁工程建设专业学生的基本技能。本书正是为适应各交通类职业技术院校培养学生具备该方面的职业技能目标而进行编写的。

2.注重培养学生解决实际问题的能力

公路工程技术相关专业学生在学习公路工程设计及施工技术的同时,还要学习公路工程管理的相关知识,用管理理论去分析公路工程项目的经济效益,提高自身解决实际问题的能力。这也是市场经济发展对新一代公路工程技术人员的要求。

3.语言精练、结合实际

本书是高等职业教育道路桥梁工程技术、工程监理、工程造价等专业主干课程教材之一。在编写过程中力求将管理学理论与管理学概念通过简明的语言进行阐述，同时结合公路工程项目的实际特点来组织有关篇章内容。本书能够给即将走上工作岗位的学生以启迪，给在相应岗位工作的工程施工、设计及管理人员以帮助。

本书采用学、做合一的教学模式进行修订，依据岗位任职要求，将新知识、新理论和新技术充实到教材中，有针对性地强化岗位核心技能，并注重对学生的过程性考核评价。本书内容尽可能适应以工程项目管理为导向的教学方法，强调理论适度，与行业企业实际案例衔接，并注重实训教学，以满足交通类高等职业技术教育的模块教学要求。

本书的编写分工为：江西交通职业技术学院吴琼编写第一章、第五章和第六章；福建交通职业技术学院黄玉萍编写第二章；南京交通职业技术学院芮丽君编写第三章和第四章；江西交通职业技术学院陈晓明编写第七章，聂莉萍编写第八章。全书由吴琼担任主编并负责统稿工作，长安大学陈传德教授主审。

本书在编写过程中参考了许多专家的著作及文献资料，在此一并表示诚挚谢意。

限于时间紧迫与编者水平，教材中难免有错误和不完善之处，敬请读者批评指正，以便再版时进一步修正补充。

编　者

2019 年 10 月

目·录

Contents

第一章
CHAPTER ONE
绪论

学习目标

1. 了解公路建设的性质与公路工程管理的基本知识;
2. 掌握公路建设的特点、内容、基本建设程序等。

学习指南

应采用理论与实践、定性分析与定量分析、国外经验与国内经验相结合的学习方法,注意各学科知识的综合运用。

第一节　公路建设的内容和特点

一、公路建设的性质与管理

1. 公路在交通运输业中的地位和作用

交通运输是国民经济中基础性、先导性、战略性产业,是重要的服务性行业。随着国民经济持续快速发展,市场经济逐步完善,城乡各类企业迅猛发展,商品交换流动更加活跃,公路运输业在整个交通运输业中承担的份额越来越大。

综合交通运输体系是由铁路、公路、水路、航空、管道等多种运输方式及其线路、站场等所组成的综合运输体系,各种运输方式互为补充,使其功能得到充分发挥。

公路运输可实现门到门、工厂与工厂、车间与车间的直达运输,具有特殊的价值和作用。公路是生产车间的"传输带",是生产工序间的"自动生产线"的延伸和扩展。一条公路建成后,不但可以为社会普遍利用,而且是连接工农业生产的桥梁,是生产与消费的纽带,是生产过程的一部分。

公路的特殊性质和特有的公益性、商品性、超前性、储备性等基本属性,使公路运输在发展国民经济、加强国防、改善人民物质文化生活以及在现代化建设中发挥了巨大作用,并具有长远的发展前景。

2. 公路建设的性质

发展公路运输业必须进行公路建设,即物质生产。物质生产是指创造物质财富的过程,即对自然界客体和现象加以适当的作用来掌握它们的过程,其目的是利用自然界的客体和现象来满足社会和人们的需要。物质生产是一切社会生活的基础。

固定资产属于劳动资料,而流动资产属于劳动对象。固定资产是指生产过程中能在较长时间内发挥作用而不改变其实物形态,而且其价值是逐渐转移到产品中去的劳动资料,包括生产过程中劳动者所使用的机器、设备以及保证生产进行所需的建筑物。

流动资产是指在生产过程中完全改变其实物形态,并将其价值转移至产品中去的物质资料。包括生产和流通领域中不断变换其形态的物资,如原料、燃料,在制品中的半成品等。它属于劳动对象,经过一个生产周期后,其原形被改变或消耗,其价值也全部转移到产品成本中去了。

公路运输业作为一个特殊的物质生产部门,必须以公路工程构造物作为其劳动资料,即以路线、桥梁、隧道等作为其生产用的固定资产。

在公路运输生产中,公路构造物会不断耗损,最后丧失作用。为了维持运输生产,必须对公路构造物进行不断的补偿,以保持其原有实物形态和功能。为了适应社会对运输这种流通手段的需要,还必须不断地更新和扩大公路构造物的实物形态,以此来扩大公路运输生产能力,这是一个连续的过程,是固定资产再生产的过程。因此,公路建设的性质是进行公路运输业中有关公路的固定资产再生产。

建筑业的生产任务主要是进行固定资产的再生产,它具有加工工业的性质,按产业分类法,建筑业属于第二产业。而公路运输生产,虽然也是物质生产部门,但却不具有加工工业的性质,故属于第三产业。

公路建设的经济性质是属于建筑业中的运输建筑业生产,是进行公路运输业中有关公路工程方面固定资产的再生产。

3. 公路建设的管理

公路建设具有规模大,技术复杂,分工协作要求高,机械化、自动化程度高等特点,它不仅需要现代先进的科学技术,更需要现代科学管理。我国各地建成的各类桥梁、高速公路、青藏高原和戈壁沙漠中的干线公路,不仅体现了高超的现代设计施工技术,也反映了卓越的现代管理水平。

管理是人类劳动协作的需要与产物,是正常进行劳动过程的必要条件。在一定的社会制度和经济发展水平上,为了维护和发展与生产力相适应的生产关系,为了实现一定的共同目标而对被管理对象进行有计划、有组织和有控制的活动。计划是预测被管理对象的发展趋势,确定其在一定时期内应达到的目标和为达到这个目标应采取的方法、步骤;组织是安排被管理对象的各个环节和因素的相互联系;控制是协调和监督被管理对象在达到预定目标时所进行的过程,及时纠正出现的偏差。

管理可分为管理体系和被管理体系,管理体系由一系列的职能机构组成,在每个职能机构中,又根据地位和权限分为领导者和被领导者;被管理体系是指那些被别人指挥从事具体生产劳动的人和物,被管理体系由以下要素组成。

1)人

人是社会生产和社会生活的主体,一切物质财富和精神财富的创造者,只有充分调动人的积极性,才能提高劳动生产率和工作效率。对人的管理,要注意物质刺激和精神鼓励两方面,要注意培养和爱护人力资源,注意智力开发,提高人的整体素质和工作的有效性等。人是众多要素中的第一要素。

2)物资

物资包括原材料、能源、成品和半成品等,它是人们进行生产劳动的物质基础。对物资的管理要注意物资的节约和有效利用,注意材料供应的及时性和调运的合理性,注意材料性能的改善与提高等。

3)设备

设备包括土木建筑物、机电设备、机械、机器、仪器、仪表、运输工具等。设备管理要注意设备在使用寿命期内的合理使用、维修和更新换代等。

4)资金

资金包括建设资金、固定资金和流动资金等。控制资金的规模和效果,使资金充分发挥其效益是资金管理的关键。

5)任务

任务包括国家及上级机关下达的目标、指标和各种合同、协议等。任务管理亦称目标管理,旨在随时检查进度和各项任务指标完成的情况。

6)信息

信息包括数据资料、情报、技术规范、图纸、报表、规章、制度、文件等。信息管理的目的是使信息及时畅通,交换迅速有效,为正确分析决策奠定基础。

7)环境

环境是世人关注的新课题。环境管理的主要任务是防止社会生产对周围环境介质(空气、水、土地和生态等)的污染和破坏,以及如何创造舒适、有利的生态环境,以便提高生产效率、改善工作条件和人类自身生存条件等。

管理的过程是由确定目标开始,通过制订措施,运用资源,最后达到目标的一个循环过程。

管理也是生产力。管理虽然不是生产力的具体物质要素,但却是生产力要素得以结合、发挥的催化剂和前提。在同样条件下,谁掌握了科学的管理理论和方法,并应用于实践,谁就能够创造出更多的使用价值和价值。

现代科学管理和现代科学技术是加速生产力发展的两个车轮,两者缺一不可。社会化大生产是建立在高度发达的技术基础之上的,而现代技术必须通过现代科学管理才能发挥出更大的效益。

现代科学管理是一门系统科学。它需要人们的实践经验,也需要有现代管理科学理论指导。现代生产管理不能只凭狭隘的经验,现代管理人员必须学习和掌握现代科学管理的理论和方法,才能进行现代的科学管理。

公路建设管理有其自身的规律性,由于公路建设点多线长、流动分散,其管理工作比其他工业企业管理的难度更大。因此,公路建设者应认真研究和掌握管理的含义,以及公路建设管理研究的对象,以适应公路建设的需要。

二、公路建设的内容、资金与管理体制

1. 公路建设的内容

公路建设的内容按其任务与分工可分为公路工程的小修和保养,公路工程大、中修与技术改造及公路工程基本建设3个部分。

1)公路工程的小修和保养

公路工程构造物在长期使用的过程中,受到行车和自然因素的作用而不断磨耗损坏,只有通过定期和不定期的维修保养,才能保证固定资产的原有功能和正常使用,保持运输生产不间断地持续进行,使原有生产能力得到维持。公路工程的小修和保养是实现固定资产简单再生产的主要手段之一。

2)公路工程大、中修与技术改造

公路工程构造物受到材料、工艺、结构、设备以及当时技术条件等诸多方面的制约和限制,必然使公路各组成部分具有不同的寿命期。因此,尽管固定资产经过维修,也不可能无限期地使用下去,到一定年限后,某些组成部分就会丧失功能,这时公路工程可通过大、中修的方式来进行固定资产的更新。大、中修通常与公路的技术改造结合进行(如局部改线、改造不符合标准路段、提高路面等级等)来提高公路的通行能力,实现固定资产简单再生产和部分扩大再生产。

3)公路工程基本建设

公路为了适应社会生产和流通发展的需要,必须通过新建、扩建、改建和重建等4种基本建设形式来实现固定资产的扩大再生产,达到不断扩大公路运输能力的目的。

公路建设通过固定资产维修、固定资产更新与技术改造、基本建设3条途径来实现固定资产的简单再生产和扩大再生产。它们之间既有相同之处,又有所区别。相同之处是:第一,它们都是我国固定资产再生产不可缺少的组成部分,都是现代化建设事业的必要手段;第二,都需要消耗一定数量的人力、财力和物力。区别之处是:第一,资金来源不同;第二,管理方式与方法不同;第三,任务与分工不同。

公路建设部门是指在国民经济中从事公路工程建筑、安装、养护的物质生产部门。

2. 公路建设的资金

公路建设资金按来源和用途可分为公路基本建设资金和公路养护资金。主要来源有:

1)养路费

养路费是国家规定由交通运输部门按照"以路养路"的原则向有车人士征收的专项养路费。养路费是公路建设的主要资金来源。养路费原则上用于固定资产简单再生产和部分扩大再生产性质的公路小修保养工程及养路大、中修工程,必要时亦用于扩大再生产性质的新建、改建、扩建、重建公路工程。

2)国家投资

国家投资是指由国家预算直接安排的基本建设投资,通过国家财政拨款,根据建设进度分

期拨给建设单位,用于固定资产扩大再生产性质的公路工程基本建设。

3)地方投资

地方投资是指在国家预算安排之外,由各地区、各部门按照国家规定,自筹资金安排的投资。它是公路建设投资的一项补充来源。

4)银行贷款

银行贷款是指以银行为主体,根据信贷自愿的原则,依据经济合同由银行有偿贷款给公路建设部门用于公路建设所施行的投资。贷款又分为信用贷款与抵押贷款两种。信用贷款是贷款人信任借款人有偿还能力,或有担保人签字承担还款责任的一种方式,公路建设贷款,银行大部分采用信用贷款,贷款期限一般不超过10年;抵押贷款则需提供大于借款额度的固定资产作为抵押品,才能获得贷款。

5)境外资金

在国家统一政策指导下,本着积极慎重地引进境外先进技术和境外投资的精神,用境外资金来弥补我国建设资金的不足,加快我国经济建设的发展。其来源主要有从境外借入资金和由投资者直接投资两方面。境外资金主要有以下几种:

(1)国际金融机构贷款,如世界银行、亚洲开发银行等机构提供的贷款。

(2)国外政府贷款,即外国政府从预算中拨出资金开展对外援助或促进本国出口贸易而进行的贷款。

(3)出口信贷,指欧美国家为鼓励资本输出和商品输出而设置的信贷。

(4)国际金融市场贷款,指各国商业银行利用吸收的外汇存款发放的贷款。

(5)合资经营,是由境外合营者提供设备、技术、培训人员,我国合营者提供土地、原材料、劳动力等,双方按协议计算投资股份,分享利润和承担风险。

(6)租赁信贷。

(7)发放国外债券。

6)其他资金

其他资金是指联营投资、发行股票、发行债券等。我国目前的公路运输供求矛盾突出,公路建设资金不足,为此,国家制定了一系列扶持交通发展的优惠政策:一是提高养路征费率;二是增收车辆购置附加费;三是允许集资、贷款修建高速公路、独立大桥和隧道等,以收取一定费用偿还本息;四是确定能源、交通建设基金返还;五是利用国债等政策和措施,使公路建设资金有了长期稳定的来源。

随着我国金融体制改革、对外开放以及市场与国际接轨,公路建设融资、集资的形式与资金来源将会越来越多元化。

3.公路建设的管理体制

我国公路系统实行统一领导、分级管理、政企分开的管理体制。管理机构按层次可分为:国家级、省(市、自治区)级、地区级和县级的管理部门和企业、事业部门;按任务性质可分有:交通运输行政主管部门、设计部门、科研部门、施工部门、养护部门、机械修配部门、教育部门、专业公司以及辅助部门。

在我国,交通运输部统一领导全国及部直属单位的公路建设事业;各省、市、自治区人民政府设交通运输厅统一领导本省、市、区及直属单位的公路建设事业;各地区设交通运输局、各县设县交通运输局,分别领导地、县的公路建设事业。部及省、地、县级厅局均设各类职能和业务部门,从事相关的规划、组织和领导工作。

我国公路建设的管理方式正在改革,一般情况是:公路小修保养,由养路部门自行安排和管理;属于养路费投资的项目(包括新建、改建等),由地方公路主管部门(如公路管理局)负责下达任务并安排施工部门进行施工;凡列入国家基本建设投资的工程项目,必须纳入国家基本建设计划,其一切基本建设活动,必须按照国家规定和要求进行管理。

我国公路建设管理部门担负着全面、有计划地进行公路的管理、养护、新建、改建和重建工作任务。为实现我国四通八达的公路交通网,为社会提供安全、迅速、方便、经济的公路运输条件而进行探索与奋进。

三、公路建设的特点

公路建设的特点是由公路工程产品和公路建设的技术经济特点,以及公路施工生产管理的特点所决定。为了科学地组织与管理公路工程生产活动,提高公路建设的经济效益,必须了解公路工程产品的特点、公路建设的技术经济特点和公路施工生产管理的特点。

1. 公路工程产品的特点

1)产品的固定性

公路工程的构造物固定于一定的地点不能移动,只能在建造的地方供长期使用。

2)产品的多样性

由于公路的具体使用目的、技术等级、技术标准、自然条件、结构形式、主体功能等的不同,而使公路的组成部分、形体构造千差万别、复杂多样。

3)产品形体庞大性

公路工程是线形构造物,其组成部分的形体庞大,占用土地和空间多。

4)产品部分结构的易损性

公路工程构造物受行车作用、自然因素的影响,其暴露于大自然的部分以及直接受行车作用的部分,容易损坏。

5)产品消费过程和方式的独特性

一般商品的生产与消费在时间和空间上是分开的,产品最终完成后,才能进行消费。而公路则不是这样,公路建成投入使用后,一边使用,一边尚需不断地进行养护、维修和改造。公路生产建设和使用消费同时进行,两者不可分割,在时间和空间上重合。而且,公路消费不是一次性而是多次性消费,是在生产部门的直接管理下提供的多次重复性消费。

2. 公路建设的技术经济特点

1)劳动对象分散

公路建设线长点多,工程分布极为分散,工程数量分布不均匀,从而需要采取相适应的工程管理方法。

2)生产流动性强

由于公路建筑施工产品的固定性带来了生产的流动性,在施工生产过程中要组织各类工作人员和各种机械围绕这一固定产品,在同一工作面不同时间,或同一时间不同工作面上进行施工活动,需要科学地解决这种空间上的布置和时间上的安排这两者之间的矛盾。此外,当某一公路工程竣工后,还要解决施工队伍向新的施工现场或基地转移的问题。

公路施工的流动性给公路施工企业的生产管理和生活安排带来很多特殊要求。例如,施工基地的建立、施工组织方法和形式,施工运输和预算费用计算等。

3)单件生产类型多

由于公路建筑产品多样性以及分散固定不可分割性,每项工程具有不同的功能、不同的施工条件,个体性非常突出,从而使每项工程不仅需要个别设计,而且需要采用不同的施工方法,分别组织施工。这就决定着公路施工生产的绝大部分(除部分桥、涵、结构物能进行预制成批生产外)以单件生产为主,增加了公路施工生产管理的难度。

4)施工协作性高

由于产品的多样化,特别是公路生产施工环节多,生产程序复杂,每项工程都需要建设单位、设计单位、施工单位,以及材料、动力、运输等各个部门的通力协作。因此,施工过程中的综合平衡和调度,严密的计划和组织就显得特别重要。

5)生产周期长

由于产品形体庞大以及产品分散固定不可分割性,致使生产周期长,在较长时间内大量占用和耗费人力、物力和财力,直到整个施工周期完结后,才能完成产品。在施工过程中,各阶段、各环节须有条不紊地组织起来,在时间上不间断,在空间上不脱节。如果施工的连续性受到破坏或中断,必然会拖延工期,造成人力、物力、财力的浪费。所以,要严格遵守施工程序,合理、周密地组织施工。

6)受外界干扰及自然因素影响大

公路工程施工是露天作业,受地势、地质、气温、洪水、雨、雪、风、潮等自然条件的影响较大。不利的自然条件和外界环境因素对工程进度、工程质量、工程成本等都会造成不利影响。如何克服这些因素的影响,是公路施工生产中应认真研究和解决的问题。

7)不断养护和修理

由于公路部分结构的易损性,以及公路产品消费、使用的独特性,公路既不同于一般的工业产品,也不同于一般的建筑产品,需要在公路部门的管理下,不断地进行维修、养护,才能维持正常的使用性能,并确保运输生产正常进行及车辆行驶的安全、迅速、舒适、经济。

8)公路组成部分的系统性

公路工程是线形构造物,必须由路基、路面、桥涵及沿线设施等有机地组成功能系统,否则将不能连续、正常地发挥其运输功能。

3.公路施工生产管理的特点

公路工程产品和施工生产的技术经济特点,直接影响着公路施工生产管理,使其具有以下特点:

1)生产业务不稳定

投标单位中标后就有工程可做,否则没有工程可做,任务时多时少,不均衡、不稳定,而且由于公路工程结构复杂、类型多,施工企业要根据建设单位(业主)的委托,按照专门用途的工程类型组织生产。例如,这一时期是地方不同等级的公路,下一时期又可能是国道高速公路;这一时期是路基工程,下一时期又可能是路面或桥梁工程,而且路面、桥梁结构类型多种多样、各不相同,生产经营差异很大,企业施工生产在不同时期的对象和业务极不固定、极不稳定。

公路建设工程一个时期的社会总需求量与工农业生产的社会需求量相比也不那么稳定。生产业务不稳定,要求施工企业施工生产要善于预测国家经济发展趋势,施工生产管理业务要同基本建设投资规模和方向相适应,企业施工生产应当有适应社会需求的应变能力。

2)管理环境多变

公路建设工程产品固定性和施工生产流动性影响到公路施工生产管理的自然环境(如地形、地质、水文、气候等)和社会环境(如劳动力供应、物资供应、运输和配套协作条件等),可变因素多,不可预见的情况也多,给施工生产经营管理增加了困难。随着管理环境变化差异,施工生产经营管理需要考虑处理的问题和工作更加复杂。例如,在北方组织施工,要考虑冬季施工问题;在南方组织施工,则要考虑雨季和夏季施工问题;在大城市组织施工,要考虑运输、场地、环保以及各种协作关系及条件规定等问题;在边远山区、边疆组织施工,则需考虑的问题以及工作更为复杂和特殊。由于管理环境多变,使得施工生产经营管理的预见性、可控性比较差。

3)机构人员变化大

由于公路建设工程和施工条件不固定、不稳定、连续性差、变化因素多,难以实现有节奏、均衡、持续长时间的施工。组织机构,尤其是基层机构(如队、班、组),往往需要适应任务的变化而相应进行一些调整。在建设过程中,不同工程、不同季节,职工的需要量起伏波动大,工种的配合比例也会有较大的差异。

公路建设的这些特点,决定了公路施工活动的特有规律,研究和遵循这些规律,对科学地组织与管理公路工程施工,提高公路建设的经济效益具有重要意义。

第二节 公路工程基本建设概述

一、公路工程基本建设的概念及内容

1. 公路工程基本建设的概念

基本建设是指固定资产的建筑、购置和安装,是国民经济各部门为扩大再生产而进行的增加固定资产的各种活动的总和。具体地讲,就是把一定的建筑材料、设备等,通过购置、建造和安装,转化为固定资产的活动,诸如工厂、矿山、公路、铁路、港口、学校、医院等工程的建设,以及机具、车辆、各种设备等的购置和安装。

公路工程基本建设可通过规划、勘察、设计、施工,以及有关的经济活动来实现。按项目性质分为新建、扩建、改建和重建,其中新建和改建是最主要的形式;按经济内容可分为生产性建设和非生产性建设(如为政治、国防需要所修建的专用公路);按项目建设总规模和总投资可分为大型、中型和小型项目,其划分标准国家有明文规定。

2. 公路工程基本建设的内容

公路工程基本建设的内容按其投资额构成和工作性质主要有以下3个部分:

1)建筑安装工程

建筑安装工程指兴工动料的施工活动,包括建筑工程(如路基、路面、桥梁、隧道、防护工程、沿线设施等)和设备安装工程(如高速公路、其他公路的各种交通工程设施的安装、测试等)。

2)设备、工具、器具的购置

设备、工具、器具的购置是指为满足公路营运、服务、管理、养护所需要购置的设备、工具、器具,以及为保证新建、改建公路初期正常生产、使用、管理所需办公和生活用家具的采购或自制。设备可分为需要安装的设备和不需要安装的设备。

3)其他工作

其他工作是指不属于上述各项的但不可或缺的基本建设工作,如勘察、设计及与之有关的调查和技术研究工作,公路筹建阶段和建设阶段的管理工作,征用土地、青苗补偿和安置补助工作,施工机构迁移工作等。

二、公路工程基本建设的单位、项目组成和施工方式

1. 单位

直接参与公路工程基本建设的单位有建设单位、勘察设计单位、施工单位、工程质量监督单位和监理单位。

1)建设单位

凡是负责执行国家基本建设管理的单位称为建设单位(业主或甲方)。它在行政上有独立的组织形式,在经济上进行独立核算,具有法人资格。建设单位是基本建设投资的支配人,也是基本建设的组织者、监督者,它对国家负有一定的政治和经济责任。建设单位的主要工作包括提供设计所需的基础资料;编制年度基本建设计划和基本建设财务计划;负责筹措资金,在建设银行开立账户,有计划地支用资金;组织或委托代理机构进行招标;与设计单位签订测设合同,同施工单位签订工程承包合同,同工程监理单位签订监理服务合同;购置设备并进行各项其他基本建设工作;办理工程交工检验和竣工验收以及编制竣工决算;组织建设项目后评价等。

2)勘察设计单位

设计院、设计所、设计室等设计机构统称为勘察设计单位。设计单位应持有国家主管发证机关颁发的设计资质等级证书。设计单位受建设单位或主管部门的委托,或与建设单位签订测设合同,承担与资质等级相符的设计任务,按照规定的设计要求,为基本建设工程进行勘察设计工作,并负责编制设计文件(包括设计概算及施工图预算),对设计项目负有一定的经济责任。

3)施工单位

施工单位是承担建筑安装工程的施工企业(承包商或乙方)。施工企业是独立的经济核算实体,自负盈亏的法人,而且在国家工商管理部门注册并持有工商管理部门颁发的施工营业执照和国家主管单位颁发的资质等级证书,它通过施工投标从市场竞争中承揽施工任务。其负责编制与执行施工计划和财务计划,并在建设银行开立账户,按计划使用资金。施工企业有

权与建设单位签订施工承包合同,有权办理往来资金结算。它能独立依法经营,组织施工,申请工程交工、竣工,办理工程结算并独立计算盈亏。

4)工程质量监督单位

凡列入基本建设计划的公路工程项目,都应实行“政府监督、社会监理、企业自检”的质量保证体系。据此,交通运输部成立了“工程质量监督总局”,各省(市)、自治区相继成立了“工程质量监督局”,它是执法机构,代表政府行使职能,对建设工程质量实行强制性监督,并对监理单位及监理人员、承包人及施工人员和业主的项目管理人员实行管理和监督检查。

5)监理单位

为了适应公路工程基本建设发展的需要,交通运输部颁布了《公路工程施工监理规范》(JTG G10—2016),明确地规定了监理机构应依法按照合同约定的职责和权限,代表建设单位对公路工程施工质量、安全、环保、费用和进度等实施监理。

为了实施社会监理,适应市场经济的需要,全国各地组建了许多工程咨询公司和监理公司。凡承担公路工程施工监理业务的单位,必须是经交通运输部或省交通运输厅(局)审批,取得公路工程施工监理资质等级证书,具有独立法人资格的监理单位,应按批准的资质等级承担相应的施工监理业务。监理单位根据国家或主管部门下达的委托书,或者通过投标从市场竞争中承揽委托合同,来承担监理任务。它依据业主和承包商签订的合同文件,以及监理单位与业主签订的监理服务合同的内容,对基本建设工程进行“四控制、二管理、一协调”,即投资、质量、进度、安全的控制,合同、信息管理,协调业主与承包商以及各方矛盾的关系。它既维护了业主利益,又不损害承包商的合法权益,按照合同文件规定的职责、权限程序,独立公正地为工程建设服务。

2. 项目组成

1)基本建设项目

基本建设项目(简称建设项目)是按照一个总体设计或初步设计范围内,由一个或若干个互相有内在联系的单项工程组成,实行统一核算、统一管理进行施工的各个工程项目总和,建成后具有设计要求的生产能力或效益。例如,一个完整的公路项目、渡改桥项目、一条铁路等。

2)单项工程

单项工程(简称工程项目)是建设项目的组成部分,具有独立的设计文件,竣工后可以独立发挥生产能力或效益的工程。例如,独立大桥工程、公路工程等。属于一个总体设计中的主体工程和相应的附属配套工程、综合利用工程、环境保护工程等,只能作为一个单项工程,如公路工程中的通信设施、安全设施、公路标志、公路声屏障等设施,它附属于主体工程,不能作为一个工程项目;同时也不能把不属于一个总体设计内的分别核算的项目,按地区“捆在一起”,作为一个建设项目;在一个总体设计内,分期建设的工程,也只能作为一个工程项目,不得按年度分期另立项目,只能标明××工程项目第一期工程或第二期工程。一个单项工程又可分为若干个单位工程。

3)单位工程

单位工程是指建成后不能独立发挥生产能力或效益,但具有独立施工条件可以单独作为成本计算对象的工程。例如,某公路的路线工程、桥梁工程、隧道工程、涵洞工程等。一个单位工程可分为若干个分部工程。

4）分部工程

分部工程是指某些性质相近，工种、用料基本相同的施工对象，一般按单位工程的结构部位、路段长度以及施工特点或施工任务划分。例如，路线工程中的路基工程、路面工程、材料采集、加工工程；桥梁工程中的上部结构工程、下部结构工程、基础工程等。一个分部工程可分为若干个分项工程。

5）分项工程

一般在分部工程中按不同的施工方法、材料、工序及路段长度等划分为若干个分项工程。例如，砌筑工程可分为浆砌片石和浆砌块石；路面工程可分为沥青路面、混凝土路面、级配砾石路面；桥梁基础工程可分为桩基础、扩大基础、沉井基础、组合式基础等。

3. *施工方式*

公路工程基本建设中，对建设单位而言，建筑安装工程的施工方式主要采用招投标的发包方式。发包是指建设单位（甲方或业主）将建筑安装工程委托社会施工企业（乙方或承包商）进行施工的方式。确定承包单位时，通常采用公开招标、投标或通过甲、乙方直接洽谈以及通过议标等方法。

发包方式必须实行严格的承包责任制。甲、乙双方按照合同法及相关法律、法规签订施工合同，确定工程范围、建设工期、开工、中间交工、竣工日期、工程质量、工程造价、技术资料交付时间、材料和设备供应责任、拨款和结算、交工验收、双方权利与义务、合同纠纷仲裁等事项。双方中如果一方违反合同条款，应按合同条款规定赔偿经济损失，若双方发生合同纠纷，则按仲裁程序以及有关法律进行仲裁。

实行项目的招投标制有利于控制投资、择优选取施工单位、加强经济核算与经营管理；有利于促进建设单位、设计单位、施工单位、工程监理单位共同搞好公路建设；有利于加强企业内部管理体制，符合责、权、利相结合，国家、集体、个人利益三者兼顾的原则；有利于改善企业与职工间的关系，充分调动职工的生产积极性、主动性和创造性；有利于改善企业基层的施工现场管理，合理组织施工，确保物资供应，降低成本和消耗，提高工程质量，取得较好的经济效益；有利于缩短工期，加快资金周转，降低工程造价。

三、公路工程基本建设程序

基本建设项目在整个建设过程中各项工作的先后顺序称为基本建设程序。这个程序是由基本建设的客观规律（包括自然规律和经济规律）所决定。

公路工程基本建设涉及面广，它受到地质、气候、水文等自然条件和资源供应、技术水平等物质技术条件的严格制约，是项内容复杂的工作，需要内外各个环节的密切配合，并要按照规定的要求和科学的总体设计进行建设。基本建设必须严格按照符合经济规律和自然规律的程序办事，这些程序规定的各阶段和环节的工作必须互相衔接、循序渐进、不能超越，也不能省略。公路建设的实践证明，坚持按程序办事，公路建设的速度就快、质量就高、投资效益就好。否则，就会拖延工期，造成经济损失和严重浪费。

公路工程基本建设从计划到竣工交付使用的全过程大致可分为规划与研究阶段、设计阶段、施工阶段、交付使用阶段。一般公路工程基本建设程序，如图 1-1 所示。

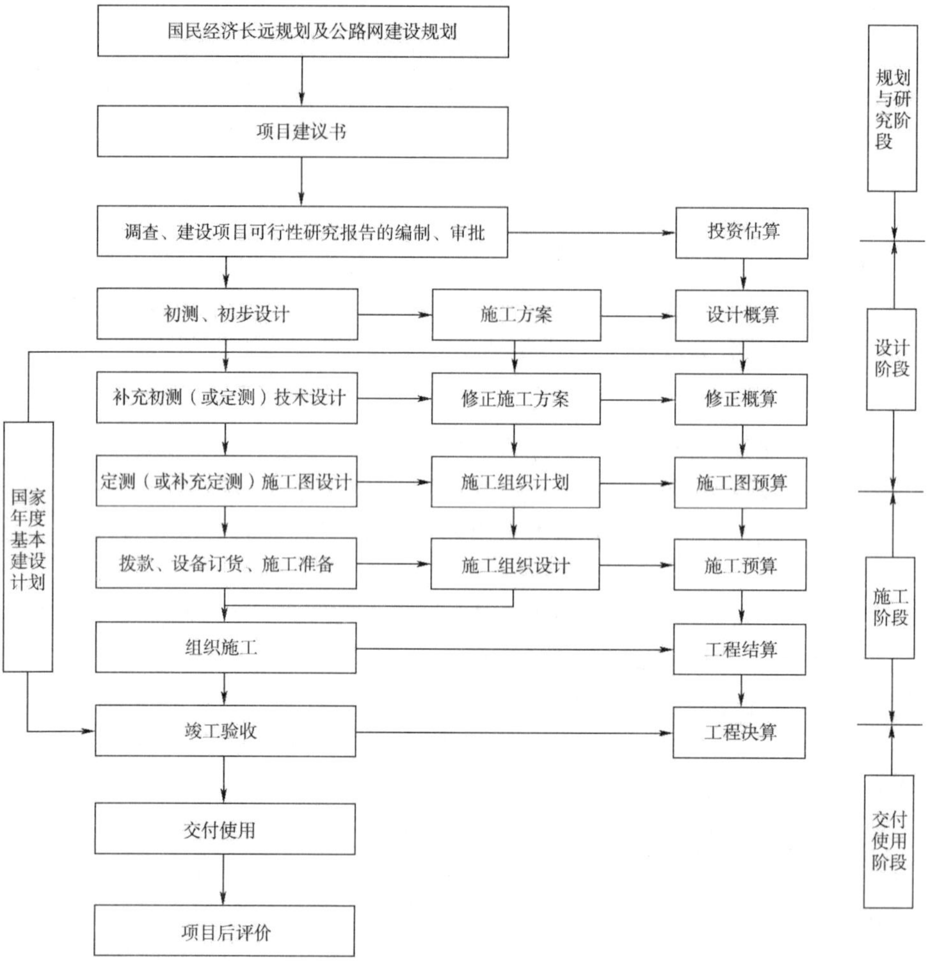

图1-1 一般公路工程基本建设程序

公路工程基本建设程序中各环节的主要内容简述如下：

1)项目建议书

根据国民经济发展的长远规划和公路网建设规划,提出项目建议书。项目建议书是进行各项准备工作的依据,对建设项目提出包括目标、要求、原料、资金来源等的设想说明,并作为进行可行性研究的依据。

2)可行性研究

可行性研究是基本建设前期工作的重要组成部分,是建设项目立项、决策的主要依据。大、中型高等级公路及重点工程建设项目(含国防、边防公路)均应进行可行性研究,小型项目可适当简化,凡未经可行性研究的项目,一律不予审查报批。

公路可行性研究的任务是在对地区的社会、经济发展及路网状况充分调查研究、评价预测和必要的勘察工作基础上,对项目建设的必要性、技术可行性、经济合理性、实施条件的可能性等方面进行综合研究论证并提出报告,推荐最佳方案,为建设项目决策、审批提供科学依据。

公路可行性研究按其工作深度分为预可行性研究和工程可行性研究。编制预可行性研究报告,应以国民经济与社会发展规划、路网规划和公路建设五年计划为依据,重点阐明建设项目的必要性,通过踏勘和调查研究,提出建设项目的规模及技术标准,进行简要的经济效益分析,审批后作为编制工程可行性研究报告的依据。编制工程可行性研究报告,应以批准的预可行性研究报告和项目建议书(或省、自治区、直辖市及计划单列市级单位的委托书)为依据,通过必要的测量(高等级公路必须做)、地质勘探(大桥、隧道及不良地质地段等),在认真进行调查研究,拥有必要资料的基础上,对不同的建设方案从经济上、技术上进行综合论证,提出推荐建设方案,经审批后作为编制设计任务书的依据。工程可行性研究的投资估算与初步设计概算之差,应控制在10%以内。

公路建设项目可行性研究涉及工程技术、社会经济和技术经济等各方面,报告的主要内容应包括建设项目的依据及历史背景;建设地区综合运输网的交通运输现状和建设项目在交通运输网中的地位及作用;原有公路的技术状况及适应程度;论述建设项目所在地区的经济特征,研究建设项目与经济发展的内在联系,预测交通量、运输量的发展水平,建设项目的地理位置、地形、地质、地震、气候、水文等自然特征、筑路材料来源及运输条件,论证不同方案的路线起点和主要控制点、建设规模、标准,提出推荐意见;评价建设项目对环境的影响,测算主要工程数量、征地拆迁数量,估算投资,资金筹措方式,提出勘测设计、施工计划安排,确定运输成本及有关经济参数,进行经济评价、敏感性分析,收费公路、桥梁、隧道尚需做财务分析,评价推荐方案,提出存在的问题和有关建议。

3)建设项目任务书

建设项目任务书(计划任务书或设计委托书)是根据批准的工程可行性研究报告和现场踏勘资料编制的。它是确定基本建设项目、进行现场勘测和编制设计文件的重要依据。小型项目一般不做可行性研究,其计划任务可用技术经济论证作根据。

公路建设项目任务书,主要内容包括:建设依据和重要意义;公路或独立大桥的建设规模及修建性质;路线走向和主要控制点,独立大桥的主要特点;工程技术标准和主要技术指标;按几个阶段设计,各阶段完成时间;建设期限和投资估算,资金来源的建议;分期修建时应提出每期的建设规模和投资估算;设计、施工、科研力量的安排原则。对于路线示意图及钢材、水泥、木材用量估算表和工程数量表等只在上报任务书时列入,以供审批时参考;上级下达任务书时,可不列入。

计划任务书由工程所在的省一级主管部门或交通运输厅,或由交通运输部编制上报。具有特殊意义的项目及重大项目要由国务院审批;大、中型项目由国家主管部门审批;小型项目由交通运输部或省一级主管部门审批。计划任务书经批准后,如对建设规模、技术标准、路线走向等主要内容做变更时,必须报经原批准机关复批同意。

4)设计文件

设计文件是安排建设项目、控制投资、编制招标文件、组织施工和竣工验收的重要依据。设计文件的编制必须坚持精心设计,认真贯彻国家有关方针政策,严格执行基本建设程序的规定。

公路工程基本建设项目的设计阶段有一阶段设计(即一阶段施工图设计)、两阶段设计(即初步设计和施工图设计)和三阶段设计(即初步设计、技术设计和施工图设计)3种。一般采用两阶段设计;对于技术简单、方案明确的小型建设项目,可采用一阶段设计;技术复杂而又缺乏基础资料的建设项目或建设项目中的特大桥、互通式立体交叉、隧道等,必要时采用三阶段设计。

初步设计是由设计单位根据批准的计划任务书的要求,通过现场勘测,拟定修建原则,选定设计方案,计算工程数量及劳动力、主要材料、机具数量,提出施工方案,编制设计概算,提供必要的文字说明和图表资料的设计文件。初步设计经上级批准后,作为国家控制建设项目投资和编制施工图设计的依据,并为施工前材料、机具、征用土地等施工准备提供资料。

技术设计是根据批准的初步设计和补充初测(或定测)资料,对重大、复杂的技术问题通过科学试验和专题研究,加深勘探调查以及分析比较,解决初步设计中未能解决的问题。落实技术方案,计算工程数量,提出修正的施工方案,编制修正设计概算。经批准后作为编制施工图设计的依据。

一阶段施工图设计是根据批准的计划任务书的要求和定测资料,拟定修建原则,确定设计方案和工程数量,提出文字说明和图表资料以及施工组织计划,编制施工图预算,满足审批的要求,适应施工的需要。

两阶段(或三阶段)施工图设计是根据批准的初步设计(或技术设计)和定测(或补充定测)资料,进一步对所审定的修建原则、设计方案、技术决定加以具体和深化,最终确定各项工程数量,提出文字说明和符合施工需要的图表资料及施工组织计划,并编制施工图预算等设计文件。

设计文件必须由具有相应公路勘察、设计证书等级的单位编制,其编制与审批应按交通运输部现行的《公路工程基本建设项目设计文件编制办法》(交公路发〔2007〕358 号)、《公路工程基本建设管理办法》(交公路发〔1983〕262 号)及有关规定办理。

5)列入年度基本建设计划

当建设项目的初步设计和概算经上报批准后,才能列入国家基本建设年度计划。建设单位根据国家主管部门颁发的年度基本建设计划控制数字,按照批准的可行性研究报告和设计文件,编制本单位的年度基本建设计划。报经批准后,再编制物资、劳动和财务计划。这些计划分别经过主管机关审批平衡后,作为国家安排生产、物资分配、劳力调配和财政拨款(或贷款)的依据,并通过招投标或其他方式落实施工单位和工程监理单位。

6)施工准备

为了保证施工的顺利进行,在施工的准备阶段,建设单位、勘测设计单位、施工单位、工程监理单位和商业银行要分别做好下述准备工作:

(1)建设单位:组建项目管理机构,办理登记及拆迁,做好施工沿线有关单位和部门的协调工作;抓紧配套工程项目的落实,组织施工范围内的技术资料、材料、设备的供应。

(2)勘测设计单位:按照技术资料供应协议,按时提供各种图纸资料;做好施工图纸的会审及移交、交底工作。

(3)施工单位:组织机具、人员进场;进行施工测量;修筑便道及生产、生活等临时设施;组织材料、物资采购、加工运输、供应、储备;做好施工图纸的接收工作,熟悉图纸的要求,编制施工组织设计和施工预算,提出开工申请报告并按投资隶属关系报请交通运输部或省(市)、自治区基本建设主管部门核准。

(4)监理单位:组织监理机构、建立监理组织体系;组织监理人员、设备进入施工现场;熟悉施工设计文件和合同文件；根据工程监理制度规定的程序及合同条款审批、验收、检查施工单位(即承包商)各项施工准备工作，使其按合同规定要求如期开工。

(5)商业银行：会同建设、设计、施工、监理单位做好图纸的会审；严格按计划要求进行财政拨款或贷款。

7)组织施工

施工单位要遵照施工程序合理组织施工，施工过程中应严格按照设计要求和施工规范，严格按照工程监理程序和要求进行施工组织与管理，确保工程质量，安全施工，积极推广应用新工艺、新技术、努力缩短工期，降低造价，同时应做好施工记录，建立技术资料档案。

8)竣工验收、交付使用

建设项目的竣工验收是一项十分细致而又严肃的工作，必须从国家和人民的利益出发，根据交通部颁发的《公路工程竣(交)工验收办法》(交通部令 2004 年第 3 号)和《公路工程竣(交)验收办法实施细则》的要求，认真负责地根据设计文件和《公路工程质量检验评定标准 第一册 土建工程》(JTG F80/1—2017)进行严格检查验收，对工程质量、数量、期限、生产能力、建设规模、使用条件进行审查评价并做出评价结论，对存在的问题要明确责任、确定处理措施及期限，对建设单位和施工单位编报的竣工图表、竣工决算、固定资产移交清单、隐蔽工程说明等进行细致检查。竣工决算是反映整个基本建设工作所消耗的全部国家建设资金的综合性文件，也是通过货币指标对全部基本建设工作的全面总结。

当全部基本建设工程经过交工验收合格，完全符合设计要求后，应立即移交给建设单位正式使用，并迅速办理固定资产交付使用的手续，加强固定资产的管理，竣工决算上报财政部门批准核销。在验收时，对遗留问题，由验收委员会(或小组)确定具体的处理办法，报主管部门批准，交有关单位执行。

9)公路建设项目后评价

公路建设项目后评价是指在公路竣工交付使用通车后，经过两三年的实际运营考核，达到正常生产能力后的实际效果与原来可行性研究中的预期效果的比较、分析，以及按系统工程的思想方法，对建设项目从立项决策、设计方案、工程施工直至通车运营的全过程各阶段工作成果变化的内在联系与促成因果进行追踪和评价的工作。

公路建设项目后评价的内容一般包括：建设项目概述、项目前期各阶段指标的变化分析、项目施工实施与设计文件变化分析、考核运营情况与预期目标的差异分析等内容。今后随着项目的实施和实践，后评价内容需不断研究、改进与完善。

公路养护和大、中修工程，即固定资产的更新与技术改造，原则上参照基本建设程序，按照交通运输部有关规定执行。

本章小结

本章介绍了公路建设的基本概念；直接参与公路基本建设的单位有建设单位、勘察设计单位、施工单位、工程质量监督和监理单位；建筑安装工程的施工方式主要是发包方式；重点阐述了公路工程基本建设中各程序的要点。

思考与训练

1. 公路工程管理主要内容可概括为哪三个部分?
2. 公路建设的经济性质是什么?
3. 公路建设的养路费投资和国家基本建设投资各有何用途?
4. 公路建设部门的总任务是什么?
5. 公路建设的主要管理方式是什么?
6. 公路建设产品有哪几个特点?
7. 公路建设的技术经济特点有哪些?
8. 公路施工生产经营管理有什么特点?
9. 基本建设的项目组成有哪些?
10. 公路工程基本建设的设计阶段应如何确定?
11. 公路工程基本建设包括哪些主要内容?
12. 什么是公路建设项目后评价?

第二章
CHAPTER TWO

公路工程项目管理

学习目标

1. 了解工程项目管理的特点、任务，项目管理组织机构的作用，施工合同的基本内容等；
2. 重点掌握施工项目各阶段的质量管理内容，熟悉安全管理、技术管理、成本管理的方法。

学习指南

通过学习，应能结合工程实际，科学运用工程项目管理的组织形式及其管理方法。

第一节 概述

一、工程项目及其特点

根据我国对工程项目的规定，并参照世界各国有关工程项目管理资料，对构成工程项目的主要条件及其特点概括如下。

(1)按是否同属于一个总体设计或初步设计范围，是否统一核算、统一管理作为划分工程项目的基本依据。

(2)工程项目有明确的目标任务。主要包括建成工期目标、施工质量目标(按质量标准和设计要求完成项目，并达到交付验收使用标准)和投资控制目标(项目必须在预算投资控制范围内完成)等方面。

(3)工程项目构成复杂。公路工程项目的单位工程包括：路基土石方工程、路面工程、桥梁工程、隧道工程、互通立交工程、沿线设施及交通工程、绿化及环境保护工程等。各单位工程中，工程内容差异很大，如桥梁工程，随不同的桥型施工技术差异大。这决定了公路工程项目管理的技术复杂性和管理的综合性。

(4)工程项目是按任务，而不是按职能组织起来的，任务是一次性的，或者说每次任务都具有区别于其他任务的特点,需要进行专门的可行性研究、专门的设计、专门的施工组织与管理。每个项目都有其时间、地点、技术、经济等特殊性,不可能像工业产品一样重复批量生产,因此,需要采用项目管理法,因地制宜,重视项目特性,采用不同的管理方法。

(5)尽管工程项目类型繁多,但项目的建设程序是一致的,即经过规划立项、可行性研究、设计、施工、项目总结评价等阶段。而项目管理就是以工程项目为研究对象,对项目建设全过程的管理活动。

公路施工企业的利润和信誉来自于每个具体的工程项目。一般大企业的总经理无法直接指挥每一个项目,于是就由企业的各职能部门分别把关,分管具体业务。但各职能部门之间又有许多工作需相互协调。因此,在大的施工企业和大的工程项目中提出了项目经理负责制的"项目法施工"。项目法施工实际上是施工企业推行项目管理的一种有效方法。

二、公路工程项目管理的内容、任务与过程

1. 公路工程项目管理的内容

公路工程项目管理是以公路工程项目为研究对象,按项目组建管理机构,对项目实施管理,项目完成后,其管理机构随之撤销的一种管理方法。

广义的公路工程项目管理,包括从规划、立项,到交付使用、后评价全过程的管理,主要包括以下工作内容:

(1)确定公路工程项目的建设意图。

(2)进行公路工程项目的调查研究,如交通量调查、工程地质、水文地质勘查、地形测量、科学研究、工程和工艺技术研究试验、地震、气象、环境保护资料收集及各类建筑材料供应调查等。

(3)公路路线的走向及主要控制点的确定。

(4)进行公路工程项目的可行性研究,包括预可行性研究和工程可行性研究两个阶段,在技术、经济和生产力布局上对公路工程项目进行可行性论证,并经多方案比较,推荐最佳方案,为投资决策和进一步编制设计任务书提供主要依据。

(5)确定公路工程项目的投资决策和资金的筹集与方式。

(6)编制公路工程项目的建设规划。

(7)编制公路工程项目的设计任务书。

(8)进行公路工程项目的设计方案评选和委托设计。

(9)进行公路工程项目的设计和审批,包括初步设计、施工图设计。

(10)进行公路工程项目的施工。

(11)组织公路工程项目的竣工验收、交付使用和后评价。

以上各过程,有些是依次进行的,有些是平行或交叉进行的。在投资决策以前的各项工作,属于建设项目投资决策阶段研究的范畴;投资决策以后的工作,属于建设项目实施阶段研究的范畴。

狭义的公路工程项目管理,是指公路工程项目实施阶段的管理。在该阶段,以实施管理的参与者来分,主要有业主的项目管理、监理单位的项目管理和施工单位的项目管理。

对于同一个公路工程项目,上述各方的管理任务和管理目标是不同的,同时各方之间需要建立起相互制约、相互协作的关系,这种关系是通过经济合同的形式来体现的。

2. 公路工程项目管理的任务

公路工程项目管理的任务概括为最优地实现项目的质量、投资/成本、工期三大目标。有效地利用有限的资源,用尽可能少的费用、尽可能快的速度和优良的工程质量建成工程项目,使其实现预定的功能。公路工程项目建设不同阶段具有不同的阶段性目标,阶段性目标服从和受控于项目总目标,并影响总目标的实现。公路工程项目管理者的任务就是在一定的约束条件下,有效地组织人力、物力、财力去逐一实现阶段性目标,进而保证总目标的实现。

公路工程项目管理的任务,主要有以下 6 个方面。

(1)组织工作:包括建立公路工程项目管理组织机构,制定工作制度,明确各方面的关系,选择设计施工单位,组织图纸、材料和劳务供应等。

(2)合同工作:包括签订公路工程项目总承包合同、委托设计合同、施工总承包合同与专业分包合同,以及合同文件的准备、合同谈判、修改、签订和合同执行过程中的管理等工作。

(3)进度控制:包括设计、施工进度、材料设备供应以及满足各种需要的进度计划的编制和检查,施工方案的制定与实施,以及设计、施工、总分包各方面计划的协调,经常性地对计划进度与实际进度进行比较,并及时地调整计划等。

(4)质量控制:包括提出各项工作质量要求,对设计质量、施工质量、材料和设备的质量监督、验收工作,以及处理质量问题。

(5)费用控制及财务管理:包括编制概(预)算、费用计划,确定设计费用和工程价款,对成本进行预测预控,进行成本核算,处理索赔事项和做出工程决算等。

(6)信息管理:明确参与公路工程项目的各单位以及本单位内部的信息流,相互间信息传递的形式、时间和内容;确定信息收集和处理的方法、手段。

3. 公路工程项目管理的过程

公路工程项目管理的核心是项目管理组织的建立,施工控制(质量、进度、费用),合同管理和信息管理的实施。为了实施有效的施工控制,确保公路工程项目目标(质量好、工期短、投资少)的实现,其管理过程由确定目标、制定方案和措施、实施方案和跟踪检查 4 个基本环节组成,这 4 个环节是管理职能的具体化,即:

(1)确定目标。管理者要在规定的总目标下,确定某一方面的目标和该方面工作各阶段的目标。如质量目标,需要先确定工程质量的总目标,然后确定不同阶段(决策、设计、施工、竣工验收等)的质量目标。施工阶段又可分为路基工程、路面工程、桥涵工程、隧道工程、路线交叉(如互通工程)阶段等,每个阶段都应确定目标要求或质量标准。

(2)制定方案和措施。明确目标后,应提出达到目标的多种方案,并对各种方案进行评审,在此基础上提出具体措施。分析其长处和短处,然后确定实现目标的最佳方案。

(3)实施方案。将选定的方案付诸实施。

(4)跟踪检查,即检查实施方案的执行情况。如果未被执行或执行的效果不理想,则应查明干扰因素来自何处,如果问题明确,则又回到确定目标上去,开始新的一轮循环。

第二节 管理组织

一、概述

公路工程项目的管理组织与企业管理组织不同,二者是局部与整体的关系。公路工程项目组织机构设置的目的是为了充分发挥项目管理职能,提高项目整体管理效率,从而达到项目管理的目标。因此,企业在推行项目管理过程中合理地设置项目管理组织机构是一个至关重要的环节,是公路施工项目管理成功的前提和保证。

1. 组织的概念

组织是按照一定的宗旨和系统建立起来的集体,它是构成整个社会经济系统的基本单位。在管理学中组织有两层含义:一是作为名词出现的,指组织机构,组织机构是按一定领导体制、部门设置、层次划分、职责分工、规章制度和信息系统等构成的有机整体,是社会人的结合体,可以完成一定的任务,并为此而处理人和人、人和事、人和物关系;二是作为动词出现的,指组织行为(活动),即通过一定权力和影响力,为达到一定目标,对所需资源进行合理配置,处理人和人、人和事、人和物关系的行为(活动)。其管理职能是通过两层含义的有机结合而产生和起作用的。

公路工程项目管理的组织是指为进行公路工程项目管理、实现组织职能而进行的组织系统的设计与建立、组织运行和组织调整三个方面工作的总称。组织系统的设计与建立是指经过筹划、设计、建成一个可以完成公路工程项目管理任务的组织机构,建立必要的规章制度,划分并明确岗位、层次、部门的责任和权力,建立和形成管理信息系统及责任分工系统,并通过一定岗位和部门内人员的规范化的活动和信息流通实现组织目标。组织运行是指在组织系统形成后,按照组织要求,由各岗位和部门实施组织行为的过程。组织调整是指在组织运行过程中,对照组织目标,检验组织系统的各个环节,并对不适应组织运行和发展的方面进行改进和完善。

2. 组织的职能

组织的职能是公路工程项目管理的基本职能,组织的职能包括组织设计、组织联系、组织运行、组织行为和组织调整5个方面的内容。

1)组织设计

指选定一个合理的组织系统,划分各部门的权限和职责,确立各种基本的规章制度。

2)组织联系

规定组织机构中各部门或各岗位的相互关系,明确信息流通和信息反馈的渠道,以及它们之间的协调原则和方法。

3)组织运行

按照组织分工完成各自的工作,规定各组织体的工作顺序和业务管理活动的运行过程。组织运行要抓好人员配置、业务接口和信息反馈3个关键性问题。

4)组织行为

应用行为科学、社会学及社会心理学原理来研究、理解和影响组织中人们的行为、言语、组织过程、管理风格以及组织变更等。

5)组织调整

根据工作的需要和环境的变化,分析原有的项目组织系统的缺陷、适应性和效率性,对原组织系统进行调整和重新组合,包括组织形式的变化、人员的变动、规章制度的修订或废止、责任系统的调整以及信息流通系统的调整等。

3. 组织机构的作用

1)公路施工项目管理的组织保证

项目经理在启动项目管理之前,首先要做好组织准备,即建立一个能完成管理任务、项目经理指挥灵便、运转自如、效率很高的项目组织机构——项目经理部,其目的是为了提供进行公路施工项目管理的组织保证。一个好的组织机构,可以有效地完成公路施工项目管理目标,有效地应付环境的变化,有效地供给组织成员生理、心理和社会需要,形成组织力,使组织系统正常运转,产生集体思想和集体意识,从而完成项目管理任务。

2)形成一定的权力系统以便进行集中统一指挥

权力由法定和拥戴产生。法定来自于授权,拥戴来自于信赖。法定或拥戴都会产生权力和组织力。组织机构的建立,首先是以法定的形式产生权力。权力是工作的需要,是管理地位形成的前提,是组织活动的反映和保障。没有组织机构,便没有权力,也没有权力的运用。权力取决于组织机构内部是否团结一致,越团结,组织就越有权力,越有组织力,公路施工项目组织机构的建立要伴随着授权,以便使权力的使用为了实现公路施工项目管理的目标而服务。要合理分层,层次多,权力分散;层次少,权力集中。要在规章制度中把项目管理组织的权力阐述明白,固定下来。

3)形成责任制和信息沟通体系

责任制是公路施工项目组织中的核心问题。没有责任也就不称其为项目管理机构,也就不存在项目管理。一个项目组织能否有效地运转,取决于是否有健全的岗位责任制。公路施工项目组织的每个成员都应肩负一定的责任,责任是项目组织对每个成员规定的一部分管理活动和生产活动的具体内容。

信息沟通是组织力形成的重要因素。信息产生的根源存在于组织活动之中,下级(下层)以报告的形式或其他形式向上级(上层)传递信息;同级不同部门之间为了相互协作而横向传递信息。越是高层领导,越需要信息,越要深入下层获得信息。其原因就是领导离不开信息,有了充分的信息才能进行有效地决策。

组织机构的作用非常重要,它是项目管理中的焦点。一个项目经理建立了理想有效的组织系统,其项目管理就成功了一半。项目组织一直是世界管理专家普遍重视的问题,据国际项目管理协会统计,世界各国项目管理专家的论文,有1/3是有关项目组织的。

4. 组织机构的设置原则

1)目的性原则

工程项目经理部设置的根本目的是为了产生组织功能,实现公路工程项目管理的总目标。

从这一根本目标出发,就会因目标设事、因事设机构定编制,按编制设岗位、定人员,以职责定制度授权力。

2)精干高效原则

公路工程项目组织机构的人员设置,以能实现公路工程项目所要求的工作任务(事)为原则,尽量简化机构,做到精干高效。人员配置要力求一专多能,一人多职,同时要着眼于使用与学习锻炼相结合,以提高项目管理组织成员的素质。

3)管理跨度和分层统一的原则

管理跨度(管理幅度)是指一个主管人员直接管理的下属人员数量。跨度大,管理人员的接触关系增多,处理人与人之间关系的数量随之增大。跨度(N)与工作接触关系数(C)的关系公式如下:

$$C=N(2^{n-1}+N-1) \tag{2-1}$$

这是著名的邱格纳斯公式,是个几何级数,当 $N=10$ 时,$C=5210$。故跨度太大时,领导者及下属经常会出现应接不暇之烦。因此,在组织机构的设计上应根据不同管理者的具体情况,结合工作的性质以及被管理者的素质特征,来确定适用于本组织和特定管理者的管理跨度。既要做到保证统一指挥,又要便于组织内部信息的沟通。然而跨度大小又与分层多少有关,因此不难理解,层次多,跨度会小,层次少,跨度会大。

4)业务系统化管理原则

由于公路工程项目是一个开放的系统,是由众多子系统组成的一个大系统,各子系统之间,子系统内部各专业之间,不同组织、工种、工序之间,存在着大量结合部。这就要求项目组织必须是一个完整的组织结构系统,恰当分层和设置部门,以便在结合部上能形成一个相互制约、相互联系的有机整体,防止产生职能分工、权限划分和信息沟通上的相互矛盾或重叠。要求在设计组织机构时,以业务工作系统化原则作指导,周密考虑层间关系、分层与跨度关系、部门划分、授权范围、人员配备及信息沟通等因素,使组织机构自身成为一个严密、封闭的组织系统,能够为完成项目管理总目标而实行合理分工及和谐协作。

5)弹性和流动性原则

公路工程建设项目的单件性、阶段性、流动性及露天作业是公路施工项目的主要特点,必然带来生产对象数量、质量和地点的变化,并带来资源配置的品种和数量的变化。于是要求管理工作和组织机构随之进行调整,以使组织机构适应公路施工任务的变化。要按照弹性和流动性的原则建立组织,不能一成不变。要及时调整人员及部门设置,以适应施工任务变动对管理机构流动性的要求。

6)项目组织与企业组织一体化原则

项目组织是企业组织的有机组成部分,企业是它的母体。项目组织是由企业组建的。项目管理的人员全部来自企业,项目管理组织解体后,其人员仍归属于企业。即使进行组织机构调整,人员也是进出于企业人才市场的,公路工程项目的组织形式与企业的组织形式有关,不能离开企业的组织形式去谈项目的组织形式。

二、组织形式

公路工程项目管理的组织形式主要有总承包管理方式、工程托管方式和三角管理方式。

1. 总承包管理方式

建设单位仅提出工程项目的使用要求，而将勘察设计、设备选购、工程施工、材料供应、试车验收等全部工作都委托一家承包公司（承包商）去做，竣工以后即可启用。承担这种任务的承包企业有的是科研-设计-施工一体化的公司，有的是设计、施工、物资供应和设备制造厂家以及咨询公司等组成的联合集团。把这种管理组织方式叫作“全过程承包”或工程项目总承包。总承包管理组织方式，如图 2-1 所示。

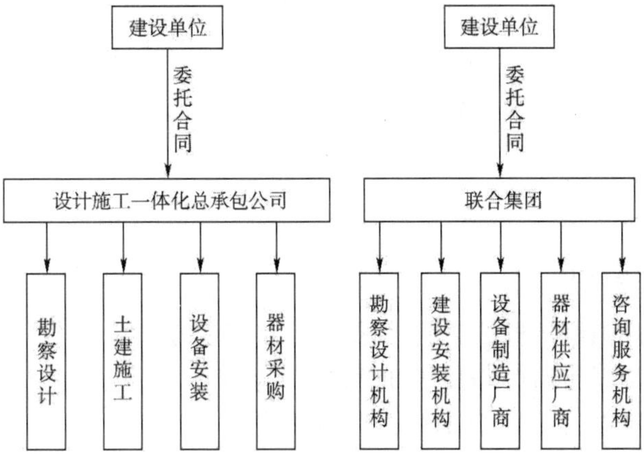

图 2-1　总承包管理方式

2. 工程托管方式

建设单位将整个工程项目的全部工作，包括可行性研究、场地准备、规划、勘察设计、材料供应、设备采购、施工监理以及工程验收等全部任务，都委托给工程项目管理专业公司（工程承发包公司或项目管理咨询公司）去做。工程承发包公司或咨询公司派出项目经理，再进行招标或组织有关专业公司共同完成整个公路建设项目。把这种管理组织方式叫作“工程托管方式”，如图 2-2 所示。

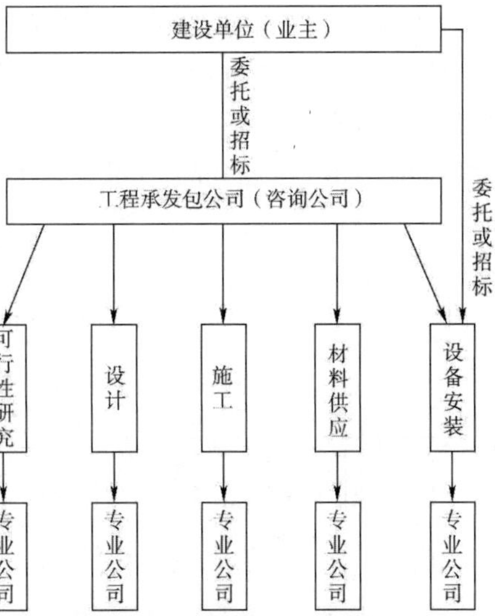

图 2-2　公路施工招标评标流程图

3. 三角管理方式

由建设单位分别与承包单位和咨询公司签订合同,由咨询公司代表建设单位对承包商进行管理。国际上广为采用这种方式进行工程项目管理。目前,在大中型工程项目建设管理中,实行工程监理制,实际就是三角管理方式,如图2-3所示。

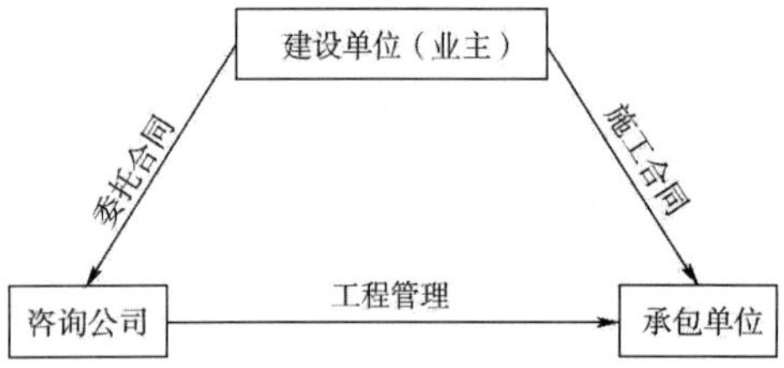

图2-3 三角管理方式

近年来,我国在公路工程项目管理上有较大进步,除实行招标投标制、工程监理制外,还规定公路工程项目建设实行业主法人制,明确业主的法人地位,由业主对项目建设及管理负责,以提高公路工程项目建设的效率。项目业主在工程管理中,通过建立业主项目部的专门机构,代表业主对公路工程项目进行管理。

三、组织机构的类型

公路工程项目管理组织机构的类型,根据在公路工程建设中参与公路工程项目建设各方的管理目的和要求的不同,具有不同的管理组织机构类型。常见的公路工程项目管理组织机构的类型主要有部门控制式、混合工程队式和矩阵式。

1. 部门控制式

这是在不打乱企业现行建制的条件下,把项目委托给企业内部某一工程处或施工队,由其组织项目实施的项目管理组织类型。一般适用于小型简单项目和单一专业型项目,不需涉及众多部门,职责明确,职能专一,关系简单,便于协调。但这种形式不适用于大型复杂项目或涉及多个部门的项目,局限性较大。

2. 混合工程队式

完全按照对象原则组建的项目管理组织机构,适用于大型项目和工期要求紧迫的项目,或者要求多工种、多部门密切配合的项目。项目管理组织成员来自公司内不同部门和单位。首先聘任项目经理,从有关部门抽调管理人员组成项目班子,然后抽调队伍归其指挥,建立一个项目工程队,组成新的项目管理经济实体。项目完成后,工程队成员仍回原单位。

混合工程队项目管理组织,如图2-4所示。混合工程队项目管理组织的优点如下。

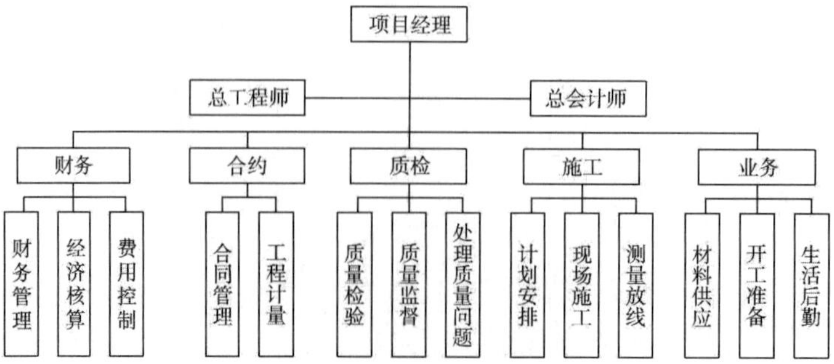

图2-4 混合工程队式项目组织示意

(1)可以培养一专多能型人才。

(2)减少矛盾,能及时解决问题。

(3)权力集中,决策及时,工作效率高。

(4)减少管理界面和行政干预,便于协调。

缺点是人员来自不同部门,缺乏共同语言;职工长期离开原单位,容易影响积极性的发挥;人员分散,培训困难。

这种类型也有局限性,当人才紧缺时,有多个项目需要完成,或对人工效率要求很高时,不宜采用。

3. 矩阵式

这是现代大型项目管理中应用最为广泛的新型组织类型,我国已有为数不少的施工企业采用这种类型。当企业同时承担多个项目,对专业技术和管理人才需求量很大而企业人才资源又有一定限度且大型复杂项目又要求多部门、多工种配合实施,对人工利用率要求很高时最适用。在矩阵组织中,永久性专业职能部门和一次性项目管理组织同时交互起作用。其组织类型,如图2-5所示。

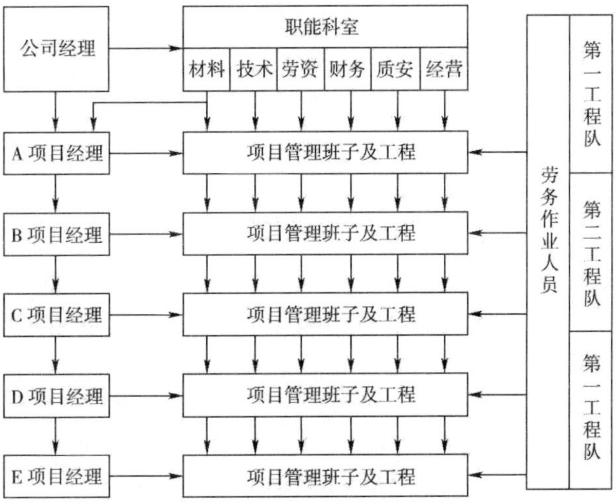

图2-5 矩阵式项目组织类型示意图

在图2-5中,纵向表示不同职能部门,横向表示不同项目。纵向:职能部门对所有项目中的本专业人员负有组织调配、业务指导和管理考查的责任;横向:项目经理对参加本项目的各种专业人才均负有领导责任,并按项目实施的要求把他们有效地组织协调到一起,为实现项目目标共同配合工作。

矩阵式管理组织的具体做法是公司设置综合性的、具有弹性的管理科室,科室负责人根据不同项目的需要和忙闲程度,将本部门的专业人员在项目之间进行增减调配。项目经理部则视项目管理需要,在项目经理之下设经营经理、施工经理、生活经理等,这样便使得项目管理中既有职能系统的竖向联系,又有以项目为中心的横向联系。纵向表现出施工生产上的决断,横向表现出现场动作协调、平衡。对劳务作业力量实行切块分包任务,根据项目网络计划的需要确定进场时间,完成任务后自行撤离现场,从而为项目提供了一支灵活机动、弹性多变的施工力量。一个项目由多个工程队承担,一个工程队同时用于多个项目,利用各项目施工高潮的错落起伏统筹安排、穿插交错使用,使人力、财力、物力得到最大限度的利用。

矩阵式项目组织类型的好处是有利于充分利用人力,特别是技术力量,用较少的人力完成较多的项目;同时项目中各项专业的管理可以由精通专业、经验丰富的人员担任,有利于各项专业管理的加强。其局限性是纵、横双重领导体制容易发生纵、横向需求矛盾,而使当事人无所适从,管理要求高,协调难度大,而且矩阵式项目组织一般不形成经济实体,容易发生责、权、利脱节现象,不能很好地起到约束项目组织成员行为的作用,对管理人员责任心的要求较高。

四、项目经理部

1. 公路工程项目经理部的作用

项目经理部是公路施工项目管理的工作班子,置于项目经理的领导之下。为了充分发挥项目经理部在项目管理中的主体作用,必须特别重视项目经理部的机构设置,做到设计好、组建好、运转好,从而发挥其应有功能。

(1)项目经理部在项目经理领导下,作为某一工程项目上的一次性管理组织机构,负责施工项目从开工到竣工的全过程施工生产经营的管理,是企业在项目上的管理层,同时对作业层负有管理与服务的双重职能。作业层工作的质量取决于项目经理部的工作质量。

(2)项目经理部是项目经理的办事机构,为项目经理决策提供信息依据,当好参谋,同时又要执行项目经理的决策意图,向项目经理全面负责。

(3)项目经理部是一个组织体,其作用包括:完成企业所赋予的基本任务(项目管理和专业管理任务等);凝聚管理人员的力量,调动其积极性;促进管理人员的合作,建立为事业的献身精神;协调部门之间,管理人员之间的关系,发挥每个人的岗位作用,为共同目标进行工作;影响和改变管理人员的观念和行为,使个人的思想、行为变为组织文化的积极因素;贯彻组织责任制,搞好管理;沟通部门之间,项目经理部与作业层之间、与公司之间以及与环境之间的信息。

(4)项目经理部是代表企业履行工程施工合同的主体,是对最终工程产品和业主全面、全过程负责的管理实体;通过履行主体与管理实体地位的体现,使每个项目经理部成为市场竞争的主体成员。

2. 建立公路工程项目经理部的基本原则

(1)要根据所设计的项目组织类型设置项目经理部。项目组织形式与企业对施工项目的管理方式有关,与企业对项目经理部的授权有关。不同的组织形式对项目经理部的管理力量和管理职责提出了不同要求,同时也提供了不同的管理环境。

(2)要根据施工项目的规模、复杂程度和专业特点设置项目经理部。例如,大型项目经理部可以设职能部、处;中型项目经理部可以设处、科,小型项目经理部一般只需设职能人员即可。如果项目的专业性强、便可设置专业性强的职能部门,如水电处、安装处、打桩处等。

(3)项目经理部是一个具有弹性的一次性管理组织,应随工程施工任务的变化而进行调整,不应搞成一级固定性组织。在施工项目开工前建立,在工程交工后,项目管理任务完成,项目经理部应解体。项目经理部不应有固定的作业队伍,而应根据施工的需要,从劳务分包公司吸收人员,进行优化组合和动态管理。

(4)项目经理部的人员配置应面向现场,满足现场的计划与调度、技术与质量、成本与核算、劳务与物资、安全与文明施工的需要。而不应设置专管经营与咨询、研究与发展、政工与人事等与项目施工关系较少的非生产性管理部门。

(5)在项目管理机构建成以后,应建立有益于组织运转的工作制度。

第三节 合同管理

公路工程施工合同是指工程项目承发包合同,属于经济合同范畴。经济合同是合同当事人为实现一定经济目的、明确相互的权利与义务而订立的合同。公路工程承包合同是指业主(发包方)与施工单位(承包方),为完成一定的公路建设工程任务而签订的合同,旨在明确相互权利、义务和责任关系的合法协议。

一、公路施工合同的特点

公路施工合同除具有经济合同的一般法律特点外,还具有下述特点。

1. 经济法律关系多元性

在公路建设工程中,涉及业主、勘察设计单位、施工单位、监理单位、材料设备供应商等多个单位。特别是在大型公路工程项目中,往往会出现几家、十几家甚至几十家的施工单位。有国内的、也有国外的,因而产生错综复杂的经济法律关系,一旦出现工程法律责任,往往会出现连带责任。所以公路建设工程合同应当采用书面形式,并且为法定要式合同,这是由建设合同履行的特点所决定的。

2. 合同内容的多样性和复杂性

由于公路工程项目经济法律关系的多元化以及公路工程项目的单件性所决定的每个公路工程项目的特殊性和公路建设项目受多方面、多因素的制约和影响,都要相应地反映在公路工程项目合同中,所以公路工程项目合同除了工作范围、工期、质量、造价等一般条款外,每个项目合同还有特殊条款,并涉及保险、税收、文物、专利等多种内容,条款往往多达几十条,因此,在签订合同时,一定要全面考虑多种关系和因素,仔细斟酌每一条款,否则,可能产生严重的不良后果。

3. 合同履行周期长且具有连续性

这是由公路工程的特殊性决定的。由于公路工程项目实施必须连续而循序渐进地进行,因此,履约方式也表现出连续性和渐进性。要求项目合同管理人员,要随时按照合同的规定并结合实际情况对工程质量、进度等予以检查,以确保合同的顺利实施。履约期长是由于公路工程项目规模大、内容复杂所致。

4.合同的多变性与风险性

由于公路工程项目投资大,施工周期长,施工中受地区、环境、气候、地质、政治、经济及市场变化等多因素影响,在项目实施过程中经常出现设计变更及进度计划的修改,以及对合同某些条款的变更。所以,在项目管理中,要有专人及时做好设计或施工变更洽谈记录,明确因变更而产生的经济责任,并妥善保存好相关资料,作为索赔、变更或终止合同的依据。

由于公路工程项目关系的多元性、复杂性、多变性、履约周期长等特征,以及金额大、市场竞争激烈等因素,构成和增加了项目承包合同的风险性。因此,在合同签订时应慎重分析研究各种风险因素,尽量避免承担风险的条款,同时,在履行合同时应采取有效措施,防范风险的发生,是十分重要的。

二、《公路工程标准施工招标文件》(2018 年版)简介

为了规范和指导合同当事人双方的行为,完善合同管理制度,解决施工合同中存在的合同文本不规范、条款不完备、合同纠纷多等问题,交通运输部在国家九部委联合编制的《标准施工招标资格预审文件》和《标准施工招标文件》(2007 年版)基础上,以《中华人民共和国招标投标法》《中华人民共和国招标投标法实施条例》《公路工程建设项目招标投标管理办法》(交通运输部令 2015 年第 24 号)等法律法规和部门规章为依据,总结了使用《公路工程标准施工招标文件》(2009 年版)的经验,结合公路工程施工招标特点和管理需要,颁布了《公路工程标准施工招标文件》(2018 年版),在全国公路工程建设范围内强制性使用,对指导、规范各地公路工程施工招标投标工作,提高工程质量和控制工程造价起到了重要作用。

《公路工程标准施工招标文件》(2018 年版)共分四卷,第一卷包括招标公告/投标邀请书、投标人须知、评标办法、合同条款及格式、工程量清单;第二卷是图纸;第三卷包括技术规范、工程量清单计量规则;第四卷是投标文件格式。合同条款由通用合同条款和专用合同条款组成,基本形成了较为规范的合同文本。

1.合同协议书

合同协议书是《公路工程标准施工招标文件》(2018 年版)的总纲性文件,是发包人与承包人依据《中华人民共和国合同法》《中华人民共和国建筑法》及其他有关法律法规,遵循平等、自愿、公平和诚实信用的原则,就工程施工中最基本、最重要的事项协商一致而订立的合同。它规定了合同当事人双方最主要的权利义务,规定了组成合同的文件及合同当事人对履行合同义务的承诺,并由合同当事人在这份文件上签字盖章,因此具有很高的法律效力,在所有施工合同文件组成中具有最优先的解释效力。

合同协议书主要包括以下内容:

(1)工程概况:工程项目名称、合同段、业主、承包人、签订日期。

(2)工程承包范围。

(3)组成合同的文件。

(4)合同价款:用大小写分别表示。

(5)合同价款支付。

(6)合同工期。

(7)履约担保,承诺按照合同约定进行施工、竣工并在质量保修期内承担工程质量保修责任。

(8)合同份数及双方的法人代表或授权的代理人签字盖章、签约时间。

2. 通用合同条款

通用合同条款完全采用国家九部委联合编制的《标准施工招标文件》(2007 年版)。它是根据《中华人民共和国合同法》《中华人民共和国建筑法》等法律法规对承发包双方的权利义务做出的具体规定,除双方协商一致对其中的某些条款作修改、补充或取消外,双方都必须履行。通用合同条款共有 24 部分,分别为一般约定;发包人义务;监理人;承包人;材料和工程设备;施工设备和临时工程;交通运输;测量放线;安全施工、治安保卫和环境保护;进度计划;开工和竣工;暂停施工;工程质量;试验和检验;变更;价格调整;计量与支付;竣工验收;缺陷责任与保修责任;保险;不可抗力;违约;索赔;争议的解决。

3. 专用合同条款

专用合同条款分 A 公路工程专用合同条款和 B 项目专用合同条款两部分。考虑到工程的内容各不相同,工期、造价等也随之变动,施工单位和业主各自的能力、施工现场的环境和条件也各不相同,需要专用合同条款对通用合同条款进行必要的修改和补充,是两者成为双方当事人统一意愿的体现。专用合同条款与通用合同条款序号一致,为承发包双方补充协议提供了一个可供参考的提纲或格式。

三、合同的管理

公路施工项目合同管理是指施工单位根据法律、法规和自身的职责,对其所参与的建设工程合同的谈判、签订和履行进行全过程的组织、指导、协调和监督。《建设工程项目管理规范》(GB/T 50326—2017)规定:“合同管理应包括合同的订立、实施、控制和综合评价等工作。”根据规定,公路施工项目合同管理应包括以下具体内容。

1. 公路施工项目合同的策划管理

一般施工单位对于公路施工项目合同的策划,主要是参照业主的合同策划,因为施工单位必须按照招标文件的要求编制标书,不允许修改合同条件,甚至不允许使用保留条件。但施工单位也有自己的合同策划问题,施工单位的合同策划主要涉及投标项目的选择、合同风险评价等问题。

1)投标项目的选择

投标项目的选择是通过对各项目的具体情况及实施条件进行调查,在目前可能接到的项目中选择最合适的项目进行投标。投标项目选择的关键是做好调查和论证的工作。

2)合同风险评价

施工单位在合同策划时必须对工程的合同风险有一个总体的评价。合同风险评价主要包括合同风险的识别和评价等工作。

2. 公路施工项目合同的签订管理

在公路施工合同签订前,应对建设单位和工程项目进行了解和分析,包括工程项目是否列入国家投资计划、施工所需资金是否落实、施工条件是否已经具备等,以免遭受重大损失。施工单位通过投标中标后,在公路施工合同正式签订前还需与发包人进行谈判。当使用《建设工程施工合同(示范文本)》(GF-2017-0201)时,同样需要逐条与发包人谈判,双方达成一致意见后,即可正式签订合同。

3. 公路施工项目合同的履行管理

在合同履行过程中,为确保合同各项内容的顺利实现,施工单位需建立一套完整的公路施工合同管理制度,如工作岗位责任制度、监督检查制度、奖惩制度等,做到职责划分明确。施工单位要定期对合同的执行情况进行检查,发现合同履行中的问题,找出责任人,及时解决问题,督促有关部门和人员改进工作。

4. 公路施工项目合同的变更、索赔及争议的解决

由于公路工程项目的复杂性,在公路施工合同履行的过程中经常会发生变更、索赔等事件,施工单位与业主之间不可避免地会发生一些争议和冲突。这些争议的解决方式主要是通过相应的制度及法律手段。施工单位应透彻地理解有关法律法规和合同规定,掌握好时机,及时向监理工程师和业主提出变更、索赔申请,避免造成不必要的损失。

5. 公路施工项目合同的档案管理

公路工程项目全部竣工之后,应将全部合同文件加以系统整理,建档保管。在合同的履行过程中,对合同文件,包括有关的签证、记录、协议、补充合同、备忘录、函件、电报、电传等,都应做好系统分类与管理,并按规定要求上交档案馆。

第四节 质量管理

公路工程项目的质量是国家现行的有关法律、法规、技术标准、设计文件及工程合同中对工程的安全、使用、经济、美观等特性的综合要求。公路工程项目一般都是按照合同条件承包建设的。因此,公路工程项目的质量是在“合同环境”下形成的。合同条件中对公路工程项目的功能、使用价值及设计、施工等方面的明确规定都是业主的“需要”,因而都是质量的内容。

任何工程项目都是由分项工程、分部工程和单位工程所组成,而公路工程项目的建设,则是通过一道道工序来完成,是在工序中创造的。所以,公路工程项目的质量包含工序质量、分项工程质量、分部工程质量和单位工程质量。

公路工程项目的质量也包含工作质量。工作质量是指参与工程建设者,为了保证工程项目质量所从事工作的水平和完善程度。工作质量包括:社会工作质量(社会调查、市场预测、质量回访、保修服务等)和生产过程工作质量(政治工作质量、管理工作质量、技术工作质量、后勤工作质量等)。公路工程项目质量的好坏是决策、计划、勘察、设计、施工等单位各方面、各环节工作质量的综合反映,而不是单纯靠质量检验检查出来的。要保证公路工程项目的质量,就要求有关部门和人员精心工作,对决定和影响工程质量的所有因素严加控制,即通过提高工作质量来保证和提高公路工程项目的质量。

一、质量管理体系

公路工程项目的质量管理是一项系统工程，涉及公路工程项目的各个方面，建立健全与之配套的质量管理体系是保证和提高公路工程项目的质量的重要举措，必须引起工程技术人员的高度重视。

1. 坚持质量第一的理念

工程质量是工程产品使用价值的集中体现，用户最关心的就是工程质量的优劣，或者说用户的最大利益在于工程质量。因此，在项目施工中必须树立“百年大计，质量第一”的理念。

2. 坚持以人为控制核心的观念

人是质量的创造者，质量控制必须“以人为核心”，把人作为质量控制的动力，发挥人的积极性、创造性。

3. 坚持预防为主的方针

预防为主是指事先分析影响产品质量的各种因素，找出主导因素，采取措施加以重点控制，使质量问题消灭在发生之前或萌芽状态，做到防患于未然。过去通过对成品或竣工工程进行质量检查，才能对工程的合格与否做出鉴定，这属于事后把关，不能预防质量事故的产生。提倡严格把关和积极预防相结合，并以预防为主的方针，才能使工程质量在施工的全过程中处于控制之中。

4. 坚持质量标准的尺度

质量标准是评价工程质量的尺度，数据是质量控制的基础。工程质量是否符合质量要求，必须通过严格检查，以数据为依据。

5. 坚持全面控制的原则

1）全过程的质量控制

全过程是指工程质量产生、形成和实现的过程。工程质量是勘察设计质量、原材料与成品半成品质量、施工质量、使用维护质量的综合反映。为了保证和提高工程质量，质量控制不能仅限于施工过程，而必须贯穿于从勘察设计直到使用维护的全过程，要把所有影响工程质量的环节和因素控制起来。

2）全员的质量控制

工程质量是项目各方面、各部门、各环节工作质量的集中反映。提高公路工程项目的质量依赖于上自项目经理下至一般员工的共同努力。所以，质量控制必须把项目所有人员的积极性和创造性充分调动起来，做到人人关心质量控制，人人做好质量控制工作。

二、质量管理要求

（1）按照企业质量体系的要求运行，在全过程中贯彻企业的质量目标，坚持“质量第一、预防为主”的方针。

（2）坚持“计划、执行、检查、处理”循环的工作方法，不断改进过程控制。

（3）满足工程施工与验收规范，满足工程质量检验评定标准与顾客的要求。

(4)项目质量控制包括人、材料、机械、方法、环境5个因素。

(5)所有的施工过程都应按规定进行自检、互检、交接检。隐蔽工程、指定部位和分项工程未经检验或已经检验评为不合格的,严禁转入下道工序。

(6)项目经理部建立项目质量责任制和考核评价体系,项目经理对项目质量控制负责。过程质量控制由每一道工序和岗位的责任人负责。

(7)施工单位应就项目质量和质量保修工作对业主负责;分包工程质量由分包人向施工单位负责;施工单位对分包人的工程质量问题承担连带责任。

三、各阶段的质量控制

1. 施工准备阶段的质量控制

施工项目的质量不是靠事后检验出来的,而是在施工过程中创造出来的,把工程质量从事后检查把关转变为事前、事中控制,从对工程质量的检查转变为对工作质量的控制,对工序质量的控制,对中间产品质量的控制,达到"以预防为主"的目的,必须加强对施工前、施工过程的质量控制。

施工前的质量控制是施工中的重要一环和重要内容,是工程施工顺利进行的重要保证。实践证明:凡是重视施工前的质量控制,则该工程就能够顺利完成;反之,虽有加快进度的良好愿望,但往往是事与愿违,工程进行中往往丢三落四、延误时间,有的甚至被迫停工,最后不得不重新返工,补做各项工作,事必减慢施工速度,造成不应有的损失。

施工前的质量控制主要包括以下内容:

(1)质量责任制。施工前将责任落实到有关部门和人,明确各级技术负责人在施工中应负的责任。

(2)工作检查制度。工作有布置,有检查,以利于经常督促,发现薄弱环节,不断改进。

(3)施工组织计划。主要包括施工方案、施工机械、施工方法、新技术、新工艺、施工顺序、施工进度、施工平面图等内容。

(4)施工图会审。使施工单位熟悉、审查设计图纸,了解工程特点、设计意图和关键部位的工程质量要求。指定专人管理并公布有效文件清单。

(5)技术交底。经过认真熟悉图纸和参加图纸会审,加深对图纸的理解,丰富技术交底的内容,结合施工验收规范、操作规程、工艺标准、安全规程、质量评定标准等规定的要求,由项目技术负责人向承担施工的负责人对分部分项工程进行技术交底,技术交底资料应办理签字手续并归档。

(6)材料、构件、半成品落实。对供货方质量保证能力进行评价,包括材料质量、交货期,供货方提供的质量保证能力,交货后服务支持能力,价格履约能力等。

(7)施工前测量工作。项目开工前应编制测量控制方案并经项目技术负责人批准后方可实施,测量记录应归档保存。施工过程中,应对测量点线妥善保护,严禁擅自移动。

(8)安全生产。国家安全生产法规很多,应按有关安全规范施工。

(9)施工人员培训。施工企业应对全体施工人员进行质量知识培训,并保存培训记录,做到持证上岗。

2. 施工阶段的质量控制

施工过程是一个动态过程，质量控制必须伴随着施工过程进行。施工阶段的质量控制是对施工过程在进度、质量、安全等方面实行全面的控制。

质量控制的主要工作是以工序质量控制为核心，设置质量控制点，严格控制质量检查和工程变更，做好成品的保护。

1）工序质量控制

工序是基础，直接影响工程项目的整体质量。因此，要求施工作业人员按规定经考核后持证上岗。施工管理人员及作业人员应按操作规程、作业指导书和技术交底文件进行施工。工序质量包含工序活动质量和工序效果质量。工序活动质量是指每道工序的投入质量是否符合要求；工序效果质量是指每道工序完成的工程产品是否达到有关质量标准。工序的检验和试验应符合过程检验和试验的规定，对查出的质量缺陷按不合格控制程序及时处理，对验证中发现不合格产品和过程应按规定进行鉴别、标识、记录、评价、隔离和处置。不合格处置应根据不合格严重程度，按返工、返修或让步接受、降级使用、拒收或报废4种情况进行处理。构成等级质量事故的不合格，应按国家法律、行政法规进行处置。

对返修或返工后的产品，应按规定重新进行检验和试验。

进行不合格让步接受时，项目经理应向发包人提出书面让步申请，记录不合格程度和返修的情况，双方签字确认让步接受协议和接收标准。

对于影响工程主体结构安全和使用功能不合格的，应邀请发包人代表或监理工程师、设计人共同确定处理方案，报主管部门批准。

检验人员必须按规定保存不合格控制的记录。

2）质量控制点的设置

质量控制点涉及面较广，可能是结构复杂的某一工程项目，也可能是技术要求高、施工难度大的某一结构或分项、分部工程，也可能是影响质量关键的某一环节。总之，无论是操作、工序、材料、机构、施工顺序、技术参数、自然条件以及工程环境等，均可作为质量控制点来设置，主要视其对质量特征影响的大小及危害程度而定。

质量控制点的设置应根据不同管理层次和职能，按以下原则分级设置：

（1）质量目标的重要项目、薄弱环节、关键部位、施工部位需要控制的重要质量特性。

（2）对影响工期、质量、成本、安全、材料消耗等重要因素环节。

（3）新材料、新技术、新工艺的施工环节。

（4）质量信息反馈中，缺陷频数较多的项目。

3）施工过程中的质量检查

在施工过程中，施工人员是否按照技术交底、施工图纸、技术操作规程和质量标准的要求实施，是直接涉及工程产品的质量问题。

（1）施工操作质量的巡视检查。有些质量问题由于操作不当所致，也有些操作不符合规程的工程质量要求，虽然表面上似乎影响不大，却隐藏着潜在的危害。所以，在施工过程中，必须注意加强对操作质量的巡视检查，对违章操作、不符合工程质量要求的，要及时纠正，以防患于未然。

（2）工序质量交接检查。严格执行“三检（自检、互检、交接检）”制度。各工序按施工技术标准进行质量控制,每道工序完成后应进行检查。相互各专业工种之间,应进行交接检验,并形成记录。未经监理工程师检查认可,不得进行下道工序施工。

(3)隐蔽验收检查。隐蔽验收检查是指将被其他工序施工所隐蔽的分项、分部工程,在隐蔽前所进行的检查验收。实践证明,坚持隐蔽验收检查是防止隐患,避免质量事故的重要措施。隐蔽工程验收后,要办理隐蔽签证手续,列入工程档案。

(4)工程施工预检。预检是指工程在未施工前所进行的预先检查。预检是确保工程质量,防止可能发生偏差造成重大质量事故的有力措施。

预检后要办理预控手续,未经预检或预检不合格,不得进行下一道工序施工。

对检查发现的工程质量问题或不合格报告提及的问题,应由项目技术负责人组织有关人员确定不合格程度,制定纠正措施。

对已发现或潜在的不合格信息,应分析并记录结果。

对严重不合格或重大质量事故,必须实施纠正措施。实施纠正措施的结果应由项目技术负责人验证并记录;对严重不合格或等级质量事故的纠正措施和实施效果应验证,并应报企业管理层。

4)工程变更

工程变更是指工程项目任何形式上、质量上、数量上的变动,它既包括工程具体项目的某种形式上、质量上、数量上的改动,也包括合同文件内容的某种改动。

(1)工程变更的范围。

①设计变更:设计变更的主要原因是投资者对投资规模的压缩或扩大,而需重新设计。设计变更的另一个原因是对已交付的设计图纸提出新的设计要求,需要对原设计进行修改。

②工程量的变动:对工程量清单中的数量上的增加或减少。

③施工时间的变更:对已批准的承包商施工计划中安排的施工时间或完成时间的变动。

④施工合同文件变更。

(2)工程变更控制。

工程变更可能导致项目工期、成本或质量的改变,因此必须对工程变更进行严格的管理和控制。在工程变更控制中,主要应考虑以下几个方面:

①管理和控制那些能够引起工程变更的因素和条件。

②分析和确认各方面提出的工程变更要求的合理性和可行性。

③当工程变更发生时,应对其进行管理和控制。

④分析工程变更而引起的风险。

5)成品保护

在工程项目施工中,某些部位已完成,而其他部位还正在施工,如果对已完成部位或成品不采取妥善的措施加以保护,就会造成损伤,影响工程质量。因此,会造成人、财、物浪费和拖延工期;更为严重的是,有些损伤难以恢复原状,而成为永久性的缺陷。

加强成品保护应从加强教育,提高全体员工的成品保护意识以及合理安排施工顺序,采取有效的保护措施等方面着手。

3.竣(交)工验收阶段的质量控制

施工后的质量控制是指各分部分项工程都已全部施工完毕后的质量控制。它是工程投资成果转入生产或使用的标志，是全面考核投资效益、检验设计和施工质量的重要环节。工程应按《公路工程竣(交)工验收办法》(交通部令 2004 年第 3 号)进行竣(交)工验收，未经验收或者验收不合格的，不得交付使用。

其质量控制的主要工作有收尾工作、竣(交)工验收和工程质量回访。

1)收尾工作

收尾工作的特点是零星、分散、工程量小、分布面广，如不及时完成将会直接影响项目的验收及使用，故应编制项目收尾工作计划并限期完成。项目经理和技术员应对工程收尾计划的执行情况进行检查，重要部位要做好记录。

2)竣(交)工验收

公路工程施工验收分为交工验收和竣工验收两个阶段。交工验收是检查施工合同的执行情况，评价工程质量是否符合技术标准及设计要求，是否可以移交下一阶段施工或是否满足通车要求，对各施工单位工作进行初步评价；竣工验收是综合评价工程建设成果，对工程质量、施工单位和建设项目进行综合评价。

(1)竣(交)工验收的依据。

①批准的工程可行性研究报告、工程初步设计文件、施工图设计、设计变更通知书以及说明书。

②批准的招标文件及双方签订的施工合同文本。

③设备技术说明书。

④行政主管部门的有关批复、批示文件。

⑤交通运输部颁布的公路工程技术标准、规范、规程及国家有关部门的相关规定，以及施工验收规范及质量验收标准。

⑥外资工程应依据我国有关规定提交竣工验收文件。

(2)竣(交)工验收的组织。交工验收由业主负责组织。竣工验收由交通运输主管部门按项目管理权限负责组织，交通运输部负责国家、部重点公路工程项目中 100km 以上的高速公路、独立特大型桥梁和特长隧道工程的竣工验收工作；其他公路工程建设项目，由省级人民政府交通运输主管部门确定的相应交通运输主管部门负责竣工验收工作。

公路工程竣(交)工验收工作应当做到公正、真实和科学。

(3)竣(交)工验收的程序。

①竣工验收准备，施工单位在工程完成后应做好验收准备工作，包括清理现场、准备资料及结构安全检测。

②编制竣工验收计划，对竣工工程按验收内容编制出验收计划。

③组织现场验收，主要包括：各分部工程应该合格、有关资料文件完整、安全功能部分的分部工程应检验复查、对使用功能进行抽查、观感质量检查等方面的内容。

④进行竣工结算，验收合格后，施工单位按合同约定的时间进行结算。

⑤移交竣工资料，工程项目在工程质量验收后，由施工单位向业主移交竣工资料。

⑥办理交工手续，工程项目在工程质量验收后，由施工单位向业主移交工程项目所有权的过程。

(4)竣(交)工验收的要求。

①设计文件和合同约定的各项施工内容已经施工完毕。

②有完整并经核定的工程竣工资料,符合验收规定。

③有勘察、设计、施工、监理等单位签署确认的工程质量合格文件。

④有工程使用的主要建筑材料、构配件和设备进场的证明及试验报告。

⑤达到合同约定的工程质量标准。

⑥单位工程质量竣工验收达到合格标准。

⑦单项工程达到使用条件或满足生产要求。

⑧建设项目能满足建成投入使用或生产的各项要求。

(5)竣(交)工验收的方法。施工单位确认工程竣工、具备竣工验收的各项要求,并经监理单位认可签署意见后,向业主提交"工程验收报告"。业主收到"工程验收报告"后,应在约定的时间和地点,组织有关单位进行竣工验收。

业主组织勘察、设计、施工、监理等单位按照竣工验收程序,对工程进行核查后,应得出验收结论,并形成"工程竣工验收报告",参与竣工验收的各方负责人应在竣工验收报告上签字并盖单位公章。

通过竣工验收程序,办完竣工结算后,施工单位应在规定期限内向业主办理工程移交手续。

(6)交工验收。工程合同段符合交工验收条件后,经监理工程师同意,由施工单位向业主提出申请,业主应及时组织对合同段进行交工验收。

①交工验收应具备以下条件:

A. 合同约定的各项内容已完成。

B. 施工单位按交通运输部制定的《公路工程质量检验评定标准》(JTG F80/1—2017)及相关规定的要求,对工程质量自检合格。

C. 监理工程师对工程质量的评定合格。

D. 质量监督机构按交通运输部规定的《公路工程质量鉴定办法》,对工程质量进行检测(必要时可委托有相应资质的检测机构承担检测任务),并出具检测意见。

E. 竣工文件已按交通运输部规定的公路工程档案管理的有关内容编制完成。

F. 施工单位、监理单位已完成本合同段的工作总结。

②交工验收的主要工作内容:

A. 检查合同执行情况。

B. 检查施工自检报告、施工总结报告以及施工资料。

C. 检查监理单位独立抽检资料、监理工作报告及质量评定资料。

D. 检查工程实体,审查有关资料,包括主要产品质量的抽(检)测报告。

E. 核查工程完工数量是否与批准的设计文件相符,是否与工程计量数量一致。

F. 对合同是否全面执行、工程质量是否合格得出结论,按交通运输主管部门规定的格式签署合同段交工验收证书。

G. 按交通运输部规定的办法,对设计单位、监理单位、施工单位的工作进行初步评价。

交工验收的程序与方法按《公路工程竣(交)工验收办法》的规定和《公路工程质量检验评定标准》的要求进行。交工验收提出的工程质量缺陷等遗留问题,由施工单位限期完成。

(7)竣工验收。

①竣工资料的准备。竣工资料是竣工验收的重要依据。施工单位应按竣工验收条件的规定,认真整理工程竣工资料。竣工资料应包括工程项目开工报告与竣工报告;图纸会审和设计交底记录;设计变更通知单与技术变更核定单;工程质量事故发生后调查和处理资料;水准点位置、定位测量记录、沉降及位移观测记录;材料、设备、构件的质量合格证明资料与试验、检验报告;隐蔽工程验收记录及施工日志;竣工图;质量验收评定资料与工程竣工验收资料等内容。

②竣工验收应具备的条件。

A. 通车试运营 2 年后。

B. 交工验收提出的工程质量缺陷等遗留问题已处理完毕,并经项目法人验收合格。

C. 工程决算已按交通运输部规定的办法编制完成,竣工决算已经审计,并经交通运输主管部门或其授权单位认定。

D. 竣工文件已按交通运输部规定的内容完成。

E. 对需进行档案、环保等单项验收的项目,已经有关部门验收合格。

F. 各参建单位已按交通运输部规定的内容完成各自的工作报告。

G. 质量监督机构已按交通运输部规定的《公路工程质量鉴定办法》,对工程质量检测鉴定合格,并形成工程质量鉴定报告。

③竣工验收的预验收。施工单位自行组织的内部模拟验收,内部模拟验收是顺利通过验收的可靠保证,通过内部模拟验收可及时发现遗留问题和质量缺陷。

对于工程质量缺陷可采用修补处理、返工处理和不做处理的方案。

A. 修补处理。当工程的某些部分的质量虽未达到规定的规范、标准或设计要求,存在一定的缺陷,但经过修补后还可达到要求的标准,又不影响使用功能或外观要求的,可以做出进行修补处理的决定。

B. 返工处理。当工程质量未达到规定的标准或要求,有明显的严重质量问题,对结构的使用和安全有重大影响,而又无法通过修补办法给予纠正时,可以做出返工处理的决定。

C. 不做处理。某些工程质量缺陷虽不符合规定的要求或标准,但其情况不严重,经过分析、论证和慎重考虑后,可以做出不做处理的决定。可以不做处理的情况有:不影响结构安全和使用要求;经过后续工序可以弥补的不严重的质量缺陷;经复核验算,仍能满足设计要求的质量缺陷。

④竣工验收的主要工作内容。

A. 成立竣工验收委员会。

B. 听取项目法人、设计单位、施工单位、监理单位的工作报告。

C. 听取质量监督机构的工作报告及工程质量鉴定报告。

D. 检查工程实体质量、审查有关资料。

E. 按交通运输部规定的办法对工程质量进行评分,并确定工程质量等级。

F. 按交通运输部规定的办法对参建单位进行综合评价。

G. 对建设项目进行综合评价。

H. 形成并通过竣工验收鉴定书。

竣工验收的组织与质量评定工作按《公路工程竣(交)工验收办法》的规定进行。

3)工程质量回访

工程竣工验收后,该施工项目组织机构即行撤销,根据下个工程项目情况进行重新组合。因此,工程质量回访与保修工作由施工单位有关职能部门进行。

第五节 安全管理

一、安全管理体系的作用与目标

1. 安全管理体系的作用

(1)职业安全状况是经济发展和社会文明程度的反映。使所有劳动者获得安全与健康,是社会公正、安全、文明、健康发展的基本标志,也是保持社会安定团结和经济可持续发展的重要条件。

(2)安全管理体系不同于安全标准,它是对企业环境的安全状态规定了具体的要求和限定,通过科学管理使工作环境符合安全标准的要求。

安全管理体系的运行主要依赖于逐步提高,持续改进。它是一个动态、自我调整和完善的管理系统,同时也是职业安全管理体系的基本思想。

安全管理体系是项目管理体系中的一个子系统,其循环也是整个管理系统循环的一个子系统。

2. 安全管理体系的目标

(1)使员工面临的风险减少至最低限度,最终实现预防和控制工伤事故、职业病及其他损失的目标,帮助企业在市场竞争中树立起一种负责的形象,从而提高企业的竞争能力。

(2)直接或间接获得经济效益。通过实施《职业安全卫生管理体系》可以明显提高项目安全生产管理水平和经济效益。通过改善劳动者的作业条件,提高劳动者身心健康和劳动效率。对项目的效益具有长时期的积极效应,对社会也能产生激励作用。

(3)实现以人为本的安全管理。人力资源的质量是提高生产率水平和促进经济增长的重要因素,而人力资源的质量是与工作环境的安全状况密不可分的。体系的建立将是保护和发展生产力的有效方法。

(4)提升企业的品牌和形象。市场中的竞争已不再仅仅是资本和技术的竞争,企业综合素质的高低将是开发市场的最重要的条件,是企业品牌的竞争。而项目职业安全则是反映企业品牌的重要指标,也是企业素质的重要标志。

(5)促进项目管理现代化,管理是项目运行的基础。随着全球经济一体化的到来,对现代化管理提出了更高的要求,必须建立系统、开放、高效的管理体系,以促进项目大系统的完善和整体管理水平的提高。

(6)增强对国家经济发展的能力。加大对安全生产的投入,有利于扩大社会内部需求,增加社会需求总量;同时,做好安全生产工作可以减少社会总损失,而且保护劳动者的安全与健康也是国家经济可持续发展的长远之计。

二、安全管理体系的要求

国务院在《关于进一步加强企业安全生产工作的通知》中提出:坚持"安全第一、预防为主、综合治理"的方针,全面加强企业安全管理,健全规章制度,完善安全标准,提高企业技术水平,夯实安全生产基础。实践证明,这是适应我国市场经济体制要求的,同时也符合国际惯例。

1."企业负责"的要求

"企业负责"就是在实现市场经济体制下安全生产工作体制的基础和根本,是指企业在其经营活动中必须对本企业的安全生产负全面责任。

(1)企业法定代表人是安全生产的第一责任人;项目经理则是施工项目安全生产的主要责任人。

(2)应自觉贯彻"安全第一、预防为主"的方针和坚持"管生产必须管安全"的原则,严格遵守安全生产的法律、法规和标准。

(3)正确处理好"五种关系",即安全与生产、安全与效益、安全与进度、安全与管理、安全与技术的关系。

(4)必须建立健全本企业安全生产责任制和各项安全生产规章制度。

(5)必须设置安全机构,配备合格的安全管理人员,对企业的安全工作进行有效的管理。

(6)负责提供符合国家安全生产要求的工作场所、生产设施。

(7)加强对有毒、易燃易爆等危险品和特种设备的管理。

(8)对从事危险物品管理和操作的人员都应进行专业的训练,并持证上岗。

(9)编制安全生产计划和专项安全施工组织设计。

(10)定期进行安全检查,杜绝违章指挥、违章作业和违反劳动纪律现象,及时消除不安全因素。

(11)加强对员工的安全教育和培训,提高全体员工的业务素质和安全素质。

(12)自觉接受当地政府行政管理、国家监察和群众监督。

2."行业管理"的要求

"行业管理"就是各级行业主管部门对用人单位的职业健康安全工作应加强指导,充分发挥行业主管部门对本行业职业健康安全工作进行管理的作用。

3."国家监察"的要求

"国家监察"就是各级政府部门对用人单位遵守职业健康安全法律、法规的情况实施监督检查,并对用人单位违反职业健康安全管理体系法律、法规的行为实施行政处罚。

国家监察是一种执法监察,主要是监察国家法规、政策的执行情况,预防和纠正违反法规、政策的偏差,它不干预企事业单位内部执行法规、政策的方法、措施和步骤等具体事务。它不能替代行业管理部门日常管理和安全检查。

4."群众监督"的要求

"群众监督"就是要规定工会依法对用人单位的职业健康安全工作实行监督,劳动者对违反职业健康安全法律、法规和危害生命以及身体健康的行为,有权提出批评、检举和控告。

5."劳动者遵章守纪"的要求

安全生产目标的实现,根本取决于全体员工素质的提高,取决于劳动者能否自觉履行好自己的安全法律责任。按照《中华人民共和国劳动法》的规定,就是"劳动者在劳动过程中,必须严格遵守安全操作规程",要"珍惜生命,爱护自己,勿忘安全",广泛深入地开展"三不伤害"活动,自觉做到遵章守纪、遵纪守法,确保安全。

三、安全控制体系

1.安全保证计划

安全目标管理是企业在某一时期制定出旨在保证生产过程中员工的安全和健康的目标,为达到这一目标而采取的一系列工作的总称。安全保证计划是项目部在企业总目标下而制定的安全目标。

1)确定施工安全目标

(1)项目经理部应根据项目施工安全目标的要求配置必要的资源,确保施工安全,保证目标实现。专业性较强的施工项目,应编制专项安全施工组织设计并采取安全技术措施。

(2)项目安全保证计划应在项目开工前编制,经项目经理批准后实施。

2)项目安全保证计划书

(1)项目安全保证计划的内容包括:工程概况、控制程序、控制目标、组织结构、职责权限、规章制度、资源配置、安全措施、检查评价、奖惩制度。

(2)项目经理部应根据工程特点、施工方法、施工程序、安全法规和标准的要求,采取可靠的技术措施,消除安全隐患,保证施工安全。

(3)对结构复杂、施工难度大、专业性强的项目,除制定项目安全技术总体安全保证计划外,还必须制定单位工程或分部、分项工程的安全施工措施。

(4)对于高空作业、井下作业、水上作业、水下作业、深基础开挖、爆破作业、脚手架上作业、有害有毒作业、特种机械作业等专业性强的施工作业,以及从事电气、压力容器、起重机、金属焊接等特殊工种的作业,应制定单项安全技术方案和措施,并应对管理人员和操作人员的安全作业资格和身体状况进行合格审查。

(5)安全技术措施应包括:防火、防毒、防爆、防洪、防尘、防雷击、防触电、防坍塌、防物体打击、防机械伤害、防溜车、防高空坠落、防交通事故、防寒、防暑、防疫、防环境污染等方面的措施。

2.安全保证计划的实施

项目经理部应根据安全生产责任制的要求,把安全责任目标分解到岗,落实到人。

安全生产责任制必须经项目经理批准后实施。

(1)项目经理安全职责应包括:认真贯彻安全生产方针、政策、法规和各项规章制度,制定和执行安全生产管理办法,严格执行安全考核指标和安全生产奖惩办法,严格执行安全技术措施审批和施工安全技术措施交底制度;定期组织安全生产检查和分析,针对可能产生的安全隐患制定相应的预防措施;当施工过程中发生安全事故时,项目经理必须按安全事故处理的有关规定和程序及时上报和处置，并制定防止同类事故再次发生的措施。

(2)安全员安全职责应包括：落实安全设施的设置；对施工全过程的安全进行监督，纠正违章作业；配合有关部门排除安全隐患、组织安全教育和全员安全活动；监督劳保用品质量和正确使用。

(3)作业队长安全职责应包括：向作业人员进行安全技术措施交底，组织实施安全技术措施；对施工现场安全防护装置和设施进行验收；对作业人员进行安全操作规程培训，提高作业人员的安全意识，避免产生安全隐患；当发生重大或恶性工伤事故时，应保护现场，立即上报并参与事故调查处理。

(4)班组长安全职责应包括：安排施工生产任务时，向本工种作业人员进行安全措施交底；严格执行本工种安全技术操作规程，拒绝违章指挥；作业前，应对本次作业所使用的机具、设备、防护用具及作业环境进行安全检查，消除安全隐患，检查安全标牌是否按规定设置，标识方法和内容是否正确完整；组织班组开展安全活动，召开上岗前安全生产会；每周应进行安全讲评。

(5)操作工人安全职责应包括：认真学习并严格执行安全技术操作规程，不违规作业；自觉遵守安全生产规章制度，执行安全技术交底和有关安全生产的规定；服从安全监督人员的指导，积极参加安全活动；爱护安全设施；正确使用防护用具；对不安全作业提出意见，拒绝违章指挥。

(6)施工单位对分包人的安全生产责任应包括：审查分包人的安全施工资格和安全生产保证体系，不应将工程分包给不具备安全生产条件的分包人；在分包合同中应明确分包人安全生产责任和义务；对分包人提出安全要求，并认真监督、检查；对违反安全规定冒险蛮干的分包人，应令其停工整改；施工单位应统计分包人的伤亡事故，按规定上报，并按分包合同约定协助处理分包人的伤亡事故。

(7)分包人安全生产责任应包括：分包人对本施工现场的安全工作负责，认真履行分包合同规定的安全生产责任；遵守承包人的有关安全生产制度，服从承包人的安全生产管理，及时向承包人报告伤亡事故并参与调查，处理善后事宜。

(8)施工中发生安全事故时，项目经理必须按国务院安全行政主管部门的规定及时报告并协助有关人员进行处理。

3. 安全检查

(1)项目经理应组织项目经理部定期对安全控制计划的执行情况进行检查考核和评价。对施工中存在的不安全行为和隐患，项目经理部应分析原因并制定相应整改防范措施。

(2)项目经理部应根据施工过程的特点和安全目标的要求，确定安全检查内容。

(3)项目经理部安全检查应配备必要的设备或器具，确定检查负责人和检查人员，并明确检查内容及要求。

(4)项目经理部安全检查应采取随机抽样、现场观察、实地检测相结合的方法，并记录检测结果。对现场管理人员的违章指挥和操作人员的违章作业行为应进行纠正。

(5)安全检查人员应对检查结果进行分析，找出安全隐患部位，确定危险程度。

(6)项目经理部应编写安全检查报告。

4. 施工项目安全控制事故处理

1)安全隐患处理

(1)项目经理部应区别"通病""顽症"、首次出现、不可抗力等类型,修订和完善安全整改措施。

(2)项目经理部应对检查出的隐患立即发出安全隐患整改通知单。受检单位应对安全隐患原因进行分析,制定纠正和预防措施。纠正和预防措施应经检查单位负责人批准后实施。

(3)安全检查人员对检查出的违章指挥和违章作业行为向责任人当场指出,限期纠正。

(4)安全员对纠正和预防措施的实施过程和实施效果应进行跟踪检查,保存验证记录。

2)项目经理部进行安全事故处理

(1)安全事故处理必须坚持"事故原因不清楚不放过,事故责任者和员工没有受过教育不放过,事故责任者没有处理不放过,没有制定防范措施不放过"的原则。

(2)安全事故处理程序。

①报告安全事故:安全事故发生后,受伤者或最先发现事故的人员应立即用最快的传递手段,将发生事故的时间、地点、伤亡人数、事故原因等情况,上报至企业安全主管部门。企业安全主管部门视事故造成的伤亡人数或直接经济损失情况,按规定向政府主管部门报告。

②事故处理:抢救伤员、排除险情、防止事故蔓延扩大,做好标识,保护好现场。项目经理应指定技术、安全、质量等部门的人员,会同企业工会代表组成调查组,开展事故调查。

③调查报告:调查组应把事故发生的经过、原因、性质、损失责任、处理意见、纠正和预防措施撰写成调查报告,并经调查组全体人员签字确认后报企业安全主管部门。

5. 安全控制的继续改进和兑现合同承诺

工程竣工后要及时提交安全控制总结报告,认真总结施工过程中的安全控制有哪些经验,有哪些不足,为以后的工作积累经验,同时也要兑现合同中关于安全事故的奖罚承诺。

第六节 技术管理

技术管理不同于单纯的技术工作,它是公路施工企业对生产技术所进行决策、计划、组织、指挥、协调、控制和激励等一系列管理工作的总称,它是施工企业管理的重要组成部分。技术管理工作主要包括:技术管理制度、技术革新与技术开发、安全技术、科学实验和技术文件管理等。

一、技术管理的任务与内容

随着现代科学技术水平的不断进步,我国的公路施工企业已将许多新的科研成果,先进的技术装备,广泛地应用在各种结构复杂的公路、桥梁等构造物的设计、施工生产过程中。如计算机进行道路、桥梁设计,使公路的设计水平和设计速度大大提高;公路概(预)算软件的开发应用大大提高了概(预)算的精度,缩短了设计周期。为此,必须更合理、更有效地改进和加强技术工作的组织管理,积极组织科研攻关,不断进行技术革新和技术开发,以适应现代科学技术水平发展的需求。以此来提高企业的经济效益,是持久的、无限的。

1. 技术管理的任务

(1)大力开展科学研究,不断提高生产的现代化水平。通过科学研究,在工程结构设计方面尽量采用国内外最先进的理论和技术;在施工方面要采用切实可行的先进工艺缩短建设周期、降低工程成本;在工程质量方面要进行不断的研究和改进,确保工程质量;要大力开展挖潜、革新、改造,提高施工生产的现代化水平。

(2)合理组织施工企业一切技术工作,保证生产顺利进行,如建立健全技术管理制度;及时为生产提供先进合理的各种技术文件;贯彻执行技术规程、技术规范和技术标准,确保工程质量,组织安全生产和文明生产,为生产顺利进行提供一切技术条件。

(3)通过技术管理,提高企业的经济效益,促进企业管理现代化。

(4)认真贯彻和落实国家有关部门制定的各项技术管理的规定和措施。

2. 技术管理的内容

(1)贯彻和执行国家各项技术政策、技术标准、技术规范、技术规程。

(2)技术情报工作。

(3)新结构、新工艺、新管理方法的研究、设计。

(4)建立和健全各项技术管理制度。

(5)技术档案、技术资料的管理。

(6)开展技术革新、新技术开发应用。

(7)环境保护和综合利用。

(8)开展质量监督与管理工作。

(9)编制施工企业科学技术发展规划。

(10)其他技术管理工作。

二、技术管理的制度

1. 技术责任制

建立技术责任制的目的是把企业各级生产组织的技术工作,纳入集中统一的轨道,保证企业各级组织的各种技术岗位都有技术负责人,防止和杜绝施工中责任不清或无人负责的现象,保证工程质量和经济效益。为此,必须建立各级技术领导,实行岗位责任制,使每个技术人员各有专职。

建立技术责任制,不只是使各级技术人员具有一定的职权,更重要的是为了充分发挥技术人员的积极性和创造性。各种技术领导应把企业的技术管理工作和其他各项管理工作有机地结合起来,使整个企业在完成生产任务的同时,不断提高技术管理水平。

2. 现场核对和施工准备制度

1)现场核对

施工单位根据年度施工任务书(或承包合同),由单位领导组织工程部及有关人员,并会同设计单位,按设计的施工图进行现场核对,现场核对的目的是了解施工条件和设计中存在的问题。核对的内容参考施工单位制定的技术管理制度中的相关规定。

2)施工准备工作方案的编制

现场核对后,施工单位应根据现场核对结果,并结合设计文件和上级要求,提出开工前施工准备工作原则和控制性经济技术指标,下达至工程部。工程部据此提出开工前的“准备工作方案”,上报施工单位。其主要内容是:

(1)工程任务、工程性质、工程分布、技术复杂程度、施工条件等。

(2)根据工程特点,初步考虑的工程施工总体布置、开竣工日期,主要工程项目的施工顺序、方法、原则。

(3)施工队伍进点日期,工地房屋、便道、便桥等临时建筑物工程的开工时间。

(4)自采材料的采运、加工方法、预制厂、中心库、供应站(点)的位置,运输线路和方式的选择、水和电的供应体系等。

(5)所需主要机具、材料、劳动力的估算以及施工前所需的准备工作;需要上级解决的主要材料数量、规格及进场时间。

(6)其他有关施工准备自行解决的问题。

3)开工报告

施工单位应逐月检查工程部“准备工作方案”的执行情况,并给予支持。工程部可提出正式开工报告报施工单位,工程未经批准不得开工。

当开工前准备工作满足下列条件时,即可申请开工:

(1)具备已批准的全部设计文件。

(2)具备足以维持不间断施工所需的机具、材料、劳力、运力、设备和职工生活上需要的条件。

(3)具备足够的施工管理机构的人员。

(4)具备已签订落实的占地、拆迁等协议。

3. 设计文件及图纸会审制度

1)自审

现场核对后,工程部由技术负责人组织部门有关人员,对设计文件(含施工图)进行施工单位自审,其重点工作是解决全部设计及图纸的正确性如何,预算是否合理,重点工程及具有普遍性工程的施工方法是否妥当等问题。

2)会审

设计文件会审的程序是:首先,分别由施工单位和建设单位进行自审,同时请设计单位进行技术交底,弄清设计意图;然后,由建设单位组织设计单位、施工单位及有关部门参加进行集体会审。通过集体会审,将施工单位现场核对、施工单位自审发现的问题,以及建设单位提出的问题,研究解决,或按变更设计处理。

3)开工后的分部分项工程图纸审查

单位工程开工前,由工程部(工区)技术负责人组织有关部门、工长、班(组)长,除细致审核细部尺寸及研究操作上的问题外,还应对技术复杂、要求严格、操作困难的分部工程,采取放大样、做模型等方法进行熟悉核对;对于新技术、新结构缺乏经验的,可先试点,取得经验后再全面施工。

4)图纸会审记录表

图纸会审后,均应请有关人员在图上签章,将发现的问题,在记录表上记述并更正、补充或做变更设计处理。图纸未经会审不得施工。会审后,应填写设计、图纸会审记录表存查,必要时还要写成文件抄送有关单位。

工程部或工区在现场核对及会审之后,应根据需要提出补充施工图纸,经工程部技术负责人批准即可施工。其内容为:施工辅助图(如隧道口详细地形图);施工手段图(如模板、支架图);施工条件图(如预制厂设计图)。

4. 恢复定线和施工测量放样

在现场核对和图纸会审后,即可进行恢复定线和施工测量放样。它是开工前对设计的构造物位置、尺寸、高程等所进行的全面、详细的核对,是必不可少的准备工作,该项工作完成后,应填写"恢复定线测量结果报告表"。

5. 施工组织设计和施工设计制度

在现场核对和设计图纸会审后,应结合实际情况编制施工组织设计和施工设计。

对较复杂的、新型的、缺乏经验的、难以施工的主要分部分项工程,除在施工组织设计中概括外,还应专项做出施工设计。

施工设计的依据是技术设计文件、施工测量结果、施工组织设计、可能的施工技术条件等。施工设计的内容应包括文字说明,施工技术措施及技术安全措施,采用的技术、工艺及所需主要机具和材料,施工详图等。

6. 技术交底制度

技术交底是为了使参与施工任务的全体职工,明确所担负工程任务的特点、技术要求、施工工艺等,做到心中有数。技术交底工作原则上应在正式施工前做好。

技术交底的主要包括工程数量、施工期限、施工设计意图、施工工艺、规范要求、质量标准及技术安全措施等内容。对于重点工程、重点部位、特殊工程、新结构、新工艺、新材料的工程,更需做详细的技术交底。

技术交底工作应分级进行,分级管理。

(1)凡技术复杂(包括推选新技术)的重点工程、重点部位,应由总工程师向主任工程师、技术队长以及有关职能部门负责人交底,明确关键性的施工技术问题,主要项目的施工方法和对特殊工程的技术、材料提出试验项目、技术要求以及注意事项等内容。

(2)普通工程应由主任工程师参照上述内容进行。

(3)施工队一般的技术交底工作,由施工技术队长负责向技术员、工长、质量检查员、安全员以及班组长进行交代所承担的工程数量、要求期限、图纸内容、测量放样、施工方法、质量标准、技术措施、操作要求和安全措施等内容。

工长向班组的交底工作,是各级技术交底的关键。工长向班组交底时,要结合具体操作部位,贯彻落实上级技术领导的要求,明确关键部位的质量要求、操作要点以及注意事项,制订保证质量、安全的技术措施。对关键性项目、部位、新技术的推广项目应反复、细致地向操作班组进行交底,必要时应做文字交底或示范操作。

7. 变更设计制度

工程施工图设计文件和工程施工设计文件,在施工过程中,原则上不得任意变更,若在施工过程中发现原设计不能保证工程标准和质量时,或施工条件、材料规格、品种、质量不能完全符合设计要求者,或职工提出合理化建议等原因,需要变更工程设计和施工设计时,应由施工单位编制变更设计文件或变更设计报告,报建设和设计单位审核同意后,方可变更设计。

8. 工程验收制度

工程验收是检查评定公路工程质量的重要环节。根据公路建筑安装的特点,对分项工程、隐蔽工程和竣工工程进行工程验收。

1)隐蔽工程验收

隐蔽工程是指那些在施工过程中上道工序的工作成果,被下道工序所掩盖,而无法进行复查的工程部位,如钢筋混凝土工程的钢筋、大桥基础的断面尺寸等。因此,这些工程在下道工序进行施工以前,应由施工员或施工队技术队长报请建设单位(重点工程邀请设计单位)及时进行隐蔽工程检查、验收,并办好隐蔽工程验收签证手续。隐蔽工程验收记录,是今后工程合理使用、维护、改造、扩建的一项重要技术资料,必须归入技术档案,备作竣工验收资料。

2)分项工程验收

分项工程是指单位工程的主体结构。如大桥上部、高级路面的分部工程、大型构造物的支架、重要便桥等分项工程完工后,由施工单位邀请建设单位(或设计单位)共同检查验收,并签证验收记录,归入技术档案。

3)竣工验收

工程竣工验收是对企业生产、技术成果进行的一次综合性的检查。工程建设项目竣工验收后,就可投入使用,形成生产力。

工程竣工后,于初验前,工程部应进行内部预检,搞好施工测量,经过预检,发现不合设计要求和验收标准的,要由施工队负责修竣,并需准备好施工技术资料、图表等,以备竣工初验和竣工验收用。

施工初验由施工单位或主管部门主持,工程部应提出初验报告,报主管部门或建设单位,并组织验收委员会(或小组)进行初验,写出初验报告,内容有:施工初验组织情况;工程概况及竣工数量;工程质量及施工管理评价;检查时发现的重大质量问题及遗留问题的处理意见;提交竣工验收委员会(组)讨论的问题及确定验收的日期。

9. 技术信息和技术资料管理制度

技术信息和技术资料由通用信息、资料(法规和部门规章、材料价格表等)和本工程专项信息资料(施工记录、施工技术资料等)两大部分组成。前者对于项目施工是指导性、参考性资料;后者是工程归档资料,是为工程项目交工后,给用户在使用维护、改建、扩建以及给本企业再有类似的工程施工时作为参考。工程归档资料是在生产过程中直接产生和自然形成的,内容有:图纸会审记录、设计变更,技术核定单,原材料、成品、半成品的合格证明及检验记录,隐蔽工程验收记录等;项目施工管理实施规划,研究与开发资料,大型临时设施档案,施工日志,技术管理经验总结等。

技术信息、技术资料的形成,须建立责任制度,统一领导,分专业管理。做到及时、准确、完整,符合法规要求,无遗留问题。

第七节 成本管理

成本是商品生产中所耗费的活劳动和物化劳动的货币表现。

施工项目成本以货币形成表现,是从设计施工、到交付使用全部生产过程的全部费用支出的总和。施工项目成本不仅包括各种生产性耗费,如材料费、折旧费、人工费等,还包括一些非生产性耗费。

1. 损失性支出

这是指由于企业经营管理不善所造成的支出。如材料的盘亏和毁损、滞纳金、返工损失等支出。这些支出对工程的正常施工是不必要的,不构成工程价值。但在现行财务会计制度中,规定将这部分支出也计入施工项目成本内。

2. 纯收入分配性支出

这是指企业支付的流动资金贷款利息和按工资总额计提的职工福利基金等。这些支出一般应从劳动者为社会劳动所创造的价值中得到补偿。但在实际工作中,为了促使企业节约运用流动资金和保证职工集体福利不受企业经营管理状况好坏的影响,也将这些支出计入工程成本。

实际工作中的施工项目成本就是施工企业在施工生产过程中为完成一定数量的工程项目所发生的全部费用,它是全面地反映建筑企业经营管理工作质量的一个综合性指标。

一、成本管理的构成与内容

1. 成本管理的构成

按照国家现行制度的规定,施工过程中所发生的各项费用支出均应计入施工项目成本,在经济运行过程中,没有一种单一的成本概念能适用于各种不同的场合,不同的研究目的就需要不同的成本概念。成本费用按性质可将其划分为直接成本和间接成本两部分,其经济用途为人工费用、材料费用、机械使用费用和间接费用。

1)直接成本

直接成本是指施工过程中耗费的构成工程实体和有助于工程形成的各项费用支出,包括人工费、材料费、施工机械使用费、措施费等,当直接费用发生时,就能够确定其用于哪些工程的,可以直接记入该工程成本。

(1)人工费是指直接从事建筑安装工程施工的生产工人开支的各项费用,内容包括基本工资、工资性补贴、生产工人辅助工资、职工福利费以及生产工人劳动保护费等。

(2)材料费是指施工过程中耗用的构成工程实体的原材料、辅助材料、构配件,零件、半成品的费用和周转材料的摊销(或租赁)费用,内容包括材料原价(或供应价)、供销部门手续费、包装费、材料自来源地运至工地仓库或指定堆放地点的装卸费及途耗、采购及保管费等。

(3)施工机械使用费是指使用施工机械作业所发生的机械使用费以及机械安装、拆卸和进出场费用,内容包括折旧费、大修理费、经常修理费、安拆费及场外运输费、燃料动力费、人工费、运输机械养路费、车船使用税及保险费。

(4)措施费是指施工过程中所发生的直接用于工程的费用,内容包括临时设施费,冬雨季施工增加费,夜间施工增加费,材料二次搬运费,仪器仪表使用费,生产工具用具使用费,检验试验费,特殊工种培训费,工程定位复测、工程点交、场地清理等费用,以及环境保护费,总包服务费,技术措施项目费、特殊地区施工增加费等。

2)间接成本

间接成本是指项目经理部为施工准备、组织施工生产和管理所需的全部费用支出。当间接费用发生时,不能明确区分用于哪些工程的,只能采用分摊费用方法计入。

(1)施工管理费是指项目经理部为管理所需的全部费用支出,包括现场管理人员的人工费、办公费、差旅交通费、固定资产使用费、工具用具使用费、保险费、工程保修费、工程排污费以及其他费用等。

(2)可下沉的项目可控费用为落实施工项目管理的经济责任,凡发生于项目的可控费用均应按规定下沉到项目核算,不受层次限制。因此,施工项目成本应包括:安全文明施工增加费、工会经费、职工教育经费、劳保统筹费、税金(应由施工项目负担的房产税、车船使用税等)费用项目。

对于企业所发生的企业管理费用、财务费用和其他费用,则按规定计入当期损益,亦即计为期间成本,不得计入施工项目成本。

企业有些支出不仅不得列入施工项目成本,也不能列入企业成本,例如:为购置和建造固定资产、无形资产和其他资产的支出;对外投资的支出;被没收的财物、支付的滞纳金、罚款、违约金、赔偿金、企业赞助、捐赠支出等。

2. 成本管理的内容

成本管理一般包括成本预测、成本计划、成本控制、成本核算、成本分析和成本考核6项内容,它是加强成本管理的重要环节。这些管理环节是互为条件,互相制约的。成本预测与成本计划为成本控制与成本核算提出要求和目标;成本控制与成本核算为成本分析与成本考核提供分析与考核的依据;成本分析与成本考核的结果,反馈给成本预测与成本计划环节,作为下一阶段预测和计划的参考。企业的整个工程成本管理工作就是这样一个循环推动一个循环不断地进行。

二、成本管理的原则

企业对工程成本进行控制需要遵循一定的原则,才能充分发挥成本控制的作用。

1. 经济原则

成本管理的根本目的是为了降低成本,提高经济效益。因此,成本管理必须突出经济效益和社会效益,正确处理产值、竣工数量、工程质量和成本的关系。任何企业决不能只顾单纯追求产值而不顾竣工数量、工程质量和成本，同时也不能片面追求降低成本而不顾工程质量、产值和竣工数量。应该统筹兼顾，全面完成，不能顾此失彼，偏于一方。

2. 全面性原则

在成本管理中，实行全面性的原则有两方面的含义：一方面是全员的成本控制，另一方面是全过程的成本控制。全员的成本控制是指通过全体职工进行成本控制。由于成本是一个综合性指标，它涉及企业所有施工单位、部门以及全体职工的工作成果。因此，要求企业人人、事事、处处都要进行成本控制，都要按照定额、限额、预算等进行管理，只有这样，才能从各方面堵塞漏洞，杜绝浪费。全过程的成本控制是指成本控制的对象不只是生产领域中的施工费用，成本控制的范围必须贯穿于成本形成的全过程，包括施工组织设计、劳动组织、材料供应、工程施工、工程点交等各个方面。只有这样，降低成本措施才能收效，达到预期的降低成本目标。

3. 责权利相结合的原则

为使成本管理发挥应有的作用，必须按照经济责任制的要求，贯彻责权利相结合的原则。有责，就应该有权，否则就不能完成分担的责任；有责还应该有利，否则就缺乏推动履行职责的动力。因此，在成本管理中，应该注意贯彻责权利相结合的原则，使成本管理真正发挥效益。

4. 归口分级控制的原则

为了明确各施工单位和各级人员的责任和权限，企业应将成本指标层层分解，分口分级落实到各个部门，进行层层控制，分级负责，形成一个成本控制网。经验证明，成本归口分级控制是发动群众参加成本管理工作的行之有效的重要方法之一。

三、成本管理的方法

施工项目成本管理的方法是企业进行成本控制的手段，它是企业顺利地开展成本控制的关键。随着社会经济的发展和科学技术的进步，成本控制方法也在不断地改进和发展，并逐步完善和提高，形成一个比较完整的科学方法体系。

在施工生产活动中，对施工项目成本的管理，一般可以运用以下几种基本方法。

1. 制度控制方法

在施工生产过程中，为了有效地控制施工费用的支出，防止损失和浪费，应当建立和健全对施工费用进行控制的制度。通过各项制度，使施工的消耗和支出，按照预定的工料定额和费用开支标准进行严格的控制，达到节约目标。例如，对材料的领用，余料、边角料、下脚料、废料以及包装物的退回，应当详加规定，以便执行。在实际工作中，实行定额领料、定期盘点和竣工盘点退料制度；对于损耗快、用量大的劳保用品和工具及器具，应规定以旧换新、损坏赔偿的制度；对于管理费用的支出，应根据国家的财经制度，具体规定费用开支范围和开支标准，规定各级的审批权限，作为财务会计部门控制把关的依据。实行这些控制制度，就可以加强企业管理工作，控制工、料、费的支出，防止窝工、损工，克服用料无人管，用了算，"遍地是黄金"的混乱现象。为了调动职工厉行节约，降低成本的积极性，对于材料、水、电的节约和浪费，还应规定必要的奖罚制度，实行节约有奖，浪费受罚的办法。

2. 定额控制方法

为了控制施工费用的支出，企业可以根据自己的定额，结合现行质量标准、安全操作规程、施工条件以及历史资料,作为编制施工预算和施工组织设计、签发施工任务书、控制和考核工效及材料消耗的依据。

施工定额应当制定合理,反映平均先进水平。如果定额偏低,成本控制就会失去意义;反之,脱离实际,要求过高,就会使职工丧失信心。因此,一切施工定额和费用标准,应该是在现有的基础上,使多数职工经过努力可以达到的平均先进水平。定额既要先进,又要可靠,既要看到目前水平,又要充分考虑广大职工的积极性。只有这样,才能使成本控制真正发挥其应有的作用。随着科学技术的进步和施工组织管理水平及其他客观条件的变化,定额也应当进行修订,使定额能起到鼓励先进,鞭策后进的作用。

3. 指标控制方法

成本控制除了制度控制方法和定额控制方法外,还可以采用指标控制方法。最常运用的是工程成本降低指标和费用节约指标两种。

1)工程成本降低指标

企业为了促使所属单位不断改善经营管理,降低工程成本,提高经济效益,都要下达降低成本指标。降低成本指标主要有降低额和降低率两个。降低额是指预算成本减去实际成本的差额。上级主管部门根据所属企业施工、成本水平以及其他条件确定成本降低额。企业根据上级下达的降低成本额,结合企业的具体情况,挖掘潜力,制定自己的成本计划,确保完成和超额完成降低成本任务。上级主管部门通过下达降低成本额即可以加强成本管理,又可以汇总所属企业的成本降低额,确保财政上交任务的完成和超额完成。

降低率是指成本降低额与预算成本之比。其计算公式如下:

$$\text{成本降低率}(\%)=\frac{\text{成本降低额}}{\text{预算成本}}\times 100\% \tag{2-2}$$

成本降低率是一个综合反映实际成本比预算成本降低程度的指标,它可以一目了然地看出企业成本的水平和成本降低任务的大小。但它不能具体说明企业在一定时期内到底可以降低多少成本,能为国家上交多少利税。因此,在制定成本计划时,既要有成本降低率,又需有成本降低额。

2)费用节约指标

在成本降低指标的基础上,企业可以把降低成本指标具体化,以利于控制和检查。例如,可以规定钢材、木材、水泥三大材及其他主要材料的节约指标,汽油、水、电节约指标,以及施工管理费节约指标等。各种节约指标应根据可控制的原则,分解落实到各工区、施工队组、部门,作为实行经济责任制的一项内容,按时进行考核评比。

四、降低工程成本的途径

降低工程成本是降低工程施工中活劳动和物化劳动的消耗。企业降低工程成本的途径是多方面的,这些途径是相互联系、相互促进的。在成本管理工作中,必须目标明确,抓住重点,既要节约消耗,又要保证工程质量,好中求省。

降低工程成本的基本途径一般有以下几方面。

1. 提高劳动生产率

企业提高劳动生产率可以加速施工进度,缩短工期,使建设工程早日竣工投产使用,增加新的生产能力；由于劳动生产率的不断提高，可以大大地促进工程成本的降低，为国家积累更多的建设资金。此外，劳动生产率的提高为满足人民的物质和文化生活水平要求奠定了基础。

1）提高职工的科学技术水平和劳动熟练程度

在一切物质生产过程中，人的劳动是最根本、最积极的要素。努力提高企业领导人员、工程技术人员、管理人员和生产工人的科学技术水平、业务能力和劳动熟练程度，是降低工程成本，提高经济效益的关键。企业施工经营管理全部工作的成效，都离不开企业的团结奋斗，离不开他们的科学技术水平、业务水平和劳动熟练程度的提高。因此，企业应当开展社会主义劳动竞赛，实行合理的工资奖励制度，以调动职工的积极性；同时，要十分注意人才培养，有效地提高职工的科学技术水平和劳动熟练程度，并注意不断改善生产劳动组织，以适应现代化施工的需要，力争做到增产不增人或少增人。

2）提高设备利用率

提高设备利用率就是充分利用施工机械设备，发挥现有施工机械设备的效能，加快施工进度，缩短工期，降低成本提高经济效益。

提高机械设备利用率的途径主要有：加强施工组织设计和施工机械设备的合理调配，防止机械窝工、停歇，尽量减少设备的非生产时间，增加其有效作业时间；积极进行挖潜、革新、改造，借以提高设备的生产效能；严格执行机械设备的技术操作规程和维修，使各项设备经常处于良好的运转状态；提高工人的技术水平和劳动熟练程度，以提高机械设备的生产效率，从而降低机械台班费和工程成本。

2. 节约材料消耗

在工程成本中，材料费占有很大的比重，一般土建工程的材料费约占工程成本的60% ~ 70%。随着机械化程度的提高和技术的进步，以及劳动生产率的不断提高，材料费在工程成本中所占的比重还会不断地增大。所以，在施工过程中，大力节约材料消耗是降低工程成本的主要途径。

为了节约材料消耗，企业应在保证工程质量的前提下，可采取：改善技术操作方法，推广节约材料和能源的经验，采用代用材料和修旧利废，加强材料的采购、运输、验收、保管、发放等各个环节的管理工作，实行材料节约奖励制度等有效措施。

3. 节约施工管理费用

施工管理费在工程成本中约占15%，其比重仅次于材料费。同时，施工管理费项目多，涉及面广，关系复杂，如不加强管理，就容易造成浪费。因此，节约施工管理费，也是降低成本的主要途径之一。企业应本着艰苦奋斗，勤俭办企业的方针，量入为出，精打细算，节约开支，实行指标分管，反对铺张浪费，提高工作效率，压缩编制，减少非生产人员，避免人浮于事的现象。

4. 保证工程质量，减少返工损失

“百年大计，质量第一”。公路构造物因为使用时间长、造价高，又是国民经济中固定资产的重要组成部分，因而其质量的好坏，对国民经济的发展和人民生活的改善，有着重大的影响。在施工过程中，如果能够高度重视工程质量，不仅能减少返工损失，降低工程成本，而且工程竣工交付使用后能够延长使用寿命，方便用户和保障人民的安全，如果在施工过程中经常发生工程质量事故，就会造成人力、物力、财力的浪费，就会加大工程成本，甚至还可能给国家和人民生命财产造成重大的损失。

为了确保工程质量,在企业管理中,必须认真贯彻“百年大计,质量第一”和“预防为主”的方针,加强质量管理,建立和健全各级质量管理机构,充分发动群众和依靠群众,使人人都重视工程质量,做到每道工序、每一个环节实行岗位责任制,严格工序交接检验,搞好质量控制,建立队组工人质量责任制,组织好自检、互检和交接检查。此外,还要加强工程质量的调查,从各方面及时取得质量事故的信息,以便立即采取有效措施消除隐患,预防和减少质量事故的发生。

5. 合理组织施工,正确选择施工方案,提高经营管理水平

施工是形成最终建筑产品全过程中的主要环节。每一个企业必须对施工过程进行科学的计划、组织、控制,充分利用人力和物力,以保障全面均衡、优质、低消耗地完成施工任务。

企业为了全面完成施工任务。在施工之前首先要做好施工准备阶段的管理工作,如会审图纸、编制施工组织设计、编制工程预算以及具体落实施工任务和组织材料采购工作等。从降低工程成本的角度来说,不仅在施工过程中要大力节约施工耗费,而且在施工准备阶段也要注意经济效益。搞好施工组织设计和正确选择施工方案,是降低工程成本的重要途径之一。施工组织设计是全面安排施工的技术经济条件,是指导施工的重要依据之一。它对建设项目的全部施工过程,做出合理的规划和部署,制订先进合理的施工方案非常重要。

以上只是降低工程成本的几项主要途径,由于降低工程成本涉及面很广,几乎与企业所有工作都有联系。因此,必须从实际出发,根据各企业的特点,从各个方面、各个环节想办法、挖掘潜力,制订出降低成本的具体措施,落实到单位、队组和个人,并要及时检查监督,才能见效。

本章小结

本章以公路工程项目为研究对象,阐述了公路工程项目管理的基本概念、组织管理理论、施工合同的基本内容、质量管理、安全管理、技术管理、成本管理等公路工程项目管理的基本问题。

思考与训练

1. 公路工程项目管理的内容及任务是什么?
2. 管理组织有哪些职能?
3. 试述管理组织机构的作用和设置原则。
4. 简述管理组织的形式。
5. 矩阵式项目组织有哪些优缺点及适用条件?
6. 项目经理部的作用是什么?
7. 什么是施工合同? 有哪些特点?
8. 简述施工合同的基本内容。
9. 试述公路工程项目各阶段的质量控制的要点。
10. 安全管理体系有哪些要求?
11. 施工项目安全控制体系包括哪些内容?
12. 技术管理的任务和内容有哪些?

13. 技术管理制度包括哪些主要内容？
14. 施工项目的成本构成有哪几部分？
15. 成本管理的内容包括哪些？它们之间的关系如何？
16. 成本管理有哪些方法？
17. 降低工程成本的途径有哪些？

第三章
CHAPTER THREE
流水作业

学习目标

1. 了解流水作业组织的条件;
2. 掌握流水作业的工艺参数、时间参数和空间参数。

学习指南

应能熟悉流水作业的基本概念及其特点,并充分考虑工程施工组织的各种因素。

第一节 概述

一、施工过程的组成

施工过程是由一系列相互联系的施工活动所组成的。施工过程是生产的过程,是劳动者利用劳动工具,作用于劳动对象,使其按预定目的形成社会所需产品的过程。为了更有效地组织施工生产,必须研究施工生产过程的内容。

施工过程的基本内容主要是劳动过程,在某些情况下,还包含自然过程,如水泥混凝土硬化过程的养护、沥青路面的成型等。施工过程就是劳动过程和自然过程的结合,是互相联系的劳动过程和自然过程的全部生产活动的总和。

1. 施工过程的组成划分

根据各种劳动在性质上以及对产品所起作用上的不同特点,施工过程的组成可划分如下。

1)施工准备过程

产品在投入生产前所进行的全部生产技术准备工作,如编制项目建设书、可行性研究、勘测设计、招标投标组织、施工准备等。

2)基本施工过程

直接为完成产品而进行的施工生产活动,如砌筑基础、修筑路面等。

3)辅助施工过程

为保证基本施工生产过程的正常进行所必需的各种辅助施工生产活动,如动力(电力、压缩空气)的生产、机械设备维修、材料的采集和加工等。

4)施工服务过程

为基本施工生产过程和辅助施工生产过程服务的各种服务活动,如物资材料供应、运输等。

组织公路工程的施工必须研究施工过程的组成,以适应施工组织、计划、管理等工作的需要。

按照现行的公路工程设计文件编制办法,将公路工程划分为路基、路面、桥涵、交叉工程、隧道、其他工程及沿线设施6个分项工程。相应于各个分项工程,又细分为若干目。公路施工过程是由上述的项和目所组成。

施工组织与管理工作,按上述项目可以做总的安排,但更多情况下还要进一步划分。

2. 公路全部施工过程的组成划分

从施工组织的需要出发,公路全部施工过程的组成可依次划分为:

1)动作与操作

动作是指工人在劳动时一次完成的最基本的活动,如打开开关、取工具等。若干个相互关联的动作组成操作,如完成一个动作所耗用的时间和占用的空间是制定定额的重要原始资料。

2)工序

工序是指一个工人或一组工人,在一个工作地(工人进行生产活动的场所上),对同一劳动对象连续进行的施工生产活动。当一件或一批相同的构件(零件),顺序地经过许多个工作地,在每一个工作地内进行的生产活动,称为一道工序。当劳动对象固定不动(如砌筑涵洞等),而由不同的工人(或小组)顺序地对它进行组织上不可分开和施工技术上相同的施工生产活动时,这种生产活动也称为一道工序。

工序是由若干个操作组成,其主要特征是劳动者、劳动对象和使用的劳动用具均不发生变化,如果其中有一个发生变化,就意味着从一道工序转入另一道工序。

施工组织往往以工序为对象。

3)操作过程

操作过程是由几个在技术上相互关联的工序所组成,可以相对独立完成的某一种细部工程,如对整个路面工程而言,包括路槽、路肩、垫层、基层、面层等操作过程。

基本生产过程可由若干个操作过程组成。例如,路基施工可包括推土机推土、铲运机铲运土方、机械压实土方、整修路基表面等操作过程。有些基本生产过程并不能分解为上述层次,但能分解为工序、操作、动作这几个层次。

研究生产过程的目的在于正确划分工序,以便合理地组织生产,编制正确而可行的作业计划,以及科学地制定定额。

二、施工过程的组织原则

一个工程的施工过程组织是指对工程系统内所有生产要素进行合理的安排,以最佳的方式将各种生产要素结合起来,使其形成一个协调的系统,从而达到作业时间省、物资资源耗费低、产品和服务质量优的目标。影响施工过程组织的因素很多,如施工性质、施工生产类型、产品结构、材料及半成品性质、机械设备条件、自然条件等。正因为施工生产过程的组织因素多、困难大,因而科学、合理地组织施工生产过程显得更为重要。一般在符合国家现行法令、法规、政策以及满足质量和安全的前提下,施工过程的组织原则可归纳如下。

1. 施工过程的连续性

连续性是指产品在施工过程的各个阶段、各个工序中进行,在时间上处紧密衔接,避免不必要的停顿和等待现象,而且使流程尽可能短,表现为劳动对象始终处于被加工状态,或在进行检验,或处于自然过程中。保持和提高施工生产过程的连续性,可以缩短施工周期,节省流动资金,可避免产品在停放等待时引起的损失,提高劳动生产率。

2. 施工过程的协调性

施工过程的协调性也称比例性,要求在基本施工过程和辅助施工过程之间、各道工序之间以及各种机械设备之间在生产能力上要保持适当数量和质量要求的协调(比例)关系,避免脱节和比例失调现象。协调性是保证施工生产顺利进行的前提,使施工过程中人力和设备得到充分利用,避免产品在各个施工阶段和工序之间的停顿、等待,从而缩短施工周期。

3. 施工过程的均衡性

均衡性又称为节奏性, 在工程施工的各个阶段,应力求保持相同的工作节奏,避免忙闲不均、前松后紧、突击加班等不正常现象。均衡性能充分利用设备和工时,避免突击赶工造成的各种损失,有利于保证施工质量、降低成本,有利于劳动力和机械的调配。

4. 施工过程的平行性

平行性是指各项施工活动在时间上实行平行交叉作业,尽可能地加快速度,缩短工期。

5. 施工过程的适应性

适应性是指在工程施工过程中对由于各项内部和外部因素影响引起的变动情况具有较强的应变能力。这种适应性要求建立信息迅速反馈机制,注意施工全过程的控制和监督,及时进行调整。

组织施工过程的5个原则是相互制约、互为条件的。在实际进行施工组织时,应保证全面符合上述5个原则的要求,不能偏颇一方。

三、施工过程的组织方法

公路工程的施工是在一定的空间与时间范围内进行的。空间范围是指承担施工任务的施工单位在空间上所占据的工作地点;时间范围是指施工单位为完成施工任务在时间上所做的安排。空间组织和时间组织是公路工程的施工组织的首要问题。

1. 施工过程的空间组织

施工过程的空间组织主要是解决生产作业单位的设置和具体工程项目的各种生产、生活、运输、行政等临时设施的空间分布问题,即施工平面图设计。关于施工平面图设计问题将在第六章第五节论述,在此主要介绍生产作业单位设置问题。

一个建安工程项目的施工作业单位,如施工队(项目经理部)、工段(工区)、班组等的设置通常按以下原则办理。

1)工艺原则

工艺原则也叫工艺专业化形式。它是按照生产工艺性质的不同来设置施工作业单位的。在工艺专业化的生产单位里,集中同工种的工人和同工种所需的工具、机械和设备,对工程项目的各组成部分或其他有关工程项目,进行同类工艺的施工。

这种设置形式的特点是:能充分发挥技术、机具、设备的潜力,设备投资较少,便于专业化的管理,在一定程度上满足多品种、多规格生产的要求。但是,由于在工艺专业化的生产作业单位里不能独立地生产产品,所以增加了生产单位之间协作配合关系的难度,施工组织也比较复杂。

2)对象原则

对象原则也叫产品专业化形式。它是按照产品(如分项工程、构件、分部工程等)的不同而分别设置生产作业单位。在产品专业化单位里,集中为生产某种产品所需的各种工具、设备,对相同产品进行不同工艺的施工生产,其工艺过程基本上是封闭的,能够独立地生产出产品或半成品。

这种设置形式简化了作业单位之间的协作配合关系,也便于施工现场管理。但是它需要较多的设备投资、技术工人和机械设备,由于分散使用一般不能充分发挥工人和设备的生产潜力,对于产品品种变化的适应能力差。

3)混合原则

通常,在一个建设项目中,根据工程特点,混合建立生产作业单位。

施工过程的空间组织中,究竟按哪一种原则来组建生产作业单位,要从实际需要出发,通过全面分析比较,择优而定。

2. 施工过程的时间组织

进行施工过程时间组织的目的,就是在时间上,使各生产作业单位之间、各工序之间按设计和施工工艺顺序,紧密衔接。在充分利用人力、工时和设备的条件下,达到缩短工期的目的。

1)施工过程时间组织的表示方法

由于公路工程施工自身特点以及其复杂性的原因,在施工过程的时间组织表示方法上,为达到便于指导实际工程项目施工,满足简洁实用、直观方便的要求,最终用一种含有相关数据、各种信息的图表方式表示出来,通常称为工程施工计划进度图。公路工程施工过程时间组织所采用的“工程施工计划进度图”主要有以下几种:

(1)横道式工程施工进度图,也叫横道图或甘特图(包括带有进度曲线图的横道图)。

(2)垂直坐标式工程施工进度图,也叫斜线图或坐标图。

(3)网络图形式的工程施工进度图(包括双代号、单代号、时间坐标、搭接等多种形式网络工程施工进度图)。

2)施工过程时间组织的基本作业方法

施工过程的时间组织是通过生产作业单位(即施工班组),在施工对象间进行作业的运动方式来表现的。根据作业单位对各施工段间施工顺序的不同,可分为顺序作业法、平行作业法、流水作业法3种基本作业方法。在进行施工过程时间组织时,主要采用流水作业法。

第二节 流水作业原理

流水作业是指各施工专业队按一定的工艺和组织顺序,以确定的施工速度,连续不断地通过预先计划的流水段(区),在最大限度搭接的情况下组织施工的一种形式。

流水作业是一种科学的施工组织方法,它是建立在合理分工、紧密协作和大批量生产的基础之上的。公路工程的流水作业与一般工业生产流水线作业十分相似,不同的是,在工业生产的流水作业中,专业生产者是固定的,而各产品或中间产品在流水线上流动,由前个工序流向后一个工序;而在公路工程流水作业施工中,产品或中间产品是固定不动的,而专业施工队则是流动的,它们由前一施工段流向后一施工段。这种施工作业方法不仅使得每个专业队都能连续进行其熟练的专业工作,而且由各施工段构成的工作面也尽可能地得到充分利用,大大提高了劳动生产率和经济效益,因而公路工程施工应尽可能地多采用流水作业施工方法。

一、流水作业的组织方式

为了说明公路工程中采用流水作业的原理,可比较建造 m 个相同的钻孔灌注桩时,施工采用的顺序作业、平行作业和流水作业 3 种不同的施工组织方法。

设对 3 个钻孔灌注桩单桩基础工程进行施工安排。将这 3 个桩基础工程划分为 3 个施工段,完成每个施工段(基础)必须经过下述 4 道工序:

(1)准备工作(筑岛、埋设护筒、搭平台)。

(2)钻孔(安装钻机、钻孔)。

(3)清孔(清孔、下钢筋笼、安装导管)。

(4)水下混凝土灌注(包括整修桩头)。

根据这 4 道工序建立 4 个专业队(或组),每道工序按 2 天完成估计配备专业队劳力和机具。

1.顺序作业法

按工艺流程和施工程序(步骤),按先后顺序进行施工操作。

采用顺序作业施工时,是当第一根桩竣工后才开始第二根桩的施工,即按次序一根桩一根桩地进行施工。这种方法同时投入的劳动力和物资资源较少,但各专业工作队在该工程中的工作是有间隙的,工期也拖得较长,造成窝工现象,工作面未能充分利用。图 3-1a)中有 3 根桩,每根桩施工工期为 t,则总工期为 $3t$。若整个工程有 m 个施工段,每个施工段有 n 道工序,每道工序的持续时间为 t_i,则整个工程的工期为:

$$T = m\sum_{1}^{n} t_i \tag{3-1}$$

顺序作业法的特点是:劳动力需要量少(所有任务只需一个施工队来完成,当然在一个施工队内部按工艺专业化原则建立了若干工序班组),各作业班组是间歇作业,总工期长,材料供应集中。

2. 平行作业法

线形工程的作业面很长,根据工程或技术的需要,可划分为几段(或几个点),组织若干个施工队,各个任务同时开工,这就是平行作业的施工方法。

采用平行作业施工时,3 根桩同时开工、同时竣工。这种施工作业可大大缩短工期,从图 3-1b)中可见,完成任务的总工期 T 就是施工时间最长的那个项目的施工期限 t,即:

$$T = \max\{t_i\} \tag{3-2}$$

当各项工程施工期限都相同时,总工期则为:

$$T = t = \sum_{i-1}^{n} t_i \tag{3-3}$$

但是,组织平行作业施工,各专业工作队同时投入工程的施工队数却大大增加,相应的劳动力以及物资资源的消耗量集中,现场临时设施增加,这都会增加施工成本的投入。

3. 流水作业法

流水作业法是指当有若干个施工任务时(或施工段),其各个任务相隔一定时间依次投入生产。各专业队按工艺的先后,依次进入每个施工任务(或施工段)施工,每个专业队则在不同的施工任务(或施工段)上依次连续进行施工。前一操作结束后转移至另一作业面,执行同样操作,后一操作则由其他专业队继续执行。

由图 3-1c)可见,流水作业法的专业队数及劳力、机具配备与顺序作业法相同,专业队数为平行作业法的 $1/m$;各专业队的工作是连续的和有节奏的;各工作面也得到了充分合理地利用;工期只比平行作业法稍长,而比顺序作业法大大缩短。

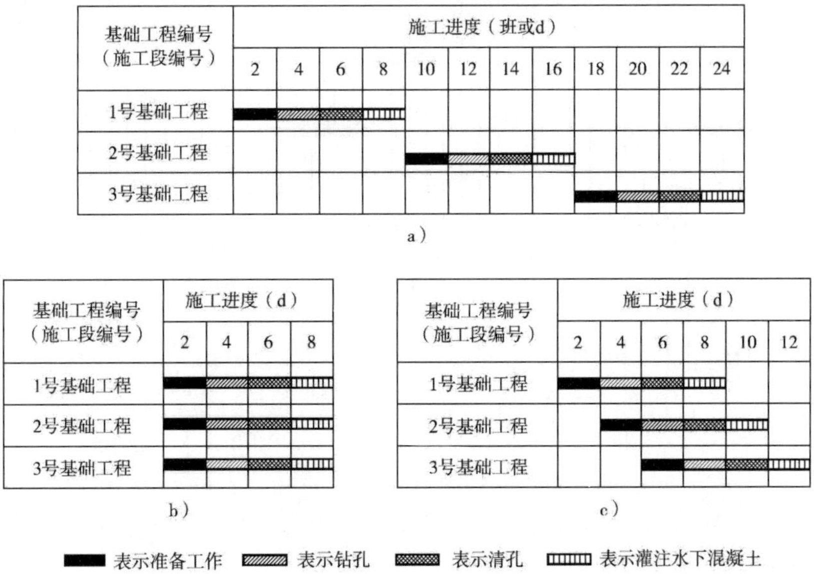

图 3-1 不同施工方法的比较

a)顺序作业; b)平行作业; c)流水作业

通过上面的例子可以看出:流水作业法是平行作业法和顺序作业法相结合的一种施工方法,它克服了顺序作业法和平行作业法的缺点,同时保留了它们的优点。

4. 作业方法的综合运用

顺序作业法、平行作业法和流水作业法在生产过程中不仅可以单独运用,而且还可以根据具体条件,将3种基本作业方法加以综合运用,从而出现了平行流水作业法、平行顺序作业法以及立体交叉平行流水作业法。这是施工过程时间组织的高度综合形式,一般均能取得较好的经济效益。

1)平行流水作业法

平行流水作业法是指在平行作业法的基础上,按照流水作业法的原则组织施工,以达到适当缩短工期,而又使劳动力、材料、机具需要量保持均衡,从而既可以发扬平行作业法和流水作业法的长处,又可克服两种方法的不足,这种方法叫平行流水作业法。

从图3-2中可以看出,平行作业法总工期虽然最短,但劳动力、材料以及机具设备需要量集中,故不经济。流水作业法需要劳动力的峰值最低,但工期相对来说稍长,劳动需要量曲线峰谷交错均衡性不够理想。平行流水作业法,系按3组平行流水作业进行组织,其中1号桥台和1号桥墩为第一组,桥墩2和桥墩3为第二组,桥台2为第三组。平行流水作业法总工期及劳动力高峰值介于前2种方法之间,劳动力曲线及材料供应在3种方法中最理想。

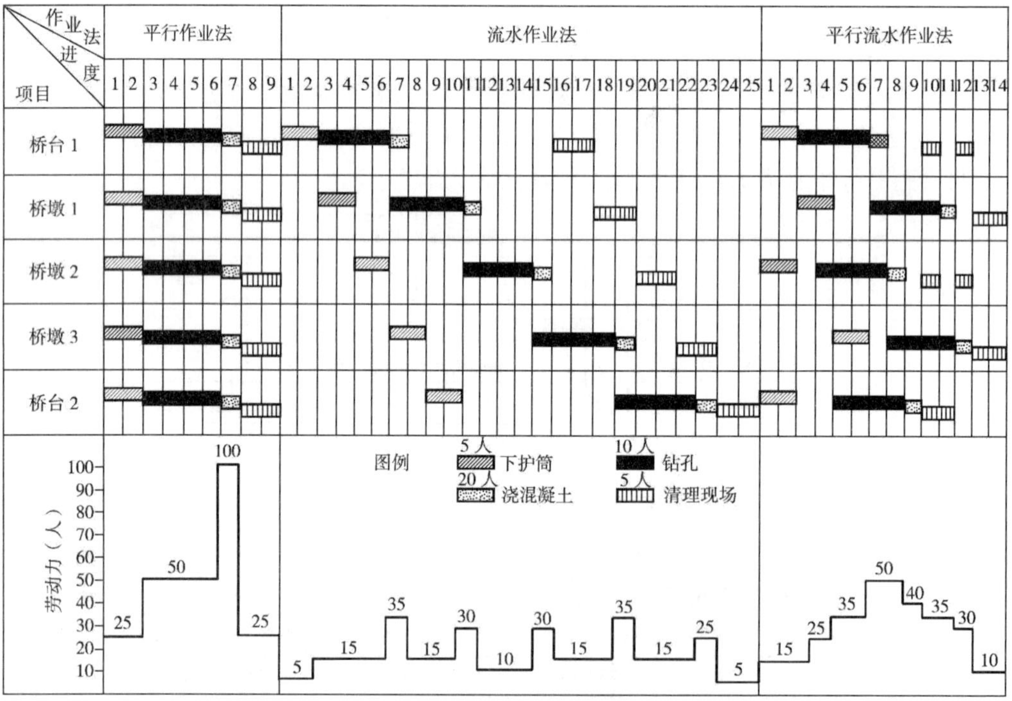

图3-2 平行作业法、流水作业法、平行流水作业法进度图

2)平行顺序作业法

平行顺序作业法的实质是用增加施工力量的方法来达到缩短工期的目的。它未能消除平行作业法和顺序作业法的缺点,故仅适用于突击性施工。

3)立体交叉平行流水作业法

立体交叉平行流水作业法是在平行流水作业法的原则上，利用上、下、左、右一切可利用空间的工作面，开展立体、交叉作业的施工方法。它可以充分利用工作面和有效地缩短工期，一般适用于工序繁多、工程特别集中的大型构造物的施工，如大桥、立体交叉、隧道等工作量大、工作面狭窄、工期短的工程项目施工。

二、流水作业的特点

流水作业最主要的特点是施工过程(工序或工种)作业的连续性和均衡性。施工过程连续性又分为时间上的连续性和空间上的连续性。时间上的连续性是指专业施工队在施工过程的各个环节的运动，自始至终处于连续状态，不产生明显的停顿与等待现象；空间上的连续性要求施工过程各个环节在空间上布置合理紧凑，充分利用工作面，消除不必要的空闲时间。组织均衡施工是建立正常施工秩序和管理秩序、保证工程质量、降低消耗的前提条件，有利于最充分地利用现有资源及其各个环节的生产能力。

流水作业是一种合理的、科学的施工组织方法，它可以在工程施工中带来良好的经济效益。

(1)流水作业按专业工种建立劳动组织，实行生产专业化，有利于提高生产率和保证工程质量。

(2)科学地安排施工进度，从而减少停工窝工损失，合理地利用了施工的时间和空间，有效地缩短施工工期。

(3)施工的连续性、均衡性，使劳动消耗、资源供应等都处于相对平稳状态，便于工程管理，降低施工成本。

三、流水作业的组织条件

组织流水作业必须具备以下的条件。

(1)把一条公路的建设分解成若干个施工过程，每个施工过程由固定的专业工作队负责实施完成。

施工过程划分的目的是为了对施工对象的建造过程进行分解，以明确具体专业工作，便于根据建造过程组织各专业施工队依次进入工程施工。

(2)把建筑物尽可能地划分成劳动量或工作量大致相等的施工段(区)，也可称流水段(区)。

施工段(区)的划分目的是为了形成流水作业的空间。每一个段(区)类似于工业产品生产中的产品，它是通过若干专业生产来完成。

(3)确定各施工专业队在各施工段(区)内的工作持续时间。这个持续时间又称“流水节拍”，代表施工的节奏性。

(4)各工作队按一定的施工工艺，配备必要的机具，依次连续地由一个施工段(区)转移到另一个施工段(区)，反复地完成同类工作。

(5)不同工作队完成各施工过程的时间适当地搭接起来。不同专业工作队之间的关系，表现在工作空间上的交接和工作时间上的搭接。搭接的目的是缩短工期,也是连续作业或工艺上的要求。

四、流水作业的参数确定

工程施工进度计划图表是反映工程施工时各施工过程按其工艺上的先后顺序、相互配合的关系和它们在时间、空间上的开展情况。目前,应用最广泛的施工进度计划图表有线条图和网络图。

流水作业的工程进度计划图表采用线条图表示时,按其绘制方法的不同分为水平图表(又称横道图)[图3-3a)]及垂直图表(又称斜线图)[图3-3b)]。图中水平坐标表示时间,垂直坐标表示施工对象;n 条水平线段或斜线表示 n 个施工过程在时间和空间上的流水开展情况。在水平图表中,也可用垂直坐标表示施工过程,此时 n 条水平线段则表示施工对象。应特别注意,垂直图表中垂直坐标的施工对象编号是由下而上编写的。

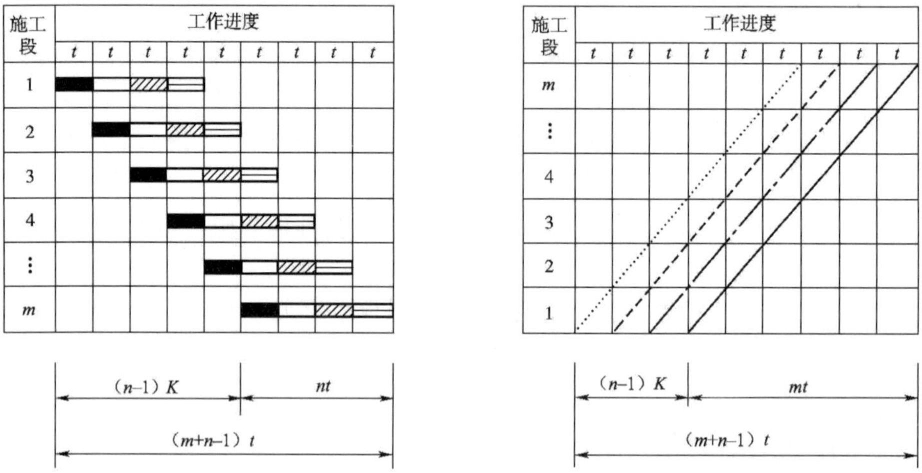

a)　　　　b)

图3-3　流水作业图表

a)水平图表;b)垂直图表

水平图表具有绘制简单、流水作业形象直观的优点。垂直图表能直观地反映在一个施工段中各施工过程的先后顺序和相互配合关系,而且可由其斜线的斜率形象地反映各施工过程的流水强度。在垂直图表中还可方便地进行各施工过程工作进度的允许偏差计算。

为了说明组织流水作业时,各施工过程在时间上和空间上的开展情况及相互依存关系,而引入描述流水作业进度计划图表特征和各种数量关系的参数称为流水参数,它包括工艺参数、时间参数和空间参数。

1. 工艺参数

1)施工过程(工序数)n

工序数也叫施工过程数,一般等于需要建立的专业队数。

工序数的划分与工程项目的工作内容及施工组织的专业分工有关。同时,还要结合各项作业所需作业时间及流水作业安排进行考虑。工序数要划分适当,使各工序持续时间大致相等,以便于安排流水作业;也要使各专业队分工比较合理和便于发挥组成人员的专业特长;没有必要划分得太多太细,反而给组织施工和编制执行进度计划增添麻烦;同时,也不能划分得太少,以免施工进度过于笼统和专业队分担的作业过于庞杂,影响工效和工程质量。

例如,前面所述钻孔灌注桩施工,可划分为:筑岛、埋护筒、搭平台;安装钻机、钻孔;下钢筋骨架、安装导管;水下混凝土灌注等4道工序。这样划分比较合适,如果再细分或减少工序都将给组织专业队及安排流水作业带来不利。

2)流水强度 V

每一施工过程在单位时间内所完成的工程量(如浇捣混凝土施工过程,每工作班能浇筑多少立方米混凝土)叫流水强度,又称流水能力或生产能力。

(1)机械施工过程的流水强度按式(3-4)计算:

$$V = \sum_{i=1}^{x} R_i S_i \tag{3-4}$$

式中:R_i——某种施工机械的台数;

S_i——该种施工机械台班生产率;

x——用于同一施工过程的主导施工机械种数。

(2)手工操作过程的流水强度按式(3-5)计算:

$$V = R \cdot S \tag{3-5}$$

式中:R——每一施工过程投入的工人人数(R 应小于工作面上允许容纳的最多人数);

S——每一工人每班产量。

2. 时间参数

1)流水节拍 t

流水节拍是一个施工过程(工序)在一个施工段上的持续时间。它的大小关系着投入的劳动力、机械和材料量的多少,决定着施工的速度和施工的节奏性。因此,流水节拍的确定具有很重要的意义。通常有两种确定方法:一种是根据工期的要求来确定,另一种是根据现有能够投入的资源(劳动力 、机械台数和材料量)来确定。流水节拍按式(3-6)计算:

$$t = \frac{Q_i}{S \cdot R} = \frac{P_i}{R} \tag{3-6}$$

式中:Q_i——某施工段的工程量;

S——每一工日(或台班)的计划产量;

R——施工人数(或机械台数);

P_i——某施工段所需要的劳动量(或机械台班量)。

根据工期要求确定流水节拍时,可用公式(3-6)反算所需要的人数(或机械台班数)。在这种情况下,必须检查劳动力、材料和机械供应的可能性,以及工作面是否足够等。

2)流水步距 K

两个相邻的施工过程先后进入流水作业的时间间隔叫流水步距。如木工工作队第一天进入第一施工段工作,工作2天做完[流水节拍 $t=2$(d)],第3天开始钢筋工作队进入第一施工段工作。木工工作队与钢筋工作队先后进入第一施工段的时间间隔为2d,那么流水步距 $K=2$(d)。

流水步距的数目取决于参加流水的施工过程数,如施工过程数为 n 个,则流水步距的总数为 $n-1$ 个。

确定流水步距的基本要求如下:

(1)始终保持合理的先后两个施工过程工艺顺序。

(2)尽可能保持各施工过程的连续作业,不发生停工、窝工现象。

(3)做到前后两个施工过程施工时间的最大搭接(即前一施工过程完成后,后一施工过程尽可能早地进入施工)。

(4)应满足工艺、技术间歇与组织间歇等间歇时间。

3)时间间歇 Z

流水作业往往由于工艺要求或组织因素要求,两个相邻的施工过程需增加一定的流水间隙时间,这种间隙时间是必要的,它们分别称为工艺、技术间隙时间和组织间隙时间。

(1)工艺、技术间隙时间 Z_1。根据施工过程的工艺性质,在流水作业中除了考虑两个相邻施工过程之间的流水步距外,还需考虑增加一定的工艺或技术间隙时间称为工艺、技术间隙时间。如混凝土浇筑后,需要一定的养护时间才能进行后道工序的施工;又如水泥混凝土路面浇筑完成后,需等待一定时间,使其达到一定的强度,才能进行面层板的切缝施工等。

(2)组织间隙时间 Z_2。由于组织因素要求两个相邻的施工过程在规定的流水步距以外增加必要的间隙时间称为组织间歇时间。如质量验收、安全检查等。

上述两种间歇时间在组织流水作业时,可根据间歇时间的发生阶段或一并考虑或分别考虑,以灵活应用工艺间歇和组织间歇的时间参数特点,简化流水作业组织。

3. 空间参数

1)工作面 A

工作面是表明施工对象上可能安置一定工人操作或布置施工机械的空间大小,所以工作面是用来反映施工过程(工人操作、机械布置)在空间上布置的可能性。

工作面的大小可以采用不同的单位来计量,如道路工程,则可采用沿着道路的长度以米为单位。

在工作面上,前一施工过程的结束就为后一个(或几个)施工过程提供了工作面。在确定一个施工过程必要的工作面时,不仅要考虑施工过程必需的工作面,还要考虑生产效率,同时应遵守安全技术和施工技术规范的规定。

2)施工段 m

施工段是指在组织流水作业时,把施工对象划分为劳动量相等或大致相等的若干段。每一个施工段在某一段时间内只供给一个施工过程使用。

施工段可以是固定的,也可以是不固定的。在固定施工段的情况下,所有施工过程都采用同样的施工段,施工段的分界对所有施工过程来说都是固定不变的。在不固定施工段的情况下,对不同的施工过程分别规定出一种施工段划分方法,施工段的分界对于不同的施工过程是不同的。固定的施工段便于组织流水作业,采用较广,而不固定的施工段则较少采用。

在划分施工段时,应考虑以下几点。

(1)施工段的分界同施工对象的结构界限(温度缝、沉降缝和建筑单元等)尽可能一致。

(2)各施工段上所消耗的劳动量尽可能相近。

(3)划分的段数不宜过多,以免使工期延长。

(4)对各施工过程均应有足够的工作面。

施工段有空闲停歇,一般会影响工期,但在空闲的工作面上如能安排一些准备或辅助工作(如运输类施工过程),则会使后继工作顺利。而工作队工作不连续则是不可取的,除非能将窝工的工作队转移到其他工地进行工地间大流水。

流水作业中施工段的划分一般有两种形式:一种是在一个单位工程中自身分段;另一种是在建设项目中各单位工程之间进行流水段划分。

第三节 流水作业组织

根据流水节拍的特征,流水过程可以分为节奏流水作业和非节奏流水作业。

节奏流水作业是指各施工过程在各施工段上持续时间相等,用垂直图表表示时,施工进度线是一条斜率不变的直线[图3-4a)];与此相反,非节奏流水作业是指各施工过程在各施工段上的持续时间不等,它的施工进度线,在垂直图表中是一条由斜率不同的几条线段所组成的折线[图3-4b)]。

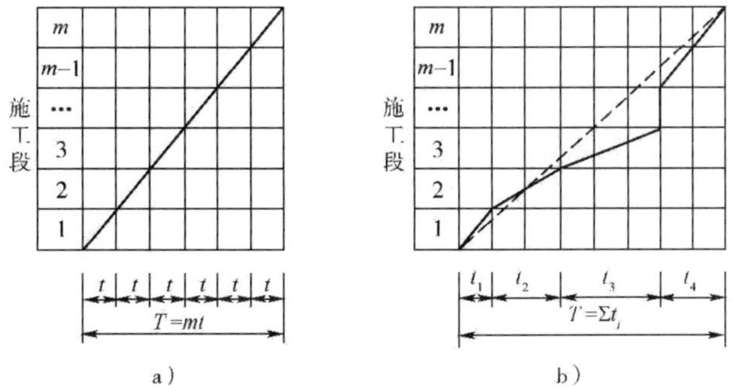

图3-4 施工过程流水图表

a)节奏流水;b)非节奏流水

任一施工过程节奏流水的总持续时间为:

$$T = m \cdot t \tag{3-7}$$

式中:T——持续时间;

t——流水节拍;

m——施工段数。

在节奏流水作业中,根据各施工过程之间流水节拍是否相等或是否成倍数,又可以分为固定节拍流水和成倍节拍流水。

一、固定节拍流水

如图3-3和图3-5所示都是固定节拍流水的进度图表。从图中可以看出,各施工过程之间的流水节拍是相同的。为了缩短工期,两个相邻的施工过程应当做到施工时间上的最大搭接。但是这种最大搭接还要受到必要的工艺和组织间隙的限制。其施工持续时间分别按以下方法计算。

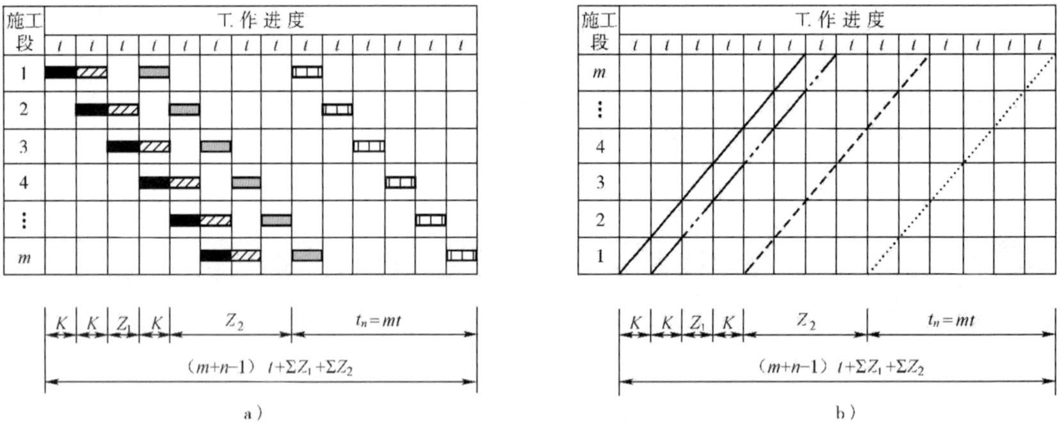

图 3-5 固定节拍流水图表(有工艺间隙)
a)水平图表;b)垂直图表

1. 无间隙时间的专业流水

如图 3-3 所示,由于固定节拍专业流水中各流水步距 K 等于流水节拍 t,故其持续时间为:

$$T = \sum K_i + t_n = (n-1)K + mt = (m+n-1)t \tag{3-8}$$

式中:T——持续时间;

t_n——最后一个施工过程的持续时间;

K——流水步距;

n——施工过程数;

m——施工段数;

t——流水节拍。

2. 有间隙时间的专业流水

在这种专业流水中(图 3-5),在某些施工过程之间,往往还存在着施工技术规范规定的或其他要求所必需的工艺、技术间隙及组织间隙,所以其持续时间为:

$$T = (m+n-1)t + \sum Z_1 + \sum Z_2 \tag{3-9}$$

式中:$\sum Z_1$——工艺、技术间隙时间总和;

$\sum Z_2$——组织间隙时间总和。

例 3-1

某工程有 4 个同类型的构造物,其基础工程组织流水作业、各施工过程的工程量及每工日(台班)的产量定额见表 3-1。土方开挖采用 2 台挖土机,其他施工过程的人数可根据施工组织安排。基础墙施工应在混凝土养护 2 天后进行,回填土施工应在基础墙砌筑养护 3 天后进行。试计算其施工工期。

某工程基础施工概况 表 3-1

施工过程	工程量	单位	产量定额	人数(台班)	流水节拍 t(d)	备注
挖土与垫层	2100	m^3	$65m^3$/台班	2 台	4	垫层施工不计工期
钢筋绑扎	45.6	t	0.45t/工日	6 人	4	
混凝土浇筑	600	m^3	$1.5m^3$/工日	25 人	4	
基础墙砌筑	560	m^3	$1.25m^3$	28 人	4	施工前间歇 2 天
回填土	1200	m^3	$65m^3$/台班	1 台	4	施工前间歇 3 天

解:由于本工程 4 个构造物类型相同,将工程划分为 4 个施工段,即 $m=4$ 可以满足各施工过程在各施工段上劳动量基本相等。因此,可以组织固定节奏流水。先根据计划投入的挖土机械计算其流水节拍:

$$t=\frac{Q_1}{S\times R}=\frac{\frac{2100}{4}}{65\times 2}\approx 4(\mathrm{d})$$

因为其他施工过程的人数可根据施工组织安排,故按挖土与垫层这一主导施工过程来确定所需人数(计算所得人数应满足各工作面所能安排的合理人数)。

钢筋绑扎: $$R_2=\frac{Q_2}{S_2\times t}=\frac{\frac{45.6}{4}}{0.45\times 4}\approx 6(\text{人})$$

混凝土浇筑: $$R_3=\frac{Q_3}{S_3\times t}=\frac{\frac{600}{4}}{1.5\times 4}\approx 25(\text{人})$$

基础墙砌筑: $$R_4=\frac{Q_4}{S_4\times t}=\frac{\frac{560}{4}}{1.25\times 4}\approx 28(\text{人})$$

回填土: $$R_5=\frac{Q_5}{S_5\times t}=\frac{\frac{1200}{4}}{65\times 4}\approx 1(\text{台})$$

该基础工程有 4 个施工段,5 个施工过程,没有组织间歇,技术间歇有 2 个,间歇时间分别为 2d、3d。则其施工工期为:

$$T=(m+n-1)t+\sum Z_1+\sum Z_2=(4+5-1)\times 4+2+3=37(\mathrm{d})$$

二、成倍节拍流水

在组织流水作业时,通常会遇到不同施工过程之间由于劳动量的不等以及技术或组织上的原因,它们之间的流水节拍互成倍数,以此组织流水作业,即为成倍节拍专业流水。例如,某挡墙施工,拟组织流水作业,现将挡墙按长度分为 6 个施工段,每个施工段按工艺先后顺序分解为 4 道工序:挖基、砌墙、回填、勾缝。假定 4 道工序在各施工段上持续的时间相等,挖基 1 个月,砌墙 3 个月,回填 2 个月,勾缝 2 个月,其施工进度如图 3-6 所示。这是一个成倍节拍的专业流水作业,这种流水作业方式,根据工期的不同要求,可以按一般成倍节拍流水或加快成倍节拍流水组织流水作业。

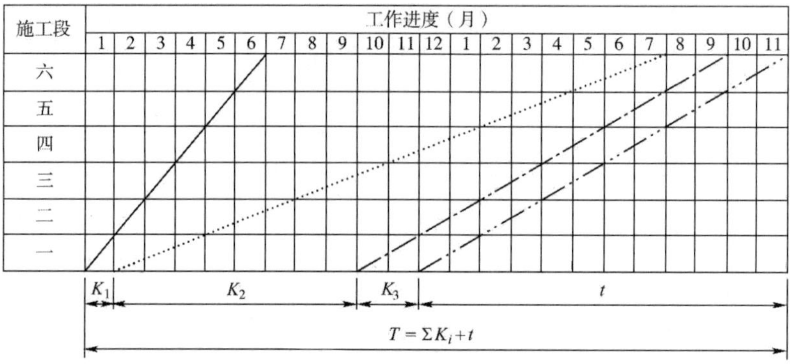

图 3-6　成倍节拍专业流水图表

如图 3-6 所示的即为一般成倍节拍流水,其工期依然可以根据 $T=\sum K_i+t_n$ 来求解。但由于其不是固定节拍流水,因此,应求出各施工过程的流水步距,分析图 3-6 各施工过程的相互关系,可以得出流水步距 $K_i(i=2,3,4,\cdots,n)$ 的计算公式为:

$$K_i=\begin{cases}t_{i-1} & (t_{i-1}\leqslant t_i)\\ mt_{i-1}-(m-1)t_i & (t_{i-1}>t_i)\end{cases} \tag{3-10}$$

按此方法组织流水作业,在实际工程中显然不尽合理。从图 3-6 中可见,挖基在第二至第六施工段上完成后,砌墙未能及时插上搭接,是工作面空闲。事实上,第二施工段主体结构可在第 3 月开始施工,又如第一施工段的回填可在第 5 月插入,而为了使工作队工作保持连续性,让该工作面处于等待状态(从第 5 月至第 9 月),这样安排流水使工作队连续是比较勉强的,而且这样安排的结果使工期大大延长。

成倍节拍专业流水在工程中多用加快成倍节拍流水来组织施工。

通过研究图 3-6 的施工组织方案可知,如果要合理地安排施工组织缩短工程的工期,可以通过增加砌墙、回填和勾缝施工工作队的方法来达到。比如,砌墙由原来的一个队增加到三个队,回填、勾缝施工的工作队也分别由原来的一个队增加到两个队。如在同一施工段上施工,会受到工作面的限制而降低生产效率。因此,在组织施工时,可安排砌墙工作队甲完成第一、第四段的砌墙施工;砌墙工作队乙完成第二、第五段的砌墙施工;砌墙工作队丙完成第三、第六段的砌墙施工。其他工作队也按此法做相应安排,由此可得如图 3-7 所示的进度计划图表,它的工期为 13 个月。

如图 3-7 所示实质上可以看成是由 N 个工作队组成的,类似于流水节拍为 t_0 的固定节拍专业流水,各工作队之间的流水步距 K 等于 t_0。

t_0 为各流水节拍的最大公约数,$t_n=mt_0$。

因此,加快成倍节拍专业流水的工期可按式(3-11)计算:

$$T=(N-1)K+mt_0+\sum Z_1+\sum Z_2=(m+N-1)t_0+\sum Z_1+\sum Z_2 \tag{3-11}$$

式中:N——工作队总数;

其余符号同上。

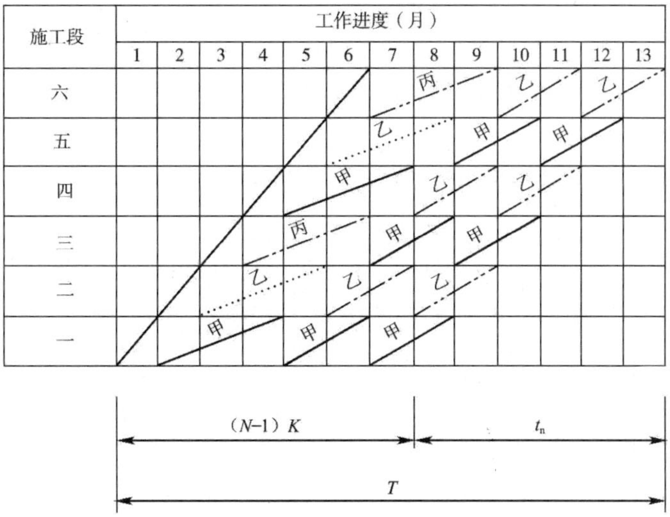

图 3-7　加快成倍节拍专业流水图表

工作队的总数，由各施工过程的工作队数之和求得。各施工过程的工作队数 N_i 按下述方法计算：

(1)先确定各施工过程流水节拍的最大公约数 t_0，于是得出：

$$N_i = \frac{t_i}{t_0} \tag{3-12}$$

式中：t_i——i 施工过程的流水节拍。

(2)工作队总数 N 为：

$$N = \sum_{i=1}^{n} N_i \tag{3-13}$$

应注意，如计算得到的 $N_i > m$，则实际投入流水作业的施工队数取 $N_i = m$，但计算工期时，仍用式(3-11)的计算结果。

例 3-2

组织某工程的流水作业。已知有 4 个施工段，3 个施工过程，其流水节拍分别为 $t_1 = 4\text{d}$，$t_2 = 10\text{d}$，$t_3 = 12\text{d}$，若采用加快的成倍节拍流水。试求：

(1)确定各施工过程的工作班组数(实际参加流水的班数)。

(2)计算工期。

(3)绘制垂直图表。

解：(1)确定各施工过程的工作班组数(实际参加流水的班数)。

t_1、t_2、t_3 的最大公约数为 2，故 $t_0 = 2$，各施工过程的工作班组数分别为：

$N_1 = 4/2 = 2$(组)；

$N_2 = 10/2 = 5$(组)，因 $N_2 = 5 > 4$(施工段数)，实际参加流水的班组数为 4 组；

$N_3 = 12/2 = 6$(组)，因 $N_3 = 6 > 4$(施工段数)，实际参加流水的班组数为 4 组；

实际总班组数为 $N'=2+4+4=10$ 组。

(2)计算工期。

$$T=(m+N-1)t_0+\sum Z_1+\sum Z_2=[4+(2+5+6)-1]\times2+0+0=32(\mathrm{d})$$

(3)绘制垂直图表。

绘制的加快成倍节拍流水垂直图表,如图 3-8 所示。

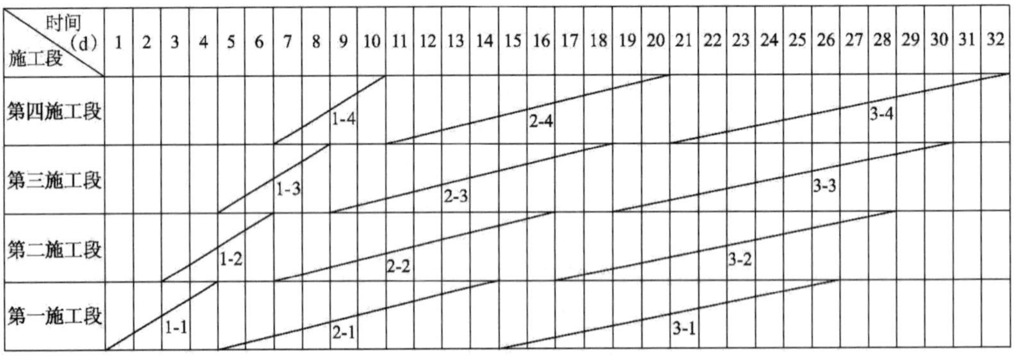

图 3-8 加快成倍节拍专业流水垂直图表

三、非节奏流水

若干非节奏流水作业过程所组成的专业流水称为非节奏流水,它的特点是各施工过程的流水节拍随施工段的不同而改变,不同施工过程之间流水节拍也有差异。

组织非节奏专业流水作业的基本要求是必须保证每一个施工段上的工艺顺序是合理的,且每一个施工过程的施工是连续的,即工作队一旦投入施工是不间断的,同时各个施工过程施工时间的最大搭接,也能满足流水作业的要求。但必须指出,这一施工组织在各施工段上允许出现暂时的空闲,即暂时没有工作队投入施工的现象。

1. 工期计算

非节奏专业流水的工期 T,在没有工艺间隙的情况下,仍然是由流水步距总和 $\sum K_i$ 和最后一个施工过程的持续时间 t_n 的和组成:

$$T=\sum K_i+t_n \tag{3-14}$$

与成倍节拍流水类似,非节奏专业流水作业也要设法求出各施工过程的流水步距,但它不仅要考虑相邻施工过程的关系,而且要考虑所有施工过程在施工中的合理搭接。其计算方法可采用分析计算法或临界位置法,它们的本质都是要求在保证所有施工过程在施工中合理搭接的前提下,寻找各施工过程进入各施工段的时间(即寻求最大搭接),采用"累加斜减法"是最简便的计算方法。

例 3-3

某工程各施工过程在各施工段上持续时间见表 3-2,试分析该工程的流水步距,并计算工期。

各施工过程在各施工段的流水节拍(d) 表 3-2

施工过程编号(工序)	施工段编号					
	一	二	三	四	五	六
1	3	3	2	2	2	2
2	4	2	3	2	2	3
3	2	2	2	3	3	2

解:该工程有 3 个施工过程,划分 6 个施工段,各施工过程在各施工段上的流水节拍均不相同。因此,该工程属于非节奏流水作业。按下述步骤进行计算:

第一步,将各施工过程在每个施工段上的持续时间填入表格(表 3-3 第 1 行至第 3 行)。为便于计算,增加一列零施工段。

非节奏专业流水步距计算表 表 3-3

项目		行序	施工过程	施工段编号							第四步
				零	一	二	三	四	五	六	最大时间间隔
第一步	施工过程在各施工段上的持续时间(d)	1	一	0	3	3	2	2	2	2	
		2	二	0	4	2	3	2	2	3	
		3	三	0	2	2	3	3	3	2	
第二步	施工过程由加入流水起到完成该段工作为止的总的持续时间(d)	4	一	0	3	6	8	10	12	14	
		5	二	0	4	6	9	11	13	16	
		6	三	0	2	4	7	10	13	15	
第三步	两相邻施工过程的流水步距(d)	7	一和二	3	2	2	1	1	1	-16	3
		8	二和三	4	4	5	4	3	3	-15	5

第二步,计算各个施工过程由加入流水起到完成某段工作止的施工时间总和(即累加),填入表格,如第一施工过程(第 1 行)各流水节拍累加后得到第 4 行的结果。

第三步,从前一个施工过程由加入流水起,到完成该工作止的持续时间和,减去后一个施工过程由加入流水起,到完成前一施工段的累加持续时间和(即相邻斜减),得到一组差数,例如,由第一施工过程到各施工段的累加持续时间(第 4 行)减去第二施工过程到相应前一施工段的累加持续时间(第 5 行)得到第 7 行的一组差数。

第四步,找出上一步斜减差数中的最大值,这个值就是这两个相邻施工过程之间的流水步距 K。

第四步中选出最大值作为两个相邻施工过程之间的流水步距,是为了确保各施工过程的施工连续性。

于是,得到:$K_1 = 3\text{d}$,$K_2 = 5\text{d}$,$t_n = 2+2+3+3+3+2 = 15(\text{d})$。

则:$T = \sum K_i + t_n = 3+5+15 = 23(\text{d})$。

如图 3-9 所示为以上计算结果绘制的非节奏专业流水作业进度计划的水平图表,如图 3-10所示为垂直图表。

如某施工过程具有工艺间隙或组织间隙,则应在公式(3-14)中增加 $\sum Z_1$ 或 $\sum Z_2$。

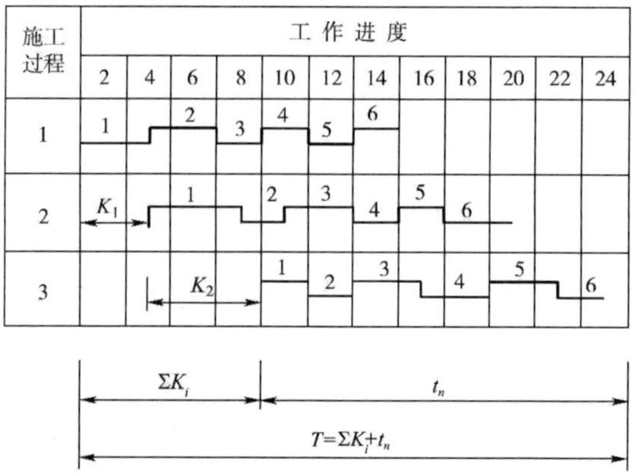

图 3-9 非节奏专业流水进度计划(水平图表)

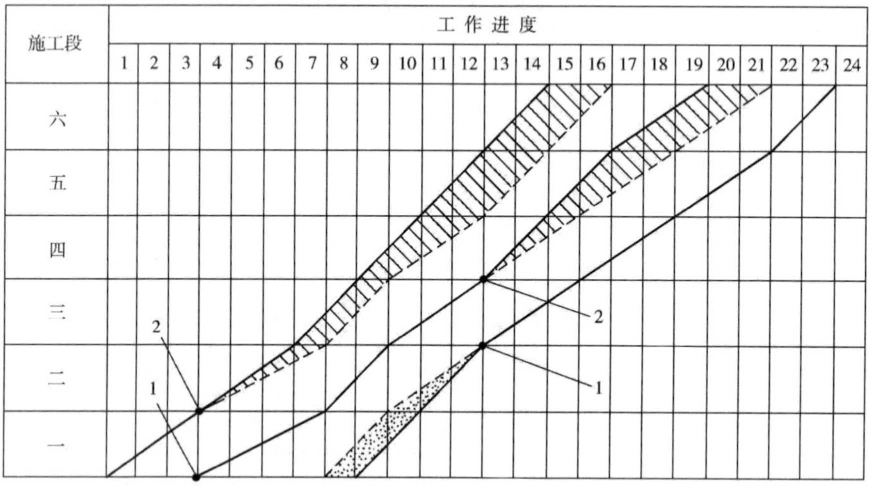

图 3-10 非节奏专业流水进度计划(垂直图表)

1-下临界位置;2-上临界位置

2. 允许偏差的确定

利用非节奏流水作业进度计划的垂直图表,可以求得各施工过程的允许偏差,即各施工过程允许延迟完成时间或允许提前开始时间。某施工过程在这允许偏差范围内的延迟完成,不会影响总工期,在这允许偏差范围内提前开始,也不会造成工序搭接上的混乱。

允许偏差的确定,首先应找出各施工过程的临界位置。临界位置分为上临界位置与下临界位置,一个施工过程的上临界位置,处于该施工过程在某施工段的结束时间等于下一个施工过程在该施工段的开始时间的位置。如[例 3-3],第一施工过程的上临界位置处于第一施工段的结束时间(第 3 天末)的位置上,第二施工过程的上临界位置处于第三施工段结束时间(第 12 天末)。一个施工过程的下临界位置处于该施工过程在某一施工段的开始时间等于前一个施工过程在该施工段的结束时间的位置。如第二施工过程的下临界位置处于第一施工段的开始时间(第 3 天开始时)的位置上,又如第三施工过程的下临界位置处于第三施工段开始时间(第 13 天开始时)。在上临界位置以上该施工过程具有可能延迟完成的允许偏差;在下临界位置以下,该施工过程具有可能提前开始的允许偏差。

上临界位置确定以后,计算该施工过程在临界位置以上各施工段上的结束时间与后继施工过程在相应施工段上的开始时间之差,即为该施工过程在相应施工段上具有的可延迟完成的允许偏差。在图上一般可从该施工过程在某施工段的结束时间为起点,以后继施工过程在该施工段上的开始时间为终点,绘制一水平线段,该短线的长度即表示施工过程在相应施工段上的允许偏差,将所有这些线段的终点连接起来,就是该施工过程可以延迟完成的允许偏差范围,如图3-10所示中划斜线的阴影部分。

类似这种情况,由下临界位置向下,计算后继施工过程在各施工段上的开始时间与紧前施工过程在该施工段上的结束时间之差,即为后继施工过程可以提前开始的允许偏差,由后继工作在各施工段的允许偏差,便可得到其可以提前开始的允许偏差范围(图3-10中带小点的阴影部分)。

如某一施工过程出现两个或两个以上的上临界位置,则在最后一个上临界位置才可能有延迟完成的允许偏差。在该临界位置以下,不可能具有延迟完成的允许偏差。因为在任何临界位置以下如出现该施工过程延迟完成的允许偏差,则必然造成其后的某施工段上流水强度变大,而一个进度计划中的流水强度应是确定的,计划的调整一般不可使流水强度变大。如果流水强度可以任意变大,那计划也没有意义了,因为一旦超过了计划规定时间,只要将该施工过程在后面的施工段上的流水强度加大或将后继施工过程的流水强度加大就可能弥补,这样便无计划可言了。类似地,如果某施工过程出现两个或两个以上的下临界位置,则在最前一个下临界位置以下才可能有延迟完成的开始允许偏差。

本章小结

公路工程施工组织,涉及资金、人工、材料、机具以及施工方法、国家政策、法规、公共关系等诸多方面的问题,是研究如何在施工过程中,以经济有效的方式来生产产品,要实现施工工期短、占用资金少、劳动生产效益高,以及产品质量好、产量高、成本低等目标。因此,施工过程的组织是公路工程施工组织设计和施工管理的重要内容。本章主要介绍施工过程组织的基本原则以及流水作业的原理。

思考与训练

1. 施工过程的组织应考虑哪些因素?
2. 土木工程的流水作业有什么特点?
3. 什么叫流水强度?
4. 流水节拍、流水步距的含义是什么?
5. 非节奏流水工期如何计算? 如何确定非节奏流水的各施工过程的机动时间?
6. 什么是成倍节拍流水? 固定节拍流水如何确定工期?
7. 时间间歇有哪几种形式?
8. 施工段如何确定?
9. 某段石砌挡土墙墙身工程量为60m^3,单位工作面的工程量为0.9m^3,时间定额为1.1工日/m^3,预计投入工人14人,试确定流水节拍。
10. 有5道涵洞,已知挖基需要3d,铺底需要2d,砌墙身需要4d,浇盖板需要5d,试绘制流水作业进度图,并确定总工期。

11. 指出图3-11中的4个图形各采用哪些作业方法?

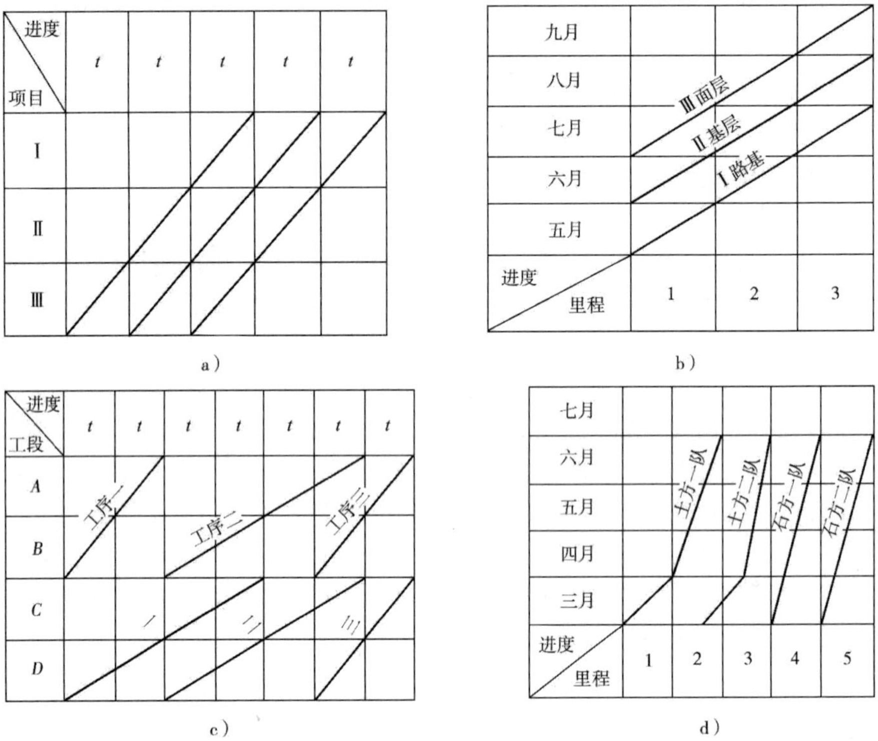

图3-11 思考题11图

12. 按流水作业法改正下图3-12中的错误。

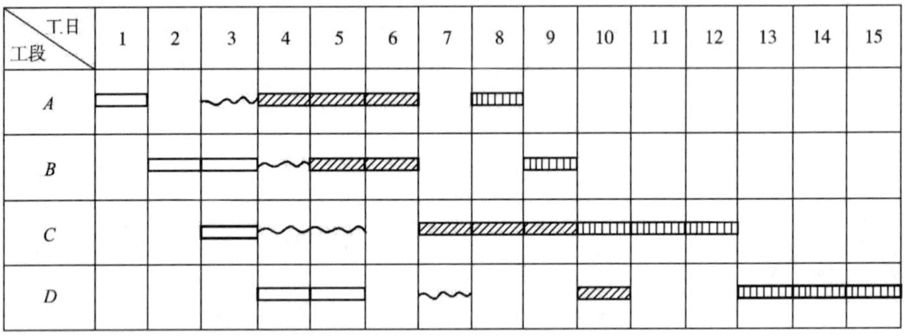

图3-12 思考题12图

13. 某段公路全长9km,路基队4月15日开工,路面基层队4月25日开工,路面面层队5月5日开工,各队流水速度为0.1km/工日。

(1)确定流水参数并绘制流水作业图。

(2)划分为3个施工段用斜线图绘制流水作业图。

14. 有工程量基本相等的4座小桥,每座桥的挖基需要1d,10人;砌基础需要2d,12人;砌墩台需要3d,15人;安装桥面需要2d,11人;清填需要1d,8人。试分别以平行、流水和平行流水作业法绘制进度图、劳动力曲线,并计算总工期。

第四章
CHAPTER FOUR
网络图技术

学习目标

1. 熟悉双(单)代号网络图的基本概念;
2. 掌握双(单)代号网络图时间参数的计算及网络图的绘制。

学习指南

会运用图上计算法计算双(单)代号网络图各项时间参数,并能够应用网络图技术解决简单的工程问题。

第一节 双代号网络图

在公路工程施工管理中,工程进度是各项管理的中心环节。为了按合同工期完工,通常需要采用一定的方法来规划和控制工程进度。例如,工程进度横道图就是最常用的一种进度计划技术。通过横道图,管理者可以直观地、形象地看到每一个工序开工和完工时间,使施工进程一目了然。然而,由于工程的大型化、复杂化以及施工中不断出现因气候或施工事故等原因改变某些工序的作业时间,致使后续工序无法按时开工的情况,到时如不及时调整原来的工期计划,就不可能按期完成合同工期。横道图进度计划对此就显得无能为力了。因为在横道图上不易看出复杂工程中某个工序推迟或提前对整个工期计划的影响,以致很难确定工期调整该从哪道工序下手,所以它无法发挥工程建设管理中心环节的作用。近年来,在公路施工进度管理中,普遍采用网络图技术方法来进行进度计划管理。

网络图技术是建立在网络模型的基础上,用网络图来表达和反映工程计划中各工序(或施工过程)的先后顺序及相互间的逻辑关系,通过计算求出各工序的起讫时间,找出关键路线及相应的关键工序,并对网络图进行优化。主要适用于大型项目计划的编制、优化和控制。在执行过程中,还要根据实际情况的变化及临时出现的问题对计划进行及时的调整和有效的控制,以保证合理地使用人力、物力和财力,力求以最小的消耗取得最大的经济效果。

应用电子计算机,可使复杂的网络图便于编制、修改、优化,并可以在计划执行过程中迅速调整和控制。

网络图技术按其表示方法分为双代号网络图和单代号网络图。

一、双代号网络图的概念

双代号网络图是以箭线及其两端节点的编号表示工作的网络图,如图4-1所示。

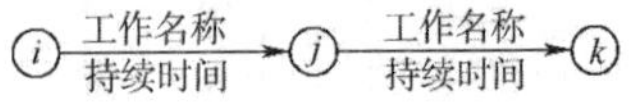

图4-1　双代号网络图表示方法

1. 箭线

双代号网络图中,每一条箭线应表示一项工作,箭线所指的方向表示工序前进的方向,箭线的箭尾节点表示该工作的开始,箭线的箭头节点表示该工作的结束,一条箭线表示工序的全部内容。工作是指计划任务按需要的粗细程度划分而成的,消耗时间或同时也消耗资源的一个子项目或子任务。根据计划编制的粗细不同,工作既可以是一个单项工程,也可以是一个分项工程乃至一个工序。

一般情况下,工作需要消耗时间和资源(如支模板、浇筑混凝土等),有的仅是消耗时间而不消耗资源(如混凝土养护等技术间歇)。在双代号网络图中,有一种既不消耗时间也不消耗资源的工作——虚工作,它用虚箭线来表示,用以反映一些工作与另外一些工作之间的逻辑关系,如图4-2所示,其中②—③工作即为虚工作。

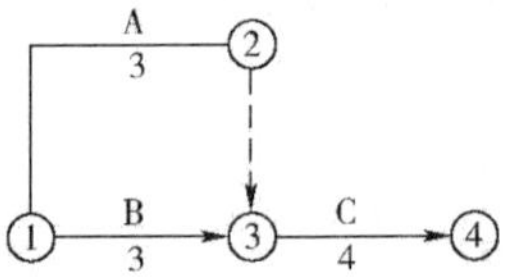

图4-2　虚工作表示法

在双代号网络图中,工序名称应标注在箭线水平部分的上面,可用A、B或C等代号表示,工序持续时间(也称作业时间)则标注在下面,如图4-2所示。

两个工序前后连续施工时,表示两个工序的箭线也应前后连续画下去。施工时还往往出现平行工序,平行工序的箭线也应平行绘制。就某项工序而言,紧靠前面的工序称为紧前工序,紧靠后面的工序称为紧后工序,与之平行的称为平行工序,该工序本身则称为“本工序”。

2. 节点

节点是指表示工作的开始、结束或连接关系的圆圈(或其他形状的封密图形)、箭线的出发节点叫作工作的起点节点,箭头指向的节点叫作工作的终点节点。任何工作都可以用其箭线前、后的两个节点的编码来表示,起点节点编码在前,终点节点编码在后。节点仅为前后两道工序交接之点,它既不消耗时间也不消耗资源。

网络图中第一节点称为起点(开始)节点,它意味着工程项目或任务的开始;最后一个节点称为终点(结束)节点,它意味着工程项目或任务的完成;网络图中既表示前道工序的结束又表示后续工序的开始的节点称为中间节点。

一道工序是用一条箭线和两个节点表示的,为了使网络图便于计算和检查,所有节点均要统一编号,一条箭线前后两个节点的号码就是该箭线所表示工序的代号。因此,一道工序用两个号码来表示,如图4-2所示中A工序的代号是①—②。在对网络图进行编号时,箭尾节点的号码应小于箭头节点的号码。

节点是网络图中箭线之间的连接点。在双代号网络图中,节点只表示工作的开始或结束的瞬间，起着承上启下的衔接作用。网络图中有 3 种类型的节点，如图 4-3 所示。

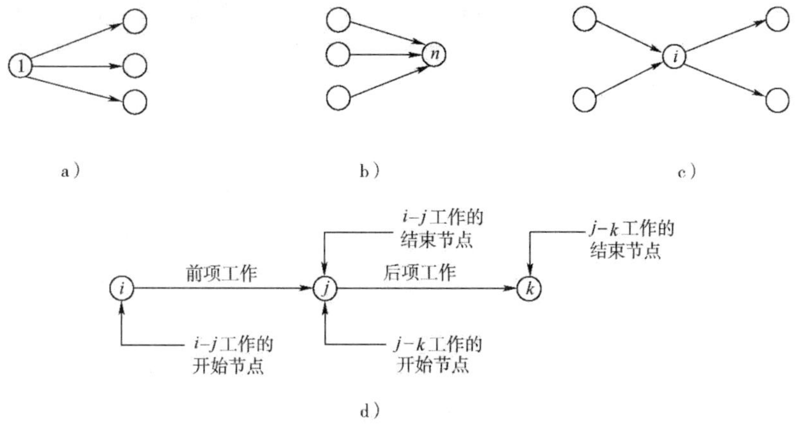

图 4-3　节点类型示意图

a)起点节点；b)终点节点；c)中间节点；d)箭头节点和箭尾节点

3. 线路与关键线路

网络图中从起点节点开始，沿箭头方向顺序通过一系列箭线与节点，最后达到终点节点的通路称为线路。一条线路上的各项工作所持续时间的累加之和称为该线路之长，它表示完成该线路上的所有工作需花费的时间。从网络图的起点到终点一般都有很多条线路，其中至少可以找到一条所需时间最长的线路称为关键线路，一般用双箭线表示关键线路。位于关键线路上的工序称为关键工序。

关键线路所需时间的总和是网络图的总工期。各关键工序没有任何机动时间，任何关键工序的拖延都会影响总工期。非关键工序则相对地自由，允许在一定的范围内适当推迟开始或完成时间而不会影响总的工程进度。关键工序是网络图技术管理的主要矛盾，但关键线路与非关键线路是相对的，二者可以转化。在施工进度控制中，为了缩短工期，通常在关键线路上的一些工序中采取技术和组织措施，缩短作业时间，这时关键线路可能变成非关键线路，而原来某一条最长的非关键线路则成了新的关键线路。当多条线路具有相同的最长持续时间时，网络图上则会出现多条关键线路，这是网络图优化调整后经常会遇到的情况。

二、双代号网络图的绘制

1. 工序间的逻辑关系

各工序间的逻辑关系，既包括客观上的由工艺所决定的工作上的先后顺序关系，也包括施工组织所要求的工作之间相互制约、相互依赖的关系。逻辑关系表达得是否正确，是网络图能否反映工程实际情况的关键，而且一旦逻辑关系出错，图中各项工作参数的计算以及关键线路和工程工期都将随之发生错误。

1)工艺关系

工艺关系是指生产工艺上客观存在的、不能随意改变的先后顺序。例如，桥梁施工时，先做基础，后做上部结构；先钻孔，后灌注混凝土。

2)组织关系

组织关系是指在不违反工艺关系的前提下,根据具体情况,按安全、经济、高效的原则统筹安排工作的先后顺序。例如,建筑群中各个建筑物的开工顺序的先后;施工对象的分段流水作业等。

无论工艺关系还是组织关系,在网络图中均表现为工作进行的先后顺序。

2. 双代号网络图的绘制规则

绘制双代号网络图最基本的规则是明确地表达出工作的内容,准确地表达出工作间的逻辑关系,并且使所绘出的图易于识读和操作。具体绘制时应遵循以下规则:

(1)一项工作应只有唯一的一条箭线和相应的一对节点编号,箭尾的节点编号应小于箭头的节点编号。

(2)在网络图中严禁出现循环回路[图4-4a)]。

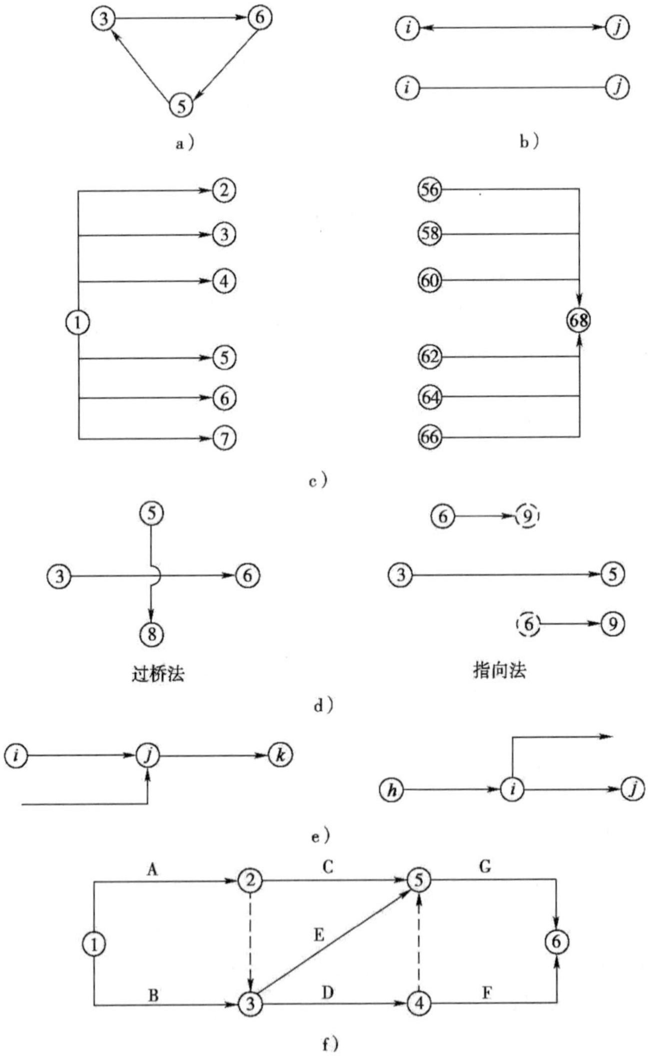

图4-4 双代号网络图绘制规则

a)循环线路示意图;b)箭线的错误画法;c)母线表示方法;d)箭线交叉的表示方法;e)没有箭头节点和箭尾节点;f)一个起点节点、一个终点节点网络图

(3)双代号网络图中,严禁出现没有箭头的箭线或双箭头的箭线[图 4-4b)]。

(4)双代号网络图节点编号顺序应从小到大,可不连续,但严禁重复。

(5)某些节点有多条外向箭线或多条内向箭线时,在不违反“一项工作应只有唯一的一条箭线和相应的一对节点编号”的前提下,可使用母线法绘图[图 4-4c)]。

(6)绘制网络图时,宜避免箭线交叉,当交叉不可避免时,可用过桥法或指向法[图 4-4d)]。

(7)双代号网络图中,严禁出现没有箭头的节点或没有箭尾的节点[图 4-4e)]。

(8)双代号网络图中应只有一个起始节点;在不分期完成任务的网络图中,应只有一个终点节点[图 4-4f)]。

(9)对平行搭接进行的工作,在双代号网络图中,应分段表达。

(10)网络图应条理清楚,布局合理。

(11)对于一些大的建设项目,由于工序多,施工周期长,网络图可能很大,为使绘图方便,可将网络图划分成几个部分分段绘制。

3. 双代号网络图的绘制步骤

双代号网络图的绘制方法,视各人的经验而不同,但应在既定施工方案的基础上,根据具体的施工客观条件,以统筹安排为原则。一般的绘图步骤如下:

(1)任务分解,划分施工工作。

(2)确定完成工作计划的全部工作及其逻辑关系。

(3)确定每一工作的持续时间,制定工程分析表。

(4)根据工程分析表,绘制并修改网络图。

三、双代号网络图的计算

双代号网络图时间参数计算的目的在于确定网络图的关键工作、关键线路和计算工期,为网络图的优化、调整和执行提供明确的时间参数。双代号网络图时间参数通常按工作计算法和按节点计算法进行计算。在计算方式上有分析计算法、表格计算法、图上计算法、矩阵计算法和电算法等。本节只介绍按工作计算法在图上进行计算的方法(图上计算法);表格计算法的原理和图上计算法完全一样,所依据的计算公式也相同,它们的区别只是表现形式不同而已。

1. 时间参数的概念

1)工作持续时间(D_{i-j})

工作持续时间是对一项工作规定的从开始到完成的时间。在双代号网络图中,工作 $i-j$ 的持续时间用 D_{i-j} 表示。

2)工期(T)

工期泛指完成任务所需要的时间,一般有以下 3 种:

(1)计算工期:根据网络图时间参数计算出来的工期,用 T_C 表示。

(2)要求工期:任务委托人所要求的工期,用 T_r 表示。

(3)计划工期:在要求工期和计算工期的基础上,综合考虑需要和可能而确定的工期,用 T_P 表示。网络图的计划工期 T_P 应按下列情况分别确定:

①当已规定了要求工期 T_r 时,即:

$$T_P \leqslant T_r \tag{4-1}$$

②当未规定要求工期时,可令计划工期等于计算工期,即:

$$T_P = T_C \tag{4-2}$$

3)网络图中工作的6个时间参数

(1)最早开始时间(ES_{i-j}):是指在各紧前工作全部完成后,本工作有可能开始的最早时刻。工作 $i-j$ 的最早开始时间用 ES_{i-j} 表示。

(2)最早完成时间(EF_{i-j}):是指在各紧前工作全部完成后,本工作有可能完成的最早时刻。工作 $i-j$ 的最早完成时间用 EF_{i-j} 表示。

(3)最迟开始时间(LS_{i-j}):是指在不影响整个任务按期完成的前提下,工作必须开始的最迟时刻。工作 $i-j$ 的最迟开始时间用 LS_{i-j} 表示。

(4)最迟完成时间(LF_{i-j}):是指在不影响整个任务按期完成的前提下,工作必须完成的最迟时刻。工作 $i-j$ 的最迟完成时间用 LF_{i-j} 表示。

(5)总时差(TF_{i-j}):是指在不影响总工期的前提下,本工作可以利用的机动时间。工作 $i-j$ 的总时差用 TF_{i-j} 表示。

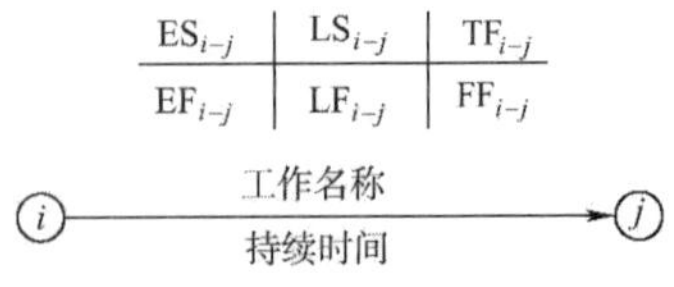

图4-5 工作时间参数标注形式

(6)自由时差(FF_{i-j}):是指在不影响其紧后工作最早开始的前提下,本工作可以利用的机动时间。工作 $i-j$ 的自由时差用 FF_{i-j} 表示。

按工作计算法计算网络图的各时间参数,其计算结果应标注在箭线之上,如图4-5所示。

2. 时间参数的计算

按工作计算法在网络图上计算6个时间参数,必须在清楚计算顺序和计算步骤的基础上,列出必要的公式,以加深对时间参数计算的理解。时间参数的计算步骤如下:

1)最早开始时间和最早完成时间的计算

工作最早时间参数受到紧前工作的约束,故其计算顺序应从起点节点开始,顺着箭线方向依次逐项计算。

(1)以网络图的起点节点为开始节点的工作的最早开始时间为零。如网络图起点节点的编号为①,则:

$$ES_{i-j} = 0 \ (i = 1) \tag{4-3}$$

(2)顺着箭线方向依次计算各个工作的最早完成时间和最早开始时间。

①最早完成时间等于最早开始时间加上其持续时间:

$$EF_{i-j} = ES_{i-j} + D_{i-j} \tag{4-4}$$

②最早开始时间等于各紧前工作的最早完成时间 EF_{h-i} 的最大值:

$$ES_{i-j} = \mathrm{Max}[EF_{h-i}] \tag{4-5}$$

或

$$ES_{i-j} = \mathrm{Max}[ES_{h-i} + D_{h-i}] \tag{4-6}$$

2)确定计算工期 T_C

计算工期等于以网络图的终点节点为箭头节点的各个工作的最早完成时间的最大值。当网络图终点节点的编号为ⓝ时，计算工期为：

$$T_C = \mathrm{Max}[EF_{i-n}] \tag{4-7}$$

当无要求工期的限制时，取计划工期等于计算工期，即取：$T_P = T_C$。

3）最迟开始时间和最迟完成时间的计算

工作最迟时间参数受到紧后工作的约束，故其计算顺序应从终点节点起，逆着箭线方向依次逐项计算。

(1)以网络图的终点节点（ⓙ = ⓝ）为箭头节点的工作的最迟完成时间等于计划工期 T_P，即：

$$LF_{i-n} = T_P \tag{4-8}$$

(2)逆着箭线方向依次计算各个工作的最迟开始时间和最迟完成时间。

①最迟开始时间等于最迟完成时间减去其持续时间：

$$LS_{i-j} = LF_{i-j} - D_{i-j} \tag{4-9}$$

②最迟完成时间等于各紧后工作的最迟开始时间 LS_{j-k} 的最小值：

$$LF_{i-j} = \mathrm{Min}[LS_{j-k}] \tag{4-10}$$

或

$$LF_{i-j} = \mathrm{Min}[LF_{j-k} - D_{j-k}] \tag{4-11}$$

4）工作总时差的计算

总时差等于其最迟开始时间减去最早开始时间，或等于最迟完成时间减去最早完成时间：

$$TF_{i-j} = LS_{i-j} - ES_{i-j} \tag{4-12}$$

$$TF_{i-j} = LF_{i-j} - EF_{i-j} \tag{4-13}$$

5）工作自由时差的计算

当工作 $i-j$ 有紧后工作 $j-k$ 时，其自由时差应为：

$$FF_{i-j} = ES_{j-k} - EF_{i-j} \tag{4-14}$$

或

$$FF_{i-j} = ES_{j-k} - ES_{i-j} - D_{i-j} \tag{4-15}$$

以网络图的终点节点（ⓙ = ⓝ）为箭头节点的工作，其自由时差 FF_{i-n} 应按网络图的计划工期 T_P 确定，即：

$$FF_{i-n} = T_P - EF_{i-n} \tag{4-16}$$

四、关键工作和关键线路的确定

1. 关键工作

总时差最小的工作是关键工作。

2. 关键线路

自始至终全部由关键工作组成的线路为关键线路，或线路上总的工作持续时间最长的线路为关键线路。网络图上的关键线路可用双线或粗线标注。

例 4-1

已知网络图的资料见表 4-1，试绘制双代号网络图（图算法）；若计划工期等于计算工期，试计算各项工作的6个时间参数并确定关键线路,标注在网络图上。

网络图资料表 表4-1

工作名称	A	B	C	D	E	F	H	G
紧前工作	—	—	B	B	A、C	A、C	D、F	D、E、F
持续时间(d)	4	2	3	3	5	6	5	3

解:(1)根据表4-1中网络图的有关资料,按照网络图的绘图规则,绘制双代号网络图,如图4-6所示。

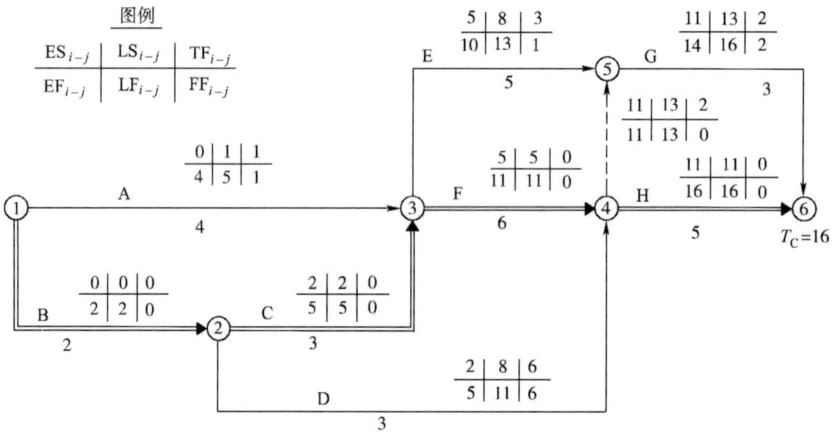

图4-6 双代号网络图计算实例

(2)计算各项工作的时间参数,并将计算结果标注在箭线上方相应的位置。

①计算各项工作的最早开始时间 ES_{i-j} 和最早完成时间 EF_{i-j}。

从起点节点(①节点)开始顺着箭线方向依次逐项计算到终点节点(⑥节点)。

A. 以网络图起点节点为开始节点的各工作的最早开始时间为零:

$$ES_{1-2}=ES_{1-3}=0$$

B. 计算各项工作的最早开始和最早完成时间:

$$EF_{1-2}=ES_{1-2}+D_{1-2}=0+2=2$$

$$EF_{1-3}=ES_{1-3}+D_{1-3}=0+4=4$$

$$ES_{2-3}=ES_{2-4}=EF_{1-2}=2$$

$$EF_{2-3}=ES_{2-3}+D_{2-3}=2+3=5$$

$$EF_{2-4}=ES_{2-4}+D_{2-4}=2+3=5$$

$$ES_{3-4}=ES_{3-5}=\text{Max}[EF_{1-3},EF_{2-3}]=\text{Max}[4,5]=5$$

$$EF_{3-4}=ES_{3-4}+D_{3-4}=5+6=11$$

$$EF_{3-5}=ES_{3-5}+D_{3-5}=5+5=10$$

$$ES_{4-6}=ES_{4-5}=\text{Max}[EF_{3-4},EF_{2-4}]=\text{Max}[11,5]=11$$

$$EF_{4-6}=ES_{4-6}+D_{4-6}=11+5=16$$

$$EF_{4-5}=ES_{4-5}+D_{4-5}=11+0=11$$

$$ES_{5-6}=\text{Max}[EF_{3-5},EF_{4-5}]=\text{Max}[10,11]=11$$

$$EF_{5-6}=ES_{5-6}+D_{5-6}=11+3=14$$

②确定计算工期 T_C 及计划工期 T_P。

A. 计算工期：

$$T_C=\text{Max}[EF_{5-6},EF_{4-6}]=\text{Max}[14,16]=16(\text{d})$$

B. 计划工期，已知计划工期等于计算工期，即：

$$T_P=T_C=16(\text{d})$$

③计算各项工作的最迟开始时间 LS_{i-j}和最迟完成时间 LF_{i-j}。

从终点节点(⑥节点)开始逆着箭线方向依次逐项计算到起点节点(①节点)。

A. 以网络图终点节点为箭头节点的工作的最迟完成时间等于计划工期：

$$LF_{4-6}=LF_{5-6}=16$$

B. 计算各项工作的最迟开始和最迟完成时间：

$$LS_{4-6}=LF_{4-6}-D_{4-6}=16-5=11$$

$$LS_{5-6}=LF_{5-6}-D_{5-6}=16-3=13$$

$$LF_{3-5}=LF_{4-5}=LS_{5-6}=13$$

$$LS_{3-5}=LF_{3-5}-D_{3-5}=13-5=8$$

$$LS_{4-5}=LF_{4-5}-D_{4-5}=13-0=13$$

$$LF_{2-4}=LF_{3-4}=\text{Min}[LS_{4-5},LS_{4-6}]=\text{Min}[13,11]=11$$

$$LS_{2-4}=LF_{2-4}-D_{2-4}=11-3=8$$

$$LS_{3-4}=LF_{3-4}-D_{3-4}=11-6=5$$

$$LF_{1-3}=LF_{2-3}=\text{Min}[LS_{3-4},LS_{3-5}]=\text{Min}[5,8]=5$$

$$LS_{1-3}=LF_{1-3}-D_{1-3}=5-4=1$$

$$LS_{2-3}=LF_{2-3}-D_{2-3}=5-3=2$$

$$LF_{1-2}=\text{Min}[LS_{2-3},LS_{2-4}]=\text{Min}[2,8]=2$$

$$LS_{1-2}=LF_{1-2}-D_{1-2}=2-2=0$$

④计算各项工作的总时差 TF_{i-j}。

可以用工作的最迟开始时间减去最早开始时间或用工作的最迟完成时间减去最早完成时间：

$$TF_{1-2}=LS_{1-2}-ES_{1-2}=0-0=0$$

或

$$TF_{1-2}=LF_{1-2}-EF_{1-2}=2-2=0$$

$$TF_{1-3}=LS_{1-3}-ES_{1-3}=1-0=1$$

$$TF_{2-3}=LS_{2-3}-ES_{2-3}=2-2=0$$

$$TF_{2-4}=LS_{2-4}-ES_{2-4}=8-2=6$$

$$TF_{3-4}=LS_{3-4}-ES_{3-4}=5-5=0$$

$$TF_{3-5}=LS_{3-5}-ES_{3-5}=8-5=3$$

$$TF_{4-6}=LS_{4-6}-ES_{4-6}=11-11=0$$

$$TF_{5-6}=LS_{5-6}-ES_{5-6}=13-11=2$$

⑤计算各项工作的自由时差 FF_{i-j}。

等于紧后工作的最早开始时间减去本工作的最早完成时间:

$$FF_{1-2} = ES_{2-3} - EF_{1-2} = 2 - 2 = 0$$
$$FF_{1-3} = ES_{3-4} - EF_{1-3} = 5 - 4 = 1$$
$$FF_{2-3} = ES_{3-5} - EF_{2-3} = 5 - 5 = 0$$
$$FF_{2-4} = ES_{4-6} - EF_{2-4} = 11 - 5 = 6$$
$$FF_{3-4} = ES_{4-6} - EF_{3-4} = 11 - 11 = 0$$
$$FF_{3-5} = ES_{5-6} - EF_{3-5} = 11 - 10 = 1$$
$$FF_{4-6} = T_P - EF_{4-6} = 16 - 16 = 0$$
$$FF_{5-6} = T_P - EF_{5-6} = 16 - 14 = 2$$

将以上计算结果标注在图中的相应位置。

(3)确定关键工作及关键线路。

在图中,凡是总时差为0的工作均为关键工作。该例中的关键工作是:①—②,②—③,③—④,④—⑥(或关键工作是:B、C、F、H)。

在本例中,自始至终全由关键工作组成的关键线路是:①—②—③—④—⑥。关键线路用双箭线进行标注,如图4-6所示。

例4-2

用表算法计算如图4-7所示的网络图的时间参数。

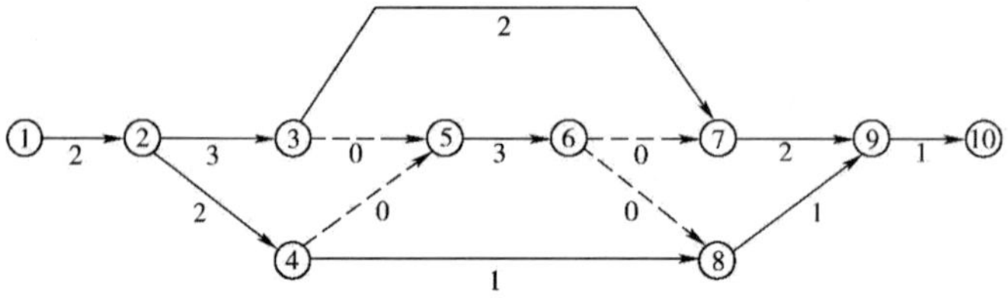

图4-7 双代号网络图计算示例

解:结合表4-2逐项进行时间参数计算。

网络图时间参数计算表 表4-2

紧前工作数 m	工序编号	持续时间 D_{i-j}	最早开始时间 ES_{i-j}	最早结束时间 EF_{i-j}	最迟开始时间 LS_{i-j}	最迟结束时间 LF_{i-j}	总时差 TF_{i-j}	自由时差 FF_{i-j}
(1)	(2)	(3)	(4)	(5)=(4)+(3)	(6)=(7)-(3)	(7)	(8)=(6)-(4)	(9)=紧后(4)-(5)
—	①—②	2	0	2	0	2	0	0
1	②—③	3	2	5	2	5	0	0
1	②—④	2	2	4	3	5	1	0
1	③—⑤	0	5	5	5	5	0	0
1	③—⑦	2	5	7	6	8	1	1
1	④—⑤	0	4	4	5	5	1	1

续上表

紧前工作数 m	工序编号	持续时间 D_{i-j}	最早开始时间 ES_{i-j}	最早结束时间 EF_{i-j}	最迟开始时间 LS_{i-j}	最迟结束时间 LF_{i-j}	总时差 TF_{i-j}	自由时差 FF_{i-j}
(1)	(2)	(3)	(4)	(5) = (4) + (3)	(6) = (7) − (3)	(7)	(8) = (6) − (4)	(9) = 紧后(4) − (5)
1	④—⑧	1	4	5	8	9	4	3
2	⑤—⑥	3	5	8	5	8	0	0
1	⑥—⑦	0	8	8	8	8	0	0
1	⑥—⑧	0	8	8	9	9	1	0
2	⑦—⑨	2	8	10	8	10	0	0
2	⑧—⑨	1	8	9	9	10	1	1
2	⑨—⑩	1	10	11	10	11	0	0

(1)计算各工作的最早开始和最早结束时间。先看表4-2中第一行工作①—②,它紧前的工作数为空白。因此,它是网络图中从起始节点出发的一项工作,其最早开始时间为零(见第四栏的第一格),将它与其左边的持续时间(第三栏)相加,得到最早结束时间(填在第五栏内)。

往下计算第二行、第三行的工作②—③和②—④。它们都是由节点②出发的工作,其前面工作为1个,可在它们所在行的上方查出其紧前工作为①—②(它的最早结束时间为2),由此得到这两个工作的最早开始时间为2(填在第四栏第二、三行内),然后分别与左边的持续时间(第三栏第二、三行内)相加,得到工作②—③和②—④的最早结束时间(填在第五栏第二、三行内),依次逐行往下计算。当计算到第八行工作⑤—⑥时,其前面工作数为2,可以在它所在行上面找到到达节点⑤的两个工作是③—⑤和④—⑤,它们的最早结束时间分别为5和4,取其中最大值5作为工作⑤—⑥的最早开始时间,而后再与左边的持续时间(第三栏第八行内)相加,得到工作⑤—⑥的最早结束时间。用上述方法算完全表。

(2)计算各工作最迟结束和最迟开始时间。表4-2中最后一行工作为⑨—⑩,它以结束节点⑩为终点节点,将节点⑩的最早结束时间11,填在第七栏的最后一行内,然后与第三栏的持续时间相减,得到这项工作的最迟开始时间,填在第六栏相应的格内,即 $11 - 1 = 10$。

接着计算倒数第二行、倒数第三行内,工作⑧—⑨和⑦—⑨都以节点⑨为结束。可从所在行下方找到它们的后续工作⑨—⑩的最迟开始时间为10(第六栏最后一行),以此作为工作⑧—⑨和⑦—⑨的最迟结束时间,填在第七栏的倒数第二行、倒数第三行内,然后分别与其左边的持续时间相减,将差数填在第六栏的倒数第二行、倒数第三行内,即为工作⑧—⑨和⑦—⑨的最迟开始时间,分别为 $10 - 1 = 9$,$10 - 2 = 8$。

依次往上计算,当计算到工作⑤—⑥时,它的紧后工作为⑥—⑦和⑥—⑧,其中工作⑥—⑦的最迟开始时间8为最小,以此作为工作⑤—⑥的最迟结束时间。其余计算以此类推。运算中虚工作与其他工作一样计算,只是它的持续时间为0。

(3)计算工作时差。计算总时差只要将表4-2每一行第六栏的最迟开始时间减去同一行第四栏内的最早开始时间就可求得,将求得的总时差填入表中第八栏。

(4)自由时差的计算。可先从表4-2计算行下方的表格内找到紧后工作的最早开始时间,然后减去该行工作的最早结束时间就是自由时差,填在第九栏内。例如,第五行的工作③—

⑦,在该行下方的表内可查得其紧后工作⑦—⑨,它的最早开始时间为8,然后减去③-⑦工作的最早结束时间7(见第五栏第五行),得自由时差8-7=1,填在第九栏第五行内。其余类推。

第二节 单代号网络图

单代号网络图和双代号网络图所表达的计划内容是一致的,两者的区别仅在于绘图的符号不同,前者是单代号,后者为双代号。因此,在双代号网络图中所说明的绘图规则,单代号网络图原则上都应遵守。例如,一张网络图只能有一个开始节点和一个结束节点;工作互相之间应严格遵守工艺顺序和组织顺序的逻辑关系;不允许出现循环回路;节点的编号应满足 $i<j$ 的要求;搭接施工必须分段表达等。但是,根据单代号网络图的特点,一般必须而且只需引进一个表示计划开始的虚工作(节点)和表示计划结束的虚工作(节点),网络图中不再出现其他的虚工作。因此,画图时可以在工艺网络图上直接加上组织顺序的约束,就得到生产网络图。

一、单代号网络图的概念

单代号网络图是由节点和箭线组成的,其箭线表示紧邻工作之间的逻辑关系,节点则表示工作。工作之间的逻辑关系包括工艺关系和组织关系,在单代号网络图中均表现为工作之间的先后顺序。

1. 单代号网络图的特点

单代号网络图与双代号网络图相比,具有以下特点:

(1)工作之间的逻辑关系容易表达,而且不用虚箭线,故绘图较简单。

(2)网络图便于检查和修改。

(3)由于工作的持续时间表示在节点之中,没有长度,故不够形象直观。

(4)表示工作之间逻辑关系的箭线可能产生较多的纵横交叉现象。

2. 单代号网络图的基本符号

1)节点

单代号网络图中的每一个节点表示一项工作,节点宜用圆圈或矩形表示。节点所表示的工作名称、持续时间和工作代号等应标注在节点内,如图4-8所示。

图4-8 单代号网络图中工作的表示方法

2)箭线

单代号网络图中的箭线表示紧邻工作之间的逻辑关系,既不占用时间,也不消耗资源。箭线常画成水平直线、折线或斜线。箭线水平投影的方向应自左向右,表示工作的行进方向。工作之间的逻辑关系包括工艺关系和组织关系,在网络图中均表现为工作之间的先后顺序。

3)线路

单代号网络图中,各条线路应用该线路上的节点编号从小到大依次表述。

3. 单代号网络图的绘图规则

(1)单代号网络图中的节点必须编号。编号标注在节点内,其号码可间断,但严禁重复。箭线的箭尾节点编号应小于箭头节点编号。一项工作必须有唯一的一个节点及相应的一个编号。

(2)单代号网络图必须正确表达已定的逻辑关系。

(3)单代号网络图中,严禁出现循环回路。

(4)单代号网络图中,严禁出现双向箭头或无箭头的连线,严禁出现没有箭尾节点的箭线和没有箭头节点的箭线。

(5)用数字代表工作的名称时,宜由小到大按活动先后顺序编号。

(6)绘制网络图时,箭线不宜交叉,当交叉不可避免时,可采用过桥法或指向法绘制。

(7)单代号网络图只应有一个起点节点和一个终点节点;当网络图中有多项起点节点或多项终点节点时,应在网络图的两端分别设置一项虚工作,作为该网络图的起点节点(S_t)和终点节点(F_m),如图4-9所示。

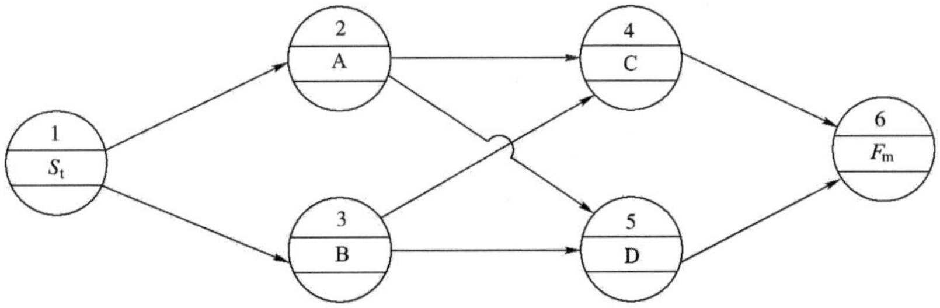

图4-9　单代号网络图

(8)在同一网络图中,单代号和双代号的画法不能混用(表4-3)。

单代号网络图的绘图规则大部分与双代号网络图的绘图规则相同,故不再进行解释。

单代号与双代号网络图逻辑关系表达方法的比较　　表4-3

序号	工序逻辑		双代号网络图	单代号网络图
	紧前	紧后		
1	A	B	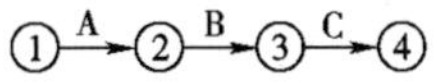	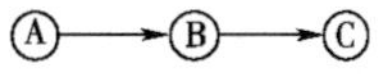
	B	C		
2	A	C B	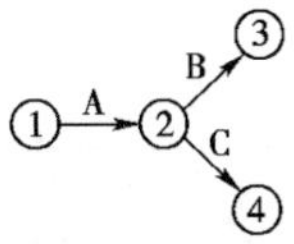	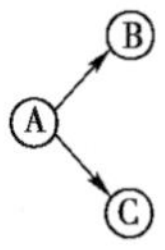
3	A B	C	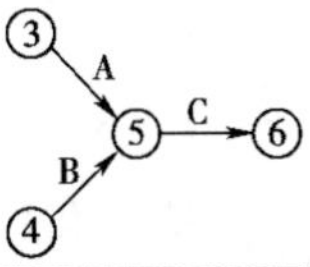	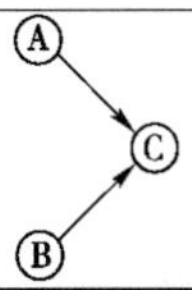

续上表

序号	工序逻辑 紧前	工序逻辑 紧后	双代号网络图	单代号网络图
4	—	A、B	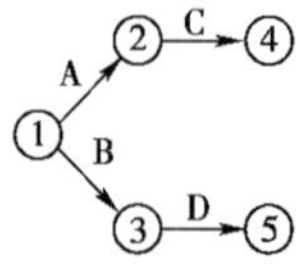	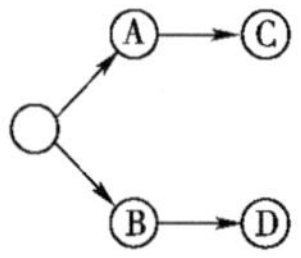
	A	C		
	B	D		
5	A	C、D	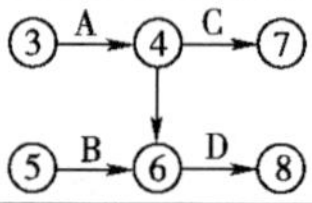	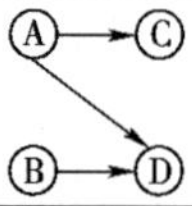
	B	D		
6	A	B、C	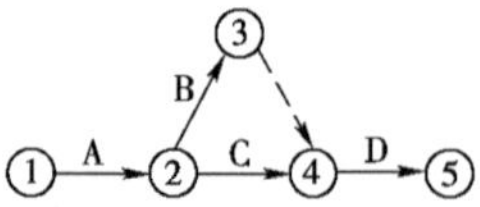	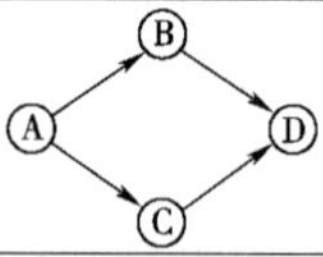
	B、C	D		
7	A、B	C、D	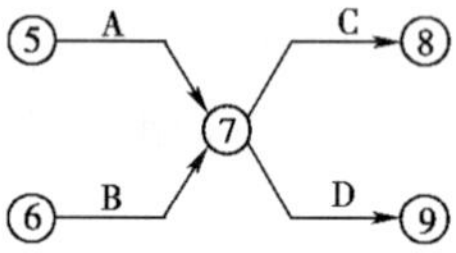	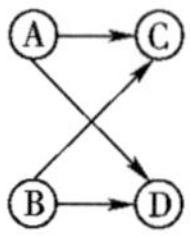
8	A	B、C	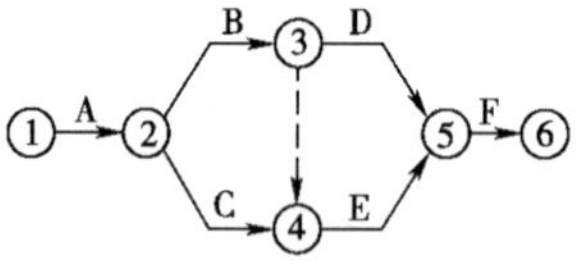	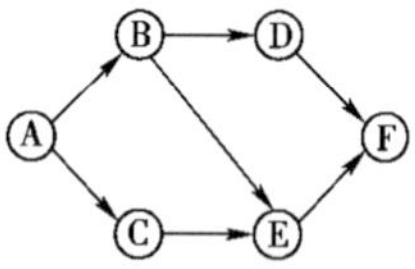
	B	D、E		
	C	E		
	D、E	F		
9	A	B、C	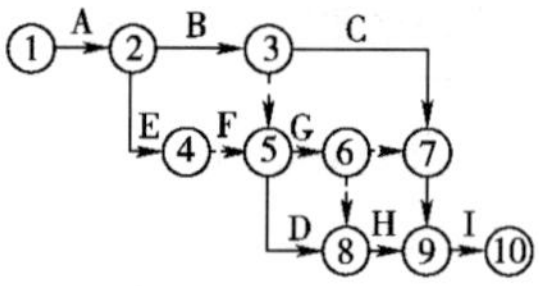	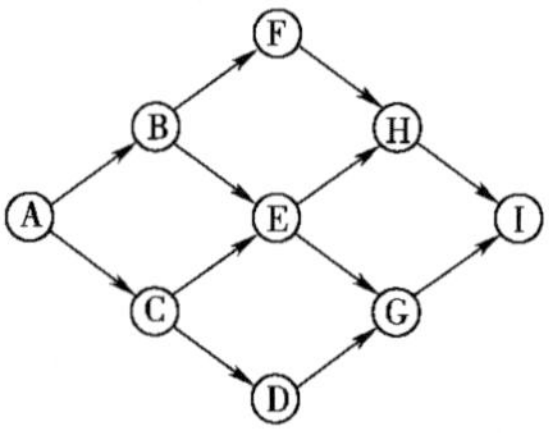
	B	E、F		
	C	D、E		
	D	G		
	E	G、H		
	F	H		
	G、H	I		
10	A、B、C	D、E、F	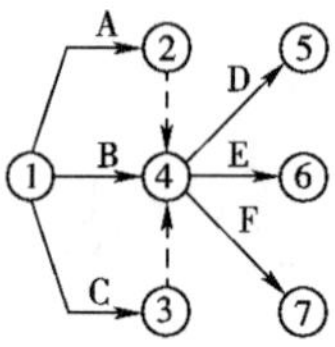	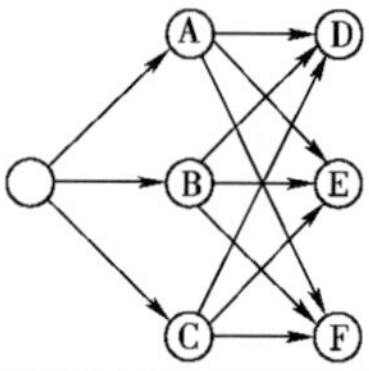

续上表

<table>
<tr><th rowspan="2">序号</th><th colspan="2">工序逻辑</th><th rowspan="2">双代号网络图</th><th rowspan="2">单代号网络图</th></tr>
<tr><th>紧前</th><th>紧后</th></tr>
<tr><td rowspan="8">11</td><td>A_1</td><td>A_2、B_1</td><td rowspan="8">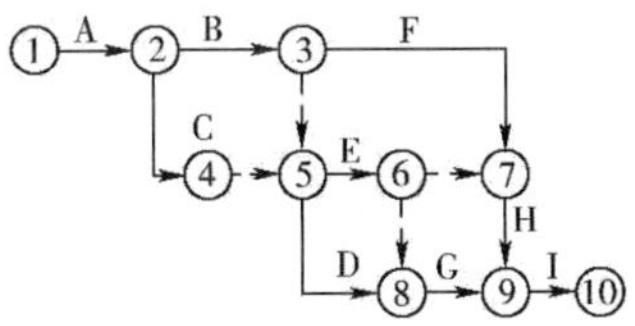
</td><td rowspan="8">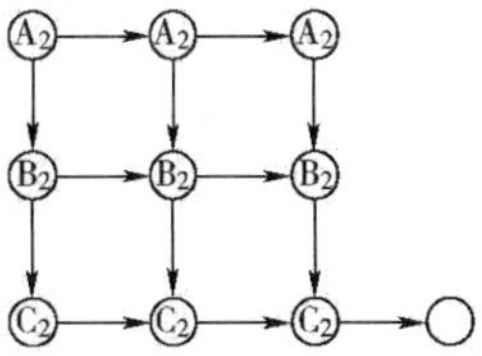
</td></tr>
<tr><td>A_2</td><td>A_3、B_2</td></tr>
<tr><td>A_3</td><td>B_3</td></tr>
<tr><td>B_1</td><td>B_2、C_1</td></tr>
<tr><td>B_2</td><td>B_3、C_2</td></tr>
<tr><td>B_3</td><td>C_3</td></tr>
<tr><td>C_1</td><td>C_2</td></tr>
<tr><td>C_2</td><td>C_3</td></tr>
</table>

二、单代号网络图时间参数的计算

单代号网络图时间参数的计算应在确定各项工作的持续时间之后进行，时间参数的计算顺序和计算方法基本上与双代号网络图时间参数的计算相同，单代号网络图时间参数的标注形式，如图 4-10 所示。

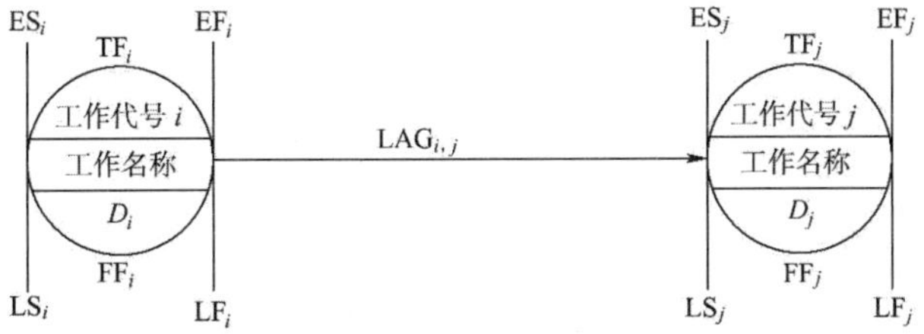

图 4-10 单代号网络图时间参数的标注形式

单代号网络图时间参数的计算步骤如下：

1. 计算最早开始时间 ES_i 和最早完成时间 EF_i

网络图中各项工作的最早开始时间和最早完成时间的计算应从网络图的起点节点开始，顺着箭线方向依次逐项计算。

(1)网络图的起点节点的最早开始时间为零。如起点节点的编号为①，则：

$$ES_i = 0(i = 1) \tag{4-17}$$

(2)工作的最早完成时间等于该工作的最早开始时间加上其持续时间：

$$EF_i = ES_i + D_i \tag{4-18}$$

(3)工作的最早开始时间等于该工作的各个紧前工作的最早完成时间的最大值。如工作 j 的紧前工作的代号为 i，则：

$$ES_j = \mathrm{Max}[EF_i] \tag{4-19}$$

或

$$ES_j = \mathrm{Max}[ES_i + D_i] \tag{4-20}$$

式中:ES_i——工作 j 的各项紧前工作的最早开始时间。

(4)网络图的计算工期 T_C。T_C 等于网络图的终点节点ⓝ的最早完成时间 EF_n,即:

$$T_C = EF_n \tag{4-21}$$

2. 计算相邻两项工作之间的时间间隔 $LAG_{i,j}$

相邻两项工作 i 和 j 之间的时间间隔 $LAG_{i,j}$,等于紧后工作 j 的最早开始时间 ES_j 和本工作的最早完成时间 EF_i 之差,即:

$$LAG_{i,j} = ES_j - EF_i \tag{4-22}$$

3. 计算工作总时差 TF_i

工作 i 的总时差 TF_i 应从网络图的终点节点开始,逆着箭线方向依次逐项计算。

(1)网络图终点节点的总时差 TF_n,如计划工期等于计算工期,其值为零,即:

$$TF_n = 0 \tag{4-23}$$

(2)其他工作 i 的总时差 TF_i 等于该工作的各个紧后工作 j 的总时差 TF_j,加该工作与其紧后工作之间的时间间隔 $LAG_{i,j}$ 之和的最小值,即:

$$TF_i = \mathrm{Min}[TF_j + LAG_{i,j}] \tag{4-24}$$

4. 计算工作自由时差 FF_i

(1)工作 i 若无紧后工作,其自由时差 FF_i 等于计划工期 T_P 减去该工作的最早完成时间 EF_n,即:

$$FF_n = T_P - EF_n \tag{4-25}$$

(2)工作 i 有紧后工作 j,其自由时差 FF_i 等于该工作与其紧后工作 j 之间的时间间隔 $LAG_{i,j}$ 最小值,即:

$$FF_i = \mathrm{Min}[LAG_{i,j}] \tag{4-26}$$

5. 计算工作的最迟开始时间 LS_i 和最迟完成时间 LF_i

(1)工作 i 的最迟开始时间 LS_i 等于该工作的最早开始时间 ES_i 加上其总时差 TF_i 之和,即:

$$LS_i = ES_i + TF_i \tag{4-27}$$

(2)工作 i 的最迟完成时间 LF_i 等于该工作的最早完成时间 EF_i 加上其总时差 TF_i 之和,即:

$$LF_i = EF_i + TF_i \tag{4-28}$$

6. 关键工作和关键线路的确定

(1)关键工作:总时差最小的工作是关键工作。

(2)关键线路的确定:从起点节点开始到终点节点均为关键工作,而且所有工作的时间间隔为零的线路为关键线路。

例 4-3

已知单代号网络图如图 4-11 所示，若计划工期等于计算工期，试计算单代号网络图的时间参数，将其标注在网络图上；并用双箭线标示出关键线路。

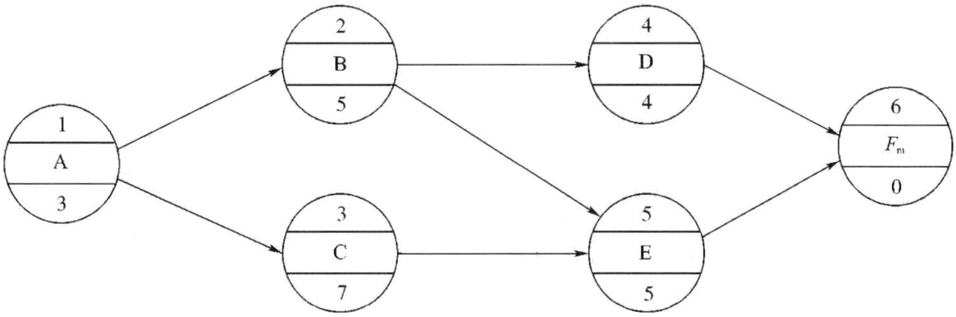

图 4-11 单代号网络图计算示例

解：(1) 计算各工作段最早开始时间 ES_i 和最早完成时间 EF_i。

$$ES_1 = 0 \qquad EF_1 = ES_1 + D_1 = 0 + 3 = 3$$

$$ES_2 = EF_1 = 3 \qquad EF_2 = ES_2 + D_2 = 3 + 5 = 8$$

$$ES_3 = EF_1 = 3 \qquad EF_3 = ES_3 + D_3 = 3 + 7 = 10$$

$$ES_4 = EF_2 = 8 \qquad EF_4 = ES_4 + D_4 = 8 + 4 = 12$$

$$ES_5 = \mathrm{Max}[EF_2, EF_3] = \mathrm{Max}[8, 10] = 10 \qquad EF_5 = ES_5 + D_5 = 10 + 5 = 15$$

$$ES_6 = \mathrm{Max}[EF_4, EF_5] = \mathrm{Max}[12, 15] = 15 \qquad EF_6 = ES_6 + D_6 = 15 + 0 = 15$$

已知计划工期等于计算工期，故有：$T_P = T_C = EF_6 = 15(d)$

(2) 计算相邻两项工作之间的时间间隔 $LAG_{i,j}$。

$$LAG_{1,2} = ES_2 - EF_1 = 3 - 3 = 0$$

$$LAG_{1,3} = ES_3 - EF_1 = 3 - 3 = 0$$

$$LAG_{2,4} = ES_4 - EF_2 = 8 - 8 = 0$$

$$LAG_{2,5} = ES_5 - EF_2 = 10 - 8 = 2$$

$$LAG_{3,5} = ES_5 - EF_3 = 10 - 10 = 0$$

$$LAG_{4,6} = ES_6 - EF_4 = 15 - 12 = 3$$

$$LAG_{5,6} = ES_6 - EF_5 = 15 - 15 = 0$$

(3) 计算工作的总时差 TF_i。

已知计划工期等于计算工期：$T_P = T_C = 15(d)$，故终点节点⑥的总时差为零，即：

$$TF_6 = 0$$

其他工作总时差为：

$$TF_5 = TF_6 + LAG_{5,6} = 0 + 0 = 0$$

$$TF_4 = TF_6 + LAG_{4,6} = 0 + 3 = 3$$

$$TF_3 = TF_5 + LAG_{3,5} = 0 + 0 = 0$$

$$TF_2 = \text{Min}[(TF_4 + LAG_{2,4}), (TF_5 + LAG_{2,5})] = \text{Min}[(3+0), (0+2)] = 2$$

$$TF_1 = \text{Min}[(TF_2 + LAG_{1,2}), (TF_3 + LAG_{1,3})] = \text{Min}[(2+0), (0+0)] = 0$$

(4)计算工作的自由时差 FF_i。

已知计划工期等于计算工期:$T_P = T_C = 15(\text{d})$,故终点节点⑥的自由时差为:

$$FF_6 = T_P - EF_6 = 15 - 15 = 0$$

$$FF_5 = LAG_{5,6} = 0$$

$$FF_4 = LAG_{4,6} = 3$$

$$FF_3 = LAG_{3,5} = 0$$

$$FF_2 = \text{Min}[LAG_{2,4}, LAG_{2,5}] = \text{Min}[0,2] = 0$$

$$FF_1 = \text{Min}[LAG_{1,2}, LAG_{1,3}] = \text{Min}[0,0] = 0$$

(5)计算工作的最迟开始时间 LS_i 和最迟完成时间 LF_i。

$LS_1 = ES_1 + TF_1 = 0 + 0 = 0$　　$LF_1 = EF_1 + TF_1 = 3 + 0 = 3$

$LS_2 = ES_2 + TF_2 = 3 + 2 = 5$　　$LF_2 = EF_2 + TF_2 = 8 + 2 = 10$

$LS_3 = ES_3 + TF_3 = 3 + 0 = 3$　　$LF_3 = EF_3 + TF_3 = 10 + 0 = 10$

$LS_4 = ES_4 + TF_4 = 8 + 3 = 11$　　$LF_4 = EF_4 + TF_4 = 12 + 3 = 15$

$LS_5 = ES_5 + TF_5 = 10 + 0 = 10$　　$LF_5 = EF_5 + TF_5 = 15 + 0 = 15$

$LS_6 = ES_6 + TF_6 = 15 + 0 = 15$　　$LF_6 = EF_6 + TF_6 = 15 + 0 = 15$

将以上计算结果标注在图中的相应位置,如图4-12所示。

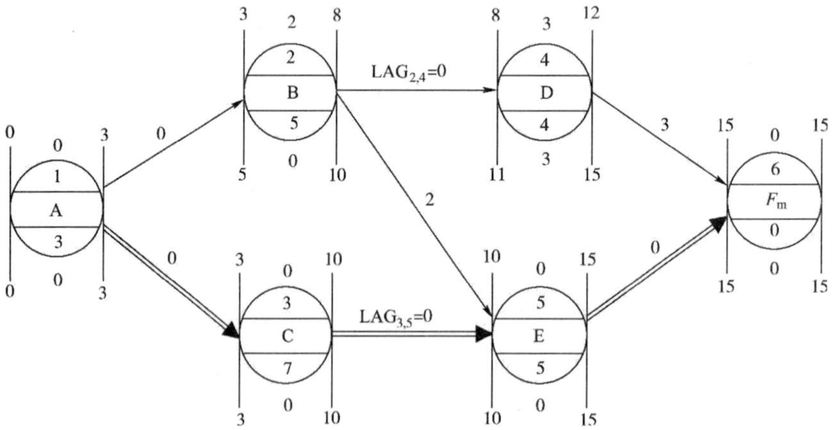

图4-12　单代号网络图时间参数计算结果

(6)关键工作和关键线路的确定。

根据计算结果,总时差为零的工作:A、C、E为关键工作。

从起点节点①节点开始到终点节点⑥节点均为关键工作,且所有工作之间时间间隔为零的线路:①—③—⑤—⑥为关键线路,用双箭线标示在图中,如图4-12所示。

第三节 时标网络图

时间坐标网络图简称时标网络图。上述的网络图都是不带时标的,工序的持续时间由箭线下方标注的时间说明,而与箭线的长短无关。这种网络图与时标网络图相比,优点是修改起来比较方便,但是图中没有时标,看起来不直观,不能在图上直接看出各工序的开始时间和结束时间。

时标网络图主要吸取了横线进度图直观的优点,使网络图易于理解,方便应用,所以在工地上比较受欢迎。目前,时标网络图多应用于以下几种情况:

(1)编制工序项目较少,对于工艺过程较简单的路基施工进度,能迅速地边绘、边算、边调整。

(2)对于大型复杂的工程,特别是不使用计算机时,可先用时标网络图的形式绘制各分部分项工程的网络图,然后再综合起来绘制出较简明的总网络进度图;也可先编制一个总的施工网络图,以后每隔一段时间,对下段时间应施工的工程区段绘出详细时标网络图。时间间隔的长短要根据工程性质、所需的详细程度和施工复杂性决定。执行过程中,如果时间有变化,则不必改动整个网络图,而只对这一阶段(局部)的时标网络图进度进行修改。

(3)有时为了便于在图上直接表示每道工序的进程,可将已编制并计算好的网络图再转换复制成时标网络图。我国已编出相应的程序,可应用计算机来完成这项工作。

一、双代号时标网络图的特点

双代号时标网络图是以水平时间坐标为尺度编制的双代号网络图,其主要特点有:

(1)时标网络图兼有网络图与横道图的优点,它能够清楚地表明计划的时间进程,使用方便。

(2)时标网络图能在图上直接显示出各项工作的开始与完成时间,工作的自由时差及关键线路。

(3)在时标网络图中可以统计每一个单位时间对资源的需要量,以便进行资源优化和调整。

(4)由于箭线受到时间坐标的限制,当情况发生变化时,对网络图的修改比较麻烦,往往要重新绘图。但计算机的使用,该问题较容易解决。

二、双代号时标网络图的绘制方法

1. 时标网络图的一般规定

(1)时间坐标的时间单位应根据需要在编制网络图之前确定,可分为:季、月、周、天等。

(2)时标网络图应以实箭线表示工作,以虚箭线表示虚工作,以波形线表示工作的自由时差。

(3)时标网络图中所有符号在时间坐标上的水平投影位置,都必须与其时间参数相对应,节点中心必须对准相应的时标位置。

(4)虚工作必须以垂直方向的虚箭线表示,有自由时差时加波形线表示。

2. 时标网络图的编制

时标网络图宜按各个工作的最早开始时间编制。在编制时标网络图之前,应先按已确定的时间单位绘制出时标计划表,见表4-4。

时标计划表　　表4-4

时标(时间单位)	1	2	3	4	5	6	7	8	9	10	11	12	13	14	15	16
网络图																
时标(时间单位)	1	2	3	4	5	6	7	8	9	10	11	12	13	14	15	16

双代号时标网络图的编制方法有间接法绘制和直接法绘制两种。

1)间接法绘制

先绘制出时标计划表,计算各工作的最早时间参数,再根据最早时间参数在时标计划表上确定节点位置,连线完成,某些工作箭线长度不足以到达该工作的完成节点时,用波形线补足。

2)直接法绘制

根据网络图中工作之间的逻辑关系及各工作的持续时间,直接在时标计划表上绘制时标网络图。绘制步骤如下:

(1)将起点节点定位在时标表的起始刻度线上。

(2)按工作持续时间在时标计划表上绘制起点节点的外向箭线。

(3)其他工作的开始节点必须在其所有紧前工作都绘出以后,定位在这些紧前工作最早完成时间最大值的时间刻度上,某些工作的箭线长度不足以到达该节点时,用波形线补足,箭头画在波形线与节点连接处。

(4)用上述方法从左至右依次确定其他节点位置,直至网络图终点节点定位,绘图完成。

三、时标网络图的检查与调整

时标网络图是施工单位常用的一种网络图表达形式。检查时,以某天的纵向点画线为界(垂直于时间坐标),实际进度在界线右侧表示提前,在界线左侧表示拖后。时标网络图的调整比较麻烦,当情况发生变化时,如资源的变动或工期拖后需对时标网络图修改时,因为改变工作持续时间就需要改变箭线的长度和节点的位置,这样往往因移动局部几项工作而牵动整个网络图。

例4-4

已知网络图的资料见表4-5,试用直接法绘制双代号时标网络图。

网络图资料表　　表4-5

工作名称	A	B	C	D	E	F	G	H	J
紧前工作	—	—	—	A	A、B	D	C、E	C	D、G
持续时间(d)	3	4	7	5	2	5	3	5	4

解:1. 绘制时标网络图

(1)将网络图的起点节点定位在时标表的起始刻度线位置上,起点节点的编号为①。

(2)画节点①的外向箭线,即按各工作的持续时间,画出无紧前工作的A、B、C工作,并确定节点②、③、④的位置。

(3)依次画出节点②、③、④的外向箭线工作D、E、H,并确定节点⑤、⑥的位置。节点⑥的位置定位在其两条内向箭线的最早完成时间的最大值处,即定位在时标值⑦的位置,工作E的箭线长度达不到⑥节点,则用波形线补足。

(4)按上述步骤,直到画出全部工作,确定出终点节点⑧的位置,时标网络图绘制完毕,如图4-13所示。

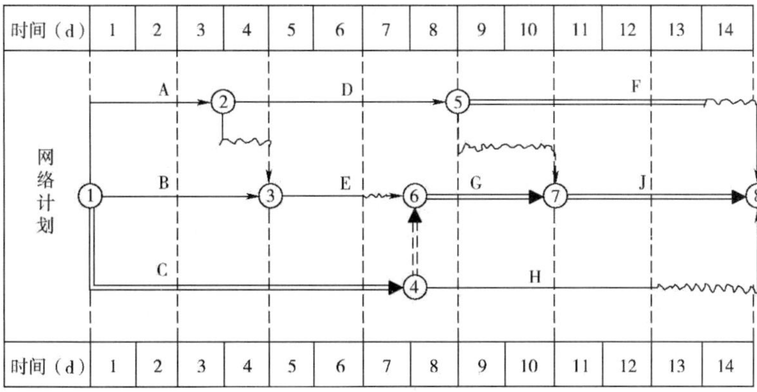

图4-13　双代号时标网络图示例

2. 关键线路和计算工期的确定

(1)时标网络图关键线路的确定,应自终点节点逆箭线方向朝起点节点逐次进行判定:从终点到起点不出现波形线的线路即为关键线路。如图4-13所示中,关键线路是:①—④—⑥—⑦—⑧,用双箭线表示。

(2)时标网络图的计算工期,应是终点节点与起点节点所在位置之差。如图4-13所示中,计算工期 $T_C = 14 - 0 = 14$(d)。

3. 时标网络图时间参数的确定

在时标网络图中,6个工作时间参数的确定步骤如下:

1)最早时间参数的确定

按最早开始时间绘制时标网络图,最早时间参数可从图4-13上直接确定:

(1)最早开始时间 ES_{i-j}。每条实箭线左端箭尾节点(ⓘ节点)中心所对应的时标值,即为该工作的最早开始时间。

(2)最早完成时间 EF_{i-j}。如箭线右端无波形线,则该箭线右端节点(ⓙ节点)中心所对应的时标值为该工作的最早完成时间;如箭线右端有波形线,则实箭线右端末所对应的时标值即为该工作的最早完成时间。

如图4-13所示中可知:$ES_{1-3} = 0$,$EF_{1-3} = 4$;$ES_{3-6} = 4$,$EF_{3-6} = 6$。以此类推确定。

2)自由时差的确定

时标网络图中各工作的自由时差值应为表示该工作的箭线中波形线部分在坐标轴上的水平投影长度。

由图4-13可知:工作E、H、F的自由时差分别为:$FF_{3-6}=1$;$FF_{4-8}=2$;$FF_{5-8}=1$。

3)总时差的确定

时标网络图中工作的总时差的计算应自右向左进行,且符合下列规定:

(1)以终点节点($(j)=(n)$)为箭头节点的工作总时差TF_{i-n}应按网络图的计划工期T_P计算确定,即:

$$TF_{i-n}=T_P-EF_{i-n}$$

由图4-13可知,工作F、J、H的总时差分别为:

$$TF_{5-8}=T_P-EF_{5-8}=14—13=1$$

$$TF_{7-8}=T_P-EF_{7-8}=14-14=0$$

$$TF_{4-8}=T_P-EF_{4-8}=14-12=2$$

(2)其他工作的总时差等于其紧后工作(j)—(k)总时差的最小值与本工作的自由时差之和,即:

$$TF_{i-j}=\mathrm{Min}[TF_{j-k}]+FF_{i-j}$$

如图4-13所示中,各项工作的总时差计算如下:

$$TF_{6-7}=TF_{7-8}+FF_{6-7}=0+0=0$$

$$TF_{3-6}=TF_{6-7}+FF_{3-6}=0+1=1$$

$$TF_{2-5}=\mathrm{Min}[TF_{5-7},TF_{5-8}]+FF_{2-5}=\mathrm{Min}[2,1]+0=1+0=1$$

$$TF_{1-4}=\mathrm{Min}[TF_{4-6},TF_{4-8}]+FF_{1-4}=\mathrm{Min}[0,2]+0=0+0=0$$

$$TF_{1-3}=TF_{3-6}+FF_{1-3}=1+0=1$$

$$TF_{1-2}=\mathrm{Min}[TF_{2-3},TF_{2-5}]+FF_{1-2}=\mathrm{Min}[2,1]+0=1+0=1$$

4)最迟时间参数的确定

时标网络图中工作的最迟开始时间和最迟完成时间可按下式计算:

$$LS_{i-j}=ES_{i-j}+TF_{i-j}$$

$$LF_{i-j}=EF_{i-j}+TF_{i-j}$$

如图4-13所示中,工作的最迟开始时间和最迟完成时间为:

$$LS_{1-2}=ES_{1-2}+TF_{1-2}=0+1=1$$

$$LF_{1-2}=EF_{1-2}+TF_{1-2}=3+1=4$$

$$LS_{1-3}=ES_{1-3}+TF_{1-3}=0+1=1$$

$$LF_{1-3}=EF_{1-3}+TF_{1-3}=4+1=5$$

由此类推,可计算出各项工作的最迟开始时间和最迟完成时间。由于所有工作的最早开始时间、最早完成时间和总时差均为已知,故计算容易,此处不再一一列举。

第四节 网络图的优化

网络图的关键线路确定后,初始网络图方案即告完成。初始网络图必须通过优化,才能获得最佳方案。所谓优化,是指在满足既定约束条件下,按既定目标,对初步拟定的网络图的方案不断调整和改善,使之达到工期最短、成本最低、资源配备最优的目的。

衡量网络图是否达到最优方案,应综合评定工期、成本、资源消耗等技术经济指标。但是,目前还没有一个能全面反映这些指标的数学模式,用来作为评价最优网络图方案的依据。因此,只能根据不同的既定约束条件,按某一期望实现的目标,来衡量是否达到最优方案。

不同的优化目标,存在着不同的网络图优化理论和方法,但其共同之处在于,各种优化理论与方法均以初拟网络图为基础,基本原理是通过不断调整网络图的时间参数,利用时差和关键线路,寻找最优的网络图方案,从而达到既定目标。

根据既定的优化目标,网络图优化可分为工期优化、费用优化和资源优化 3 种优化类型,其中资源优化又分为工期限定、资源消耗均衡和资源有限、工期最短两种情况。

一、工期优化

工期优化就是压缩计算工期,以达到合同工期或要求工期的要求,或在一定约束条件下使工期最短的过程。

工期优化一般通过压缩关键工序的持续时间来满足工期要求,在优化过程中,要注意不能将关键工序压缩成非关键工序。当在优化过程中出现多条关键线路时,必须将各条关键线路的持续时间压缩为同一数值,否则不能有效地将工期缩短。

对工期进行优化可按如下步骤进行:

(1)找出网络图中的关键线路并计算出计算工期,此时用标号法确定关键线路,可不用时间参数计算。

(2)按要求工期或合同工期计算应缩短的时间 ΔT:

$$\Delta T = T_{合同} - T_{计算} \tag{4-29}$$

(3)按下列原则选择应优先缩短持续时间的关键工序。

①缩短持续时间对质量和安全影响不大的工序。

②有充足备用资源的工序。

③缩短持续时间所需增加费用(直接费用)最少的工序。

(4)将应优先缩短的关键工序压缩至最短持续时间,并找出关键线路,若被压缩的工序变成了非关键工序,则应将其持续时间延长,使之仍为关键工序。

(5)若计算工期仍超过要求工期,则重复以上步骤,直到满足工期要求或工期已不再缩短为止。

(6)当所有关键工序的持续时间都已达到最短持续时间,但仍不满足要求时,应对计划的原技术进行调整(如在成本合理的前提下,采用新工艺、新技术),或对工序的组织措施进行调整(如原串联工序调整为平行工序),以及对要求工期(合同工期)重新审定。

二、费用优化

费用优化又称时间—成本优化,是寻求最低成本时的最短工期安排,也就是在工期优化时寻找一个成本最低时的工期。

1. 费用与工期的关系

一个工程项目的总费用由直接费用和间接费用两部分组成。

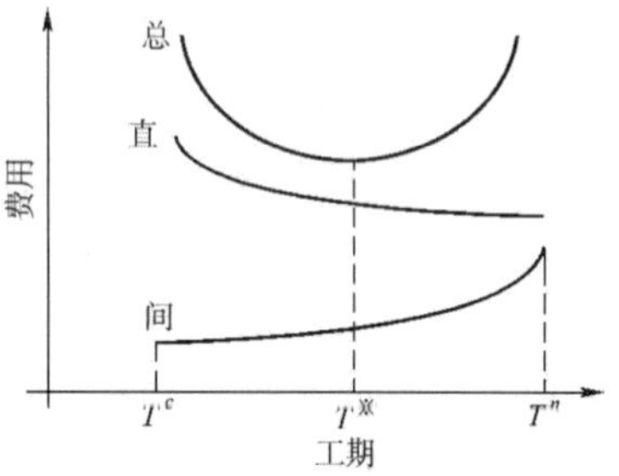

图4-14 费用与工期关系曲线

T^n-正常工期;$T^※$-最优工期;T^c-极限工期

费用与工期的关系,如图4-14所示。工程费用曲线是由直接费曲线和间接费曲线叠加而成的,随工期的缩短而增加的是直接费曲线,随工期缩短而减少的是间接费曲线,故一定有一个总费用最少的工期,这便是费用优化所要寻求的目标。

2. 费用优化的方法和步骤

(1)标出工程的总直接费,工程的总直接费等于组成该工程的全部工序(工作)的直接费的总和。

(2)算出工序直接费的费用率。直接费的费用率是缩短单体工序持续时间所需增加的直接费,简称费率。

(3)确定出间接费的费用率。

(4)找出网络图中的关键线路,并计算出计算工期。

(5)在网络图中找出直接费率(或组合直接费率)最低的一项关键工序或一组关键工序,作为缩短持续时间的对象。

(6)缩短找出的一项关键工序或一组关键工序的持续时间,其缩短值必须符合所在关键线路不能变成非关键线路和缩短后的持续时间不小于最短持续时间的原则。

(7)计算相应的费用增加值。

(8)考虑工期变化带来的间接费及其他损益,在此基础上计算总费用。

(9)重复以上(5)、(6)、(7)、(8)步骤,直到总费用不再降低为止。

三、资源优化

资源是指为完成工程任务所需的劳动力、材料、机械设备和资金的统称。由于完成一项工程任务所需的资源量基本上是不变的,不可能通过资源优化将其减少,更不可能通过资源优化将其减至最少。一项好的工程计划安排,一定要合理地使用现有的资源。如果工作进度安排的不当,就会使正在计划的某些阶段出现对资源需求的高峰,而在另一些阶段则会出现资源需求的低谷。这种高峰与低谷的存在是一种资源没有得到很好利用的浪费现象。资源优化是通过改变工序的开始时间,使资源按时间的分布符合优化目标。

资源优化有两种情况:

(1)在资源供应有限制的条件下,寻求网络图的最短工期,即“资源有限,工期最短”的优化。

(2)在工期保持不变的条件下,力求资源消耗均衡,即“工期限定,资源消耗均衡”的优化。

本章小结

本章主要介绍了网络图技术的基本知识,应重点掌握双(单)代号网络图上各项时间参数的计算方法;并能灵活应用网络图技术解决简单的工程问题。

思考与训练

1. 网络图技术是如何在工程中应用的?

2. 在双代号网络图中,事件的含义是什么?时间、事件的编码应遵循什么原则?如何绘制双代号网络图?

3. 如何用图上计算法计算网络图的最早时间、最迟时间及时差?

4. 如何用表格计算法计算网络图的最早时间、最迟时间及时差?

5. 什么是网络图的优化?总时差及局部时差的含义?网络图优化的依据是什么?

6. 工期与成本的一般关系是怎样的?

7. 已知A、B、C、D、E 5道工序的相互关系如图4-15a),画成图4-15b)形式的网络图,请判断对错,并改之。

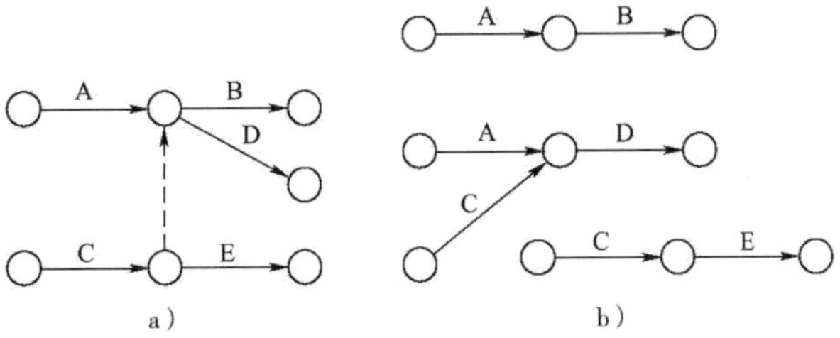

图4-15 思考题7图

a)5道工序的相互关系图;b)5道工序的网络图

8. 试用图上计算法和表格计算法分别计算图4-16所示网络图的时间参数,并指出其关键线路。

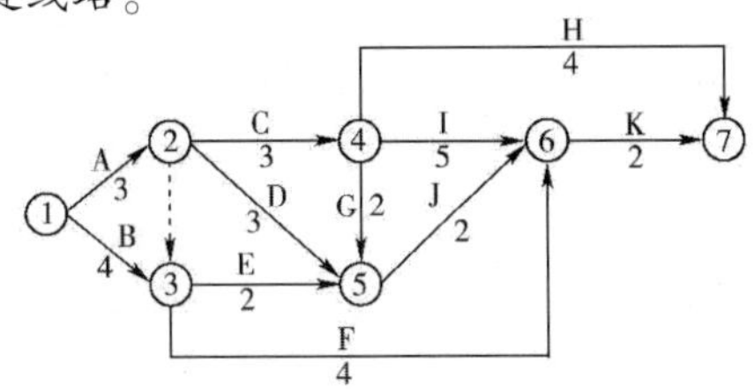

图4-16 思考题8图

9. 利用表4-6、表4-7的资料画出相应的网络图。

资 料 1 表4-6

工序名称	A	B	C	D	E	F	G
紧前工序	—	A	A	A	B、C	B、D	E、F

资 料 2 表4-7

工序名称	A	B	C	D	E	F	G	H	I	J
紧前工序	—	—	A	B	A	B	C、D	C、D	E、G	F、H、I
紧后工序	C、E	D、F	G、H	G、H	I	J	I	J	J	—

10. 分别用图上计算法和表格计算法计算图4-17所示的网络图的时间参数,并求得关键线路。

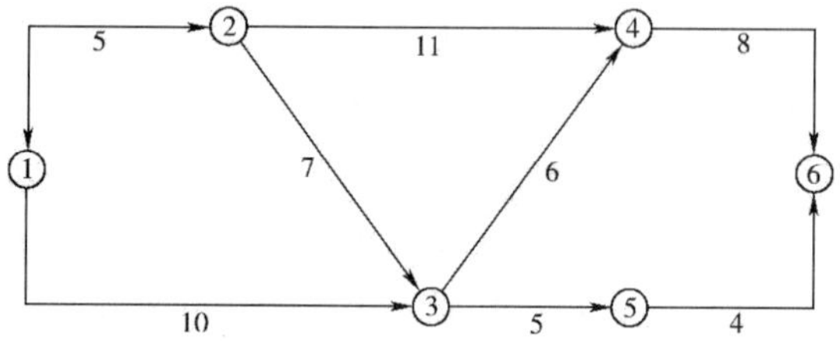

图4-17 题10图

第五章
CHAPTER FIVE
公路工程机械化施工

学习目标

1. 了解公路工程机械化施工的意义、内容及进度图的绘制;
2. 掌握施工机械的合理选择及其组合。

学习指南

在考虑影响机械化施工因素的基础上,运用机械化施工的基本原则,会在公路施工中灵活进行各种施工机械的运用。

第一节 概述

一、机械化施工的意义

在我国的公路建设中,机械化施工及其管理是个薄弱环节。机械化施工如果没有周密计划、合理组织和科学管理,就会产生各项分部工程、各道作业工序之间的相互矛盾,机械和劳动力调配紊乱,导致各种消耗增加、工期迟缓,更有甚者会出现重复搬运的无效劳动,质量和安全没有保证。而一些企业会不合理地进行机械组配,同时对机械化施工不能很好地组织管理,出现一系列的问题,致使机械台班大量浪费,甚至造成亏本。

随着机械化施工技术水平的不断进步,机械化施工的组织管理就显得尤其重要。工程管理必须要对机械化施工的每一个环节或每一项操作进行深入研究,对机械化施工每一天的使用消耗进行统计分析。目前,施工机械更是向着高速、大功率、高效的方向发展,出现了专用大型化、多能小型化、液压化、组装化、机电气液一体化的发展趋势,甚至是向半自动化,电脑化方向发展。专业技术人员应能适应市场的发展,从科学的角度掌握机械化施工的客观规律,对施工组织进行优化,合理地编制出机械化施工组织设计。

以现代化生产方式修建公路是公路建设发展的主流,而机械化施工则是实现公路建设向现代化生产模式转变的重要措施,已成为公路施工的主要方法。因此,公路实施机械化施工,必须事先做好计划,即编制好机械化施工组织设计。

公路机械化施工是指通过合理地选用施工机械,科学地组织施工,完成工程作业的全过程。它具有以下优点:

1. 机械化施工有利于降低工程成本

采用大规模机械化施工,使过去高成本的工作,现在只需要较少费用即可完成。如大型构件的预制安装、顶推施工法、回旋钻机钻孔、铲运机及自卸车运土等,这些机械将过去高投入、低产出的工程,变为技术型、低投入、高产出的工程。另外工程造价中机械费用占有很大比重,运用先进的管理科学技术,对施工组织计划进行优化,以最佳的施工方案组织施工,减少机械使用费用,就可以大幅度地降低工程造价。

2. 机械化施工大幅度提高劳动生产率,大大地缩短了施工工期

当今工程施工周期大为缩短,这应当归功于机械化施工的推广。例如,一台斗容 $0.5m^3$ 的挖掘机,可以替代 80 ~ 90 个工人的体力劳动;一台中型推土机等于 100 ~ 200 人的工作量,大大提升了劳动生产率,缩短了施工工期。再如,对于一座特大桥的施工工期,过去一般需要近十年的时间,而现在的工期只需要 3 ~ 4 年的时间就可以完成,整个工期只有原来的 1/3 左右。

3. 机械化施工可提高工程质量

随着工程设计精度的提高、工程难度的加大、连续施工的要求更高,只有机械化施工才能满足以上各项要求。例如,高速公路的路面平整度,只有在机械摊铺的条件下才能达到规范要求;特大桥的大体积混凝土,必须采用混凝土输送泵运送才能保证连续浇注;大型构件的运输等,也只有机械化作业才能满足要求,这些都是人力施工所不能达到的。

4. 机械化施工可优化社会资源,节约社会劳动力

机械化施工减少了施工组织计划中对劳动力的需求,将更多的社会劳动力调配到更适合的工作岗位上,从而为社会节约了大量的劳动力。当然,机械化施工也刺激新型劳动力的成长,使工程施工的机械化得到普及和提高。

5. 机械化施工机动灵活

对于公路施工战线长的工程,施工队伍经常随工程的进展进行转移。相对而言,机械的调转比起大批的人员转移要方便得多,适用于流动性大的工程施工。

6. 机械化施工使公路工程设计空间更具拓展性,施工更具创新性

机械化施工,不仅可以建造满足一定承载力的公路工程大跨度构造物,同时也让工程项目起到美化景观的要求。

二、机械化施工的任务与影响因素

1. 机械化施工组织设计的任务

随着科学技术的进步和生产规模的不断扩大,机械设备在工程施工中的地位和作用越来

越重要。施工机械对公路工程施工起着决定性的作用。因此,应合理运用机械,使之在使用过程中达到高产、耐用、优质、低成本的效果,必须依靠科学的管理技术做好机械化施工组织设计的优化,以最佳的施工方案组织施工。要编制好施工组织设计,首先应掌握机械化施工组织设计的任务。其主要任务有:

(1)了解各种机械的特点、性能和用途。

(2)确定在不同施工环境及施工方案下,保证施工机械的最佳组合。

(3)布置不同施工机械的临时用地与分部分项工程的机械平面组织设计。

(4)安排施工机械数量及调配计划。

(5)确定关键工程的机械施工组织设计。

(6)合理安排机械化施工的进度计划。

(7)机械的修护与施工进度协调统一。

2.机械化施工组织设计的影响因素

1)机械维护

机械在使用过程中总是会消耗、损耗机件,在所有施工工期范围内,机械不可能永远满负荷作业,而在机械施工中,又要求机械满负荷运转。因此,只有经常维护,才能保证在施工中连续作业达到最大负荷运转的要求,以保证施工组织计划的顺利实施。

2)自然环境

机械作业会产生大量的热,所以在夏天应考虑机械的散热和降温,如补加机油、常换冷却液、间隔施工、机械交替作业等,这些都会影响施工组织计划,必须在开工前对机械可能遇到的发热、危险情况做充分的准备或计划。冬季气温降低,必须做好防冻措施,如夜间放掉冷却液,将油箱包裹起来;同时也要做好施工运转时的保温措施,如支撑遮风棚、包裹油箱、热水加温等。

3)施工方案与施工机械合理搭配

施工方案的完成必须有配套的机械,在型号、功率、容积、长度等方面要达到施工方案的要求,否则就会降低工程的进度,影响工程质量,甚至损耗机器。由于公路工程机械种类多,而施工方案也不能一概而论,故在本章第四节列有常见的施工机械组合方法,以供参考。

4)施工机械间合理配套

工程主导机械的选择如果是正确的,则其配套机械的好坏就会直接影响施工能否正常进行。配套机械的技术规格应满足工程的技术标准要求;配套机械必须具有良好的工作性能和具有足够的可靠性;应尽量采用同厂家或品牌的配套机械,以保证最佳匹配和便于修护。为了提高工作效率,还要尽量在数量上少用配套机械,以避免相互干扰和影响;对配套的所有机械必须进行定时、定期的检修,不能因为一台机器的故障,而使整个施工生产停工。

5)机械操作员有效配合

机械操作员必须熟知机械操作规程,熟悉技术标准和施工规范,具备良好的工作积极性和责任心。机械操作员的有效配合是保证机械化施工顺利进行的必要条件。

6)机械使用寿命与总台班数量

机械的耐用总台班是指机械设备从开始投入使用至报废前所使用的总台班数。使用寿命是在正常施工作业的条件下,在其耐用总台班内,按规定的大修理次数划分的工作周期数。实用台班数量如果超过耐用总台班,则经济效益好,反之即差。在施工组织管理中,正确估价和计算现场机械的使用寿命和已用总台班,有利于合理处理闲置的台班数量,以保证施工现场机械的连续运转;否则,当机械已接近或达到使用寿命,使用完耐用总台班还在超负荷运转,就会使施工现场出现停机或施工中断的现象。

第二节 机械化施工的原理

一、机械化施工的原则与内容

1. 机械化施工的原则

在生产过程中,机械化施工与其他施工组织措施的配合是否合理、经济,能否保证整个工程项目施工连续均衡地进行,只有通过对施工机械加以限制和规定,让其成为施工过程中配合、刺激进度的因素,才能使整个施工组织设计更好地完成。一般应该遵循以下原则:

(1)施工连续高效运转,确保满足工程质量标准、技术标准。

(2)主导机械选择、组合合理,配套机械的选择与施工环境条件协调一致。

(3)提高机械的使用率,满足均衡使用要求,降低人员的工作强度。

(4)安装调试简便,转场运输方便,不形成交叉作业。

(5)降低机械使用费,减少闲置机械数量,配套机械协调作业达到经济目标。

2. 机械化施工的内容

施工单位开工前编制的施工组织设计文件,由监理单位审查后实施。该文件对机械化施工的组织提出了相应的要求,其具体内容对整个工程项目而言,分为机械化施工总体计划和分部分项工程计划。

1)机械化施工总体计划内容

(1)确定施工计划总工期。

(2)重点工程的机械施工方案和方法。

(3)机械化施工的步骤和操作规程、相关的机械管理人员。

(4)机械最佳配置、各季度计划台班数量。

(5)机械施工平面设置与机械占地布设。

(6)确定机械作业的总体进度计划。

2)机械化施工的分部分项工程计划内容

(1)分部分项工程日进度计划图表。

(2)工程项目机械配合施工的安排计划(施工方法、机械种类)。

(3)机械施工技术、安全保证措施。

(4)机械检修、润滑维护计划和措施。

(5)机械的临时占地布设和现场平面组织措施。

二、机械化施工进度图的绘制

机械化施工进度图表一般使用横道图、垂直图、网络图及管理曲线图。现从机械化施工方面介绍这些图的具体制作方法,并简单介绍管理曲线方法。

1. 横道图、垂直图与网络图

1)横道图的制作

机械化施工横道图的制作步骤:

(1)确定施工机械的种类和使用功率,绘制机械施工工序的一般工程进度横道图。

(2)计算机械台班数并将机械台班数量代替横道线上的数字。

(3)绘制机械台班分布图,并将机械台班分布图统计出详细的计划表。

(4)合理确定配套机械的种类及其功率。

机械化施工横道图的制作方法和步骤如图 5-1 所示。

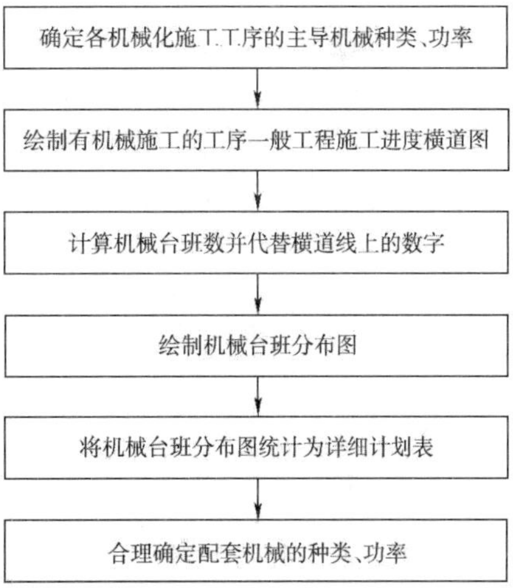

图 5-1　机械化施工横道图的制作步骤图

2)网络图的制作

网络图的制作步骤:

(1)先确定各机械化施工工序的主导机械种类及其使用功率。

(2)分析各项工作之间的相互关系,列出逻辑表达式。

(3)然后采用水平箭线或折箭线,按从左到右、从上到下的方向排列,合理布局图面,保证网络图逻辑关系的正确性,要求图面层次清晰、重点突出、尽量减少箭线交叉,对于密切相关的工作要相邻布置。

(4)将没有逻辑关系的工作采用虚箭线断开。

(5)再绘制机械台班分布图,并将分布图统计为详细计划表。

(6)再合理确定配套机械种类及其功率。

机械化施工台班网络图的制作方法和步骤,如图 5-2 所示。

3)垂直图的编制

机械化施工作业的协调性、连续性和节奏性如何,取决于流水节拍 t 和工作面 A 等参数的确定。

流水节拍 t 是指各专业队在各施工段上完成相应工序所需要的时间。流水节拍 t 的大小,取决于完成某道工序所投入的劳力、机械的数量,而劳力、机械的数量又取决于工作面 A 的大小。

$$\text{流水节拍}\ t = \frac{\text{施工段上第}\ i\ \text{道工序}}{\text{台班计划产量}} \times \text{机械台班数} \tag{5-1}$$

工作面 A 的大小,可以表明施工对象上可能安置多少台施工机械,为流水作业中参数 t 的确定提供依据。施工段可容纳机械台班数按下式计算:

$$机械台班数=\frac{最小施工段上的工作面}{每台机械所需最小工作面} \tag{5-2}$$

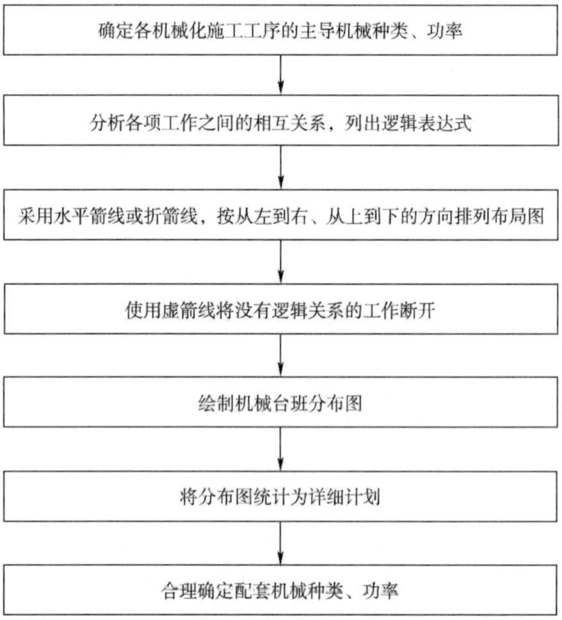

图 5-2 机械化施工台班网络图的制作步骤图

如图 5-3 所示为某工程主导机械施工横道图,如图 5-4 所示为某工程机械化施工垂直图,如图 5-5 所示为某工程机械化施工网络图。同种机械的施工计划可以用横道图表现,也可直接以表格形式统计,某工程电焊施工横道图形式,如图 5-6 所示。

序号	名称	数量	单位	台班数量	工序工期	机械化施工进度										备注
						1月	2月	3月	4月	5月	6月	7月	8月	9月	10月	
0	准备工作	2714	m^2	90		2										载重车
1	材料运输	6147	m^3	2140					11							载重车
2	集中土方开挖	53471	m^3	182				9								挖掘机
3	汽车运土石方	63714	m^3	1452			12									自卸车
4	桥梁混凝土	1436	m^3	120					1							自卸车
5	管涵吊装	625	m^3	68							1					起重机
6	板涵吊装	382	m^3	45							1					起重机
7	沿线设施安装	253.5	t	120										1		电焊机

图 5-3 某工程主导机械施工横道图

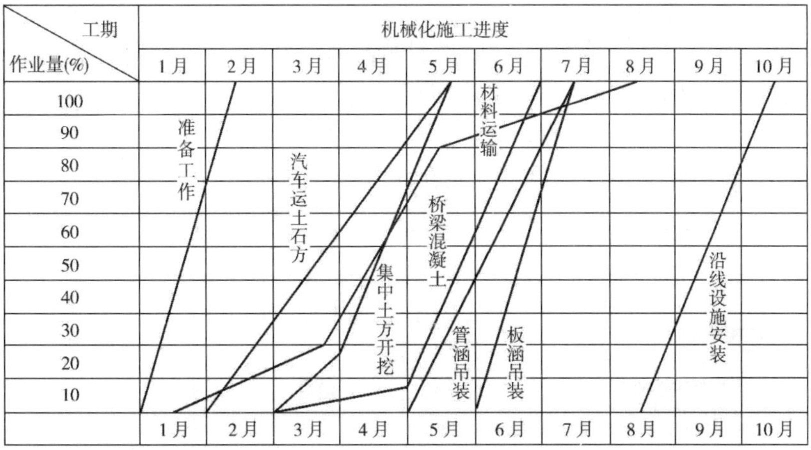

图 5-4　某工程机械化施工垂直图

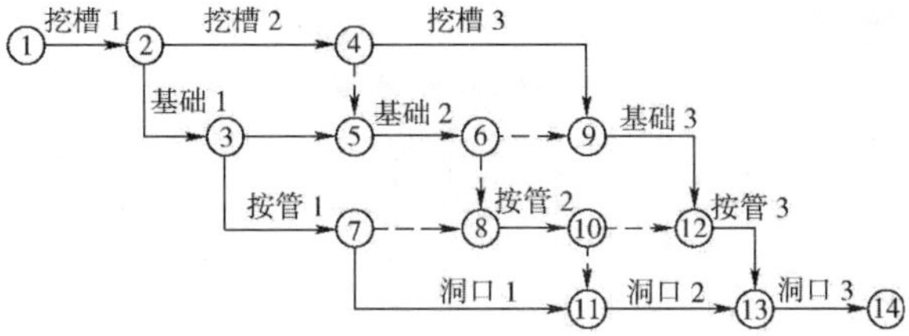

图 5-5　某工程机械化施工网络图

序号	名称	数量	单位	台班数量	工序工期	机械化施工进度										备注
						1月	2月	3月	4月	5月	6月	7月	8月	9月	10月	
0	准备工作	2714	m²	40		1										电焊机
1	汽车运材料	6147	m³	0					0							电焊机
2	集中土方开挖	2714	m³	0			0									电焊机
3	汽车运土石方	2714	m³	0			0									电焊机
4	桥梁混凝土	2714	m³	120					1							电焊机
5	管涵安装	2714	m³	68							1					电焊机
6	板涵吊装	2714	m³	45							1					电焊机
7	沿线设施安装	2714	t	120										1		电焊机

图 5-6　某工程电焊机施工横道图

2. 管理曲线方法

管理曲线方法建立在横道图方法的基础上，对统计机械的成本费用，判别机械作业计划与实际进度的差别，都能够形象地反映在图上。机械作业量及其累计量画在纵坐标上，时间作为横坐标。其绘图步骤如下：

(1)做好横道图计划的复制件，并将机械施工工序的机械作业量计算出来，按累计方法计算累计时间段的累计量(可按机械成本总费用比例与机械总台班数量比例两方法累计)。

(2)在横道图上用累计百分比的方法标注纵坐标刻度，以时间单位为横坐标刻度。

(3)按计算出来的累计量在图上标点,并用曲线尺连接各点形成S形曲线。当做出进度计划的曲线以后,随着实际日进度的完成,统计机械作业量并将累计量在图上标点,用曲线尺逐点连接各点,看是否形成S形曲线,与计划S形曲线比较。

(4)时刻关注实际进度点与计划点的差异,做出书面报告并及时汇报。

限于篇幅,管理曲线的制作过程及方法在此不做详细介绍,其形式如图5-7所示。

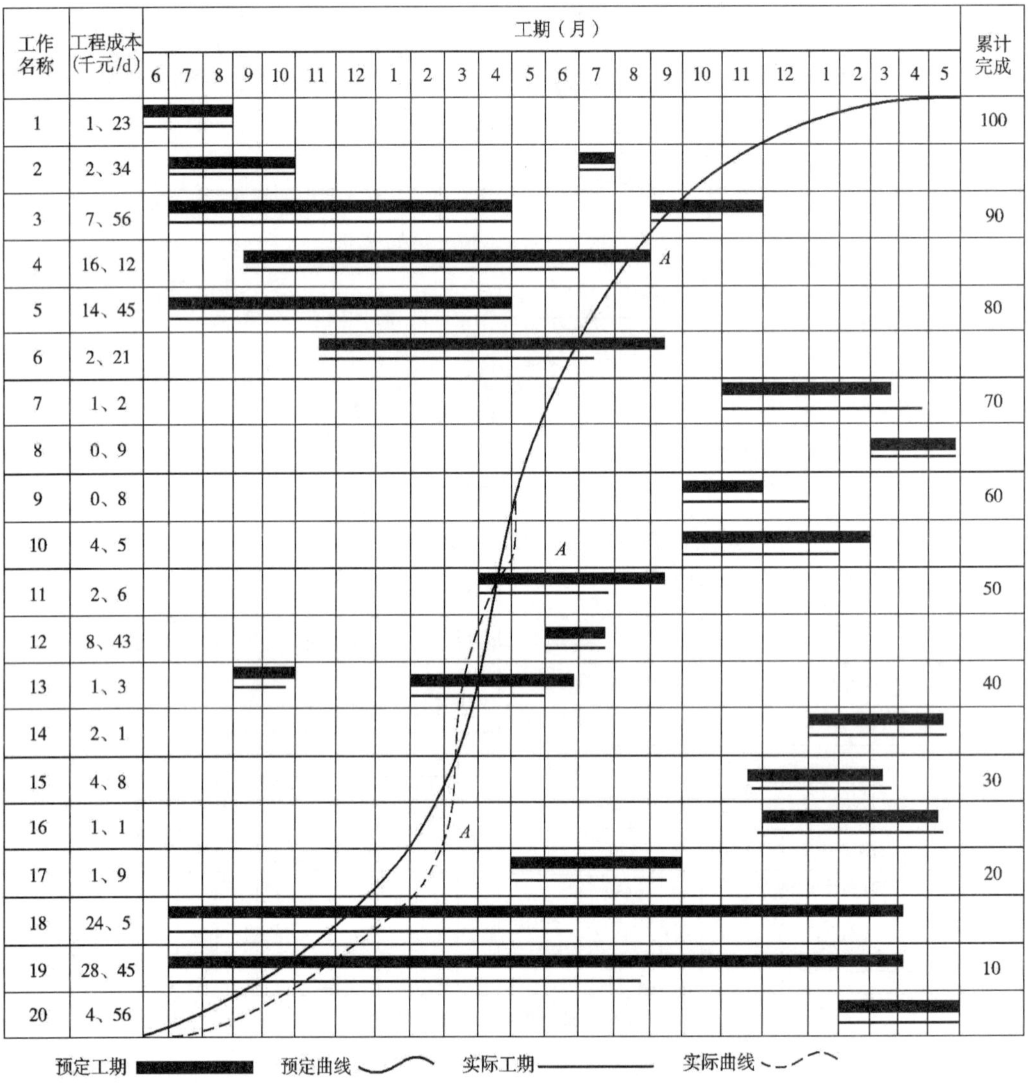

图5-7 管理曲线图

三、经济车辆数的确定

在机械化施工中,工程运输车辆需要量很大,费用所占比重也很大,现以土石方运输的汽车与挖掘机、装载机配套的工程运输车需要数量的计算为例予以说明。

1. 一般方法

1）铲斗容积比的选择

挖掘机和汽车的利用率达到最高值时的理论铲斗容积比（汽车容量与挖掘机斗容量之比），随着运距的增加而提高，随着汽车平均行驶速度增快而降低，也就是随着汽车循环时间的增加而提高。当运距为1～2.5km时，理论的铲斗容积比为4～7；当运距在3～5km时，为7～10。结合我国当前的情况，自卸汽车容量较小，可取3～5，最大不超过7～8。实践表明，铲斗容积比宜取低值，但车厢不能过小，以免装载不便而延长装卸时间，而且容易损坏车厢。

2）汽车载质量的利用程度

它与铲斗容积比、汽车载质量或车厢容积以及土的密度等因素有关。装满自卸车车厢所需铲装次数n一般应满足式（5-3）的条件：

$$\frac{Q}{W} \geq n \leq \frac{V}{V_1} \tag{5-3}$$

式中：Q——自卸车的载质量，t；

W——铲斗中土的质量，t；

V_1——铲斗中土的松方容积，m^3；

V——铲斗容积，m^3。

与挖掘机、装载机配套适宜的车辆，其铲装次数一般在3～5次范围内，而车辆载质量的利用程度也是考核配套合理性的另一个重要指标。

3）与一台挖掘机、装载机配套的自卸车车辆数N

$$N = \frac{T}{t_1} \tag{5-4}$$

式中：T——自卸车的工作循环时间，可由$T = t_1 + t_2 + t_3 + t_4$计算；

t_1——用装载机械装满一车厢所需时间，min；

t_2——重车运输行驶时间和空车返回的行驶时间，min；

t_3——在卸料点倒车转向和卸料的时间（表5-1），min；

t_4——在装载机械近旁的调车时间（表5-2），不包括因等候装车耽误的时间，如果计算因等候装车耽误的时间，应按实际发生的时间（或平均时间）计算。

运输车辆的倒车和卸车时间 t_3（min） 表5-1

作业条件	后卸车	底卸车	侧卸车
顺利	1.0	0.4	0.7
一般	1.3	0.7	1.0
不顺利	1.5～2.0	1.0～1.5	1.5～2.0

运输车辆的调车时间 t_4（min） 表5-2

作业条件	后卸车	底卸车	侧卸车
顺利	0.5	0.15	0.15
一般	0.3	0.5	0.5
不顺利	0.8	1.0	1.0

求出车辆数一般取大于此数的整数,以满足运输车辆的要求。配套汽车的生产率应取挖掘机、装载机的生产率或车队生产率这两者之中的最小值。在生产率计算中,应计入配套机械的时间利用率,使其符合实际情况。

2. 优化方法——排队论法

上述计算车辆数量的公式中,装车时间和行驶时间均假定是固定不变的。但实际上,车辆的工作循环时间难以保持相等,因为在装载机械附近有时是排队等候装车,有时会无车可装,因而会降低装载机械的生产率。

排队论法是用统计学来处理装车时间和行驶时间变化的方法。工程实践表明,采用排队论法求出的机械实际生产率和最经济的车辆数比较符合实际情况。运用这一方法时,认为装载时间出现的概率呈泊松分布或指数分布。

在挖掘机前不是无车可装,就是有1辆车可装,其概率之和为1,故:

$$P_0 = 1 - P_t \tag{5-5}$$

式中:P_0——挖掘机无车可装的概率;

P_t——挖掘机有1辆车或n辆车可装的概率。

为了计算P_t和P_0值,可先按下述方法求出r值:

$$a = \frac{1}{t_2}$$

$$L = \frac{1}{t_1} = \frac{Q_w}{V}$$

$$r = \frac{a}{L} = \frac{t_1}{t_2} = \frac{V}{Q_w \times t_2} \tag{5-6}$$

式中:a——汽车的平均到达率,以每小时到达的次数计(按无延误计算,不包括装车时间);

L——挖掘机每小时平均装车辆数;

Q_w——挖掘机的生产率;

V——汽车车厢的堆装容积;

r——每小时到达率与每小时装车辆数的比值。

挖掘机无车可装的概率P_0和有车可装的概率P_t,取决于车队中汽车的车辆数N和r。

P_0值可按式(5-7)精确计算:

$$P_0 = \left[\sum_{i=0}^{N} \frac{N!}{(N-i)!}(r)^i\right]^{-1} \tag{5-7}$$

运用排队论法确定挖、运机群可能达到的生产率Q可用式(5-8)计算:

$$Q = 1.03 Q_w P_t \tag{5-8}$$

式中:Q_w——挖掘机的正常生产率;

1.03——计算值与现场实测值比较的校正系数。

与一台挖掘机配套的最适宜车辆数的近似值N'可由式(5-9)计算:

$$N' = \frac{1}{r} \tag{5-9}$$

在沥青混凝土、水泥混凝土面层机械化施工中,也可用排队论法求得经济车辆数。

四、机械的修护计划

机械化施工组织设计中，应包括对机械的修护计划，它是机械化施工管理的组成部分。工地上的技术人员有时只顾眼前的工作，忽视机械的状态而强行工作，常常导致功率降低，甚至造成机械故障或更严重的后果。因此，正确使用机械是提高工作效率，降低机械使用费的主要途径。一台机械在生产、维修、质量和安全方面的重要性，要从以下各点来进行评价。

1. 机械生产

(1)机械在生产使用中的状态(重点在运转效率)。

(2)工地及计划中是否有闲置的备用机械。

(3)机械故障的出现对机械的影响程度及对进度的影响程度。

2. 机械维修

(1)机械发生故障的频率(是否应尽快维修)。

(2)机械发生故障的维修时间是否导致长时间停工。

(3)机械修理故障所消耗的费用是否值得。

3. 施工质量

(1)带故障的机械对工程质量是否有影响。

(2)故障机械的修理费用与影响质量效果的比重。

4. 施工安全

(1)因机械故障可能引起的伤害程度。

(2)机械故障可能引起的公害程度。

从以上4个方面综合评价机械的现状及维修的重要性，以便在施工组织中合理权衡各方面的关系。机械维修从开始到结束都要做好记录，一是备查，二是统计费用，三是对操作员负责的机械进行追踪管理。维修记录采用表5-3的形式。

机械维修存档记录表 表5-3

机械规格名称	厂家名称	维修原因	维修方式	维修部位	维修时间	备　注

机械师： 记录员：

维护可分为日常维护和定期维护。日常维护分为每日维护、每周维护(一级维护)和每月维护(二级维护)；定期维护是通过检查、调整、紧固和消除所发生的故障来恢复机械工作能力的维护，它分为三级维护和四级维护。机械故障检查记录表见表5-4，维护存档记录表见表5-5。

机械故障检查记录表 表5-4

机械规格名称	操作员	厂家名称	正在施工的作业	受损部位	初步结论	时　间	备　注

检修员： 记录员：

机械维护存档记录表　　表5-5

机械规格名称	厂家名称	操作员	维护部位	维护级别	维护时间	备 注

机械师：　　　　记录员：

1)每日维护

每日维护是机械每天开始运转和运转结束后必做的维护,由机械操作员和辅助操作人员负责完成。每8h执行一次,在30min内结束。工作内容包括擦拭、检查、调整和补充燃料、润滑油脂和冷却液等。

2)每周维护

每周维护是对每日维护所做不到的润滑油补充和离合器、制动器调整等进行每周一次的维护工作。维护工作除操作人员及其辅助操作人员以外,还需机械师指导维护。要及早发现漏油、裂缝、螺栓螺母的松动以及反常发热等异常情况,必须清理机械、记录结果、填报记录表。

3)每月维护

每月维护主要在当地的机械维修基地,由机械师和操作员进行检查、维护。维护规模大,除更换一些零部件外,也拆卸一部分外围部件进行维护。同时记录结果,填报记录表。

4)润滑管理

在机械故障中,机件长期得不到润滑是主要原因。润滑工作的标准因机械种类的不同而不同,一般按机械使用说明书所记载的标准执行即可。如果有特殊的规格,或有特殊的运转条件时,就要和机械制造厂家协商,采取适当的维护措施。进行正确的润滑工作,润滑工作必须在适当的时期与部件进行;必须选用适当的润滑油和润滑油用量适中的原则。

第三节　施工机械的合理选择与组合

施工机械种类、规格繁多,各种机械都有着自身独特的技术性能和作业范围,一种机械可能有多种用途,而某一施工内容往往可以采用不同机械去完成,或者需要若干机种联合工作。为了获得最佳的技术经济效果,可根据具体的施工条件,对施工机械进行合理的选择和组合,使其尽可能发挥最大效能,是机械化施工中的一个非常重要的环节。

一、施工机械的选择原则

工程量和施工进度是合理选择机械的重要依据。为了保证施工进度和提高经济效益,施工量大时采用大型机械,而施工量小时则采用中型、小型机械。但这不是绝对的,因为影响机械施工的因素是多方面的。例如,一项大的工程,由于受道路、桥梁等条件的限制,大型机械不易通过,如果为了运输问题而再修道路,这是很不经济的。因此,考虑使用较小型的机械进行施工,更为合理。因此,选择施工机械时应遵循下述原则。

1. 施工机械应保证工程质量的要求

根据工程的技术要求,选择合适的施工机械是保证工程质量的重要因素之一。对于技术要求高的作业项目,应考虑采用性能优良或专用的机械,以保证工程质量和较高的生产率。但应注意不可片面追求高性能专用机械,应在满足工程质量要求的前提下,与机械的通用性相结合。

2. 施工机械应保证工程的安全性

在工程施工中,施工机械应具有可靠的安全性能,如行驶稳定、有翻车或落体保护装置、防尘隔声装置、危险施工项目可遥控作业等。此外,在保证施工人员、设备安全的同时,应注意施工与环境相协调,保护周边的自然环境。对于施工现场及其附近已有的其他建筑设施,不应因采用机械施工而受到破坏或质量降低。

3. 施工机械应具有较好的经济性

施工机械经济性选择的基础是施工单价,主要和机械固定资产消耗及运行费等因素有关。固定资产消耗与施工机械的投资成正比,包括折旧费、大修费和投资的利息等费用;而机械的运行费用则是与完成施工量成正比的费用,包括劳动工资、直接材料费、燃料费、润滑材料费、劳保设施费等。采用大型机械进行施工,虽然一次性投资大,但它可以分摊到较大的工程量当中,对工程成本影响较小。因此,在选择机械时,必须权衡工程量与机械费用的关系,同时要考虑机械的先进性和可靠性,这是影响经济效益的重要因素。采用先进的机械设备,由于其技术性能优良、构造简易、易于操作、故障与维修费大大降低,最终可取得较好的经济效益。

4. 施工机械应与工程的具体实际相适应

(1)选用的施工机械类型应适合于工地的气候、地形、土质、施工场地大小、运输距离、施工断面形状尺寸、工程质量要求等。

(2)机械的容量要与工程进度及工程量任务相符合,尽量避免因机械工作能力不足或剩余,造成延缓工期或机械利用效率太低的现象,在条件允许的情况下,尽量选择最能满足施工内容的机种和机型。

5. 施工机械应进行合理的组合

合理进行机械组合是发挥机械设备效能的重要因素,也是机械化施工的一个基本要求,它包括技术性能和机械类型及其数量合理配置的问题。

(1)主要机械与配套机械的组合,以及与主要机械相配套的机械,其工作容量、数量及生产效应稍有储备。机械的工作能力应配合适宜,以充分发挥主要机械的生产率。例如,挖掘机与运输车辆配合作业时,挖掘机的铲土容量与运输车车厢容量应协调,一般以 3 ~5 斗能装满运土车车厢为宜,以保证作业的连续性。

(2)牵引车与配套机具的组合,经常会有些辅助性机具或拖式机械没有独立的动力行走装置,需要配以另外的牵引车进行牵引工作,两者组合要协调、平衡,应避免动力剩余过大,造成浪费,或动力不够而不能完成要求的作业。

(3)配合作业机械组合数宜尽量少,组合数越多,其总的效率就越低。例如,两台效率均为0.9的机械组合时,其总效率只有:$0.9\times0.9=0.81$;而且每一组合中,当其中一台发生故障停车时,组合中的其他机械便无法正常工作。因此,在能完成作业内容的前提下,应尽量减少机械组合的数量,或尽可能地组织多个系列的组合,并列进行施工。

(4)应减少同一功能机械的品种类型,力求尽可能使用统一、标准化的系列产品,以便于维修和管理。

(5)按照机械使用说明书的规定使用能源,电动机械要在规定的电压和负荷下工作,内燃机要用规定牌号的燃油,润滑系统要加足规定使用级和黏度级的润滑油料,并保证油质。

此外,施工单位要结合机械装置情况及机械完好率、新购机械的可能性等实际情况,对机械进行因地制宜、机械化与半机械化相结合的选择和组合,确实做到技术上合理和经济上有利,达到两方面的有机统一。

二、施工机械的合理选择

在公路工程施工中,选择机械时有各种各样的考虑。根据机械的技术性能,针对各项作业的具体情况,可从以下几个方面进行机械的合理选择。

1. 根据施工作业内容选择

路基工程施工作业包括土石方挖掘、装载、运输、填筑、压实、整形及挖沟等基本内容,以及伐树除根、松土、爆破、表层清理和处置等辅助性作业,每种作业都由相应的施工机械完成。表5-6列出各项作业内容可选择机械的种类,以供参考。

根据施工作业内容选择施工机械 表5-6

工程类别	作业内容	选择的机械设备
准备工作	(1)清基(树丛、草皮、淤泥、黑土、岩基、冰雪等清除)和料场准备; (2)松土、破冻土(<0.2m)	伐木机、履带式拖拉机和推土机、挖掘机、装载机、水泵、高压水泵、松土器、大犁、平地机
土方开挖	(1)底宽>2.5m的河渠、基坑、池塘、港口、码头、采土场等; (2)小型沟渠和基坑	推土机、铲土机、挖掘机、装载机、冲泥机、吸泥机、开挖机、清淤机
石方开挖	(1)砾石开采; (2)岩石开采; (3)石料破碎	挖掘机、推土机; 移动式空气压缩机、凿岩机、挖掘机、推土机、爆破设备等; 破碎机、筛分机
冻土开挖	河渠、基坑、池塘、港口、码头	推土机、冻土犁、冻土锯、冻土拍、冻土钻、冻土铲
土石填筑	(1)大中型堤坝、高质量路基、场地、台阶等; (2)小型堤坝、路基、梯田、台阶	推土机、铲运机、羊足碾、压路机夯板碾压机、洒水车、平地机、推土机、铲运机、大犁
运输	(1)机械设备调运; (2)土石运输	火车、轮船、装货汽车、汽车、起重机; 推土机、铲运机、装载机、汽车
整形	(1)削坡; (2)平整	平地机、大犁、推土机、铲运机、挖掘机; 平地机、推土机、铲运机、大犁

对于中、小型工程,选择通用性较好的机械较为经济合理;而对于大型工程,应当更注重根据作业内容进行选择,才能获得最佳的技术经济指标。具体选择时,先选定作业的主要机械,

根据其生产能力、工作参数及施工条件选择辅助机械，以保证工程连续均衡地开展。

2. 根据施工现场土质条件选择

土石是机械施工的主要对象，其性质和状态直接影响施工机械作业的质量、工效及成本等。因此，土质条件是选择机械的一个重要的依据。

1)根据机械通行性决定

通行性是指车辆(特别是工程车辆)在土质等条件的限制下，在工地行驶的可能程度。

2)根据土质的工程特性选择

土质条件不仅对机械的通行性有影响，而且也左右着进行各种作业的机械施工可能性和难易程度。由于各种工程特性不同，所以在施工时，应选择不同的机械。

硬土(干燥的黏土、砂石、砂砾石、软石、块石和岩石等)的开挖和运输机械的选择，见表5-7。软土(淤泥、流沙、沼泽土和湿陷性大的黄土、黑土及软弱黏土等)的开挖和运输机械的选择，见表5-8。各种土壤的压实机械的选择可参考表5-9。

硬土开挖和运输机械的选择 表5-7

施工机械 / 土质	推土机	铲运机	正铲挖掘机	反铲挖掘机	装载机	松土器	开沟机	平地机	自卸汽车	底卸汽车	钻孔机	凿岩机
黏土和壤土	√	◇	√	√	√	√	√	√	√	√		
砂土	√	√	√	√	√	√	√	√	√	◇		
砂砾石	√	×	√	√	√	×	◇	◇	√	◇		
软岩和块岩	◇	×	√	◇	◇	×	×	×	√	×	√	√
岩石	×	×	×	×	◇	×	×	×	√		√	√

注：√-适用；◇-尚可用；×-不适用。

软土开挖和运输机械的选择 表5-8

机械 / 水分状况	通用推土机	低比压推土机接地比压(kPa) 19.6~29.4	11.8~19.6	<11.8	水陆两用挖掘机	挖 泥 船
湿地	◇	√	√	√	√	×
轻沼泽地	×	√	√	√	√	×
重沼泽地	×	×	◇	√	√	◇
水下泥地	×	×	×	√	√	√

注：√-适用；◇-尚可用；×-不适用。

适合于相应土质的压实机械的选用 表5-9

机种 / 土质	光轮压路机	轮胎压路机	振动压路机	夯捣机压路机 自行式	夯捣机压路机 牵引式	推土机 普通型	推土机 湿地型	振动压实机	蛙式打夯机	备 注
岩石块，经过挖掘、压实也不易碎的石块			√					●	大 ●	硬岩石
风化岩、泥岩等已部分成细粒，组织紧密的岩石等		大 ◇	√	◇	◇			●	大 ●	软岩石

续上表

土质＼机种	光轮压路机	轮胎压路机	振动压路机	夯捣机压路机		推土机		振动压实机	蛙式打夯机	备注
				自行式	牵引式	普通型	湿地型			
单粒度砂,缺少细粒度的道砟,砂丘的砂等			◇					●	●	砂、砾石混合砂
适当含有细粒,粒度适中,容易压实的土细砂,山道砟等		大 √	◇	◇				●	●	砂质土,砾石混合砂质土
细粒较多,但灵敏性低的土,含水率低的黏性土,容易碎的泥岩等		大 ◇		√	√				●	黏性土,混有砾石的黏性土
含水率调解困难,不易压实的土,粉砂质土等						○				含水过多的砂质土
黏性土等含水率高,灵敏性高的土						○	○			灵敏的黏性土

注:1. √-有效的;◇-可用的;○-不得已而使用的;●-因现场条件只能使用的。
2. 大表示大型机;小表示小型机。

3. 根据运输距离选择

根据运输距离选择机械,主要针对铲土运输机而言,考虑土的状态、性质以及工程规模,结合现场条件,可参考表5-10。

铲运机的适用运距 表5-10

类别			推装斗容量(m^3)		适用运距(m)		道路坡度(%)
			一般	最大	一般	最大	
拖式铲运机			2.5~18	24	100~1000	100~300	15~30
自动式铲运机	单发动机	普通装载式	10~30	50	200~2000	200~1500	5~8
		链板装载式	10~30	35	200~1000	200~600	5~8
	双发动机	普通装载式	10~30	50	200~2000	200~1500	10~15
		链板装载式	9.5~16	34	200~1000	200~600	10~15

4. 根据气候条件选择

气候条件是影响机械施工的因素之一,如雨季、冬季施工时,应特别加以考虑。

雨或积雪融水会直接影响土的状态,从而导致机械通行性下降,工作性能变坏。在雨季期间,若不停工就应考虑使用效率差的履带式机械代替干燥条件下机动灵活、效率较高的轮胎式机械进行作业。

5. 冬季施工使用的机械

冬季施工所使用的机械,应考虑进行冻土开挖、填筑、碾压等作业时,机械施工能否达到规定的技术要求,应选用与破冻土等特殊作业相适应的机械,如松土器、冻土犁等。选择合适的施工机械,还要考虑与工程间接有关的条件,比如同时承担几个不同的施工任务时应考虑机械设备相互之间的协调与配合。此外,如电力、燃料、润滑材料的供应,机械维修与管理,机械的迁移等，都对选择机械有一定的制约。因此，要综合分析，抓住主要矛盾，选择经济适用的机械。

6. 施工作业效率

一般在假定的标准工作条件下进行施工机械生产率的计算，而实际工程施工的条件千变万化，应考虑在特定的施工条件下，确定机械的工作能力(生产率)。对于不同的机械，在相同条件下，作业效率是不相同的，准确地求出作业效率是困难的，表5-11是在不同作业条件和机械技术状况下作业效率的参考值。

施工机械作业效率参考值　　表5-11

作业条件 \ 机械技术状况	优秀	良好	普通	较差	很差
优秀	0.83	0.81	0.76	0.70	0.63
良好	0.78	0.75	0.71	0.65	0.60
普通	0.72	0.69	0.65	0.60	0.54
较差	0.63	0.61	0.57	0.52	0.45
很差	0.52	0.50	0.47	0.42	0.32

三、施工机械的合理组合

1. 路基工程机械组合

1）土石方机械组合

土石方机械根据性能及地质、地貌、运距、功率或容量(载质量)的不同，在选型配套方面，本着经济、安全、快速的原则，从施工企业自身的机械施工能力、技术实力出发，在多种可供选择的方案下，尽量选择经济、进度快、重复工作量小、一次到位的施工方案。尽量利用地形开辟工作面，在合理组织下，发挥机械施工的最大效益。现提供表5-12的组合方法，供参考。

土石方机械设备组合条件表　　表5-12

<table>
<tr><th rowspan="2">路基形式
修筑方法</th><th rowspan="2">路堤
或路堑高
(m)</th><th rowspan="2">土壤
类别</th><th rowspan="2">运土
距离
(m)</th><th rowspan="2">工作段
最小长度
(m)</th><th colspan="2">选择施工机械设备</th></tr>
<tr><th>主要机械</th><th>辅助机械</th></tr>
<tr><td>从路基两侧取土坑取土填方(在平地上)</td><td rowspan="2"><1</td><td rowspan="3">Ⅰ~Ⅳ</td><td><15</td><td>500</td><td>自动平地机</td><td>松土器(Ⅳ类土必要时使用)、推土机、轮胎压路机或羊足碾</td></tr>
<tr><td rowspan="2">从路基一侧或两侧取土填方</td><td><30</td><td>不限制</td><td>推土机</td><td>松土器(Ⅳ类土必要时使用)、自动平地机、轮胎压路机、羊足碾</td></tr>
<tr><td>1~2</td><td><50</td><td>50</td><td>推土机、铲运机($6m^3$)</td><td>松土器、自动平地机、轮胎压路机、羊足碾</td></tr>
</table>

续上表

路基形式修筑方法	路堤或路堑高(m)	土壤类别	运土距离(m)	工作段最小长度(m)	选择施工机械设备	
					主要机械	辅助机械
自路堑取土填筑路堤(移挖作填)	<3	—	<100	不限制	推土机	松土器、自动平地机、轮胎压路机、羊足碾
			500~1000		铲运机(斗容量<6m^3)	推土机、自动平地机、轮胎压路机、羊足碾
			500~1000	100		推土机、重型压路机、轮胎压路机、羊足碾
	>3	V~IV	>1000	在一个工作段内(5000m^3)	装载机或挖掘机配自卸汽车	推土机、自动平地机、轮胎压路机、羊足碾
			>500			空气压缩机、凿岩机、推土机
自专用借土坑取土填筑路堤(取土填方)	不限制	I~IV	<500	50	铲运机(10m^3)	推土机、轮胎压路机、羊足碾
			>500	100	铲运机(10m^3)、装载机配自卸车	推土机、自动平地机、轮胎压路机、羊足碾
纵向运土的斜坡填方			<500	50	铲运机(6m^3)、万能推土机	自动平地机、轮胎压路机、羊足碾
傍山半填半挖	山坡<20°	—	<30	100	万能推土机	铲运机(6m^3)、轮胎压路机
	山坡>20°	V~IV			挖掘机	万能推土机、空气压缩机、凿岩机
将土堆往弃土堆(挖方)		I~IV	<50		推土机	自动平地机、重型压路机

2)压实机械组合

压路机的组合所受约束较多,现以某高速公路施工队碾压机械在沥青混凝土路面施工中的压实机械组合为例进行介绍(表5-13)。考虑了压实温度的要求和摊铺机生产率后,与气温相适应的碾压长度为:常温(25℃),40~50m;偏低(小于10℃),20~40m;偏高(大于20℃),50~80m;高温(30℃),100m左右。

压实机械组合表 表5-13

碾压流程	型号	台数	轮宽(m)	碾压速度(km/h)
初压	2Y8/10 双轮压路机	2	1.25	3.6
复压	VL9/16 轮胎压路机	1	2	5.0
	3Y12/15 三轮压路机	2	2×0.53	4.5
终压	2Y8/10 双轮压路机	2	1.25	3.6

2. 路面工程机械组合

现以路面混凝土机械的组合为例,介绍路面工程机械组合。路面混凝土机械的配套是指拌和机与摊铺机、运输车辆之间的组合情况。当主导机械摊铺机选定后,可根据机械的有关参数和施工中的具体情况计算出摊铺机械的生产率。在保证摊铺机械生产率充分发挥的前提下,使拌和机械的生产率得到正常发挥,并在施工中保持均衡、协调一致。车辆的配套按排队论,找出合理的配套方案。考虑到装载点与车辆的配套是一个动态系统,即随着摊铺作业的推进,车辆的运输路程随时间的增加而增加。在运输装载过程中,随机影响因素又较多,如道路状况、操作水平、设备运行状况等都在不断变化,因此组合方案有一个优化过程。

轨道式摊铺机施工机械的组合,见表5-14。轨道式摊铺机的几种常见组合方法,见表5-15。

轨道式摊铺机施工机械的组合表　　表5-14

工　序	可考虑选用的机械	工　序	可考虑选用的机械
混凝土拌和	拌和机、装载机、称量设备	振捣	振捣机、内部振动式振动机
混凝土运输	自卸汽车、搅拌机	接缝施工	钢筋(传力杆、拉杆)插入机、切缝机
卸料	侧面卸料机、纵向卸料机	表面修整	休整机、纵向表面休整机、斜向表面休整机
摊铺	刮板式匀料机、箱式摊铺机、螺旋式摊铺机	修整粗糙面	拉毛机、压(刻)槽机

轨道式摊铺机的几种常见组合方法　　表5-15

前方系统(最大铺筑宽度4.5m)				后 方 系 统			
VOGELE为主导机械的组合机械		C-450X为主导机械的组合机械		双卧轴强制拌和机的组合机械		自动配料混凝土拌和机的组合机械	
规格名称	数量	规格名称	数量	规格名称	数量	规格名称	数量
纵向修整机	1	刮板式匀料机	1	装载机(ZL30、ZL40)	2	装载机(ZL30、ZL40)	2
养护剂喷洒器	2	纹理制作机	1	集料箱	2	散装水泥泵车	2
调速调厚切缝机	2	灌缝机	2	供水泵	1	供水泵	1
养护用洒水车	1	移动电站(20kW)	1	移动电站	1	移动电站	1
插入式振捣器	2	养护剂喷洒器	2	翻斗车	8	计量水泵(外剂用)	1
纹理制作机	1	调速调厚切缝机	2	地泵	2		
灌缝机	2	养护用洒水车	1	计量水泵(外剂用)	1		
移动电站(20kW)	1						

3. 桥梁工程机械组合

桥梁机械化施工设备繁多,施工方法与施工机械的选择是施工方案的核心内容。施工方法的选择离不开施工机械,而施工机械的选择也涉及施工方法的确定,两者之间存在着密切的关系。桥梁工程机械组合不仅关系到施工方法的确定,还关系到整个工程的造价。现以某座大桥T梁吊装方案中机械组合为例,介绍桥梁工程机械组合(表5-16)。

某 T 梁吊装方案中机械组合 表 5-16

T 梁安装方案	机具设备组合	成本(元)	说明
单导梁法	导梁、龙门架、蝴蝶架、若干滑车、链滑车、千斤顶、绞车	29437	成本中考虑安装费、吊装设备费、轨道运输费
跨墩门架法	门架及若干滑车、链滑车、千斤顶、绞车	31148	成本中考虑安装费、吊装设备费、轨道运输费、搭设支架费
缆索吊装设备	主索、天线滑车、起重索、牵引索、起重及牵引绞车、主索地锚、塔架、风缆	171556	成本中考虑塔架、地锚、索道缆索运输费

4. 水平运输机械组合

以装载机与自卸汽车组合为例,介绍水平运输机械组合。装载机的斗容量和自卸车的载质量及运距有关。在运距不大、运输道路上有坡度时,只能将装载机作为自铲运设备使用,一般要求其作业循环时间不超过 3min,否则就应使用装载机配合自卸车联合作业。前者与生产的强度有关,如生产强度高,装载机一次装载的质量一定,则要求铲运的合理运距尽量缩短,其合理运距配合见表 5-17;后者是根据斗容量配备自卸车装载质量的,如 2. 25m^3 的斗配 10t 自卸车最佳,见表 5-17。

装载机与自卸车配合表 表 5-17

年生产量($\times 10^4$t)	10	30		50		80		100 以上	
装载机斗容量(m^3)	2. 25	2. 25	4	2. 25	4	2. 25	4	2. 25	4
汽车载质量(t)	10	10	27	10	27	10	27	10	27
装载机载质量(t)	装载机合理运距(m)								
2	470	170	260	110	160	80	110	71	65
4	760	280	450	190	280	130	190	118	108
5	920	350	540	240	340	170	230	155	143

第四节 机械化施工组织

一、路基工程机械化施工

1. 路堤填筑

路基填筑过程分为三阶段(准备阶段、施工阶段、整修验收阶段)、四区段(填土区、平整区、碾压区、检验区)、八流程(施工准备→基底处理→分层填土→摊铺平整→碾压夯实→检验签证→层面整修→边坡夯拍)。

水平分层填筑是填筑路基的基本方法,它最能保证填土质量,也是机械化施工中广泛采用的方法。

机械化施工路基的路堤填筑工程流程,如图5-8所示。

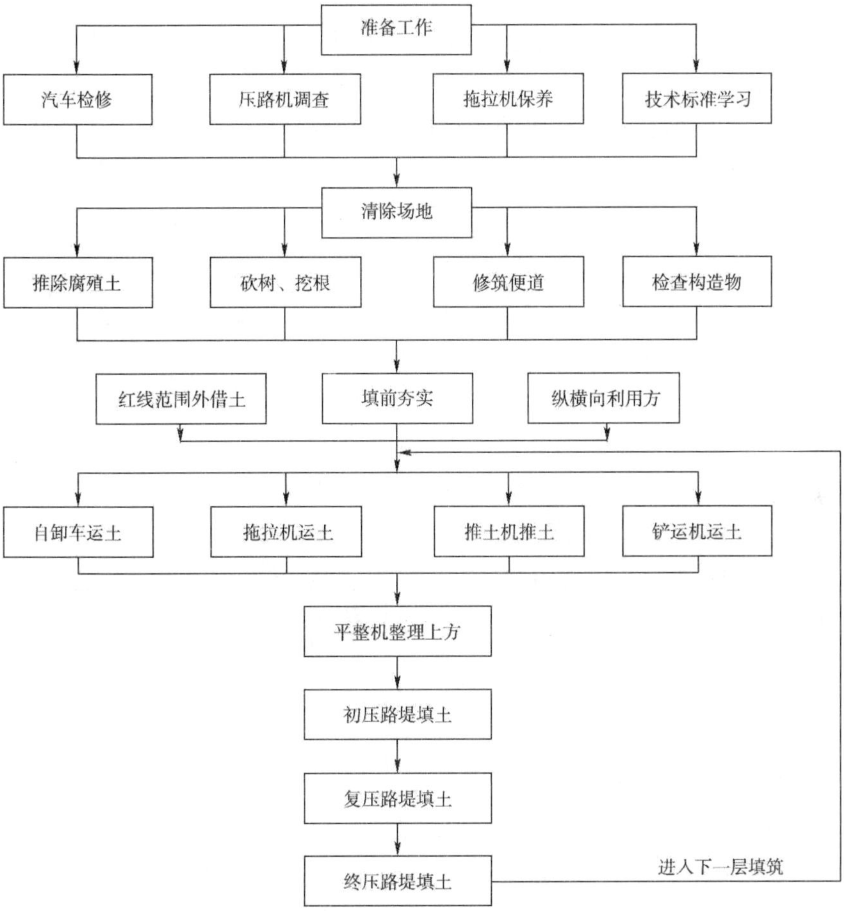

图5-8 路堤填筑流程图

路堤机械化施工中应注意以下问题:

(1)不同土质的填料要分别分层填筑,不得混填,以免内部形成水囊或软弱面,影响路堤的稳定。

(2)路堤上部受车辆荷载的作用较大,一般在上部填筑水稳性、冻稳性较好的土质。

(3)透水性较大的土质填在透水性较小的土质之下时,如果两者的颗粒直径相差悬殊,应在层间加铺过渡垫层,以免上层的颗粒散落到下层路基中;反之,其顶面应做成4%的双向向外横坡,以免积水。

(4)沿纵向同一层要改变填料种类时,应做成斜面衔接,而且将透水性好的填料置于斜面的上面为宜。

(5)填方相邻作业段交接处若非同时填筑时,则先填筑地段应按1∶1坡度分层留好台阶;若同时填筑时,则应分层相互交叠衔接,搭头长度不得少于2m。

(6)机械化施工挖方工程应选好配套机械,对不良土质的碾压要合理选择压实机具。

2. 路堑开挖

1)选择施工方案

路堑施工是按设计要求进行挖掘的,并将挖掘出来的土方运到路堤地段作为填料,或者运往弃土地点。路堑开挖的山体是天然地层构成的土质,随着地壳运动及沉积运动,地层结构一般都较为复杂。路堑边坡稳定与施工的开挖密切相关,如挖掘机挖掘过陡,或弃土堆离坡顶太近,或施工中排水不良,都会引起边坡失稳,发生坍滑。路堑施工一般遵循的流程,如图5-9所示。

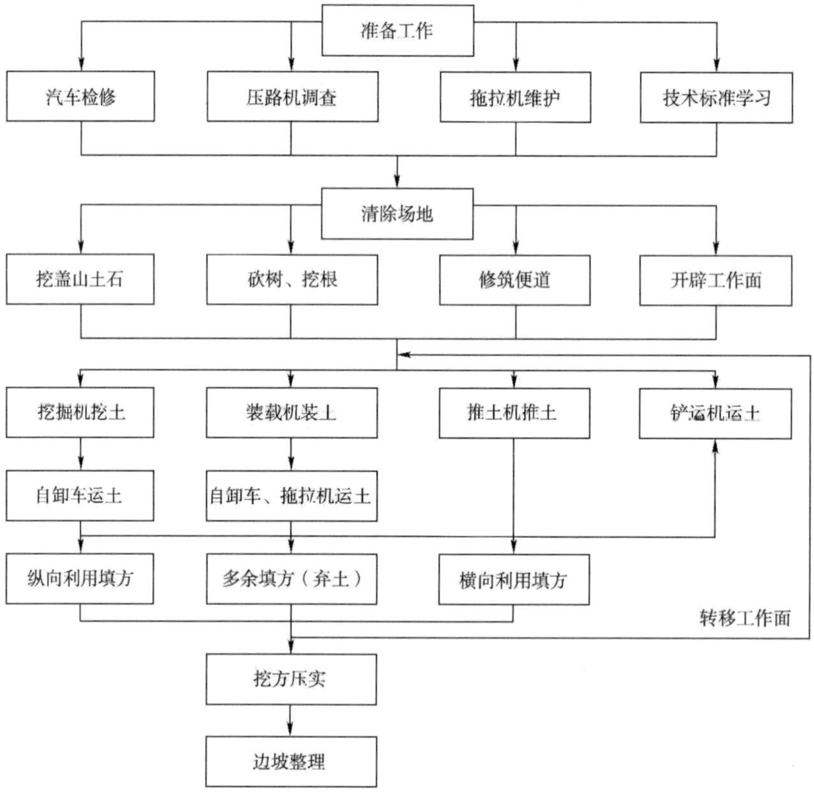

图5-9 路堑施工流程图

在机械化施工中,路堑开挖对进度影响很大,施工方案选择不佳,甚至会造成巨大浪费。所以在施工组织中,一般都特别关注集中性路堑土方的机械化施工方案和组织措施。路堑施工一般采用横挖法和纵挖法,其施工方法与机械施工的配置有关。

2)机械化施工方法

路堑施工选配适宜的机械有挖掘机械、平整机械和压实机械等,机械的选用是可以灵活变化的,因为某一种机械的用途不是唯一的,在实际施工中,虽然操作方法不符合某些操作规程,但确实能完成其他专用机械才能完成的工作。

二、路面工程机械化施工

1. 沥青路面

沥青混合料路面施工的主要内容有:沥青混合料的制备、混合料的运输与摊铺以及混合料

的摊铺层的压实。为保证沥青混合料路面的施工质量,有效地利用机械化程度,在施工组织方面应做如下考虑:

1)沥青混合料拌和基地选择

为保证路面施工有足够的沥青混合料供应,则应设置专门的沥青混合料拌和站。在沥青混合料拌和站厂址的选择方面应考虑施工温度和运输距离等因素。

(1)沥青混合料的施工温度。沥青混合料由拌和站运至施工现场,随运距的增大其温度会逐渐降低,当温度过低时会影响路面摊铺后的质量。沥青混合料的施工温度应不低于《公路沥青路面施工技术规范》(JTG F40—2004)的规定值。沥青混合料的运输时间不应超过45~60min(气温在100℃以下,车速在30~40km/h以上)。

表5-18是某沥青混合料施工温度控制表。

沥青混合料施工温度控制表(℃) 表5-18

施工阶段	沥青(AH-70)加温	矿料加温	沥青混合料拌制温度	热料仓储料温度	沥青混合料到场温度	开始摊铺温度	开始初压温度	碾压终了温度	开放交通温度
控制温度	150~170	170~180	145~165	拌制温度降低不超过10	不低于135	不低于130	120~145	不低于70	不高于30
备注			废弃温度195			不高于165			一般为次日

(2)沥青混合料的合理运输距离。沥青混合料的运距越远,要求的温降越高,工程成本费用也越高。因此,在工程施工中,如沥青混合料的总运输费用大于沥青混合料拌和场搬迁一次的搬迁费,则拌和站应选新址比较合理。

2)沥青混合料拌制及拌和设备

(1)沥青混合料的拌制。沥青混合料由若干台拌和楼同时拌制,每小时产量为220~240t,为了使摊铺机连续不间断地摊铺,采取提前2h拌料,将热料储存在热料仓中,存满后即装在自卸车上,盖上篷布运往工地,准备铺筑。拌和楼连续拌料储存。

沥青混合料出厂须经试验中心派人员目测并逐车检测温度,合格后填写发料单才能出厂,发现花白料或温度质量不合要求者,按废料处理。

(2)拌和机的种类。目前,各国采用的沥青混凝土拌和机可分为三大类,见表5-19。

沥青混合料拌和机分类表 表5-19

分类标准	第一类	第二类	第三类
生产方式	循环作业式	连续作业式	综合作业式
拌和方式	自由拌和	自由拌和强制拌和	强制拌和
配料称量条件	冷料称量送入烘干筒	冷料称量送入烘干筒	烘干后筛分称量
矿粉送入方式	与砂石料同时送入	直接送拌和机	直接送拌和机

(3)拌和机的生产效率。沥青混合料拌和机是修建沥青混合料路面机械化的主体机械,其生产能力的大小是确定其他设备数量的重要依据,因此拌和机生产率的计算是十分重要的。

综合作业式沥青混合料拌和机的生产率可用式(5-8)计算:

$$Q = \frac{60Gk_B}{t} \tag{5-10}$$

式中:Q——综合作业式沥青混合料拌和机生产率,t/h;

G——拌和机每次卸下沥青混合料的质量,t;

k_B——时间利用系数;

t——拌和机一次所需时间,min;

$$t = t_1 + t_2 + t_3$$

t_1——拌和机加料时间,min;

t_2——拌和机拌和时间;min;

t_3——拌和机卸料时间;min。

3)摊铺机机械化施工

沥青混合料路面摊铺作业机械化主要由摊铺机、自卸汽车和压路机三者进行联合作业。

由于沥青混合料摊铺机可以一次将沥青混合料进行摊铺、捣实和熨平成路面设计断面形状,从而大大缩短了沥青混合料的摊铺时间,并保证了路面面层的质量。

沥青混合料摊铺机的施工过程如下:

(1)自卸汽车由沥青混合料拌和站装料运至施工现场。

(2)自卸汽车倒车,使汽车后轮支靠在摊铺机前端的推动滚上,此时将汽车变速箱放在空挡位置。

(3)自卸车将部分料卸入摊铺机料斗内并输送至摊铺面,然后摊铺机以适当的速度推汽车前进,此时汽车边前进边卸料,而摊铺机边前进边摊铺。

(4)摊铺机摊铺的料层由振捣器初步捣实。

(5)熨平器对已铺好的料层进行最后的整平。

(6)压路机压实。

表5-20为某沥青路面各结构层压路机械组合形式、碾压速度、碾压遍数表。

不同沥青路面各结构层压路机械组合形式、碾压速度、碾压遍数表 表5-20

沥青路面层次	压路机类型	初压		复压		终压	
		速度(km/h)	遍数	速度(km/h)	遍数	速度(km/h)	遍数
上面层	CC21振动压路机	3	2				
	DD110振动压路机			4	2		
	16t轮胎压路机			6	6		
	VV150振动压路机					4	2
中面层	CC21振动压路机	3	2				
	16t轮胎压路机			5	9		
	DD110振动压路机					5	2
下面层	CC21振动路机	3	2				
	16t轮胎压路机			5	9		
	DD110振动压路机					5	2

摊铺机在摊铺过程中可以沿前进方向连续施工，由于路面宽度问题使得摊铺机不能一次摊铺完成时，应根据路面宽度和摊铺机宽度在可调范围内进行调整。

2. 水泥混凝土路面

水泥混凝土路面机械化施工是由拌和机械设备、自卸运输车、水泥混凝土摊铺机等主要机械设备组成的机械化施工系统，将砂、石、水泥、水等原料以一定的配比，经拌和机制成水泥混凝土混合料，由自卸车运至铺筑地点，由摊铺机按一定的技术要求摊铺、振捣并初步成形路面，然后再辅以适当的人工跟补及拉毛等处理，经切缝、养护最终成形路面。水泥混凝土路面施工工艺，如图 5-10 所示。

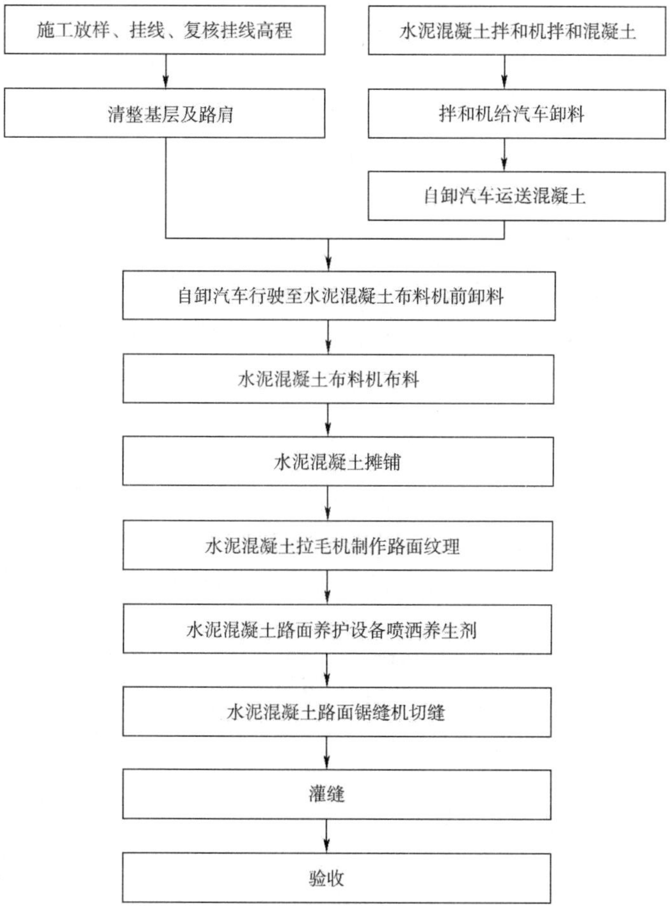

图 5-10 水泥混凝土路面施工工艺

在水泥混凝土路面施工中，由于拌和机械设备远离路面铺筑现场，机械化施工系统运行状况受机械性能、机械操作人员的技术水平、机械的组合配套、材料供应、自然环境等多种因素的相互作用，使机械化施工过程成为较复杂的动态随机过程，对于进一步评价与优化系统，提高系统生产率、降低工程成本具有重要意义。

水泥混凝土路面机械化施工系统的理想运行过程是：当拌和机刚好拌制一车水泥混凝土拌和料时，就有一辆自卸车刚好到达拌和机装载位卸料；而摊铺机在运行过程中，其前面始终恰好保持1~2车水泥混凝土拌和料;自卸车卸料后即返回装载位;整个系统工作既经济又高速。

水泥混凝土路面机械化铺筑方式有轨道式摊铺机施工和滑模式摊铺机施工两种。现仅介绍滑模式摊铺机施工。采用滑模式摊铺机铺筑混凝土路面进行双层施工时,整个施工过程由下列两个连续作业行程来完成。

1)第一作业行程

摊铺机牵引着装载钢筋网络的大平板车,从已整平的基层地段开始摊铺,此时从正面供应混凝土,随后的钢筋网格大平板车按规定位置将钢筋网格自动卸下,并铺压在已摊平的混凝土层上,如此连续不断地向前铺筑。

2)第二作业行程

钢筋网格是用压入机压入混凝土的,压入机是摊铺机的一个附属装置,不用时可以卸下,使用时安装在摊铺机的前面,它由几个液压千斤顶组成。施工开始时,摊铺机推着压入机前行,并将第一行程已铺好的钢筋网格压入混凝土内。摊铺机则进行摊铺、振捣、整平以及成形等工作。最后进行防滑处理、喷洒养护剂和切缝等。

三、桥梁工程机械化施工

桥梁施工的机械很多,施工的设备更多,如有钢管脚手架(支架)、木模板、钢模板、组合钢模板、万能杆件(桁架、墩塔架、龙门架)、贝雷架及贝雷桁架等设备;起重设备还有扒杆、龙门吊机、浮吊、缆索起重机(主索、起重索、牵引索、结索、扣索、缆风索、塔架及索鞍、地锚、电动卷扬机等)等。

桥梁施工方案的选择除根据桥梁上部结构的特点,还要考虑地形、环境、安装方案的安全性、经济性、施工进度要求等,掌握周围的地理环境、地质条件及气候条件,以及运输条件、临时用地等资料,才能综合考虑选择施工方案。表5-21是在考虑桥梁的类型、跨径、施工的技术水平、机具设备条件等因素后选择的方案,可在施工方案选择时参考。

各种桥型可供选择的施工方案 表5-21

施工方案＼桥型	简支梁桥	悬臂梁桥 T型刚构	连续梁桥	刚架桥	拱桥	组合体系桥	斜拉桥	悬索桥
现场浇筑施工法	√	√	√	√	√	√	√	
预制安装施工法	√	√		√	√	√	√	√
悬臂施工法		√	√	√	√		√	√
转体施工法		√		√	√		√	
顶推施工法			√		√		√	
逐孔施工法		√	√	√	√			
横移施工法	√	√	√			√	√	
提升与浮运施工法	√	√	√			√		

随着大规模机械化施工的推广,桥梁施工已经不受障碍物的限制,只要根据水文、地质情况合理选择方案,采取全方位、立体交叉作业的组织方式,可使工期大为缩短,而且使质量提高、结构合理、跨度增加。桥梁上部结构施工有就地浇筑法、预制安装法、悬臂施工法、转体施

工法、顶推施工法、移动模架逐孔施工法、横移施工法、提升与浮运施工法等方法。现仅以 T 梁预制、安装以及基础工程施工方法为例，介绍桥梁机械化施工组织。

1. T 梁预制

T 梁预制场设置 4 个底座。4 套定型钢模可根据梁体预制的工艺过程，分解为 4 道工序：支模、扎筋、浇注混凝土及养护拆模整修。因此，应建立 4 个相应的专业队，组织流水作业。

梁体预制与桩基础安排平行施工，其目的是为缩短工程的总工期。最理想的安排方式是：预制的最后一片梁体混凝土强度刚达到吊装强度要求时，就开始起吊并安放在最后一孔的桥台上，此时桥台混凝土强度也刚达到设计要求的强度。这种安排方式，平行作业多，工期最短，但并不经济合理。劳力、机具、材料需要量过分集中，占地面积大、临时设施过多，不仅增加工程成本，更重要的是施工现场容易出现混乱，工程质量和施工安全难于保证，管理难度大大增加。

预制场与堆放场设置与底座相适应的移梁轨道和安装时的纵向运梁轨道，以便于横向堆放和纵向运梁安装。T 梁预制时，应考虑安装顺序，将边梁与中梁间隔放置。

2. T 梁安装顺序

T 梁安装方法有好多种，如用单导梁法安装 T 梁，配合龙门架、蝴蝶架以及滑车、链滑车、千斤顶、绞车等辅助设备架设安装预制梁。其优点是可完全不设桥下支架、不受洪水威胁，架设过程中不影响桥下通车或通航。预制梁的纵移、起吊、横移、就位都比较便利。

(1)纵向梁体安装顺序：由第一孔开始，安装完第一孔所有梁后，再安装紧接的第二孔、第三孔……直至最后一孔安装完成为止。

(2)预制梁横向安装次序有 3 种方案可供选择：

①方案Ⅰ：

第一步，安装 2 号、1 号梁后，将 3 号梁运进并置于 2 号、1 号梁上。

第二步，再安装 4 号、5 号梁，然后前移导梁架。

第三步，前移导梁让开 3 号梁的位置，吊落 3 号梁就位。

方案Ⅰ安装顺序，如图 5-11 所示。

②方案Ⅱ：

第一步，安装 2 号、1 号梁后，前移导梁。

第二步，在 1 号、2 号梁上铺轨代替导梁，继续安装 3 号、4 号、5 号梁。方案Ⅱ安装顺序，如图 5-12 所示。

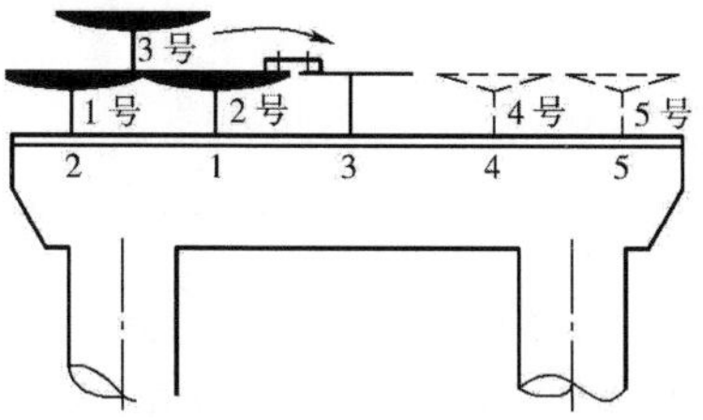

图 5-11 方案Ⅰ

注：1 号、2 号、3 号、4 号、5 号是梁号；

1、2、3、4、5 是梁的安装顺序。

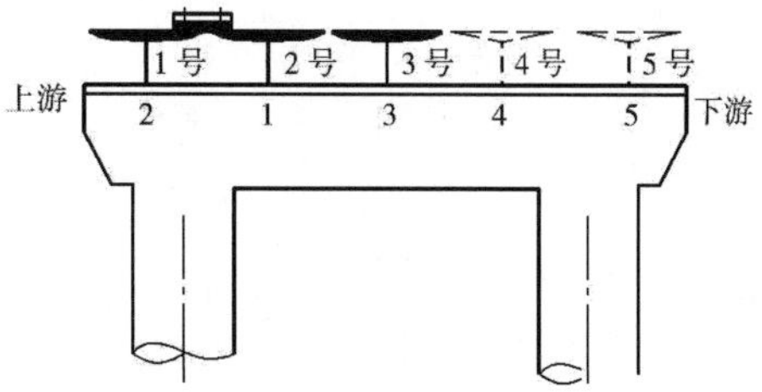

图 5-12 方案Ⅱ

注：符号意义同图 5-11。

③方案Ⅲ:

第一步,将导梁置于3号梁位置上,安装2号、1号梁,运进3号梁置于2号、1号梁上,并垫好垫木。

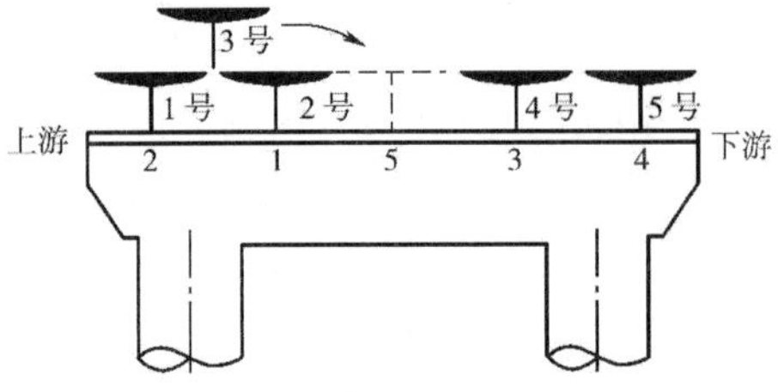

图5-13 方案Ⅲ
注:符号意义同图5-11。

第二步,导梁前移,吊落3号梁就位连接,在2号、3号梁上铺轨代替导梁。

第三步,依次安装4号、5号梁,如图5-13所示。

在确定施工顺序时,要坚持先地下、后地上,先主体、后附属的原则。地下由深到浅,地下地上尽量平行、交叉进行;尽量组织流水作业,在保证工人连续工作的前提下,充分合理地利用工作面。在具体安排施工顺序时,要结合施工条件、施工的自然地理环境以及各种影响施工顺序的因素统筹规划、全盘考虑。

3.T梁安装施工方法与施工机械的选择

装配式钢筋混凝土T梁桥的安装,可根据不同的施工现场条件和吊装设备,采用不同的施工方法进行。但均须事先经过有关人员共同研究,对各种可采用的施工方法进行技术经济比较后做出抉择(制订经济合理的吊装方案),经过主管部门审查批准,并且应符合以下要求。

(1)在全部安装阶段中,应采取临时固定措施,使桥梁已安好的各部分有足够的稳定性、坚固性和最小的变形。

(2)当安装条件与设计所规定的条件不同时,应对构件在安装时所产生的内力加以复核。

(3)充分发挥起重设备的能力,并保证安装施工安全。

4.桩基工程施工方法与施工机械的确定

桩基施工的方法和施工机械很多,各种成孔方法、施工机械对不同的地质构造具有不同效应,主要反映在成孔的速度、质量以及桩基础的工程成本方面。针对桥位所在地质构造,再比较各种钻孔(钻机)方法的适用范围,见表5-22。

各种钻孔方法适用范围 表5-22

钻孔方法	适用范围				是否需要泥浆悬浮钻渣
	土层	孔深(m)	孔径(m)	成孔速度	
正循环回旋钻机	黏性粉砂,细、中、粗砂,含少量砾石、卵石(含量小于20%)的土,软岩	80~100	80~160	约5m/班	需要
反循环回旋钻机	黏性土,砂类土、含少量砾石、卵石(含量小于20%,粒径小于钻杆内径2/3)的土,软岩	真空泵≤35,空气吸泥机65	80~150	砂约32m/班	不需要
潜水钻机(正循环)	淤泥、腐殖土、粉砂、砂类土	50	80~150	约45m/班	需要
冲抓锥	淤泥、腐殖土、密实黏性土、砂类土、砂砾石、卵石(大于20m时,进度慢)	50	100~200	(4~0.2)m/班	不需要
冲击实心锥	黏性土、砂类土、砾石、卵石、漂石、较软岩石	50	80~200	(9~0.4)m/班	需要
冲击空心锥	黏性土、砂类土、砾石、松散卵石	50	80~150	(9~0.4)m/班	需要

根据成孔速度、成本及安全可靠性、各种钻孔方法优缺点的比较，确定钻孔方法，见表5-23。

各种钻孔方法的比较 表5-23

钻孔方法	成孔速度	成本	优缺点说明
正循环回旋钻机	5m/班	2009元/10m	钻进与排渣连续进行，需设置泥浆槽、沉淀池、储浆池，占地面积大，需大量的水和泥浆原料，机具设备复杂，机具故障多，钻孔深度深
反循环回旋钻机	32m/班	2009元/10m	钻进与排渣连续进行，需设泥浆槽、沉淀池、储浆池，占地面积大，需大量的水和优质泥浆原料。机具设备复杂、机具故障多，配备真空泵时，钻孔深度不大于35m，配备水力或空气吸泥机时可达在砂砾层中，孔壁坍塌的现象比正循环回旋钻机严重得多
潜水钻机(正循环)	45m/班	3017元/10m	由于潜水钻机的动力和钻锥紧紧相连，潜入水下工作，因此钻孔效率较一般正循环回旋钻高些，钻具简单、轻便、易于搬运，噪声小，操作条件也有所改善；最大缺点是钻潜入水下工作，易发生故障
冲抓锥	(0.4~4)m/班	2152元/10m	适用土质较为广泛，当钻孔深度超过20m后，钻孔进度大为降低。在密实砂砾层中进度很慢
冲击锥(冲击钻机)	(1~2)m/班	2569元/10m	无坚不摧，钻渣挤入孔壁，使孔壁更加密实，钻进速度慢。卷扬机带冲击锥成本低，为1776元/10m

5. 桥墩施工方法与施工机械的选择

桥墩的施工根据混凝土数量大小来确定施工机械组合，模板均采用定型模板，柱用钢模板，盖梁用木模板。混凝土的水平及垂直运输可供选择的方法很多：采用简易木扒杆、汽车吊做垂直运输，二者配以四轮斗车，可作为水平运输工具；也可使用缆索吊机兼顾水平和垂直运输；还可采用混凝土泵和皮带运输机。

本章小结

通过对本章的学习，要求能够掌握机械化施工组织设计的基本原则及其意义；机械化施工进度图的绘制方法；机械化施工机械的合理选择和组合；了解机械化施工机械的特点以及在工程实践中机械化施工组织设计的实际应用。

思考与训练

1. 机械化施工组织设计的基本原则是什么？有何意义？

2. 机械化施工作业的协调性、连续性和节奏性取决与哪些方面的因素？

3. 桥梁的机械化施工机械有哪些？在机械化施工组织设计中是如何组合的？举例说明。

4. 水泥混凝土路面机械化铺筑方式有哪些？

第六章
CHAPTER SIX

公路施工组织设计

学习目标

1. 了解公路施工组织设计的基本知识;
2. 掌握公路施工组织的原理、设计方法与编制程序等。

学习指南

会综合运用其理论知识,编制出符合施工实际需要的、合理的施工组织设计文件,多实践与总结。

第一节 概述

公路是通过设计与施工,消耗一定数量的人力和物资资源而完成的土建工程。公路施工是把一系列的资源投入工程的整个生产过程当中,它存在有施工的阶段性和连续性,组织上的专业化和协作化。由于公路施工自身的特殊性,它与工业生产、房屋建筑、水利工程等土建工程不同。其表现的主要特点是:

1. 线性分布,施工管理难

公路是带状结构物,工程数量分布不均匀,施工流动性大,临时工程多,施工作业面长,施工组织与管理的工作量大,给施工组织带来困难。

2. 永久建筑,占用土地多

工程的建筑物占用土地多,即有公路构筑物本身的永久性占地,也有施工时大量的临时占地,如便道、工棚、施工场地等。

3. 类型繁多,施工配合强

公路受等级和使用要求以及地形、地质、水文的影响,工程类型多种多样,标准化难度大,施工组织必须单独设计。即使是地区与等级相同的公路,也不可能采用相同的施工组织,因为施工时技术条件(物资供应、机具设备、技术水平等)、自然条件(季节、气候等)和工期要求各不相同。为了能使工程按计划组织施工,除了建设、设计、招投标、施工、监理等单位必须密切配合,材料供应与运输部门应通力协作外,还需要各级政府部门和施工沿线相关单位的大力支持。

4. 工程复杂,施工周期长

公路结构物具有工程复杂与形体庞大的特点,对施工影响大。首先是同一地点要依次进行多个分部工程作业,施工周期长,较长时间内占用和消耗大量的资源,直到整个施工周期结束。其次是施工各阶段、各环节必须有机地组成整体,只有在时间上不间断,空间上不闲置,才能有正常的施工秩序,否则将导致工期延迟,造成人、财、物的大量浪费。

5. 野外作业,环境影响多

公路施工是野外露天作业,受不良的地质、水文条件及灾害性天气、环境等因素影响,若处理不当,还会给工程造成损失,对工程进度、质量与成本等造成很大的影响。

6. 施工质量,社会影响大

公路建设关系到地区的总体规划和国民经济的发展,如果施工质量低劣,不仅会造成公路建设的直接与间接经济损失,而且会影响国民生产和人民生活,给社会造成不良的影响。

一、施工组织设计的作用与任务

1. 施工组织设计的概念

施工组织设计是从工程施工的全局出发,根据工程项目的特点,按照施工的客观规律和当地的具体施工条件、工期进度、资源消耗等做出科学而合理的安排,所形成的书面文件。

施工组织设计是公路工程基本建设项目在设计、招投标、施工阶段提交的技术文件,它不仅是准备、组织、指导施工和编制施工作业计划的基本依据,也是对整个基本建设活动实行全面有效管理的基础。

施工组织设计既可对整个基本建设项目起控制作用,也可对某一单位工程的具体施工作业起指导作用。施工组织设计的关键是要根据客观的施工条件,充分考虑施工过程中可能出现的各种情况,选择切实可行的施工方案和效果最好的施工组织方法。由于公路施工受到各种因素的制约,因此不存在固定的模式与标准化的施工组织设计。

2. 施工组织设计的作用

编制施工组织设计是施工前准备工作的一项重要内容。施工组织设计从项目实施开始就起着指导施工准备、布置施工活动、进行项目管理、控制施工进度、进行资源调配、编制施工预算的作用,对施工活动内部各环节的相互关系和与外部间的联系,确保施工秩序正常起着有效的协调作用。总之,施工组织设计对于能否优质、高效、按时、低耗地完成工程施工任务起着决定性的作用。

3. 施工组织设计的任务

公路施工有其自身的客观规律性,如公路施工是先路基、后路面,隧道施工是先掘进、后衬砌;而公路施工的各个环节,以及与外部条件之间又存在有机的联系,如同一座钢筋混混凝土梁式桥,用现浇法施工时,必须先下部结构施工,后上部结构施工;而用预制法施工时,下部结构的现场施工与上部结构的预制可同时进行,两种施工方法的工期有很大差别。因此,公路施工应遵循工程建设的客观规律,考虑工期的安排、场地的布置、资源的消耗,并充分考虑公路施工的特点与自然条件,运用先进的科学方法制订切实可行的施工组织计划,合理安排施工中的各种要素,提出确保工程质量和安全施工的有效技术措施,使公路工程建设费用低、效率高、质量好,保证按期完成施工任务,实现有组织、有计划、有秩序的施工,以期达到整个工程施工的最佳效果。

二、施工组织设计的编制原则

根据公路建设的客观规律及实施施工组织设计的经验教训,施工组织设计一般应遵循以下基本原则。

1. 严格执行建设程序

公路工程项目建设工期长、规模大,耗用的人力、物力等各种资源多,需要巨大投资,必须纳入国家的基本建设计划。项目实施应严格按照基本建设程序和施工程序办事,按照合同签订的施工期限,根据工程情况,对人、材料、机械等资源合理组织,确保重点工程,分期分批安排,保质保量按期完成施工。

2. 合理安排施工进度

公路施工受外界影响大,既要考虑时间与空间顺序,还要考虑工程项目施工顺序的客观规律,全面考虑、统筹安排施工进度,如施工准备、基础工程、主体结构工程、路面工程、附属结构物工程等。将整个施工项目划分为若干个阶段或分项工程,使各专业机构、各工种工人和施工机械,能够不间断地、有秩序地进行施工,尽快地由一个项目转移到另一个项目上去,从而实现能够连续、均衡而又紧凑地组织施工,达到缩短工期、降低成本的目的。

3. 采用先进的施工技术

采用先进的科学技术是提高劳动生产率、加快施工速度、提高工程质量、降低工程成本的重要途径。积极运用和推广新技术、新工艺、新材料、新设备是现代文明施工的标志。施工机械化是公路工程实现优质、快速的根本途径,扩大预制装配化程度和采用标准构件是公路施工的发展方向。不断提高施工机械化、预制装配化程度,减轻劳动强度,提高劳动效率,无形中缩短了工期,降低了成本。

4. 科学应用作业方法

采用现代科学的作业方法,可使施工活动在时间上、空间上得到统筹安排。因此,必须采用系统分析、流水作业、统筹方法、网络技术、计算机辅助系统和先进的施工工艺等现代科学技术成果。

5. 确保质量安全施工

公路是永久性的建筑物,施工发生质量、安全事故,不仅直接影响工程的使用效果,还会影响工期、造成难以弥补的损失。安全施工,既是施工顺利进行的保障,也是对劳动者关怀的体现。在进行施工组织设计时，要实行以预防为主的方针；要认真贯彻施工技术规范，制订出工程质量和安全施工的措施；要经常进行质量和安全教育，遵守有关规范、规程和制度。

6. 统筹布置施工现场

合理布置施工平面图，节约施工用地，充分利用现有资源，尽量减少临时设施、临时便道、临时便桥的设置，方便施工，避免材料二次搬运，充分利用当地人工、材料等。实行经济核算，挖掘潜力，增产节约，不断降低工程成本，增强企业自身的经济实力和社会竞争力。

三、施工组织设计的分类及内容

在工程建设的设计和施工阶段必须编制相应的施工组织设计文件，其作用是在设计阶段用于编制概预算，投标时作为技术文件，中标后用于指导施工。

在设计阶段由设计单位依据设计文件编制办法进行编制，初步设计阶段编制施工方案，技术设计阶段编制修正施工方案，施工图设计阶段编制施工组织计划。

在投标与施工阶段由施工单位依据交通运输部《公路工程标准施工招标文件》(2018 年版)规定的格式进行编制，招投标阶段编制指导性施工组织设计，施工阶段编制实施性施工组织设计。

1. 施工方案

两阶段初步设计和三阶段初步设计中的施工组织设计文件称为施工方案。施工方案由以下内容组成。

1) 施工方案说明

施工方案说明应说明贯彻国家有关方针政策的情况；工程概况；施工组织、施工力量和施工期限的安排，关键工程项目的施工方案比较、论证、决策情况；主要工程、控制工期的工程和特殊工程的施工方案及采取的措施；主要材料的供应，施工机具、设备的配备及临时工程的安排；下一阶段应解决的问题及注意事项等。

2) 人工、主要材料及机具、设备安排表

此安排表应列出人工数量和施工所用材料、机具、设备的名称、单位、总数量，并分上半年、下半年编列。主要材料一般指钢材、木材、水泥、沥青、石料、砂等。

3) 工程概略进度图

根据劳动力、施工期限、施工条件以及施工方案，按年和季度进行的施工进度概略安排，应列出工程项目名称、单位、数量，按年度和季度列出各项施工的起止时间、机动时间、衔接时间等。

4) 临时工程表

临时工程表需列出临时工程名称，如便桥、便道、预制场、电力设施、通信设施等，列出各项临时工程的地点或桩号、工程说明及数量等。

5) 公路临时用地表

公路临时用地表应列出临时用地的位置或桩号、工程名称、隶属(县、乡、村、个人)关系、长度、宽度、土地类别及数量等。

施工方案说明列入初步设计文件的总说明书中，其余 4 项构成施工方案文件。

2. 修正施工方案

采用三阶段设计的工程,在技术设计阶段编制的施工组织设计文件称为修正施工方案,修正施工方案根据初步设计的审查意见和施工方案说明中提出应进一步解决的问题及注意事项进行编制,修正施工方案的编制深度和提交文件内容介于施工方案和施工组织计划之间。

3. 施工组织计划

工程不论采用几个阶段设计,在施工图设计阶段都要编制施工组织计划。施工组织计划由以下内容组成:

1)说明

该说明应说明贯彻国家方针政策和采用先进技术情况;初步设计(或技术设计)批复意见的执行情况;施工组织、施工期限、主要工程的施工方法、工期、进度以及采取的措施;劳动力计划及主要施工机具的使用安排;主要材料供应、运输方案以及临时工程的安排;对缺水、风沙、高原、严寒等地区以及冬季、雨季施工所采取的措施;对高速公路和一级公路的交通工程及沿线设施施工协调和分期实施等有关问题的说明;施工准备工作的意见,如拆迁、用地,修建便道、便桥、临时房屋,架设临时电力电信设施等。

2)工程进度图

工程进度图需列出工程项目名称、单位、数量、劳动力等,按年、月绘出各工程项目施工延续工期,并标出计划工日数,绘出劳动力安排示意图等。

3)主要材料计划表

主要材料计划表应列出材料的名称、规格、单位、数量、来源、运输方式,按年、季的计划用量列表。

4)主要施工机具、设备计划表

此表应列出机具、设备的名称、规格、数量(台班数、台数)、使用期限(开始和结束时间),按年、季的计划用量列表。

5)临时工程数量表

便道、便桥、预制场、施工场地、电力及通信线路等临时工程,列出各项临时工程的地点或桩号、工程名称、工程说明、工程数量等。

6)临时用地表

临时用地表应列出临时用地的位置或桩号、工程名称,土地的隶属(县、乡、村、个人)关系、宽度,土地的类别及数量。

7)重点工程施工场地布置图

重点工程施工场地布置图应绘出仓库、工棚、便道、便桥、运输路线、构件预制场地、水泥(沥青)混凝土拌和场地、材料堆放场地等工程与生活设施的位置。

8)重点工程施工进度图

重点工程施工进度图应绘出重点工程施工进度图。

4. 指导性施工组织设计

指导性施工组织设计是施工单位用于工程投标所编制的施工组织设计。它是投标文件组成中的必备文件,中标后,又是承包合同的重要组成文件。

指导性施工组织设计的内容为满足招标文件的要求，应详细而具体地表述以下内容：施工单位、施工项目组织管理框架、人员组成、分工及法人代表；质量自检体系、人员和试验设备配备清单；施工机械、关键设备进场使用清单；工程平面、高程和方位控制体系以及程序安排方案；施工质量、安全、文明施工和环境保护措施；施工设计和施工辅助设计的有关资料等。

5. 实施性施工组织设计

在工程的施工准备阶段，由施工单位编制的施工组织设计称为实施性施工组织设计。施工单位根据已获批准的施工图设计、施工原则、总方案和野外调查资料以及本单位施工条件(施工力量、技术水平等)进行编制。因为要在工程施工中实施，故必须对各分部、分项工程以及各道工序和施工队伍都进行施工进度的日程安排和具体的操作设计。

实施性施工组织设计文件的内容与施工图设计阶段的施工组织设计相似，但更具体、更详细。工程进度图应按月、按旬安排，列出各工序的施工延续工期，并编制相应的人工、材料、机具、设备计划，运输组织计划，技术组织措施计划，相应的管理制度等。

从施工方案到实施性施工组织设计，后一阶段比前一阶段的要求更高，内容更详细、更具体，各个阶段既是独立的又是相互联系的。

四、施工组织设计的原始资料调查

工程施工涉及面广，材料及机具种类繁多，投资大，需要协调的问题复杂。施工前应有计划、有步骤地做好原始资料的调查、收集和分析工作。如果原始资料出现差错，对施工组织设计的编制和施工作业的正常进行都会造成不利影响，常常导致延误工期、质量低劣、设计变更、事故频发等严重后果。

为编制设计阶段的施工组织设计文件，设计单位在野外勘察阶段由调查组进行原始资料的调查、搜集。为编制施工阶段的施工组织设计文件而进行的原始资料调查，则是由施工单位在施工准备阶段进行的，是对设计阶段调查结果的复核和补充。设计阶段和施工阶段的调查方法和内容基本相同，都要深入现场，通过实地勘察、座谈访问、查阅历史资料，并采取必要的测试手段获得所需的数据和资料。

1. 施工现场自然条件调查

1)地形、地貌

重点调查工程沿线、大中桥位、隧道、附属加工厂、工程困难地段的地形、地貌。调查资料用于选择施工用地，布置施工平面图、规划临时设施、掌握障碍物及其数量等。

2)地质

通过试验、观察和地质勘探等手段确定工程沿线地质情况，用以选择路基土石方施工方法，确定特殊路基处理措施，复核地基基础设计及其施工方案，选定自采加工材料的料场，制订障碍物的拆除计划等。

3)水文地质

(1)地下水。判定水质及其侵蚀性质和施工注意事项，研究降低地下水位的措施，选择基础施工方案，复核地下排水设计。

(2)地面水。调查汛期和枯水期地面水的最高水位，用于制订水下工程施工方案，确定施工季节,复核地面排水设计,制订临时供水的措施。

4)气象

(1)气温。调查冬季最低气温、冬季期月数及夏季最高气温,用于确定冬季施工项目及夏季防暑降温措施,估计混凝土、水泥砂浆的强度增长情况,选择水泥混凝土工程、路面工程及砌筑工程的施工季节。

(2)降雨。调查雨季期月数和降雨量,用于确定雨季施工措施、工地排水及防洪方案,确定全年施工作业的有效工作天数及桥涵下部构造的施工季节。

(3)风力及风向。调查当地最大风力、风向及大风季节,用于布置临时设施,确定高空作业及吊装的方案与安全措施。

5)其他自然条件

对于地震、泥石流、滑坡等自然条件应进行调查,调查它们对基础和路基的影响,以便采取专门的施工保障措施。

2. 施工资源情况调查

1)筑路材料

(1)外购材料。调查外购材料的供应及发货地点、规格、单价、可供应数量、运输方式及运输费用等。

(2)地方材料。调查地方材料的产地、分布情况、质量、单价、运输方式、运输距离及运输费用等。

(3)自采加工材料。调查自采加工材料的料场分布、料场选择、加工场地位置、可开采数量、运距等。

2)交通运输条件

工地沿线及邻近地区的铁路、公路、河流的位置,车站、码头到工地的距离和卸货与存储能力;装卸费和运杂费的标准;公路与桥梁的最大承载力,航道的运输能力;当地汽车修理厂的情况及水平,民间运输能力。

3)供水、供电、通信

施工当地供水位置、供水数量、水压、水质、水费,输水管道的长度或工地自选水源的可能性,其水质、引水方式、投资费用及设施。当地电源供电的位置、容量、电压、电费、每月停电次数,如需自行发电,应了解发电设备、燃料、投资费用等。对于通信,应了解当地邮电机构设置和通信能力的情况。若当地有能力为施工提供水、电及通信服务,应签订相应的协议书,以利于有关部门提前做好准备。

4)劳动力及生活设施

(1)劳动力。调查工地沿线可利用的劳动力数量、技术水平,还应了解沿线风俗习惯。

(2)生活设施。调查工地沿线可供作临时施工用房的地点、栋数、结构、面积、设备情况。工地所在地区的文化教育、生活、医疗、消防、治安情况及其支援能力。

(3)环境条件。调查工地沿线附近有无害气体、液体、污水及地方性疾病等。

5)地方施工能力

调查当地钢筋混凝土预制构件厂、木材加工厂、采石厂、混凝土搅拌厂等建筑施工附属企业的生产能力,能否满足公路施工需求的可能性和数量。

3. 施工单位能力调查

主要是调查施工人数及水平、技术人员数量及类别、施工机械设备的装备水平、施工单位的资质等级以及近几年的施工业绩等。对实行招标、投标的工程,在设计阶段不可能明确施工单位,编制施工组织设计时,应从工程设计的角度出发,提出优化的、最合理的意见作为依据。在施工阶段,施工单位已确定,施工单位能够调动的施工力量及技术装备水平,都是编制施工组织设计的依据。施工干扰调查,需调查行车、行人的干扰,用于确定施工方法和考虑施工安全措施。

五、施工组织设计的编制

1. 施工组织设计的编制依据

编制施工组织设计需要各种资料,因为依据实际资料编制的施工组织设计文件,才能满足使用要求。根据工程建设的不同阶段及施工组织设计的具体用途,对资料的内容及深度要求各不相同。一般需要如下资料:

1)计划文件及合同文件

它是指国家批准的基本建设计划文件、施工期限,建设单位对工程设计、施工的要求,施工单位上级主管部门下达的施工任务及与施工沿线单位签订的协议、合同、纪要等。

2)工程设计文件

工程设计文件包括设计说明书、设计图纸、有关表格等。各项工程的结构形式和结构特点;工程数量的分布情况;个别工程对施工的特殊要求;采用新技术、新工艺、新结构、新材料的情况。

3)自然条件调查资料

公路勘测设计阶段沿线自然条件的调查资料,可使用在施工组织设计中。

4)各种定额及技术规范

编制施工组织设计时,应对上一阶段的施工组织设计文件进行分析,并根据确定的施工方案计算资源数量,收集相关的定额、施工操作规程、安全规程,设计与施工规范等。

5)施工期间可调用的资源

工程施工的进度,直接受到资源供应的控制。在进行实施性施工组织设计时,对资源的供应情况应有具体确切的资料。在设计阶段,因施工单位未确定,资源供应情况一般由建设单位提供。此外,为了落实施工时可调用的资源,要进行施工资源调查。

6)类型相似或相近项目的经验资料

影响公路施工组织设计的因素有很多,每项工程都必须单独编制施工组织设计文件。参考以往工程的成功经验,可少走弯路,提高施工组织设计文件的质量。

7)其他资料

公路施工组织与管理政策规定和规章制度,环境保护要求,以及历史文物、风景名胜地区施工的特殊规定等。

2. 施工组织设计的编制程序

施工组织设计的编制应遵循一定的程序,要依据施工时的具体条件,按照施工的客观规律

协调处理好各环节的关系,用科学的方法进行编制。一般的编制程序如下:

1)分析设计资料,了解工程概况,进行调查研究

掌握原始资料、熟悉编制依据是编制施工组织设计的需要。编制人员应充分了解工程概况,对施工对象的特点、重点和难点进行深入地调查研究,全面理解设计意图,做到心中有数,为编制好施工组织设计打下坚实的基础。

2)提出施工部署,选择施工方案,确定施工方法

工程施工不论规模大小都要根据可能的施工条件做出整体部署,在确保工期和工程质量的前提下对各单项施工的顺序进行总体安排。选择能保证施工部署顺利实现的施工方案,确定从宏观上控制工程进度的施工方法。

3)划分施工阶段,安排工艺流程,编制工程进度

根据施工部署,按照确定的施工方法划分施工阶段,具体安排各单项工程施工的工艺流程,计算其工程数量和施工作业的持续时间。编制工程进度图,安排的竣工日期不得超过建设计划规定的日期。

4)计算资源需求,编制资源计划,调整工程进度

根据编制的初步工程进度图,计算人工、材料、机具在施工期间的动态需求量,编制人工、主要材料和主要机具计划表。如超出实际可能供应量,应对工程进度图做适当调整。

5)编制临设计划,组织工地运输,布置施工平面

临设包括临时生产、生活设施,临时供水、供电、供热计划等。便道、便桥、预制场等临时生产设施,按工程的实际进度和需要编制施工计划。临时生活设施应能保证施工高峰期施工人员的生活需要。

施工现场需要大量外购材料,合理的运输组织既要满足工程进度对材料的需用量,又要有适当的储备。运输、使用、储备三者之间应保持恰当的比例,以减少临时仓库的规模。

施工场地与施工条件各地不同,因地制宜地布置施工平面应综合考虑施工需要、安全、环境等因素的需要。

6)计算经济指标,编写施工组织说明

主要的技术经济指标有工期、劳动生产率、质量、安全、机械化作业程度、工程成本、主要材料消耗等。这些指标与相近或类似的工程对比,就能反映施工组织设计的技术经济效果。

施工组织设计编制完成后,要对其内容加以说明。

以上的编制步骤是相互关联的,需要反复调整才能得到最优方案。图6-1是编制程序的相互关系图,但在不同的施工组织设计阶段,实际的编制程序会有某些调整。

3. 施工组织设计的编制注意事项

施工组织设计关系到技术、经济、管理、政策等诸多方面。在编制过程中,应认真处理好以下几点,才能使施工组织设计对工程施工起到真正的指导作用。

(1)根据工程的特点,集中力量解决好施工中的主要矛盾。

(2)认真细致地安排好工程项目的施工次序。施工组织设计要解决各项工程的施工先后顺序和相互搭接的关键问题,合理调整施工次序来保证重点工程施工。

(3)施工展开的进行方向应注意技术物质和生活资料的补给,为工地运输创造条件。

(4)留有余地,便于调整。公路工程影响施工的因素很多,特别是偶然性因素的影响更

大，施工组织设计在执行过程中会出现各种无法预见的问题，这就要求编制的施工组织设计能根据现场发生的意外情况进行修改、调整和补充。因此，编制的施工组织设计应有适当的调整余地，以确保工程进度计划的实现。

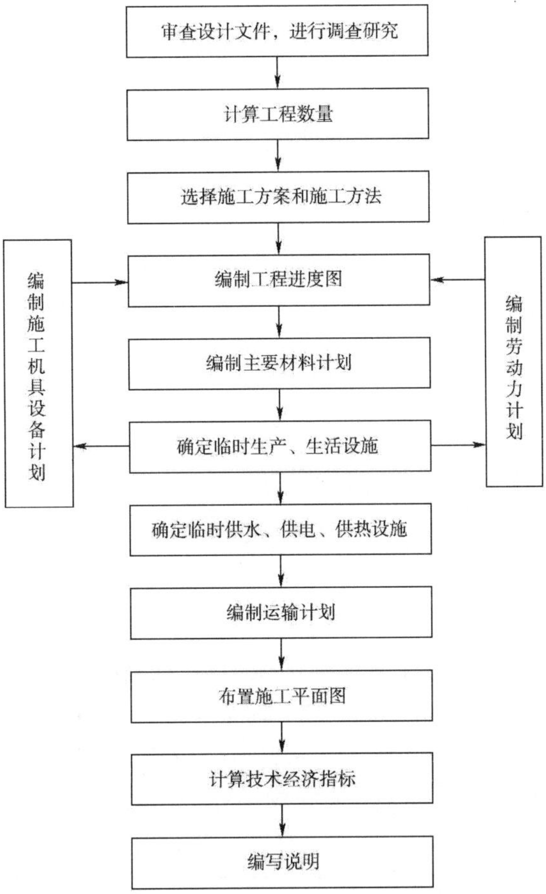

图 6-1　施工组织设计的编制程序

第二节　施工进度图

一、施工进度图的作用与内容

1. 施工进度图的作用

施工进度图是在施工方案的基础上，对各项工程的施工时间和施工顺序做出具体安排，力求以最少的人工、机械和物资消耗，保证在规定工期内完成质量合格的单位工程的施工。施工进度图的主要作用有：

(1)控制单位工程的施工进度。

(2)确定单位工程的各个施工过程的施工顺序、施工作业持续时间、建筑安装的相互衔接和穿插的配合关系。

(3)它是编制季、月施工作业计划,平衡劳动力计划的基础。

(4)它是编制物资供应计划、机具设备调度计划、资金使用计划、指挥施工活动的依据。

2. 施工进度图的内容

施工进度图是施工组织设计的核心文件,它规定了各个施工项目的完成期限和整个工程的总工期,集中体现了施工组织设计的成果。施工进度图一般应包括以下基本内容:

(1)主要工程的工程数量及其分布情况。

(2)各施工项目的施工期限,即施工开始和结束的时间。

(3)各施工项目的施工顺序与衔接情况,专业施工队之间配合、调动安排。

(4)施工平面示意图。

(5)劳动力的动态需要量图。

二、施工进度图的分类

施工进度图有水平图表、垂直图表和网络图3种形式。下面分别介绍其不同的表示形式,说明其特点及适用条件。

1. 水平图表

水平图表也叫横道线图,是在工程实践中应用较广的施工进度图表。常用格式如图6-2所示,它由两大部分组成,左边部分是以分部分项工程或工序为主要内容的表格,包括相应的工程量、劳动量、工作日等;右边部分是进度图表,它由左边有关数据计算得到,横道线的长短

编号	工程名称	施工方法	工程量		机械化施工进度										起止时间	
			数量	单位	1月	2月	3月	4月	5月	6月	7月	8月	9月	10月	开工	结束
1	临时通信线路	人工为主	80	km	6										1月初	7月底
2	沥青混凝土基地	人工安装	1	处	35										1月上旬	5月上旬
3	清除路基	机械	700000	m^2			4								3月初	7月底
4	路用房屋	人工	1300	m^2	60				40						1月初	6月底
5	大桥	半机械化	1	座					94						5月中旬	9月中旬
6	中桥	半机械化	5	座			53				38				3月中旬	8月底
7	集中性土方	机械	430000	m^3				20							4月上旬	9月底
8	小型构造物	半机械化	23	座					30						5月初	10月初
9	沿线土方	机械为主	89000	m^3					36						5月上旬	10月上旬
10	基层	半机械化	560000	m^2					48						5月上旬	10月上旬
11	面层	半机械化	560000	m^2					18						5月上旬	10月上旬
12	整修工程	人工为主	80	km					10						5月上旬	10月上旬

图6-2 施工进度图(水平图表)

表示施工的期限,横道线所在的位置表示施工的过程,线上可以用数字标出劳动力或其他资源的需要数量。

水平图表具有简单、实用,容易编制,能宏观控制工期的优点,但也存在以下缺点:

(1)工程量的实际分布情况不具体,也无法表示。

(2)施工日期和施工地点的关系不明确。

(3)不能表示各施工项目之间的衔接情况及专业施工队之间相互配合关系。

(4)不能绘制对应施工项目的平面示意图。

(5)水平图表只能反映平均的施工进度,无法表示施工地点(或里程)。

对于集中性的工程,不要求反映施工地点的计划,完全的线性均布工程,较单纯或次要的工程,在初步设计中的工程概略进度图,可采用水平图表。

2. 垂直图表

垂直图表也叫斜线图,是在流水作业垂直图表的基础上通过扩充和改进而成的。纵坐标表示施工期限,横坐标表示里程或工程位置,用不同的线条或符号表示各项工程及施工进度,资源平衡可在图表右侧以曲线表示。如图 6-3 所示为某工程用垂直图表所示的进度图实例。

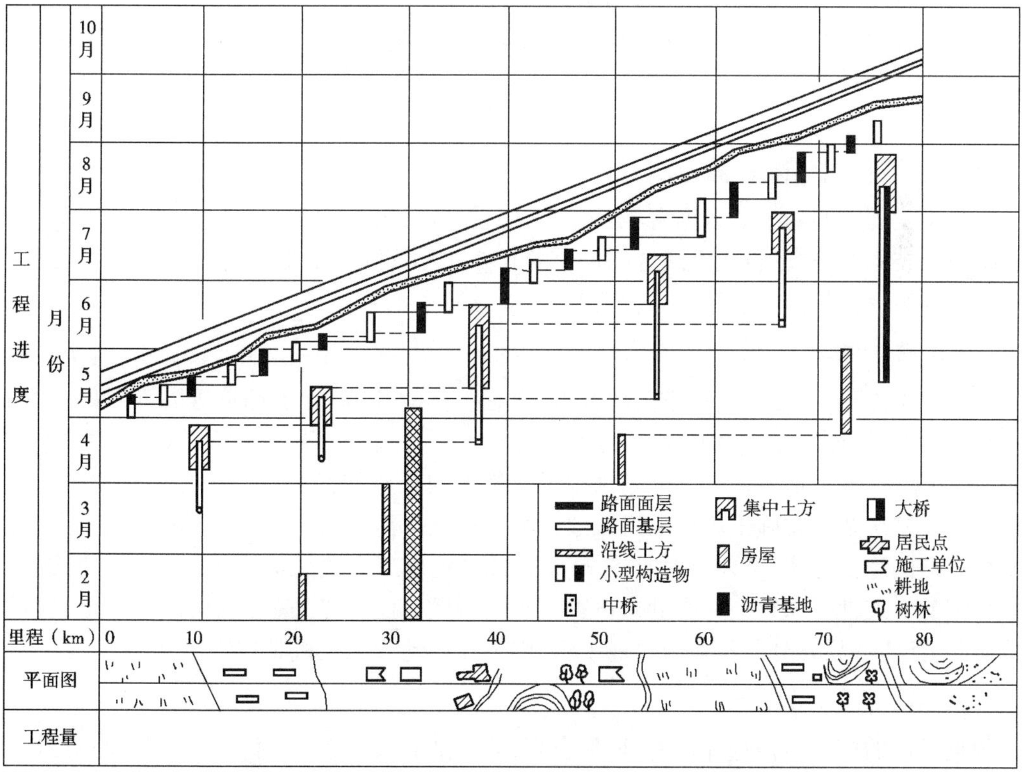

图 6-3 垂直图表

垂直图表的优点是消除了水平图表的不足,能准确、清楚地表达工程数量的分布情况、工程项目与各专业施工队之间的相互关系、施工的紧凑程度以及施工期限,施工平面示意图概括了工程施工的基本情况。从垂直图表中,可以直接找出任何一天各施工队的施工地点和正在进行的施工项目,可随时了解施工任务的完成情况,也可预测在正常施工条件下的施工进程。垂直图表是编制工程进度图的一种较好的形式,适用于任何工程,但其仍存在以下不足:

(1)垂直图表较复杂、编制难度大,不能反映哪些工作是关键工序。

(2)计划安排的优劣程度很难评价。

(3)反映不出某些工序的时差及某项工程对整个计划的影响程度。

(4)难以使用计算机绘制,绘制和修改进度图的工作量很大。

如图6-4所示为某工程项目分3个工程队各自组织施工的工程进度图,图中同时绘出了劳动力需要量图,并列出了主要工程的数量。

3. 网络图

表示工程施工进度的网络图也叫施工流程图,与水平图表、垂直图表比较,网络图不仅能反映施工进度,而且能清楚地表达各施工项目、各专业施工队之间错综复杂的联系、制约、协作等关系。它的最大优点是在计划的执行过程中可以很方便地根据当时的条件进行调整,通过计算,找出优化后的方案,指导工程施工按最佳的进度运行。因此,不论是集中性工程还是线性工程,都可以用网络绘图表示工程进度,尤其是时标网络图更能准确、直观地表达工程进度。网络图是比较先进的工程进度图的表示形式,应大力推广使用。

某一工程项目的工程进度图用网络图表示时,其结果如图6-5所示。该图主要说明各施工项目之间的相互关系,编制时对施工流程情况做了适当的简化。

三、施工进度图的编制方法

施工进度图编制的主要依据有:工程的全部设计图纸;有关地形、地质、水文、气象等自然调查资料及技术经济资料;上级或合同规定的开工、竣工日期;主要工程的施工方案;各类有关定额及劳动力、材料、机械设备等供应情况。

1. 确定施工方法

确定施工方法时,首先应考虑工程特点、现有机具的性能、施工环境等因素。如一般路堤(或路堑)宜用推土机施工,需要远运利用的挖方宜用挖掘机配合自卸汽车施工,填挖均不大的路基土方常选用平地机施工。采用预制装配施工的板桥、管涵等工程,必须有相应的吊装、运输设备。其次要考虑施工单位的机械效益配置情况。当机具量少、型号单一时,应选择能发挥机械效益的施工方法,即便是机具齐全,也必须考虑施工方法的经济性。最后要考虑施工技术操作上的合理性。如果在一个固定位置上有大量的施工作业,最好选用适于固定式机具作业的施工方法;如果是分散作业或路面工程,则选择移动式施工机具较为适宜。

2. 选择施工组织方法

根据具体的施工条件选择最先进、最合理、最经济的施工组织方法是编制施工进度图的关键。流水作业法是工程施工较好的组织方法,但不能单独使用,如工程技术复杂、施工头绪多、涉及面广的大型工程,则应考虑采用平行流水作业法、立体交叉流水作业法、网络图法等。如工作面受限制时,工期要求不紧的小型工程只能采用顺序作业法。

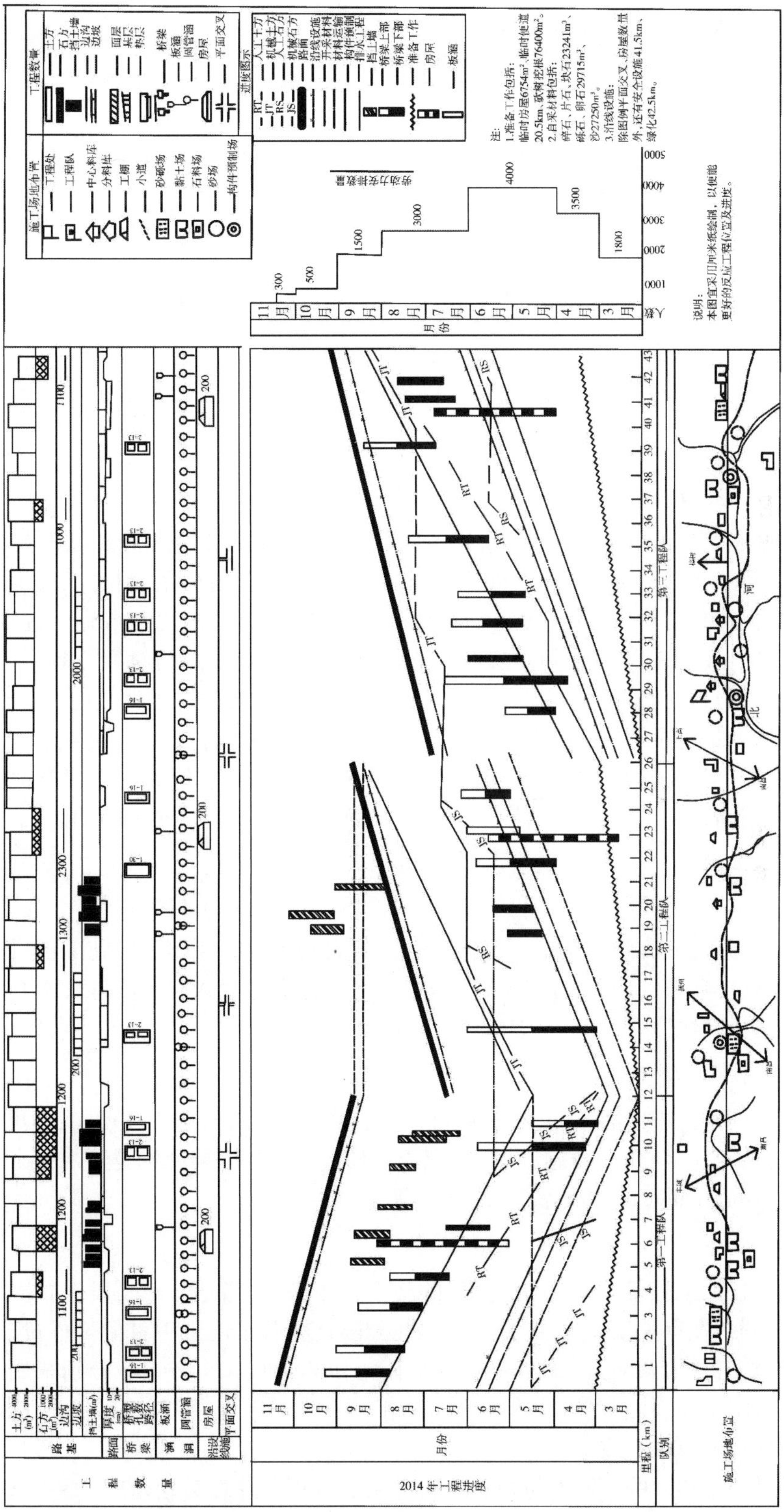

图6-4 某施工进度图实例

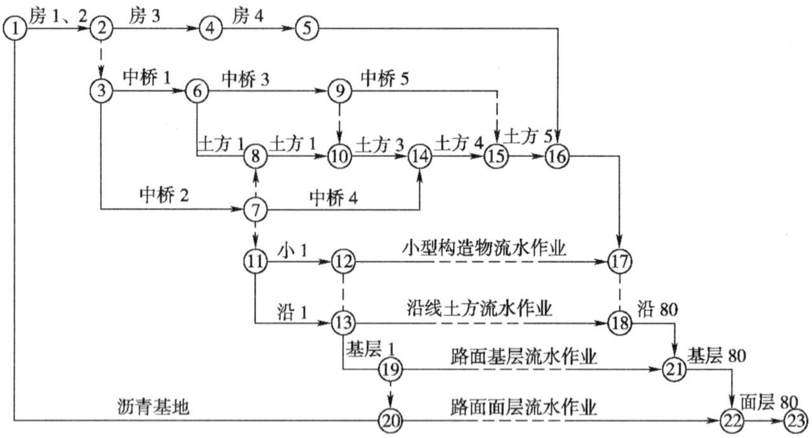

图6-5　网络图

3. 划分施工项目

施工方法确定后就可划分施工项目。每项工程都是由若干个相互关联的施工项目所组成,如桥梁工程由施工准备、基础工程、下部工程、上部工程、桥面系、引道工程等施工项目组成。施工项目(单位工程、分部工程、分项工程、工序等)划分粗细程度与施工进度图的用途、工程结构特点有关。通常按所采用的定额的细目或子目来划分,便于查阅定额。

划分施工项目时,必须明确哪一项是主导施工项目。主导施工项目是施工难度大、耗用资源多或施工技术最复杂、需要使用专门的机械设备的工序或单位工程。主导施工项目常常控制施工进度,应首先安排好主导施工项目的施工进度,其他施工项目的进度要密切配合。在公路工程中,高级路面、重点土石方、特殊路基、大中桥等通常都是主导施工项目。

4. 排列施工次序

按照客观的施工规律和合理的施工顺序,将所划分的施工项目进行排序,如施工准备、路基处理、路基填筑、涵洞、防护及排水、路面基层、路面面层等。路面基层施工项目必须放在路基填筑、涵洞施工项目的后面,注意不要漏列、重列。施工进度图的实质是科学合理地确定这些施工项目的排列次序。

5. 找出最优施工次序

设计阶段的施工进度图,一般不明确划分施工段。在实施性施工进度中,为更好地安排施工进度,缩短施工工期,应划分施工段,组织流水作业,按约翰逊-贝尔曼法则找出最优或较优施工次序,并在施工进度图中表示。

6. 计算工程量与劳动量

各施工项目的工程量计算应与所选择的施工方法一致,当划分施工段排好次序组织作业时,根据施工图纸及有关工程数量的计算规则,分段计算各个施工项目的工程量,并填入相应的表格中,还应考虑为保证施工质量和安全的附加工程量。如土方工程分别采用人工、机械、爆破3种方法施工时,其工程量计算并不完全相等。为便于计算劳动量(工日),工程量的单位应与定额规定的单位一致。

劳动量是施工项目的工程量与相应时间定额的乘积。计算劳动量时,要注意施工现场的具体情况和施工的难易程度。同样是挖基坑的工程数量,挖普通土和挖硬土的劳动量不同;同样是砌筑的工程数量,材料的运距不同,劳动量也不同。

劳动量的计算是实际投入的人数与施工项目的作业持续时间的乘积。人工操作时叫劳动量(工日),机械操作时叫作业量(台班)。

劳动量可按下式计算:

$$D = Q \cdot S \quad 或 \quad D = \frac{Q}{C} \tag{6-1}$$

式中:D——劳动量(工日或台班);

Q——工程量;

S——时间定额;

C——产量定额。

7.计算各施工项目的作业持续时间(生产周期)

由于要求工期不同和施工条件的差异,以施工单位现有的人力、机械的实际生产能力及工作面大小来确定完成该劳动量所需的持续时间(生产周期),按式(6-2)计算:

$$T = \frac{D}{Rn} \quad 或 \quad R = \frac{D}{Tn} \tag{6-2}$$

式中:T——持续天数(生产周期);

D——劳动量(工日或台班);

R——人数或机械台班;

n——生产工作班制。

在某些情况,根据规定的或后续工序的工期来计算一班制、二班制或三班制条件下,完成劳动量所需作业队的人数或机械台数按式(6-2)计算。

在计算过程中,应结合工程实际的施工条件,认真考虑以下几个问题:

(1)各施工项目应按一定技术操作程序进行,作业持续时间应确保全部操作程序的完成。

(2)保证足够的工作面和劳动人数的最佳劳动组合。

(3)相邻施工项目之间应有良好的衔接和配合,互不影响工程进度。

(4)必须保证施工安全和工程质量。

(5)确定技术间歇时间(混凝土的养护、油漆的干燥等),确定组织间歇时间(施工人员或机械的转移及施工中的检查、校正等增加的间歇时间)和平行搭接时间。

8.初步拟定工程进度

按照客观的施工规律和合理的施工顺序,采用确定的施工组织方法、施工段之间最优或较优施工次序以及各施工项目的作业持续时间,就可以拟定工程进度。在拟定时应考虑施工项目之间的相互配合,如某路线工程采用流水作业方法,为了使各施工项目尽早投入施工生产,首先集中人力、物力进行第一段的施工准备工作,完成后小桥涵等人工构造物可以投入施工,完成后路基施工开始,完成后路面施工开始,以此类推,其他辅助工作(材料加工及运输等)应与工程进度相配合。

拟定工程进度时,应特别注意人工的均衡使用。施工开始后,人工数目应逐渐增加,然后在较长的时间内保持稳定,接近完工时又应逐渐减少。此外,还应力求避免材料、机械以及其他技术物资使用的不均衡现象,初拟订方案若不能满足规定工期要求,或超过定期物资资源供应量,应对于工程进度进行调整。

9. 检查和调整工程进度

按照施工过程的连续性、协调性、均衡性以及经济性等基本原则进行检查与调整。无论采用流水作业法还是网络图法组织施工,都要在初步拟订方案的基础上通过优化调整,最后得到施工进度图。在优化过程中重点检查和调整的内容有:

(1)施工进度是否符合合同规定的工期,并尽可能缩短,达到最好的经济效果;检查施工的均衡性及施工顺序、搭接配合关系、技术间歇时间、组织间歇时间等是否合理。

(2)根据检查结果,针对主要问题采取有效的技术和措施,使全部施工在技术上协调,对人工、材料、机具的需用量均衡性进行调整,力争达到最优的状态。

(3)调整结束后,采用恰当的形式绘制施工进度图。

四、施工进度图的编制步骤

1. 水平图表

1)编制作业工期计算表

(1)准备好作业工期计算表,见表6-1。

作业工期计算表　　表6-1

序号	施工项目	施工方法	工程数量		定额编号	主导工期	人工劳动量		实用人数		人工作业工期
			单位	数量			定额	数量	作业班制	每班人数	
1	2	3	4	5	6	7	8	9	10	11	12

序号	机械作业量(台班)						实用机械台数与作业工期								
	机		机		机		机			机			机		
	定额	数量	定额	数量	定额	数量	班制	台数	工期	班制	台数	工期	班制	台数	工期
1	13	14	15	16	17	18	19	20	21	22	23	24	25	26	27

(2)根据施工图纸和有关资料及施工条件,按规定方法划分施工项目,计算实际工程数量。

(3)编制合理的施工顺序,确定施工方法,按要求列项,将施工项目(工序)列项,并填入表中第2栏,将施工方法填入第3栏。

(4)在表6-1中逐项计算各施工过程的实际工程数量、劳动量(作业量),某些工程数量可从图纸或概预算中转来。

(5)在表6-1中逐项确定施工单位作业班制、实用人数和机械台数及规格、作业工期,或确定主导工期,反求人工和机械数量。

(6)在表6-1中逐项确定主导工期。

2)绘制施工进度线

(1)参照图6-2,绘制进度图的图框和表格。

(2)将“作业工期计算表”(表6-1)中的施工项目、有关数据,转抄于图中。

(3)按合同或上级规定的开、竣工日期,在图中填出日历。

(4)按“作业工期计算表”计算的主导工期,根据施工项目(工序)之间的逻辑关系,确定施工作业组织方法(顺序作业法、平行作业法、流水作业法等),在进度图上合理设计各施工项目的施工起止日期,用直线或不同符号、不同颜色的线条在施工进度图上绘制作业进度,进度图的习惯表示方法是以线的位置表示施工项目,以线的长短表示工期,线上的注字说明人工、机械数量和作业班制,线的符号表示不同施工段、工种、专业队等。

(5)绘制劳动力、材料等资源的数量—时间曲线,如图6-2所示。

(6)在施工项目进度安排上进行反复比较、反复修改,同时修改作业工期计算表,直至合理为止。

(7)在进度图的适当位置编写施工进度图的说明,并列出图例。

3)进行多方案的反复平衡比较、最后择优定案

2. 垂直图表

1)编制作业工期计算表

编制垂直图表的作业工期计算表,其内容和方法与水平图表的编制内容和方法基本相同。但列项时线形工程要按里程顺序,并以km为单位计量列项;集中型工程要按工程的桩号顺序,并单独计量列项。

2)绘制施工进度线

(1)根据施工项目的多少,参照图6-3绘制图表轮廓、表格、标注里程。

(2)将作业工期计算表中的施工项目,按数量、里程、不同符号,展绘于进度图表的上部各栏内。

(3)按合同或上级规定的开、竣工日期,将进度日历绘于图左的纵标上。

(4)将工程的空间组织,施工平面设计草图,按里程展绘于进度图的下部。

(5)按各施工项目的主导工期、施工方法、施工作业组织方法,依据施工组织原理,用不同符号的斜线或垂线,进行施工项目的进度安排设计,此项设计工作要反复比较、修改。

①对于小桥涵工程,首先要明确施工组织方法(顺序、平行、流水等),然后根据每座小桥涵工程的开、竣工日期,在各小桥涵的相应位置用直线或其他符号垂直地给出施工期。

②对于大中桥工程,其绘制方法与小桥涵工程相同,但应将桥梁上、下部工程用两种线条符号表示。

③对于路基工程,当路基工程的施工组织方法确定之后,可根据工程量、施工力量配制、施工条件,逐公里或逐施工段按主导工期,以斜线表示时间与里程之间的进度关系。在绘制路基进度线时,必须充分考虑各项施工项目之间的关系。由于多方面的原因,路基施工进度线可能是一条或多条直线,也可能是一条或多条连续或间断的折线。

④对于路面工程,一般组织成一段或多段连续施工,所以进度线一般是一条或多条斜线。斜线的垂直高度为路面施工的总工期,斜线的水平长度等于路面总里程。安排路面施工进度

时,不得与路基进度线相交,避免路基施工间断,不应违反施工的客观规律。

(6)绘制资源(人工、材料、机具等)消耗数量—时间曲线。

(7)进行反复比较、修改,检查总工期是否符合合同或上级规定,资源需要量是否均衡、避免出现高峰低谷,力求各线靠近而不相交等。

(8)编写施工进度图的说明,绘制图例。

3)进行多方案比较评价,择优定案

3. 网络图

1)工程项目分解

将一个庞大的工程项目,划分为若干个单项工作(工序),或将水平图表中各个施工项目(工序)在各个施工段上的操作重新命名为其他工作名称。

2)确定施工方法和作业组织方法

工程项目分解后,确定各单项工作的施工方法。应尽量采用流水作业法,或几种作业方法综合运用。

3)划分施工段

按流水作业法的要求划分施工段,这样更容易得到最佳的网络计划。

4)确定各单项工作(工序)的相互关系和持续时间(流水节拍)

明确单项工作(工序)之间的紧前或紧后逻辑工作关系,按规定的方法计算各单项工作的持续时间,还要估计因气候或其他原因的停工时间,将各单项工作的相互关系和持续时间(流水节拍)填入“工作关系草表”。

5)列表

将前几项内容反复斟酌,确认无不合理之处后,列出正规的“工作关系表”。通常“工作关系表”的内容包括:工作代号、工作名称、紧前(紧后)工作、持续时间等。

6)绘制双代号网络草图

根据“工作关系表”,按照绘图技巧和绘图方法,绘制双代号网络草图。并进行网络图的计算,找出关键线路,确定计划总工期。

7)整理成图

经过网络图的计算和反复检查调整,确认工期满足要求,资源基本平衡,将优化后的网络草图,合理布局,重新成图。

对于规模较大、内容复杂的网络图,可先规划,分块绘制,再拼接起来,统一检查调整。

五、施工进度图的编制注意事项

(1)安排工程进度图时,应扣除法定节假日,并充分估计因气候或其他原因的停工时间。上级规定或合同签订的施工工期减去这些必要的停工时间之后,才是实际可做安排的施工作业时间,还要考虑必要的准备工作时间,以及必需的外部协调时间。

(2)注意施工的季节性。桥梁基础施工应避开洪水期,沥青路面和水泥混凝土路面应避免冬季施工等。

(3)公路工程系野外施工,影响施工的因素很多,再周密详尽的计划也很难完全实现。因此，在安排工程进度时应保证重点、留有余地，方便调整。尤其是施工难度大、物资资源供应条件差的工程，更应注意留有充分的调整余地。

(4)施工间歇时间(技术间歇时间、组织间歇时间等)，由于不消耗资源，容易被忽视。采用网络图法组织施工时，可以将间歇时间作为一条箭线处理。

(5)在对初步方案进行优化时，注意外购材料和各种设备分批到达工地的合同日期，需用到这些材料和设备的施工项目的开工时间不得早于合同日期。

编制施工进度图是一项十分细致而又复杂的工作。在编制前必须做好深入的调查研究和资料收集工作，编制时要充分估计可能发生的各种情况，根据现场变化的条件实事求是地、细致反复地进行编制与调整。

第三节 其他相关组织设计

一、临时设施组织

工程项目施工的正常进行，除了安排合理的施工进度外，还需要在工程正式开工前充分做好各项准备工作，建造相应的临时设施，如临时用房、仓库、供水、供电、通信设施等。

1. 办公生活临时用房

临时用房的建筑面积主要取决于建筑工地的人数，包括职工和家属人数，建筑面积按式(6-3)计算：

$$S = N \cdot P \tag{6-3}$$

式中：S——建筑面积，m^2；

N——工地人数，人；

P——建筑面积指标，见表6-2。

临时用房建筑面积指标 表6-2

序 号	项目名称	面积定额(m^2/人)	指标使用方法
1	办公室	2.1～2.5	按使用人数
2	单层通铺宿舍	2.5～3.0	按高峰年(季)平均人数
3	单层床宿舍	3.5～4.0	按工地住宿实有人数
4	双层床宿舍	2.0～2.5	按工地住宿实有人数
5	食堂	0.5～0.8	按高峰年平均人数
6	食堂兼礼堂	0.6～0.9	按高峰年平均人数
7	医务室、招待所	0.06	包括家属招待所
8	浴室	0.07～0.1	按高峰年平均人数
9	理发室	0.01～0.03	按高峰年平均人数
10	会议室、文娱室	0.1	按高峰年平均人数

续上表

序　号	项 目 名 称	面积定额(m^2/人)	指标使用方法
11	商店	0.05	按高峰年平均人数
12	其他公用设施	0.05～0.1	按高峰年平均人数
13	厕所	0.02～0.07	按工地平均人数
14	锅炉房	10～40 m^2	总面积

编制施工组织设计时,应尽量利用工地附近的现有建筑物,或提前修建能利用的永久房屋,如道班房、加油站等,不足部分再修建临时建筑。

临时建筑用房按节约、适用、拆装方便的原则设计,其结构形式按当地气候、材料来源和工期长短确定。

2. 临时仓库

工地临时仓库分为转运仓库、中心仓库和现场仓库等,其施工组织设计的任务是确定材料储备量和仓库面积、选择仓库位置和进行仓库设计等。

1)确定材料储备量

材料储备量要考虑保证连续施工的需要,也要避免材料积压。对于场地窄小、运输方便的现场可少储存;对于供应不易保证、运输困难、受季节影响大的材料可多储存些。

常用材料,如砂、石、水泥、钢材、木材等的储备量按式(6-4)计算:

$$p = T_e \cdot \frac{Q_i K}{T} \tag{6-4}$$

式中:p——材料储备量,m^3 或 t 等;

T_e——储备期,按材料来源确定,一般应能保证10d的需用量,d;

Q_i——材料、半成品等的总需要量;

K——材料使用不均匀系数,取1.2～1.5;

T——有关施工项目的总工日数。

对于不经常使用或储备期长的材料,可按年度需用量的某一百分比储备。

2)确定仓库面积

一般的仓库面积按式(6-5)计算:

$$F = \frac{P}{qK} \tag{6-5}$$

式中:F——仓库总面积,m^2;

P——仓库材料储备量,由式(6-4)确定;

q——每平方米仓库面积能存放的材料数量;

K——仓库面积利用系数(考虑人行道和车道所占面积),一般为0.5～0.8。

特殊材料,如爆炸品、易燃或易腐蚀品的仓库面积,按有关安全要求确定。

在设计仓库时,除满足仓库总面积外,还要正确地确定仓库的平面尺寸。仓库的长度应满足装卸要求,宽度要考虑材料的存放方式、使用方便和仓库结构形式。

3. 加工、预制场地

工地临时加工、预制场地的施工组织设计的任务是确定建筑面积和结构形式。加工厂

(站、场)的建筑面积通常参照有关资料或根据施工单位的经验确定,也可按相应公式计算。

1)钢筋混凝土构件预制厂、木工房、钢筋加工间等场地或建筑面积

$$F=\frac{KQ}{TS\alpha} \tag{6-6}$$

式中:F——所需建筑面积,m^2;

Q——加工总量,m^2 或 t 等;

K——生产不均衡系数,取 1.3 ~1.5;

T——加工总期工,月;

S——每平方米场地的月平均产量;

α——场地或建筑面积利用系数,取 0.6 ~0.7。

2)水泥混凝土搅拌站面积

$$F=N\cdot A \tag{6-7}$$

式中:F——搅拌站面积,m^2;

A——每台搅拌机所需的面积,m^2;

N——搅拌机台数,台,按式(6-8)计算:

$$N=\frac{QK}{TR} \tag{6-8}$$

Q——混凝土总需要量,m^3;

T——混凝土工程施工总工作日;

K——不均衡系数,取 1.5;

R——混凝土搅拌机台班产量。

大型沥青混凝土拌和设备的场地面积,根据设备说明书的要求确定。

上述建筑场地的结构形式,应根据当地条件和使用期限而定,使用年限短的,用简易结构;使用年限长的,宜采用砖木结构或活动房屋。

4. 临时供水、供电、供热

工地临时供水、供电、供热应解决的主要问题是确定用量、选择供应来源、设计管线网路等。如需工地自行解决供应来源,还需确定相应的设备。

确定用量时,应考虑施工生产、生活和特殊用途(消防、抗洪等)的需用量。选择供应来源时,首先考虑当地的水源、电源和供热,若无法满足工程需要时,则需自行设计解决。

1)工地临时供水

(1)用水量计算。施工期间的工地供水应满足工程施工用水(q_1)、施工机械用水(q_2)、施工现场生活用水(q_3)、生活区生活用水(q_4)和消防用水(q_5)等 5 个方面的需用量,其用水量计算公式分别为:

①施工工程用水:

$$q_1=K_1\Sigma\frac{Q_1N_1}{T_1b}\times\frac{K_2}{8\times3600} \tag{6-9}$$

式中:q_1——施工工程用水量,L/s;

K_1——施工用水系数,$K_1=1.05\sim1.15$;

Q_1——年度或季度工程量(以实物计量单位表示);
N_1——施工用水定额,见表6-3;
T_1——年度或季度有效作业日,d;
b——每天工作班数;
K_2——施工工程用水不均衡系数,见表6-4。

施工工程用水量定额表 表6-3

序号	用水对象	单位	耗水量(L)	备注
1	浇筑混凝土全部用水	m^3	1700~2400	
2	搅拌混凝土	m^3	250~350	
3	混凝土养护	m^3	200~700	
4	湿润、冲洗模板	m^3	5~15	
5	洗石子、砂	m^3	600~1000	
6	砌砖工程全部用水	m^3	150~250	
7	砌石工程全部用水	m^3	50~80	
8	搅拌砂浆	m^3	300	
9	抹灰	m^2	4~6	不包括调制用水
10	素土路面、路基	m^2	0.2~0.3	
11	消化生石灰	t	3000	
12	浇砖	千块	500	

用水不均衡系数表 表6-4

用水名称	施工工程用水 K_2	生产企业用水 K_2	施工机械、运输机具 K_3	动力设备 K_3	施工现场生活用水 K_4	居住区生活用水 K_4
不均衡系数值	1.5	1.25	2.00	1.05~1.10	1.30~1.50	2.00~2.50

②施工机械用水:

$$q_2 = K_1 \Sigma Q_2 \times N_2 \times \frac{K_3}{8 \times 3600} \tag{6-10}$$

式中:q_2——施工机械用水量,L/s;
K_1——施工用水系数,$K_1 = 1.05 \sim 1.15$;
Q_2——同一种机械台数,台;
N_2——施工机械台班用水定额,见表6-5;
K_3——施工机械用水不均衡系数,见表6-4。

施工机械用水量定额表 表6-5

序号	机械名称	单位	耗水量	备注
1	内燃挖掘机	L/台班·m^3	200~300	以斗容量 m^3 计
2	内燃起重机	L/台班·t	15~18	以起重吨数计
3	蒸汽打桩机	L/台班·t	1000~1200	以锤重吨数计

续上表

序　号	机械名称	单　位	耗水量	备　注
4	内燃压路机	L/台班·t	12～15	以压路机吨数计
5	拖拉机	L/昼夜·台	200～300	
6	汽车	L/昼夜·台	400～700	
7	空气压缩机	L/台班·(m^3/min)	40～80	以压缩空气排气量计
8	内燃动力装置	L/台班·kW	160～480	直流水
9	内燃动力装置	L/台班·kW	35～55	循环水
10	锅炉	L/h·t	1000	以小时蒸发量计
11	锅炉	L/h·m^2	15～30	以受热面积计
12	电焊机	L/h	100～350	
13	对焊机	L/h	300	
14	冷拔机	L/h	300	
15	凿岩机	L/min	8～12	

③施工现场生活用水：

$$q_3=\frac{P_1N_3K_4}{8\times3600}\times b \tag{6-11}$$

式中：q_3——施工现场生活用水量，L/s；

P_1——施工现场高峰人数，人；

N_3——施工现场生活用水定额，一般为20～60L/人·班；

b——每天工作班数；

K_4——施工现场生活用水不均系数，见表6-4。

④生活区生活用水：

$$q_4=\frac{P_2N_4K_5}{24\times3600} \tag{6-12}$$

式中：q_4——生活区活用水量，L/s；

P_2——生活区居住人数，人；

N_4——生活区生活用水定额，见表6-6；

K_5——生活区生活用水不均系数，见表6-4。

生活区用水量定额表　　表6-6

序　号	用水名称	单　位	耗水量	备　注
1	生活用水	L/人·日	20～30	盥洗、饮用
2	食堂	L/人·日	15～20	
3	淋浴	L/人·次	50	按出勤人数的30%计
4	洗衣	L/人	30～35	
5	理发室	L/人·次	15	
6	工地医院	L/病床·次	100～150	
7	家属	L/人·日	50～60	有卫生设备
8	家属	L/人·日	25～30	无卫生设备

⑤消防用水 q_5,见表6-7。

消防用水量 q_5 参考表 表6-7

序　号	用水区域	用水情况	火灾同时发生次数	用水量(L/s)
1	生活区	5000人以内	一次	10
		10000人以内	二次	10~15
		25000人以内	二次	15~20
2	施工现场	$25\times10^4m^2$ 以内	一次	10~15
		每增加 $25\times10^4m^2$	一次	5

⑥总用水量计算。由于生活用水是经常性的,施工用水是间断性的,而消防用水又是偶然性的。因此,工地的总用水量(Q)并不是所有用水量的总和,而是按以下公式计算:

当$(q_1+q_2+q_3+q_4)\leqslant q_5$时,则:

$$Q=q_5+0.5(q_1+q_2+q_3+q_4) \tag{6-13}$$

当$(q_1+q_2+q_3+q_4)>q_5$时,则:

$$Q=q_1+q_2+q_3+q_4 \tag{6-14}$$

当工地面积小于$5\times10^4m^2$,而且$(q_1+q_2+q_3+q_4)<q_5$时,则:

$$Q=q_5 \tag{6-15}$$

式中:Q——总用水量,L/s;

其余符号意义同前。

(2)水源的选择。应考虑当地自来水作为水源,如不可能才另选天然水源。天然水源有河水、湖水、水库蓄水等地面水,以及泉水、井水等地下水。临时水源应满足水量充足稳定,能保证最大需水量供应;符合生活饮用和生产用水的水质标准;取水、输水、净水设施安全可靠;施工安装、运转、管理和维护方便等方面的要求。

(3)临时供水系统。供水系统由取水设施、净水设施、储水构造物、输水管网几部分组成。

取水设施由取水口、进水管以及水泵站组成,取水口距河底(或井底)不得小于0.25~0.9m,距冰层下部边缘的距离也不得小于0.25m。水泵要有足够的抽水能力和扬程。

当水泵不能连续工作时,应设置储水构造物,其容量以每小时消防用水量确定,一般不小于10~20m^3。

输水管网应合理布局,干管一般为钢管或铸铁管,支管为钢管。输水管的直径必须满足输水量的需要。

2)工地临时供电

(1)工地总用电量。工地用电可分为动力用电和照明用电两类,用电量按式(6-16)计算:

$$P=(1.05\sim1.10)\left(K_1\frac{\sum P_1}{\cos\phi}+K_2\sum P_2+K_3\sum P_3+K_4\sum P_4\right) \tag{6-16}$$

式中:　P——工地总用电量,kVA;

P_1、K_1——电动机额定功率,kW,需要系数 $K_1=0.5\sim0.7$,电动机10台以下取0.7,超过30台取0.5;

P_2、K_2——电焊机额定容量,kVA,需要系数 $K_2=0.5\sim0.6$,电焊机10台以下取0.6;

P_3、K_3——室内照明容量,kW,需要系数 $K_3=0.8$;

P_4、K_4——室外照明容量,kW,需要系数 $K_4=1.0$;

$\cos\phi$——电动机的平均功率因数,根据用电量和负荷情况而定,最高为0.75~0.78,一般为0.65~0.75。

(2)选择电源及确定变压器。无论由当地电网供电还是在工地设临时电站解决,或者各供给一部分,选择电源都应在考虑以下因素后,根据工程具体情况经过比较确定。当地电源能否满足施工期间最高负荷;电源距离较远时是否经济;设临时电站,供电能力应满足需用,避免造成浪费或供电不足;电源位置应设在设备集中、负荷最大而输电距离又最短的地方。

一般都首先考虑将附近的高压电,通过工地的变压器引入。变压器的功率计算:

$$P=K\left(\frac{\sum P_{\max}}{\cos\phi}\right) \tag{6-17}$$

式中:P——变压器的功率,kVA;

K——考虑功率损失的系数,取1.05;

$\sum P_{\max}$——各施工区的最大计算负荷,kW;

$\cos\phi$——功率因数。

(3)选择导线截面。合理的导线截面应满足有足够的机械强度(在各种不同的敷设方式下,确保导线不致因一般机械损伤而折断)、通过一定的电流强度(导线必须能承受负载电流长时间通过所引起的温度升高)和导线上引起的电压降必须限制在容许限度之内三方面的要求,并选取这3项要求中截面最大者。

(4)配电线路的布置要点。线路宜架设在道路的一侧,并尽可能选择平坦路线。线路距建筑物的水平距离应大于1.5m。在380/220V低压线路中,木杆间距为25~40m。分支线及引入线均应从电杆处接出。

临时布线一般都用架空线,因为架空线工程简单、经济、便于检修。电杆及线路的交叉跨越要符合有关输变电规范。配电箱要设置在便于操作的地方,并有防雨、防晒设施。各种施工用电机具必须单机单闸,绝不可一闸多用,闸刀的容量按最高负荷选用。

3)工地临时供热

工地临时供热的主要对象是临时用房如办公室、宿舍、食堂等内部的冬季采暖;冬季施工供热,如施工用水和材料加热等;预制场供热,如钢筋混凝土构件的蒸汽养护等。

建筑物内部采暖耗热量,按有关建筑设计手册计算。

临时供热的热源,一般都设立临时性的锅炉房或个别分散设备(如火炉),如有条件,也利用当地的现有热力管网。

临时供热的蒸汽用量按式(6-18)计算:

$$W=\frac{Q}{IH} \tag{6-18}$$

式中:W——蒸汽用量,kg/h;

Q——所需总热量,按建筑采暖设计手册计算,J/h;

I——在一定压力下蒸汽的含热量,查有关热工手册,J/kg;

H——有效利用系数,一般为0.4~0.5。

蒸汽压力根据供热距离确定,供热距离在300m以内时,蒸汽压力为30~50kPa即可;在1000m以内时,则需要200kPa。确定了蒸汽压力后,可根据式(6-18)计算得到蒸汽用量,即可查阅锅炉手册,选定锅炉的型号。

5.其他临时设施

在施工组织设计中,会遇到其他临时工程设施,如便道、便桥、临时车站、码头、堆场、通信设施等。对于新建道路工程,这些临时工程设施更多。

各种临时工程设施的数量视工地具体情况而定,因它们的使用期限一般都很短,通常都采用简易结构。全部临时建筑及临时工程设施都应在设计完成后,再编制临时工程表,临时工程表是施工组织设计规定的文件之一,它的内容及格式见表6-8。

临时工程一览表 表6-8

序号	设置地点	工程名称	说明	单位	数量	工程数量										备注
1	2	3	4	5	6	7	8	9	10	11	12	13	14	15	16	17

二、资源需求量计划

1.劳动力需要量计划

根据确定的施工进度计划,计算各个施工项目每天所需的人工数量,将同一天所有施工项目需用的人工数量累加起来,即得到每日施工的人工数随时间变化的劳动力需要量图。

劳动力需要量图反映了施工期间劳动力的动态变化,它是衡量施工组织设计合理性的重要标志。不同工程进度安排,劳动力需要量呈现不同的形状,一般可归纳成如图6-6所示的3种典型图。如图6-6a)所示出现短暂的劳动力高峰,如图6-6b)所示劳动力数量频繁波动,这两种情况都不便于施工管理,并增大了临时生活设施规模,应尽量避免;如图6-6c)所示在一个较长时间内劳动力保持均衡,符合施工规律,是最理想的状况。

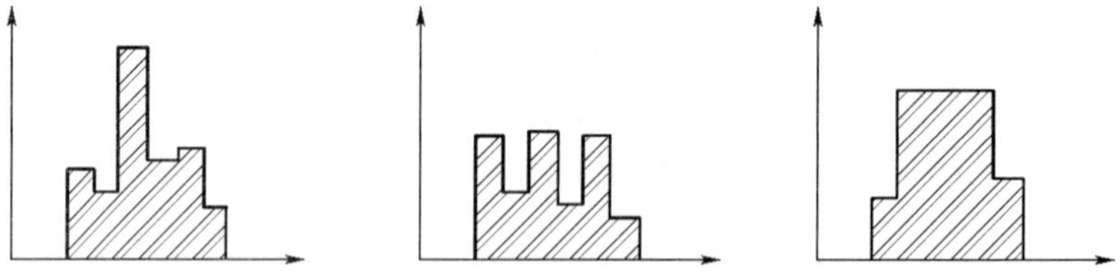

a) b) c)

图6-6 劳动力需要量图

a)短时高峰;b)锯齿波动;c)均衡

劳动力需用量的高峰值与施工期间的平均值之比,称为劳动力不均衡系数。劳动力不均衡系数应大于或等于1,一般不超过1.5。在编制施工进度图时,应以劳动力需要量均衡为原则,对施工进度图通常都要进行多次调整。

根据劳动力需要量图,可编制劳动力需用量计划表,见表6-9。劳动力计划是确定临时生活设施和组织劳动力进退场的依据，它可起到保证劳动力及时调配、搞好平衡、满足施工需要的作用。

劳 动 力 计 划 表 表 6-9

序号	工种名称	总工日数	需要人数及时间										备注
			年					年					
			一季度	二季度	三季度	四季度	合计	一季度	二季度	三季度	四季度	合计	
1	2	3	4	5	6	7	8	9	10	11	12	13	14

2. 主要材料计划

主要材料计划包括施工需用的材料、构件和半成品等的名称、规格、数量，以及来源和运输方式等内容，它是运输组织和筹建工地仓库及堆料场的依据。

主要材料应包括钢材、木材、水泥、沥青、石灰、砂、石料（碎石、块石、砾等）、爆破器材等施工中用量最大的材料。特殊情况下使用的土工织物，各种加筋带、外掺剂等也应列入主要材料计划。

材料的需要量按照工程量和定额计算，根据施工项目的进度编制年度和季度主要材料计划表，见表 6-10。

主要材料计划表 表 6-10

序号	材料名称及规格	单位	数量	来源	运输方式	需要人数及时间										备注
						年					年					
						一季度	二季度	三季度	四季度	合计	一季度	二季度	三季度	四季度	合计	
1	2	3	4	5	6	7	8	9	10	11	12	13	14	15	16	17

3. 主要施工机具设备计划

在确定施工方法时，已经考虑了哪些施工项目需用何种机具或设备。为了做好机具、设备的供应工作，在工程进度确定后，将每一个施工项目采用的机械名称、规格和需用数量以及使用的日期等综合汇总，编制成施工机具、设备计划表，见表 6-11。

主要施工机具、设备计划表 表 6-11

序号	机械名称及规格	数量		使用年限		年度、季度需要量																备注
		台班	台数	开始时间	完成时间	年								年								
						一季度		二季度		三季度		四季度		一季度		二季度		三季度		四季度		
						台班	台数	台班	台数	台班	台数	台班	台数	台班	台数	台班	台数	台班	台数	台班	台数	
1	2	3	4	5	6	7	8	9	10	11	12	13	14	15	16	17	18	19	20	21	22	23

资源需用量计划是根据施工进度图编制的,而资源需用量的均衡性又反映了施工进度的合理性。因此,人工、材料、机械等的需用量计划,在实际工作中是结合施工进度图的编制、调整、优化过程同时进行的。实际上,资源需用量的均衡本身就是施工进度优化的指标。

4. 技术组织措施计划

为保证工程质量,提高劳动生产率、降低工程成本、组织安全生产等所采取的技术组织措施,尤其是采用新材料、新工艺以及技术复杂的工程,应编制技术组织措施计划表,见表6-12。

技术组织措施计划表 表6-12

措施名称及内容提要	经济效果(元)	计划依据	负责人	完成日期

三、工地运输组织

工地运输组织的任务是编制运输计划、确定运输量、选择运输方式、计算运输工具的需要量等。工地需要运输的物资有建筑材料、构件、半成品,以及机械设备、施工及生活用品等。这些物资由外地运到工地(即场外运输),一般都由专业运输单位承运。工地内的运输(即场内运输),通常由施工单位承担。不论哪种运输,都应有组织、按计划地进行。

1. 编制运输计划

运输计划是指寻求施工物资需用量、每日运输量、库存量三者之间的最佳平衡关系。通过运输计划,达到确保施工需要、运量均衡、库存最小的目的。运输计划也是确定运输日期、计算运输工具需用量和工地临时仓库面积的依据。

1)差额曲线法

施工中同一种材料(如水泥、钢材)在不同施工过程的不同时间使用,材料每日需用量的变化频繁,没有任何规律。如果完全按照每日材料需用量组织运输,将导致运输工具每日变化,增加了运输管理工作难度,效果也差。

差额曲线是指累积运输量与累积消耗量之差随施工时间变化曲线,它反映了材料库存量的变化。通过差额曲线,可以把无规律的材料需用量由有序的均衡运输来实现。

假设根据优化后的施工进度图,得到某工程施工的水泥需用量,如图6-7所示。由图6-7中可看到,施工需用水泥的日期是从开工后的第15天到第75天,最高用量103t/d(第20天到第25天),最低用量34t/d(第70天到第75天),最高用量为最低用量的3倍。从图中可计算出水泥的总需用量为4100t。

按运输方案Ⅰ实施,如图6-7中的点画线所示,若提前5d开始运输,运量为100t/d,则4100÷100=41d即可运完。分析其差额曲线图,可得出以下结论:

(1)差额值为正,表示有足够的库存量,能确保工程连续施工的需要。

(2)每日运量不变,运输是均衡的,有利于安排运输工具。

(3)运输日期明确(从第10天到第51天),简化了运输工具的调度。

(4)最大库存量清楚(为1310t,发生在第51天),可按此修建工地临时仓库。

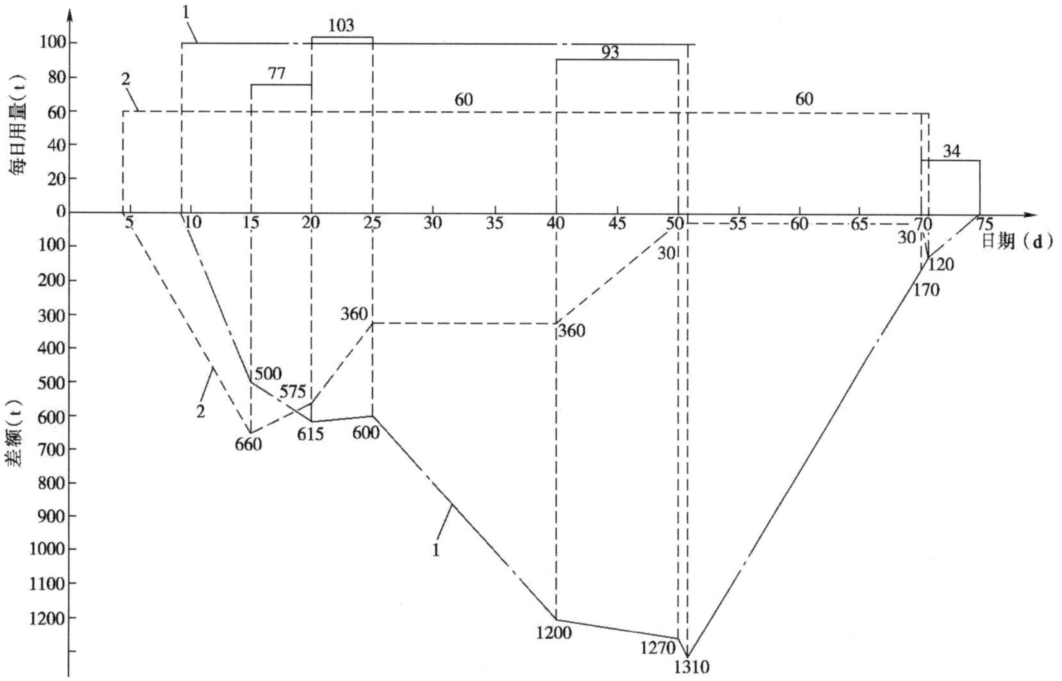

图 6-7 差额曲线

1-方案Ⅰ,100t/d,点画线;2-方案Ⅱ,60t/d,虚线

若按运输方案Ⅱ实施,如图 6-7 中虚线所示,即提前 11d 开始运输,运量 60t/d,则需 68d(从第 4 天到第 72 天)运完,最大库存量为 660t,发生在第 15 天。

比较方案Ⅰ和方案Ⅱ,两个方案都能保证工程的连续施工和均衡运输。但方案Ⅱ的最大库存量仅为方案Ⅰ的 50%,这意味着工地临时仓库建筑面积可减少 1/2。由于两个方案的运输费用不变,可见方案Ⅱ 产生的经济效益比方案Ⅰ要好。

2)累积曲线法

差额曲线法不能事先控制材料的储备量,而采用累积曲线法则能弥补其缺陷。

累积曲线法是将材料的累积消耗线、累积供应线绘于同一张图上,它反映了材料消耗量、供应量、库存量随时间变化的情况。从图 6-8 中可看出:

(1)同一日期的供应线值都大于消耗线值,说明能保证工程连续施工对材料的需求。

(2)供应线与消耗线之间的垂直距离是材料的储备(库存)量(如方案Ⅰ在第 40 天的储备量为 1200t)。

(3)供应线与消耗线之间的水平距离,表示暂时停止运输后,其储备量仍能保证施工使用的日期(如方案Ⅰ在第 40 天的储备量还能使用 14d,即可使用到第 54 天)。

若在整个施工时间,材料的储备量保持基本稳定,临时仓库的利用率将大大提高,这就必须利用累积曲线对储备量进行控制。控制储备量的方法是调整供应线的斜率,使之与消耗线基本平行。

供应线的斜率决定于运量,可先绘几条表示不同运量的斜线,如图 6-8 所示的左下角,然后按尽量与消耗线平行、间距最小的原则,选择适合的斜线,直接在图上用推平行线的方法绘出供应线。图6-8中的方案Ⅲ,从第10天到第49天的运量为70t/d,第50天到第69天的运量为65t/d(图中双点画线),该方案的运输时间为60d,储备量在200t左右,最大储备量为350t,发生在第15天。方案Ⅲ的材料最大库存量又比方案Ⅱ降低将近1/2。

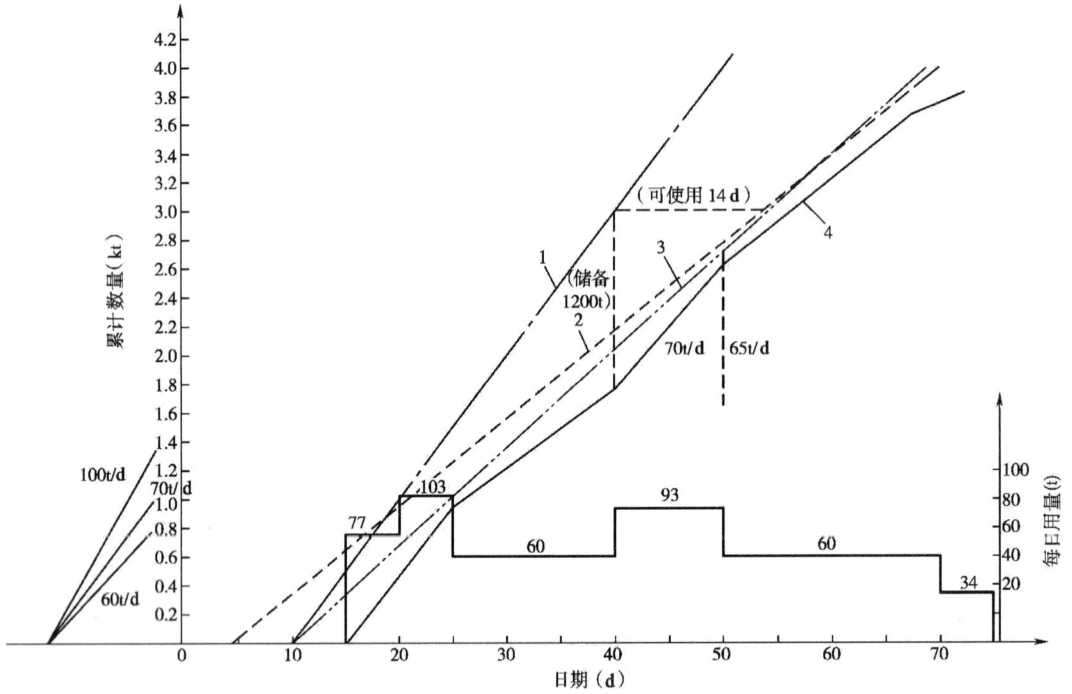

图6-8 累积曲线

1-方案Ⅰ;2-方案Ⅱ;3-方案Ⅲ;4-消耗线

根据差额曲线或累积曲线,可得到运输计划的主要数据有运输日期、运量、储备量、暂停运输后可保证施工天数等。

2. 确定运输量

每日需要运输物资的吨公里(或吨立方米)数称为运输量或货运量。工地运输的货运量计算如公式(6-19):

$$q=\frac{\sum Q_iL_i}{T}K \tag{6-19}$$

式中:q——每日货运量,t·km/d;

Q_i——各种物资的年度需用量,或整个工程的物资用量,t;

L_i——运输距离,km;

T——工程年度运输工作日数,或计划运输天数,d;

K——运输工作不均衡系数,公路运输取1.2,铁路运输取1.5。

若已用差额曲线或累积曲线编制运输计划,则每日需要运输的物资数量和运输工作日数为已知,每日货运量公式为:

$$q=\sum Q_iL_iK \tag{6-20}$$

式中：Q_i——每日运到工地的物资数量，t/d；

其余符号意义同前。

3. 选择运输方式

工地运输的方式有铁路、公路、水路和特种运输（索道、管道）等。选择运输方式，须充分考虑各种影响因素，如运量大小、运距和物资性质；现有运输设备条件；利用永久性道路的可能性；地形、地质以及水文等自然条件；运输和装卸费用等。

当货运量较大、运距远，又具备条件时，宜采用铁路运输；内部加工场地与原料供应点之间可采用窄轨铁路运输；运距短、地形复杂、坡度较陡时，宜采用汽车运输。当有几种可能的运输方式可供选择时，应通过比较后确定。

场内运输大都采用汽车运输，在场地狭小或运输长大笨重构件时，如隧道、特大桥等的施工，也可采用窄轨铁路运输或索道运输。

4. 计算运输工具需要量

运输方式确定后，用下式计算每班作业所需运输工具的需要量：

$$N = \frac{QK_1}{qTnK_2} \tag{6-21}$$

式中：N——所需的运输工具台数，台；

Q——全年（季）度最大运输量，t；

K_1——运输不均衡系数，场外运输一般采用1.2，场内运输采用1.1；

q——汽车台班产量，t/台班，根据运距按定额确定；

T——全年（季）的工作天数；

n——每日的工作班数；

K_2——运输工具供应系数，一般取0.9。

第四节 施工平面图设计

施工平面图设计是根据施工过程空间组织的原则，对施工过程所需的工艺路线、施工设备、原材料堆放、动力供应、场内运输、半成品生产、仓库、料场、生活设施等进行空间的科学规划与设计，并以平面图的形式表达的具体成果。

一、施工平面图的作用、布置原则与依据

1. 施工平面图的作用

正确解决各施工项目之间的时间关系和空间关系，是施工组织设计顺利实施的前提。施工进度图解决了各个工程项目和时间关系的问题，而整个工地在施工期间所需的各项设施、管理机构、永久性建筑之间的空间关系，则需用施工平面图表示。施工平面图是整个拟建项目施

工场地的总体规划布置图,它是加强施工管理、指导现场文明施工的重要依据。

2. 施工平面图的布置原则

布置施工场地总平面图应遵循有利生产、方便生活、保护环境、安全可靠的原则,具体安排时应注意以下原则:

(1)在满足施工要求的条件下,充分考虑自然条件的影响,尽可能紧凑布置,充分利用原有地形地物,保护环境,少占农田,以降低工程成本。

(2)施工区、辅助生产区、生活区应合理划分和布局,从所采用的施工手段和施工方法出发,既要考虑有利于指挥和管理施工、满足工艺流程的需要,又要避免相互干扰,方便职工生活。

(3)施工作业场地的布置应最大限度地缩短工地内的运输距离,尽量减少物资的运输量和起重量,减少二次搬运和运输距离,尽量减少临时工程。

(4)必须符合劳动保护、安全生产与文明施工的要求,要有防洪、消防、防盗的设施。

3. 施工平面图的布置依据

施工平面图的布置依据主要有工程平面图;施工进度计划与主要施工方案;各种材料、半成品的供应计划与运输方式;各种临时设施的性质、形式、面积与尺寸;各加工、预制场地规模与设备数量;设计图纸;水源、电源资料;其他有关资料。

二、施工平面图的类型及其内容

1. 施工总平面图

1)施工总平面图的形式

它有两种表示形式:一种是根据公路路线的实际走向按适当的比例绘制,如图6-9a)所示,这种图形直观,图中所绘内容的位置准确;另一种是将公路路线绘成水平直线,将图中各点的平面位置以路中心线为基准做相对移动,如图6-9b)所示。这种图形只表示图中内容相对路线的位置,它可采用不同的纵横向比例,还可略去若干次要的路段,一般用于斜条式工程进度图中。

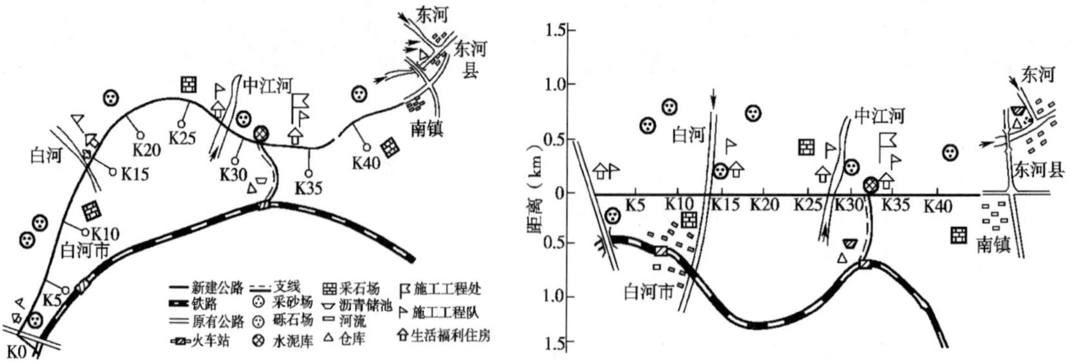

a)　　b)

图6-9　施工总平面图

a)实际坐标图;b)相对坐标图

2)施工总平面图的内容

(1)拟建公路工程的主要工程施工项目。如路线及里程;大中桥、隧道、集中土石方、交叉口、特殊路基等重点工程的位置；公路养护、运营管理使用的永久性建筑，如道班房、加油站，高速公路的收费站、服务区等。

(2)为工程施工服务的临时设施及其位置。如采石场、采砂场、便道、便桥、仓库、码头、沥青拌和基地、生活用房等。

(3)施工管理机构。如工程建设现场指挥部、监理机构、工程处、施工队、办事处等。

(4)工地附近与施工有关的永久性建筑设施。如已有公路、铁路、车站、码头、居民点、地方政府所在地等。

(5)重要地形、地物。如河流、山峰、文物及自然保护区、高压铁塔、重要通信线等。

(6)其他与施工有关的内容。如地质不良路段、国家测量标志、气象台、水文站、变电站、防洪、防水、安全设施等。目前，多采用按路线实际走向绘制总平面图，绘图比例一般为1∶5000或1∶2000。

2. 重点工程施工场地平面图

重点工程是指公路立交枢纽、集中土石方工点、大中桥、隧道等施工技术复杂或施工条件困难的重点工程地段。

1)重点工程施工场地平面图的形式

该类平面图的布置有两种形式。一种是在施工总平面图的控制下进行布置；另一种是以施工总平面图为依据，即基本上按照施工总平面图有关内容进行布置。这两种平面图都比施工总平面图更加深入和具体。

2)重点工程施工场地平面图的内容

重点工程由于施工环节多，需用较多的机械、设备和人力，故施工场地布置图应在等高线地形图上按较大的比例尺(一般为1∶500～1∶100)比例绘制。图中应详细绘出施工作业现场、辅助生产设施、办公和生活等临时设施的相对位置与面积情况；应适当绘出原有地物，特别是交通线、车站、码头等；应注明与施工密切相关的资料，如洪水位线、地下出入处、供水供电管线等。

如图6-10所示是某大桥工程的20m空心板预制施工场地布置图。图中的上部分为仓库和生活区，左部为材料堆放区，中部为预制施工区，右部为存梁区，下部是施工便道与施工道路。

布置施工场地没有固定的模式，必须因地制宜、密切联系实际。因此，只能通过详细地调查研究，充分收集资料，针对施工对象的工程特点和施工场地的环境条件，以及确定的施工方案，才能编制出既切实可行，又富有特色的施工场地布置图。

3. 其他施工场地平面图

高速公路、特大桥梁、长大隧道等大型工程项目，施工年限一般都较长，施工管理工作量大，与主体工程施工配套的附属企业众多，为使施工在整体上协调进行，还应绘制其他局部平面图。局部平面图的内容和编制要求与施工场地布置图相似，这类平面图主要有：

(1)沿线砂石料场平面布置图。

(2)大型附属企业平面布置图。如沥青混合料拌和基地、主要材料加工或制备厂、外购材料转运及储存场地等。

(3)主要施工管理机构的平面布置图。

(4)临时供水、供电、供热基地及管线分布平面图。

(5)大型仓储基地主要设施及物资存放布置图。

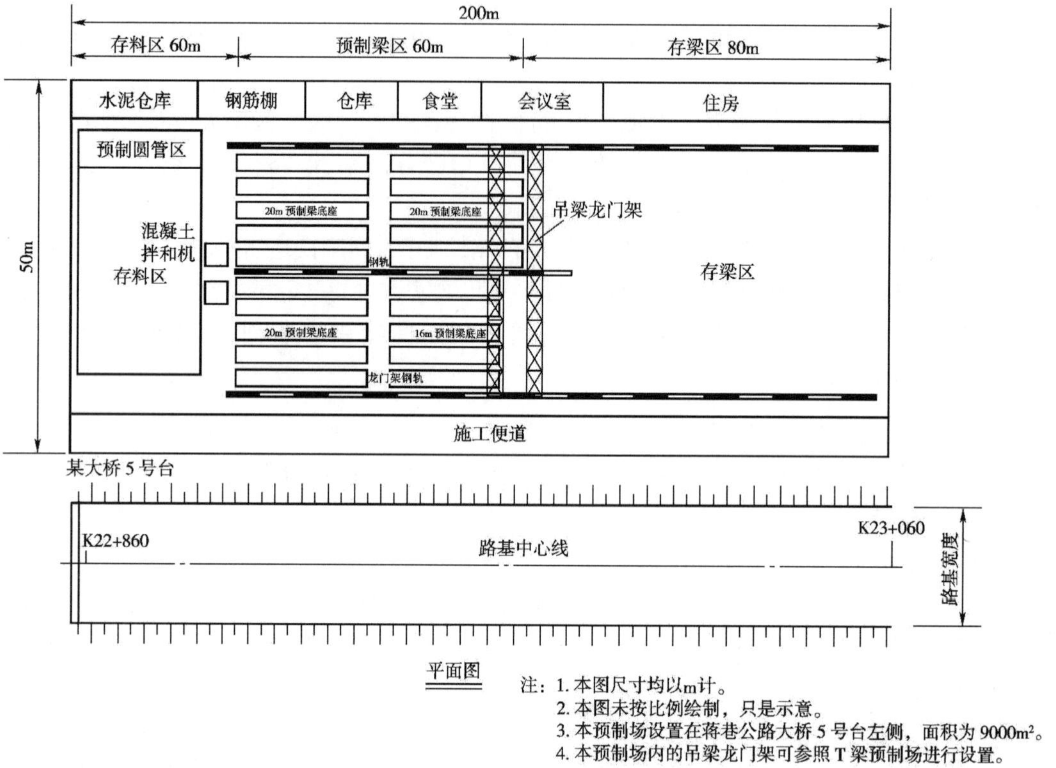

图 6-10 某大桥工程的 20m 空心板预制施工场地布置图

第五节 施工组织设计示例

现选择某省已施工完成的某高速公路某合同段施工组织设计的实例,说明投标与施工阶段在编制实施性施工组织设计过程中应考虑的主要问题。该工程项目规模适中,可反映其编制施工组织设计的基本内容。为适应教学特点,对原编制的工程项目施工组织设计的内容做了适当的简化。

某高速公路某合同段施工组织设计

1. 适用范围

本施工组织设计仅适用于某高速公路某合同段工程项目。

2. 引用文件

(1)《质量手册》(某投标人或施工企业内部文件);

(2)《程序文件》(某投标人或施工企业内部文件);

(3)《公路工程技术标准》(JTG B01—2014);

(4)《公路桥涵施工技术规范》(JTG/T F50—2011);

(5)《公路工程质量检验评定标准》(JTG F80/1—2017);

(6)《公路工程标准施工招标文件》(2018 年版);

(7)本项目招标文件、合同文件及有关设计图纸;

(8)国家、相关部委的政策、法律、法规、标准、规范等。

3. 编制依据

某高速公路某合同段施工组织设计的编制以某投标人或施工企业内部文件《质量手册》与《程序文件》、某高速公路项目施工图、某高速公路建设项目办的招标文件、合同文件及有关规范为依据。

第一章 编制说明

一、编制目的

根据合同条款规定及项目办、总监办下达的任务,结合本项目经理部的人员、机械生产能力和工效,依据某高速公路某合同段施工图纸及技术规范要求,制定出最优的施工组织设计,确保本合同段的施工进度和施工质量,把本工程项目建设成优质工程。

二、工程概况及主要工程数量

(一)项目位置

本项目是某省会城市的东绕城高速公路,项目起于某地,途径(地点略),终于某地,全长71.645km。

本项目是一条全封闭、全立交、双向六车道高速公路。项目建成后,可有效完善某城区的交通网络布局,大力改善交通运行条件,有利于助推其地方经济的快速发展。

本合同段起点为 K22+179,终点为 K25+531,全长为 3.352km,路线基本呈西北至东南走向,沿途经(地点略)至本合同段终点。

(二)技术标准

(1)公路等级:高速公路。

(2)主线设计行车速度:100km/h。

(3)路基宽度:路基宽为 33.5m 的双向六车道,横断面布置为 0.75m(土路肩)+3.0m(硬路肩)+3×3.75m(行车道)+0.75m(路缘带)+2.0m(中央分隔带)+0.75m(路缘带)+3×3.75m(行车道)+3.0m(硬路肩)+0.75m(土路肩)。

(4)路拱横坡:行车道及硬路肩(含路缘带)横坡 2%,土路肩横坡 4%。

(5)路面:主线路面采用沥青混凝土路面,设计年限 15 年,设计标准轴载为 BZZ-100kN;中上面层为 SBS 改性沥青,其中上面层部分为 SMA 沥青混合料路面。

(6)桥涵及构造物设计荷载:公路—Ⅰ级。

(7)设计洪水频率:特大桥为 1/300,路基及大、中、小桥涵为 1/100。

(8)桥梁断面形式:断面为分离式断面,其结构为 0.5m(防撞栏)+15.25m+0.5m(防撞栏)。全线除某江特大桥设人行道外,其余大桥均不设人行道。

(9)桥下通航限界:采用《内河通航标准》(GB 50139—2014)。

(10)沿线设施:全线设置安全、监控、通信、收费、服务、供电等设施和相应的房屋建筑。

(三)沿线地形地貌

本合同段路线穿越地段为某冲积平原,地形平坦开阔,地面高程为15~21m,区内水系发育,湖泊、水塘众多,主要有某江的南支等。

(四)气象、水文、公路自然区划

路线沿线区域属亚热带湿润气候,具有四季分明,日照充足,无霜期长等特点。沿线热量资源丰富,冷热差异较大,雨水充沛,但丰而不均。

沿线年平均气温17.1~27.7℃,极端最高气温41℃,最低气温-15.2℃。年平均降水量为1515~1595mm,多集中在5~8月份,最大日暴雨量200.6mm/天。一般性大风风速为18~21m/s,多发生于3~5月份,平时为二级左右,各月平均风速变化不大。

根据交通部颁《公路自然区划标准》(JTJ 003—86)划分,本项目所在区域为Ⅳ5类,即江南丘陵过湿区。

(五)水文地质、地震基本裂度

沿线为某平原和岗地间冲洪积盆地,地表水系发达,地下水主要为第四系松散岩类孔隙水,赋存于砂、卵砾石层中,与地表水发生紧密的水力联系,水量丰富,埋深受上部黏性土厚度控制,变化较大。

根据《中国地震动参数区划图》(GB 18306—2015)沿线地区地震动峰值加速度为0.05g,地震反映谱特征周期为0.35s(相当于原地震烈度Ⅵ级)。桥涵及其他构造物设计均考虑简易抗震设防。

(六)主要工程数量

1.路基工程(含某互通立交)

挖土方6106m^3;借土填方77539m^3;填砂路基653000m^3;石灰改良100185 m^3;粉喷桩201431m。

2.桥梁工程

本合同段的桥梁的桥名、桥长及结构类型见表6-13。

特大桥、大桥、中桥一览表 表6-13

序号	桥型	中心桩号	桥梁名称	斜交角度(°)	孔数-孔径(孔-m)	桥梁全长(m)	结构类型			
							上部构造	下部构造		基础
								墩	台	
1	特大桥	K24+767	某特大桥	0	23×40+4×50+10×40	1528	预应力连续T梁	柱式	肋台	桩基
2	大桥	K22+804	某公路大桥	10	5×20	105.08	预应力空心板	柱式	肋台	桩基
3	中桥	K23+398	某中桥	0	4×20	85.04	预应力空心板	柱式	肋台	桩基

3.互通立交工程(桥梁以外的其他工程数量已计入相应的项目中)

(1)主线上跨桥:K23+185.38,桥长53.04m,3×16m预应力空心板。

(2)C匝道桥:CK0+308,桥长79.08m,16m+2×20m+16m现浇钢筋混凝土连续箱梁。

4.涵洞、通道工程

圆管涵473.82m/14道;盖板涵104.56m/2道;通道218.14m/5道。

5. 排水、防护工程

路基排水 18313m^3；路基防护 22262m^3。

6. 路面底基层工程

20cm 厚路面底基层 58389m^2；30cm 厚路面底基层 27815m^2。

（七）交通、动力及其他服务条件

本项目处于水网地区，当地多为县乡道路，等级不高，且多被河流、水塘和水库隔断，运输条件不便，大多需要绕行。为了施工便利，在路基红线范围内修筑一条便道及在某江南支修筑临时码头和渡口，以利于本项目的施工运输要求。

本项目靠近市区，且沿线各镇、区及城市均有医院、邮电局等服务设施，服务条件良好。

（八）工程特点

本合同段填砂路基工程量大，而且路线短，构造物较多，涵洞、通道 21 道，特大桥 1 座，大桥 1 座，中桥 2 座，互通立交 1 处，分离式立交 1 处。路基填筑、互通立交、桥梁和涵洞均为本合同段的关键工程和控制工程。

第二章　施工场地布置、工区的划分、施工任务的安排及总体施工目标

根据本合同段的交通运输网、设计单位的建议和经过实地调查确定的筑路材料场等分布情况，并结合总体施工方案和施工计划的要求，本施工企业进行了施工总体平面布置，具体布置详见《施工总体平面布置图》。本施工企业还根据本工程项目的特点，划分施工处，配备人员，并进行各分项工程的工期安排。具体说明如下：

一、组织机构及施工队布置、任务的划分

（一）组织机构

1. 项目经理部

根据本施工企业的施工力量及本合同段的工程特点，本施工企业组建“某高速公路某合同段项目经理部”（设于地点略），实行项目经理负责制。项目经理部下设工程技术部、质检部（下设中心试验室）、财务部、机务部、材料部、行政后勤部、安全部、纪检监察室及精神文明办等职能部门，并选调年龄结构合理、技术过硬、施工管理经验丰富的成员，对工程项目进行组织、管理和具体施工，在建设单位和监理工程师的正确指导下，对工程进行统一指挥，确保工程质量和进度，优质高效地完成合同赋予的施工任务，争创精品工程。

2. 人员分工

项目经理部组成人员进行明确分工，项目经理主管项目经理部的全面工作，主抓工程生产、财务、安全等工作；项目书记主管工程项目的纪检监察、文明生产工作；项目总工主管工程技术，分管工程部、中心试验室及路基施工处；一位项目副经理主管某特大桥的施工，分管预制安装处及混凝土拌和处；另一位项目副经理主管行政后勤部、材料部及物机部。

3. 岗位职责

各职能部门严格执行本施工企业制定的相关规章制度，各组成人员认真履行其规定的岗位职责。

（二）施工处的布置及主要的施工任务

根据本工程的具体特点，项目经理部下设四个专业施工处：路基施工处、预制安装处、基础

下部构造处及混凝土集中拌和处。各施工处的施工任务,见表6-14。

各专业施工队的施工任务及人员配备表 表6-14

施工处	施工范围	主要人员(人)			施工队	施工任务
		技术人员	施工人员	专业人员		
路基施工处	K22+179~K23+990.2路基土石方、大中桥涵、底基层及排水防护工程等	15	20	150	软基施工一队	全合同段软基换填
					软基施工二队	全合同段粉喷桩
					路基施工一队	K22+179~K22+857及K23+725~K24+000路基约31.7万m^3
					路基施工二队	K22+857~K23+725及某互通匝道路基约45.6万m^3
					防护排水施工队	全合同段的防护及排水工程的施工
					底基层施工队	全合同段的路面底基层的施工
预制安装处	某江南支大桥上部构造施工 某江南支特大桥T梁预制和安装	10	18	210	桥梁施工一队	某公路大桥(除桩基)所有构造物
					桥梁施工二队	某中桥(除桩基)所有构造物
					桥梁施工三队	某互通上跨桥(除桩基)所有构造物
					桥梁施工四队	CK0+308匝道桥(除桩基)所有构造
					涵洞施工队	全合同段的涵洞及通道工程的施工
					大梁预制一队	特大桥全部的T梁预制
					大梁安装一队	特大桥1~15号孔全部的安装
					大梁安装二队	特大桥16~37号孔全部的安装
					桥面施工队	特大桥大梁连续处先简支后连续部位及桥面系的施工
基础下部构造处	某江南支特大桥的基础及下部构造及其他大中桥的基础施工	12	16	130	基础一队	0号台~11号墩的基础施工
					基础二队	12~25号墩的基础施工
					基础三队	26~37号墩水中基础的施工
					基础四队	其他大中桥基础的施工
					下部一队	0号台~22号墩墩台身、盖梁台帽施工
					下部二队	23~28号墩水中下部构造施工
					下部三队	29~37号台墩台身、盖梁台帽施工
混凝土集中拌和处	某江南支特大桥基础及下部构造、桥面系与其他桥梁涵洞构造物的混凝土供应	6	7	30	南支大桥东岸	配备1座60m^3/h混凝土拌和设备及2座7500型混凝土拌和机
					南支大桥西岸	配备2座5000型混凝土拌和机,供应某江南支特大桥基础及下部构造、桥面系与其他桥梁涵洞构造物的混凝土
					备用混凝土拌和站	为公司混凝土拌和站,设备为60m^3/h及150m^3/h各1套,运距为20km,备配4台7.5m^3混凝土搅拌运输车
合计		43	61	520		

（三）人员、机械设备配备

1. 各专业施工处的人员配备

各专业施工处的人员配备，见表 6-14。

2. 施工机械设备

拟投入本项目施工机械台（套）数量见《本合同工程主要机械表》（略）。

3. 施工组织机构框图

见《施工组织机构框图》（略）。

（四）施工场地布置

各路基施工队根据划分桩号在本施工段内选点扎营，开工后每个队有不少于 2 个路基施工作业面，根据施工要求合理选择施工点，科学配置施工机械。各桥涵施工队根据桥位桩号设立施工点，在某公路大桥 5 号台以及某江南支特大桥 12～15 号墩处分别设置空心板梁及 T 梁预制场，圆管涵及其他小型构件拟集中在空心板梁预制场内进行预制。现浇连续梁拟采用搭设满堂支架就地现浇方法施工。架设 4 座变电站，搭接外电，各施工队均要求配备备用发电机组。各施工队的详细驻点见图 6-11 施工总平面布置图。

（五）通信

项目经理部配置千兆宽带网络，安装固定电话，建立项目管理网络信息及通信联系系统，保持与业主、监理工程师及对外的联系。另外，现场还将配置 10 部对讲机，保持施工现场各部、组间的联系。

二、施工总体目标

（一）工期目标

路基工期招标文件为 15 个月（含特大桥标段为 18 个月），本施工组织设计实际安排工期路基为 14 个月，特大桥为 16 个月。

（二）质量目标

严格执行合同条款，按照招标文件中《技术规范》、有关规范规程、设计图纸和业主以及监理工程师的指令施工，制定落实各项质量管理和保证措施。确保工程质量为优良，分项工程优良率 90% 以上，力争 95% 以上；分部工程优良率 95% 以上，力争 98% 以上；单位工程优良率 100%；质量评分 90 分以上；工程外观：构造物表面光洁，桥面平整，线形顺适，环境美观，工程管理优良。

（三）安全目标

加强安全管理，严格执行各项安全生产制度和操作规程，消除施工中的各项安全隐患，杜绝重大安全事故的发生。

（四）合同管理目标

严格合同管理，全面履行合同中承包人的权利和义务，精心组织，科学安排；加强成本管理及控制，配合业主做好投资的有效控制。

（五）环保目标

重视环境保护，避免施工造成的环境污染，不破坏可视范围景观，保持沿线自然状态。

（六）精神文明建设目标

加强精神文明建设，做到廉洁勤政，不送不收“红包”；杜绝黄、赌、毒及打架斗殴现象，文明生产，文明施工。

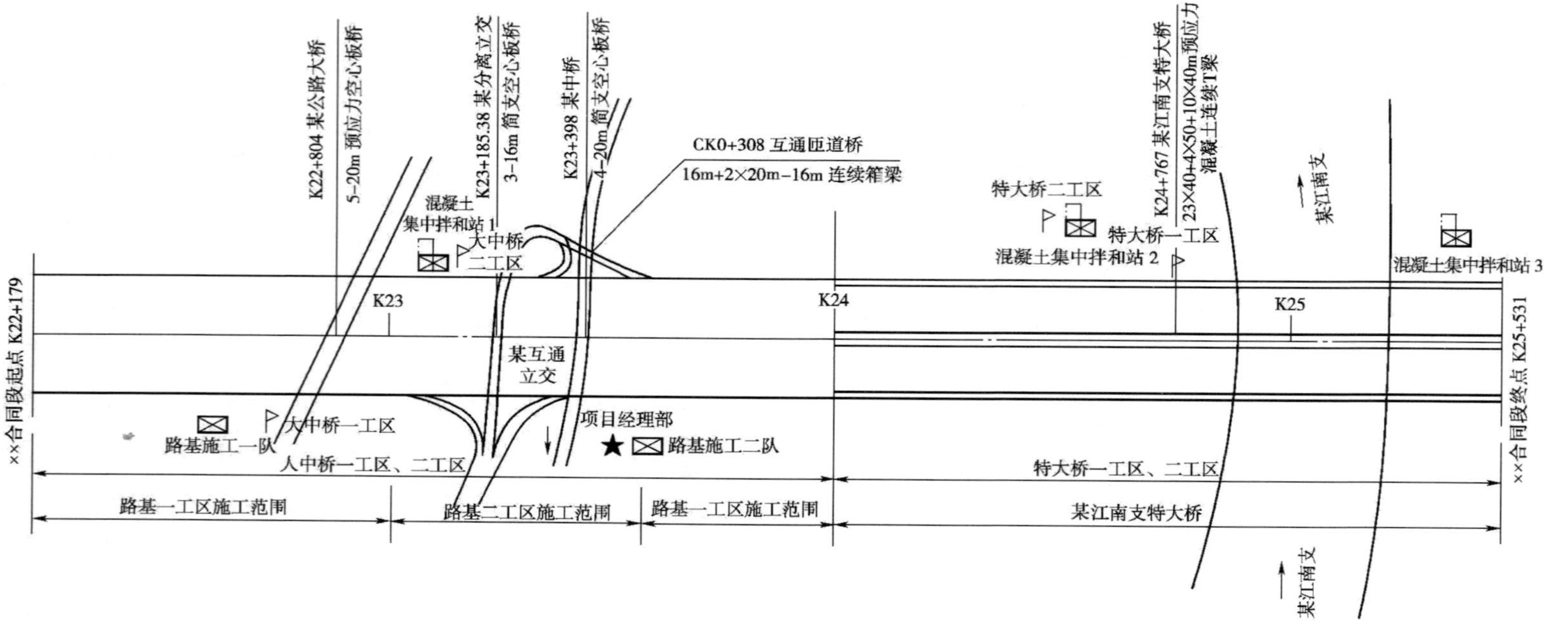

桥涵、防护排水及底基层施工队安排：

1. 特大桥一工区负责某江南支特大桥基础及下部构造的施工。
2. 特大桥二工区负责某江南支特大桥 T 梁的预制和安装，先简支后连续的施工。
3. 大中桥一工区负责某公路大桥、某中桥及某互通立交上跨桥的基础及下部构造，CK0-308 匝道桥的全部工程施工，以及完成后期的桥面系工程。
4. 大中桥二工区负责 20m、16m 空心板梁的预制和安装。
5. 涵洞、防排及底基层各安排一个施工队，各负责全合同段的相应全部任务。

路基施工队	软基施工工区	路基施工一工区	路基施工二工区
施工桩号（范围）	A7标全合同段的软基处理及粉喷桩	K22+179~K22+857及K23+725~K24+1000路基土石方	K22+857~K23+725及某互通路基土石方
施工任务	约57万m^3粉喷桩	约31.7万m^3的路基填筑	约45.6万m^3的路基填筑

说明：

1. 经理部及各队驻点于就近村庄，或临时租用水田；
2. ★ 代表项目经理部所在地；
3. ⊠ 代表土石方工程施工队驻地；
4. ⊳ 代表桥梁工程施工队驻地；
5. ⊠ 代表混凝土集中拌和站。

图 6-11　施工总平面布置图

（七）廉政建设目标

加强廉政建设教育，着眼防范，建立党政齐抓共管，纪检监察组织协调，部门各负其责，个人分工负责，群众积极参与的廉政建设责任体制。

三、施工总体计划及各项工程施工安排

（一）施工准备

以最快的速度做好临时设施的建设，材料进场前后的各种检测试验工作、进行设备的调动进场及施工人员的到位及前期测量放样工作，以确保本合同段能够按规定的开工日期开工。

（二）路基土石方工程

选择150m长或按监理工程师要求长度设置路基填筑试验路段，分别用不同类型的压路机及配套设备进行压实试验，以确定路基填筑的正确压实方法，为达到规定的密实度所需压实设备的类型及其组合工序，各类压实设备的最佳组合及压实遍数、压实厚度、松铺系数、最佳含水率等，做好详细记录，并取得监理工程师的批准，以此作为本项目路基填筑的指导依据。路基土石方采用两个路基施工队进行施工，具体配备的机械设备详见《本合同工程主要机械表》（略）。

由于工期安排较紧，路基施工按以下工期考虑：至第二年4月份完成50%以上，至第二年11月份全部完成剩余的路基工程量。

（三）桥梁工程

1. 总体安排

计划在进场20天后开工，第三年3月全部完工。桥梁工程分四个工区施工，分别为：特大桥设基础和下部构造工区及大梁预制和安装工区，其他大中桥设基础和下部构造工区及空心板预制和安装工区。以特大桥水中基础及下部构造为施工关键，在此基础上组织多个经验丰富的施工劳务班组施工，实行多点交叉流水作业，桥梁施工安排平行进行，加快施工进度，确保按期保质完成。在某江南支特大桥预制场设置4座5000型拌和机用于供应T梁预制的混凝土，其他混凝土由混凝土集中拌和站统一供应。除预制梁用轨道运输混凝土外，其他部位的混凝土用水泥混凝土运输车运送；钻孔桩基础则采用回旋钻机成孔，导管灌注水下混凝土施工；所有下部构造均采用定型或组合钢模板现浇混凝土。施工时各种大中桥、分离式立交桥应按桥型分类，根据施工总体进度要求综合考虑桥梁施工机械、设备的周转使用，以提高利用率。

2. 某江南支特大桥的总体施工计划安排

分基础和下部构造及大梁预制和安装两个工区，总体施工计划如下：

(1)23～28号水中基础及下部构造施工。水中桩基础在第二年2月底完成，相应的系梁及墩柱亦应在某江的主汛期来临前完成；水中盖梁在第二年5月完成。

(2)陆上基础及下部构造施工。13～16号墩基础及下部构造，为考虑到后期架梁的需求，优先安排13～16号墩的基础及下部构造的施工，计划在第二年5月初完成；0号台～12号墩基础及下部构造，基础计划在第二年4月完成，墩台身计划在第二年7月完成；17～22号墩基础及下部构造，由于主桥架梁任务较重，基础计划在第二年4月完成，墩台身计划在第二年7月完成；29～37号墩基础及下部构造，基础计划在第二年4月初完成，墩台身下部构造计划在第二年8月完成。

(3)大梁预制和安装。大梁预制分两个作业班组，并行进行大梁预制，计划在第二年4月完成60片40m预应力T梁预制,在第二年5月~9月底完成270片L40m T梁和全部的64片L50m T梁、共334片梁,可确保在第二年10月底架通半幅桥。全部的大梁预制在第三年1月完成。大梁安装分两个安装队,一队先从15号→1号孔进行全幅安装;待13~15号孔安装完后,二队从16号→22号孔全幅安装后,再从23号→37号孔单幅往前安装,计划在第二年10月底架通半幅;一队架完1~14号后,再从23号→37号孔架剩余的半幅;一队采用双导梁进行安装,二队则用150t的架桥机进行安装,至第三年2月初完成全部的大梁安装。连续部位的施工,在安装1~14号孔及15~22号孔全部时,留一幅用于铺轨运输大梁外,可先进行另一幅的纵向湿接缝、梁端头接缝、简支向连续的体系转换工作,连续部位的施工与纵向运梁相互配合,整体推进,计划在第三年2月底完成。

(4)桥面系及其他附属工程的施工。全桥的桥面系、人行道及其他附属工程从第二年11月开始至第三年3月初结束,共施工5个月。

3. 其他大中桥的施工总体安排

(1)基础及下部构造的施工。某公路大桥:桩基础计划在第二年6月完成,下部构造墩台身及盖梁台帽计划在第二年9月完成;某中桥:桩基础计划在第二年6月完成,下部构造墩台身及盖梁台帽计划在第二年9月完成;某互通主线上跨桥:桩基础计划在第二年7月完成,下部构造墩台身及盖梁台帽计划在第二年9月完成。

(2)大中桥空心板预制和安装、桥面系。空心板集中预制,从第二年6月开始预制至第二年12月全部结束,共施工7个月。安装从第二年8月开始至第二年11月全部结束,共施工4个月;桥面系在安装完梁板后就立即组织施工,从第二年11月开始预制至第三年1月全部结束,共施工3个月。

(3)某互通C匝道桥。桩基础计划在第二年7月完成,下部构造墩台身及台帽计划在第二年8月上旬完成,现浇连续箱梁在第二年10月完成。

(四)某互通立交工程的施工总体安排

影响互通立交施工的主要是路基土石方工程,总体施工安排是先进行主线的路基土石方施工。互通立交跨线桥的下部构造在路基土石方施工的同时一起进行施工。在整个路基的施工过程中,对于填土不高的涵洞,为避免影响路基整体的施工进度,可待此段的土石方填筑完后再开挖施工涵洞。

(五)通道、涵洞工程

本合同段共有涵洞21道,计长796.52m,其中钢筋混凝土圆管涵14道,长473.82m,钢筋混凝土盖板涵2道,长104.56m;有通道5道,长218.14m。为了保证路基施工的顺利进行,根据路基土石方工程进度安排以及农田灌溉、雨季排水需要,计划在第二年1月初具备施工条件后开工,综合考虑雨季、冬季、春节及其他因素的影响,到第二年4月底涵洞、通道全部完工,总工期为120d。对一些影响农民灌溉或较严重影响路基排水的涵洞优先施工。

(六)排水防护工程

排水工程开工计划与路基施工同步进行施工,拟定于第二年6月进行,选择多年来施工技术好的多个劳务班,进行排水工程的施工,但应在施工中随时做好临时排水设施。防护工程中如浆砌边坡防护、植被防护等都是随着路基边坡的整修完毕后才可逐渐开工。排水防护工程计划工期为8个月。

（七）工程交验前的现场整理清理及质保期内的维护

工程完工后交付验收前，施工企业将组织本单位技术人员、管理人员对全部工程进行全面细致的检查，投入足够的劳动力对全部工程进行整理清理，对临时用地、排水系统、路容路貌重点整治，向业主交出质量优良、外观优良且符合环保要求的工程项目。

项目部组织足够人员在质保期内对各项工程的维护及修复缺陷工作以及根据工程师指令要求完成的工作，确保工程项目符合设计要求。

施工总体计划如图 6-12 所示，分项工程进度计划（斜率图），如图 6-13 所示，分项工程生产率和施工周期见表 6-15。

第××合同段

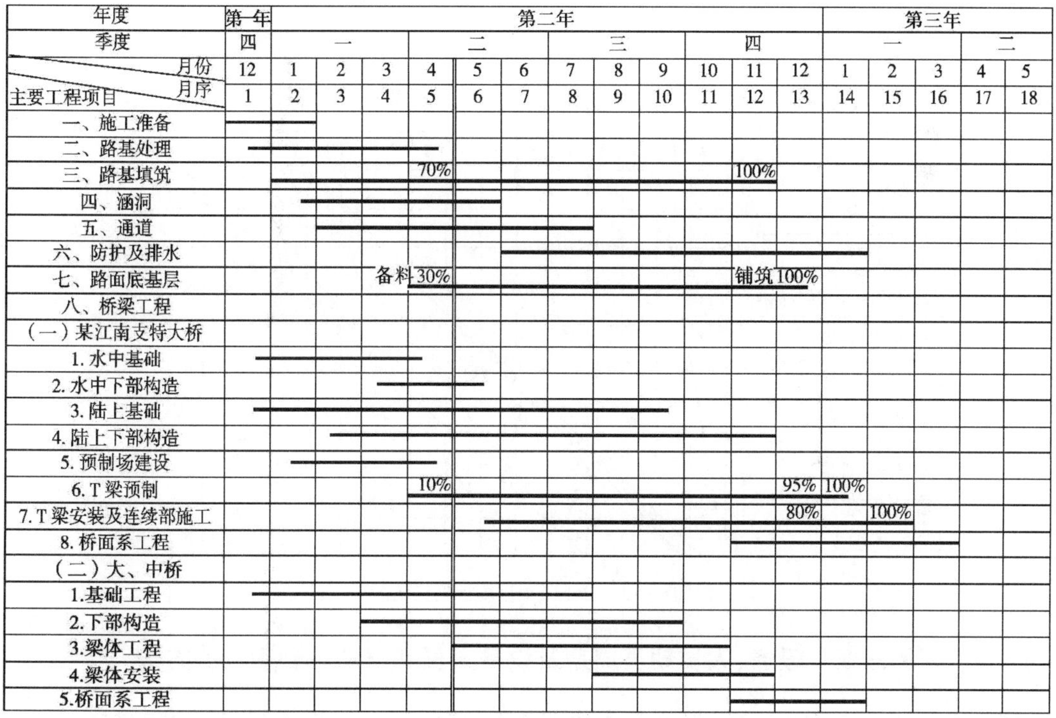

注：表中各月无累计完成百分数字的，都为到各相应工期结束时完成 100%。

图 6-12 施工总体计划图

分项工程生产率和施工周期表

表 6-15

第××合同段

序号	工程项目	单位	数量	平均每生产单位规模（__人，各种机械__台）	平均每单位生产率（数量、每周）	每生产单位平均施工时间（周）	生产单位总数（个）
1	特殊路基处理	km	1.824	35 人，机械 30 台	0.1013	18	2
2	路基填筑	万 m^3	71.526	55 人，机械 35 台	0.7609	47	2
3	路面底基层	万 m^2	8.6204	50 人，机械 30 台	0.2973	29	1
4	路基防护及排水	km	1.824	120 人，机械 8 台	0.0536	34	1

续上表

序号	工程项目	单位	数量	平均每生产单位规模(__人,各种机械__台)	平均每单位生产率(数量、每周)	每生产单位平均施工时间(周)	生产单位总数(个)
5	涵洞	道	16	80人,机械8台	0.8421	19	1
6	通道	道	5	80人,机械8台	0.1923	26	1
7	桥梁基桩	根	305	80人,机械11台	1.1172	39	7
8	桥梁墩台	座	110	50人,机械6台	0.3833	41	7
9	梁体预制安装	片	869	40人,机械10台	2.3423	53	7

注:互通立交、分离立交的匝道、匝道涵洞、通道、桥梁分别归入表中相关的项目内。

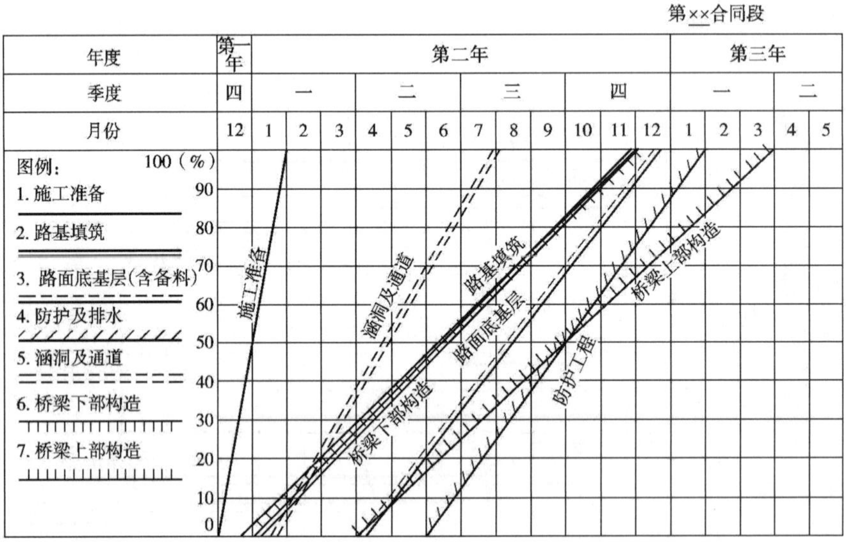

图 6-13　分项工程进度计划斜率图

第三章　设备、人员动员周期及设备人员和材料运到现场的方法

根据合同条款的要求,本施工企业立即进行组织落实,通过公司党委会决定组建成立“本施工企业某高速公路某合同段项目经理部”,由公司副董事长出任该项目的项目经理,副书记任项目书记,各主要职能部门均由精练的技术骨干担当,于第一年12月10日全部进场,其他各施工处的施工及技术负责人也均已进场,其余人员也将于20d内全部到位;其他安排具体如下(均自开工之日起):

(1)以测量工程师为主的测量组,20d内完成路线标桩交接、加密及桩志的复核保护,并完成路线中桩放样。

(2)20d内施工场地清理所需足够的机械设备到达施工现场;其余土石方施工机械30d内全部到位;桥梁设备按合同书标明的时间到达施工现场。30d内完成施工场地清理。

(3)25d内完成临时用地的租用手续办理;30d内完成各工地临时设施的建设及便道的修建。

(4)30d内完成中心试验室建设,完成工程的主要土工试验及地方材料试验,并提供路段的土工试验资料(含液限、塑限、塑性指数、CBR、天然含水率、标准干密度等)及桥梁的各类混凝土、砂浆设计配合比。

(5)第20d开始进行试验路施工。第25d完成试验路工作并提交试验路技术总结报告。第30d转入路基土石方施工。

(6)30d内完成通道、涵洞的施工准备并全面开工。

人员和设备以汽车为工具运送到施工现场,材料则采取公路与水路相结合的运输方式。

第四章　主要工程项目的施工方案、施工方法

一、准备工作

本施工企业将以最快的速度抓紧临时设施的建设,并在路基左侧坡脚红线范围内修筑一条路基宽度不小于6.5m、路面宽度不小于6m的施工便道,施工便道每隔500m设置一错车道,同时修建临时码头,以满足施工运输的需要。确保"三通一平",抓紧进行材料进场前后的各种检测试验工作,保障工程所需合格的材料数量,同时抓紧进行设备的调动进场及施工人员的到位,以确保本合同段能够按规定的开工日期开工。

在测量放样方面,技术人员根据设计单位提供的施工图纸、文件对工程测量资料和导线点进行复核,复核结果提交监理工程师,经监理工程师审核批准后,进行路基的恢复中线测量,并按《公路工程水文勘测设计规范》(JTG C30—2015)的有关规定进行桥位测量,对GPS导线点及其他永久性测量标志进行保护。

熟悉复核施工图纸,并及时对各处施工技术人员进行技术交底工作,并制订细部工程的详细施工方案及计划。

对于特大桥、大桥和土石方集中段等控制工期的关键性工程项目,本施工企业将加紧进场,在得到监理工程师批准后,立即开工,并制订切实可行的措施,控制工期,以确保整个项目按期完工。

二、路基土石方工程

(一)填砂路基

路基开工前,全面熟悉设计文件和进行技术交底。在此基础上,进行现场核对和施工调查,按工期要求、施工难易程度和该分项工程的人员、设备和材料的准备情况,编制分项工程的实施性施工组织设计。

进行GPS导线点和水准点的复测和增设,报现场监理工程师或业主。批准后,用全站仪进行施工放样,根据线位控制桩,按图纸要求现场放样,其内容包括路基边缘、坡口、坡脚、边沟、涵洞的具体位置,标明其轮廓,报现场监理工程师核查。

在路基开工前,选择在地质条件、断面形式均具有代表性的地段,设置150m长的试验路段,通过试验确定不同机具压实不同填料的最佳含水率、适宜的松铺厚度和相应的碾压遍数、最佳的机械配套和施工组织,并报监理工程师审批。

砂料的选择是确定路基填筑方式,选择施工设备,保证路堤填筑质量的关键。

路堤的压实,采用边冲水边振动的方式。压实后进行压实度检测,检测合格后报现场监理工程师验收,验收合格后,进行下一层的填筑。

(二)某互通立交路基土石方施工

在互通区进行土石方施工,除了施工方法与主线相同外,还应注意到互通区互通匝道多、

路线交汇点多、弯道多的特点,在施工过程中,应注意临时排水是否顺畅,并留意互通匝道区水系设计是否完善。

(三)特殊地段路基处理

1. 换填土的施工

开挖软土淤泥前,在路基两侧各开挖一条深1m的纵向排水沟,在路基范围内开挖横向排水沟,排干地表水,降低地下水位。在完成地表排水措施后进行挖软土、淤泥工作,由湿地推土机配合挖掘机挖装,自卸汽车配合运输软土、淤泥到指定的地点废弃。软土淤泥挖除完成后,由监理工程师检查验收,计量量方,经验收后立即用规定的材料回填至规定高程,并进行回填使其高出原地面,避免长时间放置形成新的软弱层。回填土分层填筑,碾压密实,施工方法与路堤填土相同,同时进行沉降观测。

2. 粉喷桩的施工

水泥粉喷桩全称为水泥粉体搅拌桩,由压缩空气向软弱土层输送水泥粉状加固原料使其与原位软弱土混合、压密,通过水泥与软土之间的离子交换作用、凝聚作用、化学结合作用等一系列物理、化学作用,形成具有一定强度的桩基,并使复合地基桩间土得到一定的改良,地基承载力进一步提高,从而达到加固软土地基的目的。

(四)结构物的台背回填

(1)结构物的台背回填是指结构物完成后,用符合要求的材料分层填筑结构物与路基之间的遗留部分。

(2)桥涵台背路基与锥坡要求采用石灰土填筑(石灰含量按质量比10%掺配)。

(3)结构物处的填土分层填筑,每层松铺厚度不超过150mm,结构物处的压实度要求从填方基底或涵洞顶部至路床顶面均为95%。

(4)在回填压实施工中,对称回填压实并保持结构物完好无损,在压路机达不到的地方,使用小型机动夯具进行压实。

(5)台背填土顺路线方向的长度,顶部为距翼墙尾部不小于台高加2m,底部距基础内缘不小于2m;拱桥台背填土长度不小于台高的3~4倍,涵洞填土长度每侧不小于2倍的孔径长度。

(五)路基施工安全生产保障措施(略)

三、桥梁施工

本合同段共有桥梁5座,其中特大桥1座,大桥1座,中桥1座,互通立交主线上跨桥1座,匝道上跨桥1座。基础有各种孔径的钻孔灌注桩,下部大体是柱式墩配钢筋混凝土盖梁,桥台为肋式桥台,上部构造有跨径16m、20m预应力混凝土空心板,40m、50m预应力混凝土T形梁,现浇预应力连续箱梁等多种结构形式。本合同段桥梁较多,结构形式主要为简支板梁、连续T梁和连续箱梁,现针对不同的施工方案,分述如下:

(一)某江南支特大桥的施工

1. 工程概况、总体布置及准备工作

(1)工程概况

某江南支特大桥中心桩号K24+767,全长1528m,主桥基础直径为ϕ220cm,引桥基础直径ϕ200cm,桥台基础为直径ϕ120cm的钻孔灌注桩,其中桥台ϕ120cm钻孔桩24根,桥墩ϕ220cm钻孔桩20根,ϕ200cm钻孔桩124根,承台4座,系梁12根,下部构造为ϕ200cm、

ϕ180cm 双柱接盖梁，肋式桥台，计有墩柱 144 根，盖梁 72 座，肋形桥台 4 座；上部构造为 23×40m+4×50m+10×40m 预应力混凝土连续 T 形梁，40m 跨径 T 梁有 472 片，50m 跨径 T 梁有 64 片，另分别在 21 号墩、30 号墩设上下桥楼梯，方便两岸群众过往。

(2)施工总体布置

开工前先将桥梁施工范围内的便道修通，进行前期的准备工作。

考虑到每年 4 月份以后某江进入汛期，优先进行水中基础及墩柱的施工。水中的 23～24 号墩打钢管桩平台，墩位间采取在浮箱上搭设平台便道的办法，用于堆放施工材料、摆放吊车等施工设备；25～27 号墩由于水位较浅，直接进行筑岛围堰(竹笼围堰)施工，同时为便于灌注水下混凝土，在搭设水中平台时，在墩孔间每隔 10～15m 打 1 根钢管桩用于安放混凝土输送管。

陆上的基础及下部构造施工分三个主要工作面沿线展开，一个是 0 号台～14 号墩，另一个是 15～22 号墩间，第三个是 28 号墩～37 号台间的施工。优先安排 13～15 号墩的施工，以便后期大梁的安装顺利进行。下部构造施工紧随桩基作业进程，只要有作业点，可立即安排施工。

由于梁片数量多，集中在 K24+500 处左侧设一大型 T 梁预制场，约占地 28800m^2，分设两个单元，内设 4 座 5000 型混凝土拌和机，分别用于预制 40m、50mT 梁。内设 40mT 梁预制底座 26 条、50m T 梁预制底座 4 条，每个预制区用一副龙门架移梁至存梁场或将其提升至栈桥上。在 13～15 号墩间设两条栈桥，在其上用平车将 T 梁横移至纵向轨道上，运至架桥机处或导梁上直接安装。

为保证基础及下部构造混凝土的质量，混凝土由混凝土集中站统一供应。

(3)准备工作包括搭设水中平台及筑岛围堰

前期的准备工作主要是人员、设备进场、熟悉设计文件和监理概要，搭设临时工棚，导线点复测核对，布设桥位控制导线，并进行桩位放样等。其中最主要的工作是进行水中基础施工的平台搭设及筑岛围堰。

2. 基础施工

全桥分三个作业面，即水中 0 号台～12 号墩桩基施工，计划安排 6 台反循环钻机，每排墩布置 1 台平行进行作业；从 13 号墩往 25 号台施工，计划安排 6 台钻机，先从 25 号墩起每排墩布置 1 台，而后往 13 号台推进；从 26 号墩往 37 号墩施工，计划安排 6 台钻机，先从 26 号墩起每排墩布置 1 台，而后往 37 号墩推进。

根据各墩台所处位置不同等情况，采取泵吸反循环钻机成孔，水中桩基泵送灌注水下混凝土、陆上桩基用运输车运输混凝土至现场灌注水下混凝土。特大桥桥墩处都是 ϕ200cm 以上大直径桩基，以水中桩基施工为重点，现就施工中的成孔、清孔、灌注水下混凝土等工序的步骤进行分述(略)。

3. 下部构造施工

本桥下部构造为每半幅双桩墩盖梁，肋式桥台，水中墩设了系梁。其系梁、墩柱(肋身)、盖梁及台帽等施工顺序、具体布置及施工方法(略)。

4. 上部构造施工

特大桥大梁全部都为预应力后张法 T 形梁，分 40m 和 50m 两种跨径，计划每天完成 4 片，除模板不同外，其他施工工艺都相同。其场地平面布置、模板制作、制梁步骤、模板安装、拆模时间、钢筋制作安装、混凝土的制备、运输、浇筑及养护等施工方法(略)。

梁片在压浆后孔道水泥浆强度达到梁体强度的80%以上后方可进行移运吊装。

5. 桥面系的施工

桥面铺装、防撞栏的施工工序详见施工工艺流程图(略)。

(二)沿线大中桥、分离立交桥、跨线桥施工

1. 工程概况及总体布置

本合同段有1座大桥、1座中桥、互通立交主线桥1座,1座分离立交。

(1)K22 +804 某公路大桥:5×20m预应力空心板梁,共130片,全桥长105.08m,桥台ϕ1.20m桩基24根、桥墩ϕ1.40m桩基24根;ϕ1.20m墩柱24根,肋形桥台2座。基础安排5台反循环钻机钻孔,准备2套ϕ1.20m墩柱模板、5套盖梁底模支架和2套侧模板紧随桩基进行施工。

(2)K23 +398 某中桥:4×20m预应力空心板梁,共116片,全桥长85.04m,桥台ϕ1.20m桩24根、桥墩ϕ1.40m桩基础18根;ϕ1.20m墩柱18根,肋形桥台4座。基础安排4台反循环钻机钻孔,准备1套ϕ1.20m墩柱模板、2套盖梁底模支架和1套侧模板紧随桩基进行施工。

(3)K23 +185.38 某互通立交主线上跨桥:3×16m预应力空心板梁,共87片,全桥长53.04m,桥台ϕ1.20m桩基24根,桥墩ϕ1.40m桩基12根;ϕ1.20m墩柱12根,肋形桥台4座。基础先安排2台反循环钻机钻孔,待某公路大桥桩基完成后,将其中2台钻机调入施工;在保证总体进度的前提下,为充分发挥设备的最大效益,墩柱及盖梁下部构造在某公路大桥完成后,将其设备转移该桥进行施工。

(4)CK0 +308 C匝道跨线桥:16m+2×20m+16m钢筋混凝土连续箱梁,全桥长79.08m,桥台ϕ1.20m桩基8根,桥墩ϕ1.60m桩基3根;ϕ1.40m墩柱3根,肋式桥台2座。

(5)空心板预制及安装:以上四座桥梁除CK0 +308为现浇连续箱梁外,其他均为预应力空心板梁,跨径20m的空心板有246片,跨径16m的空心板有87片,两种跨径的板数共333片,计划某公路大桥的5号台左侧设一预制场,集中预制空心板。空心板预制场设20m空心板底座15个、中梁模板1.5套(半套为中梁与边梁通用的内侧模板)、边梁模板0.5套(为边梁的外侧模板)、16m空心板底座5个、中梁模板1套、边梁模板0.5套(为边梁的外侧模板),计划在第二年12月完成所有的预制任务,总工期12个月。

(6)沿线大中桥及其他涵洞通道构造物的混凝土由混凝土拌和站集中供应。

以上四座桥梁的结构形式主要是桩基础、肋式桥台、柱式墩,预制空心板及现浇箱梁,桩基础及下部构造的形式与特大桥的基础相同,不另重述施工方案及工艺要求,只就上部构造不同的空心板及现浇钢筋混凝土连续箱梁的施工方法和方案分别叙述如下。

2. 预制预应力空心板梁的施工工艺

预制预应力空心板的施工工艺基本与后张法T梁的施工工艺相同,还应注意预制底座上梁底楔块的设置、混凝土浇筑、空心板安装等问题。

3. 现浇钢筋混凝土连续箱梁的施工工艺

C匝道跨线桥(CK0 +308)上部结构形式为16m+2×20m+16m 4跨连续钢筋混凝土箱梁,施工顺序:地基处理→满堂支架搭设→钢筋骨架制作→安装底模→钢筋骨架安装→安装内部侧模板→安装外侧模→底、腹板混凝土现浇→安装内顶模→安装顶板钢筋→浇筑顶板混凝土。

四、通道、盖板涵、圆管涵施工

本合同段共有涵洞 21 道，计长 796.52m，其中钢筋混凝土圆管涵 14 道，长 473.82m，钢筋混凝土盖板涵 2 道，长 104.56m；有通道 5 道，长 218.14m。

（一）施工方法

圆管涵的施工采用现浇混凝土基础、安装管节、现浇护壁混凝土的施工方法，管节集中预制生产，根据本工程的实际数量安排了一套离心式圆管预制设备，预制厂设置在某互通右侧；盖板涵、通道基础和涵台身混凝土施工采用分别浇注的施工方法，盖板涵、通道盖板现场支架装模浇筑。各类涵洞的施工先后视排水情况而定，位于农田、沟溪、冲槽处的涵洞优先开工。

涵洞的混凝土采用由拌和站用混凝土输送车供应。施工用电根据实际情况，能直接利用电网就充分利用，无法利用电网的则采用自备发电机。

材料严格按照技术规范或监理工程师的指示选用，由业主指定厂家供应的材料均严格按照质量标准体系进行控制，砂石等地方材料的进场全部由试验数据严格控制。

为了保证涵台背填土的强度和土石方施工的连续性，根据以往的经验，填土不高时采用先设临时排水涵管、后开挖的方法施工；填土较高及地形、地质情况特殊的则先进行涵洞施工后填土。施工时优先安排涵顶填土较高的涵洞，以利于路基施工更有效地衔接与连续。

（二）施工方案

涵洞施工前，首先根据设计资料进行现场核对，核对设计位于农田的是否满足农田灌溉要求，位于沟溪的是否满足排洪要求，位于冲槽的是否满足汇水面要求，以便准确地进行测量放样，制订合理可行的施工方案。综合考虑能采用整座涵洞同时施工的就尽量同时进行，如用于旱沟、冲槽、泄洪处，平时基本没有水流的涵洞，在不影响路基施工及环保的情况下，充分利用路基外的有利地形作为施工临时便道，抓紧涵洞主体工程的施工，这样也有利于路基的整体施工作业。

五、排水工程的施工

基础采用人工开挖，精确测量平面位置及高程。砌筑之前上报监理工程师验收合格后方能砌筑，为确保工程质量，应注意以下事项：

（1）水沟沟底必须平整坚实，沟底平顺，排水畅通，无阻水现象，并按图纸要求将水引入排水系统中。

（2）砌体砂浆配合比要准确，砌缝要均匀饱满，勾缝要平整密实，不得有裂缝。空缝现象应符合技术规范的要求。石料采用未风化的坚石，镶面石料的表面应平整，厚度 20～30cm，石块在使用前应冲洗干净并浇水湿润。

（3）排水管与集水井的连接应按图纸要求和工程师的指示进行。排水管应紧密嵌入壁内，井壁开孔和圆管周边应用两圈砖结构加以保护，并用水泥砂浆固定。

六、防护工程施工

由于本合同段主要为路堤护坡，应在路基工程完成整修边坡后进行防护工程的施工。本合同段的路基防护措施的主要类型有植草、浆砌片石护坡等，其主要施工要点为：

（一）片石方形框及植草

（1）坡面应平整、密实，不应有扭曲而存在，坡顶线要修整平顺。

（2）浆砌片石骨架肋条要挂线施工，保证顺直流畅，肋条均匀。

（3）骨架应嵌入地面，表面与植草齐平。

(二)浆砌片石护坡及植草的施工

对于植草的坡面,还应湿润,洒水施肥,拔除杂草。

在需要施工的区域内,应按图纸所示整修成坡度整齐的新鲜坡面,坡面不应有树桩、有机质或废弃物。坡面修整后应立即进行护坡铺砌。

砌筑之前必须将基面或坡面夯实平整,方可砌筑。砌体砌筑前应测量放样,施工时应立杆挂线或样板控制,并要经常复核验证,以保持线形顺适,砌体平整。砌体外露面的坡顶、边口应选用较平整的石块并加以修整。砌体的沉降缝、伸缩缝、泄水孔的设置应符合图纸要求。砌体石应坚硬,砂浆饱满,片石间咬扣紧密,错缝,严禁通缝、叠砌。砌体勾缝应牢固,美观。

设置砂砾垫层,应符合图纸要求。铺设砂砾垫层前,应将地表面拍打密实,厚度均匀,密实大于90%,符合相关技术规范的规定。

七、路面级配碎石底基层施工

采用南方路机WCB400稳定土拌和楼进行厂拌,斯太尔自卸车进行拌和料的运输,具有自动调平功能的摊铺机进行摊铺,压路机碾压,混合料按照经监理工程师批复确定的配合比由拌和站统一集中拌和,以保证配料的准确性和拌和的均匀性。

八、主要工程质量保证措施(略)

第五章 保证措施

一、确保工程质量的措施

(一)质量总体目标

严格执行合同条款,按照招标文件中《技术规范》和业主以及监理工程师的指令施工,制订落实各项质量管理和保证措施,在确保各项工程质量达到优良的前提下,争创精品工程。确保工程合格率100%,优良率95%以上,质量评分90分以上;工程外观:构造物表面光洁,桥面平整,线形顺适,环境美观,工程管理优良。

(二)质量自检系统

本项目由项目总工负责主管质量工作,直接对项目经理负责,设置由各专业技术人员组成的质检部,全面负责本合同段工程施工检测和质量监督管理工作,各工区设置质检小组,各自负责工区的日常检测工作,同时成立中心试验室和中心测量组,全面负责本合同段工程试验检测和施工测量放样复核工作,为质检人员提供科学数据。

(三)试验室的组织、设备配置

1. 试验室的组织

设试验工程师2人,中心试验室试验员6人,施工队试验员各2人;配备齐全的土工、混凝土等试验检测设备。中心试验室按合同要求,经过上级行业主管部门技术资质审查合格确定试验范围后,方可进行试验检测工作。

2. 试验仪器及检测设备

试验仪器及检测设备详见《主要的材料试验、测量、质检仪器设备表》(略)。

(四)质量管理措施

(1)建立健全的质量保证体系,实行全面质量管理。根据工作项目和工艺复杂程度,将成立各种课题的QC活动小组,分阶段有针对性地开展活动,及时解决施工中遇到的技术质量难题,提高全员质量意识。

(2)加强工艺研究,制定一系列工艺操作规程,保证施工质量。

(3)施工前认真核对设计文件及资料,切实领会设计意图,对施工区域的水文、地质、气象认真调查,详尽周密地编制实施性施工组织设计。开展施工技术研讨,做好技术交底工作。各分项工程严格按照设计图纸和本项目招标文件的技术规范施工,坚决执行工程师指令及文件精神,强化内部质量管理,做到层层严格把关。

(4)加强原材料的质量管理,做好材料的试验鉴定和各种配合比的选择,施工中严格试验检测工作,随时检查,不合格材料坚决不用于工程施工,切实把好试验关口。外购材料选择具有良好信誉的供应商或厂家,所有材料必须经检验合格、工程师签认后方能使用。

(5)严格执行工程质量"三检"制度,狠抓施工过程管理。在每一项工程甚至每一遍工序的施工,施工企业都要先进行自检,并详细填报质检记录资料。然后,由工程师根据施工企业自检资料到施工现场进行复检。最后,由政府质量检测部门根据质量评定等级的标准进行抽检监督评定,对不合格工程马上采取补救措施或返工处理。

(6)建立一整套的奖惩制度,不断激励创优意识。在工程施工中,每项工作责权落实到人,奖罚分明。对违反操作规程施工,影响工程质量的,及时进行补救,并给当事人处罚,杜绝质量事故的发生。对严格按照操作规程施工,工程质量获优良,提出合理化建议创效益的,给予精神上、物质上奖励,不断激励员工的创优意识。

(7)积极推广采用新技术、新材料、新工艺。在工程施工中,运用高精度的仪器,以先进的检测手段,指导施工的每个环节。

(五)处理质量和进度关系

始终坚持质量是生命,是企业生存、发展之本,每位员工都必须坚持这个信念。在施工中,一切均以保证质量为前提,工程进度服从工程质量。

二、工程进度保证措施

(一)主要工程、重点工作的作业期安排及衔接

本合同段的重点工程是路基土石方、某江南支特大桥及某互通立交,须周密组织,重点攻关,确保按期完成。

为保证本合同段路基土石方能按计划完成,首先在进场后就进行该合同段的涵洞、桥梁的施工,同时进行路基土石方施工。第二年 7 月完成涵洞、盖板涵施工,第二年 12 月基本完成特大桥、大中桥和分离立交桥的梁板现浇、预制安装及连续部位的施工,为本合同段的贯通打下基础,特大桥的安排至第二年 3 月份完工。

开工前期,某江南支特大桥和其他桥梁也必须在施工安排上考虑桩基础和下部构造的施工,保证能及时进行桥台填土及桥头土石方的施工。

作为关键工程,在施工组织安排上,将对以上工程作每周工作计划,并报监理工程师批准,及时调整工程进度,合理安排人员、机械,确保关键工程、重点工程能按质按期完成。

(二)农忙季节的工作安排

农忙季节影响工程施工的主要因素是劳动力。由于本合同段路基路面全部采用机械化施工,所用劳动力很少,受农忙季节的影响小;而使用劳动力较多的工程项目是防护、排水及桥涵结构物的圬工砌筑与混凝土浇筑,此部分工作有很大一部分安排在旱季完成,劳动力因素影响

不大。

(三)雨季、冬季施工和春节前后的工作安排

1. 雨季施工

本合同段大部分的工作安排在旱季施工,不可避免地要在雨季安排一部分项目的施工,因此,在安排雨季施工时应遵循以下原则:

(1)雨季来临前,将根据现场具体情况确定可进行雨季施工地段,并编制实施性强的雨季施工计划,提交工程师审查批准后方实施。

(2)随时保持施工现场排水畅通,在雨季前未完成的涵洞、水沟等路基排水工程的路段,必须设置临时排水设施。

(3)植树、种草、绿化等工作可在雨季大量施工,并及时对机械设备进行维修保养,为旱季大规模施工作好充足准备。

(4)尽可能不安排路基土石方施工,确有必要在雨季填筑路堤时,要做到随填、随压,每层填土表面平整并做成2% ~3%的横坡以免积水浸泡路基。

(5)在气候条件允许时,应不失时机地安排路面底基层的铺筑,但在施工中要做到:

①施工前提交周密的施工组织方案,包括施工方法、施工路段及预防措施等,报监理工程师审查批准;

②密切注意气象预报,加强工地现场与混合料拌和站的联系,缩短施工长度,各项工序紧密衔接;

③摊铺现场配备防雨设施,运料汽车备足防雨篷布,避免混合料遭受雨淋或运输途中受潮;

④不在大、中雨天气铺筑路面底基层。

(6)阴天和小雨天气时桥涵结构物的施工可正常进行,但在进行钢筋加工、焊接时要采取防雨措施,并符合技术规范中有关气候条件的规定。

(7)在底基层施工之前,完工的路基面要保持合格的状态,雨季期间严禁车辆在路基或路面底基层上通行。

(8)注意做好洪涝灾害的防范工作,特别是每年5 ~8 月份,工程所在地雨量集中,易形成短时间的洪涝灾害。

2. 冬季施工

(1)冬季施工安排。本合同段区域属中亚热带湿润气候区,具有四季分明,日照充足、雨量充沛、无霜期长等特点,雨季主要是每年5 ~8 月,冬季有短期轻微冰冻。冬季是公路施工尤其路基土石方施工的大好季节,能否充分、有效地利用冬季的有利时机组织施工,是按期完工的关键,必须对冬季施工有一个周详的布置。本合同段冬季施工安排的优先次序如下:

①第一年冬季,以路基土石方施工为关键工程,掀起冬季施工高潮,确保在第二年4 月底前完成50%以上的路基土石方,第二年11 月底基本完成路基施工。

②以桥梁基础工程施工为重点,精心组织桥梁工程的施工,计划在第二年11 月底完成桥梁墩、台的施工,第三年3 月底基本完成全部桥梁;为确保工期,T 梁预制采取蒸汽养护,尽量缩短周期。

③合理安排涵洞工程施工,尽快完成高填方路段的涵洞工程,为高填方路基的填筑提供施

工时间和施工条件的保证；低填方路段则根据实际情况，在保证路基填方施工进度的前提下，选择先填后挖或直接开挖方案施工。所有涵洞的施工都要安排在第二年7月之前完成。

④在不影响路基土石方施工的前提下，穿插进行排水及防护工程的施工，力争在第三年1月份前完成排水和防护工程的砌筑。

(2)冬季施工注意事项。在冬季施工过程中应注意：

①当环境温度低于5℃时，钢筋在焊接前应预热，否则不宜进行钢筋焊接。

②在气温低于5℃时，砂浆、混凝土不得采用洒水养护，而应采取覆盖保温措施进行。

③当室外日平均气温连续5天低于5℃时不得进行砂浆、混凝土施工，如需施工应采取保暖措施并征得监理工程师的同意才能进行。

④冬季施工气温干燥，要做好防火工作。

3.春节的施工安排

春节是中华民族的传统佳节，按国务院规定应放假，但此时正值旱季施工的最佳季节，因此，考虑全合同段春节前后不放假，加班加点，每天除正常上班时间外再加班四个小时，每部机、车安排2~3个操作员，人停机不停，保证工程提前完工。

三、施工安全保证体系及措施

(一)安全组织和管理

(1)建立安全机构。项目经理部设安全小组，具体负责日常安全工作，制定各项安全制度，检查督促各项安全措施的落实，各施工队设立专职安全员，负责本项目的安全工作，项目经理及各工区长为安全负责人。每月对员工进行安全教育，切实做好安全宣传工作。

(2)施工及住宿地，要做好防火、防暴雨、台风工作，指派专人进行轮流值班，发现问题及时报告处理，现场要配备灭火器及其他安全器材。

(3)在施工前对施工员、民工做好详细的安全交底，加强对现场人员的安全教育和督促检查。

(4)施工现场、宿舍区用电及各种电器设备的安装使用，必须按供电部门的安全用电要求及有关规定执行，严禁违章用电。

(5)所有进入桥涵施工场地的员工必须戴安全帽，不得穿拖鞋，技术工种要持证上岗，高空作业必须系安全带。

(6)施工现场必须设置施工围栏隔离措施和醒目警告标志，确保行人车辆与施工互不干扰，保证施工和交通畅通。

(7)全体施工人员必须遵守国家法律法规，遵守当地政府各种管理条例，遵守单位规章制度，做到群防群治，确保安全。

(二)高空、水下、运输、机械操作的安全管理

(1)高空作业设安全防护措施，与地面联系配备通信设施。恶劣天气禁止进行高空作业。

(2)进行水下作业时，下水前对装具的完好性和通信设施做好检查；在钻孔桩内作业时，桩内泥浆面应高于护筒外水位，潜水员严禁在护筒以下部位作业。

(3)施工机械、车辆操作人员必须持上岗证，严禁无证上岗；自卸汽车严禁载人。

(三)民工的安全教育和管理

(1)对全体农民工进行经常性的安全教育，开工前进行安全技术交底，加强安全知识的宣传与培训工作，切实提高全体农民工的安全意识和素质，定期举办安全学习班，每月固定一天

作为安全学习和小结检查日。

(2)使全体农民工明确安全工作的重要性,严格遵守施工操作规程,禁止违章操作,杜绝施工生产中安全事故的发生。

四、资金需求计划及保证措施

(一)流动资金及预备金的筹措

(1)及时进行工程计量结算,加快资金回收,保证工程施工用款。

(2)本施工企业有雄厚的资金保证,必要时,本公司可在资金上提供保障。

(二)资金管理

(1)保证业主支付的工程进度款用于本合同段工程的施工,做到专款专用。

(2)加强自有流动资金管理,协调流动资金在项目之间的流动,充分保证本合同段的流动资金使用。

(3)加强资金的使用管理,充分利用自有机械设备、周转材料等,减少流动资金的占用。

(4)设备、周转材料资金、管理费暂不回收,保证项目流动资金的使用。

(三)工程核算

(1)保证合理的工程施工进度及分项工程完成的完整性,在施工过程中严格按照技术规范及工程师的要求,认真及时填写质检资料并得到工程师的签字认可。

(2)组织精干的计量小组,及时完成对已完成工程量的计量及相关资料的填写。

(3)保质保量保安全按合同工期完成任务,按月及时填报工程完成情况月报表,并递交给业主,及时进行计量工作,以便业主及时支付工程款,保证工程的资金周转。

第六章 文明施工、环境保护

坚持文明施工,提高环保意识,认真采取措施,尽心、尽力使施工对环保的影响降到最低程度。

一、文明施工

项目经理部将在本工程施工期间,制定相关的制度、条例,严格遵守,认真执行,做到文明施工,体现出施工现场现代化管理的风貌。

(1)施工现场设置150cm×75cm的正规施工标志牌,标明合同段的名称、承包单位名称、经理部负责人姓名、总工程师姓名以及监理工程师姓名。

(2)驻地管理人员一律佩证上岗,内容标明职务、姓名并印有本人彩色相片。

(3)施工现场管理人员(工长、领班、旁站)均佩证上岗,他们及时、主动接待前来现场了解、检查、视察的所有人员,介绍有关问题和情况。将与本合同段工程无关的外来闲散人员劝离现场。

(4)施工现场的技术人员均为常设现场安全员,其工作内容包括健康保护、事故预防措施和个人安全检查,查看所有安全规则与条例的执行情况。安全员的佩证为红色,使其特别醒目。

(5)所有人员上岗期间,一律穿着整齐。

(6)施工现场各种施工机械设备分类划区摆放要整齐,施工材料四周设围堆放,要求合理、整齐、并挂牌明示。对于怕雨、怕晒、怕冻、怕污染的材料应进行遮盖。

(7)生活设施的设置不能过于简陋,布局要合理、整齐,设立专职人员进行保洁工作,创造一个良好、卫生的生活及工作环境。

(8)建立明确的交接班制度,交接班者要交清和了解作业的所在情况及注意事项。下班及节假日期间，必须将作业中使用的工具、器械、设备等放置整齐，并清除现场、整理洁净。

(9)加强与当地政府和群众的联系，使施工做到便民而不扰民。

二、环境保护

(1)避免冲刷和破坏农田排灌系统。在施工过程中跟原有排灌系统会产生矛盾，我们在施工前征得当地政府和群众同意，修建临时排水设施，保证排水灌溉系统不间断，竣工及时清理修复。

(2)污水及垃圾清理。污水可定期请农民清理，作为农田菜地肥料等；垃圾集中堆放，定期送到当地指定地点处理。

(3)尘土和噪声处理。

①所有的工点驻地，整平后用混凝土进行表面处治，避免翻浆及尘土飞扬。

②配备洒水车，对施工车辆经过的道路经常洒水灭尘。

③施工便道的选择尽可能避开村镇和工点驻地。

④夜间施工要防噪声，尽量不用发电机发电，应使用高压电。

⑤拌和场地要远离居民区。

(4)严格保持驻地周围的环境卫生，保证每个员工身体的健康。

(5)保护历史文物，在拆迁建筑及基坑开挖时，要注意做好保护文物的工作，如有发现文物要及时保护现场，迅速上报有关部门；积极协助业主，妥善处理好各种建筑的拆迁工作，不误工期。

(6)在施工过程中，要特别注意做好便道修筑，维持运料土石方车辆行驶的畅通，在复杂路口上派专人指挥，防止事故的发生。

(7)切实做好文明施工，在深夜尽可能避免和减少影响附近居民生活和休息的施工。施工现场场地要保持整洁，创造文明的工作环境，以提高工作效率。

(8)施工场地在工程竣工后，必须认真清理，以利于当地居民恢复生产，方便交通，美化整洁环境。

(9)桩基施工时，严禁将泥浆直接排放到下水管或沟中去，利用特制泥浆汽车将钻渣及废泥运浆运至政府环保部门指定地倒掉。

(10)现场电焊接作业，要采取挡板隔离，避免影响居民生活。

第七章　加强廉政建设(略)

第八章　缺陷责任期内对工程修复及维护组织管理方案(略)

第九章　项目经理部对整个项目实行“五控制”“五管理”(略)

本章小结

本章主要介绍工程施工的特点，施工组织设计的概念、作用、任务、原则及各阶段的内容，施工组织设计所需的自然条件、施工资源、施工单位能力等原始资料及编制方法。施工组织设计文件是控制工程进度、工程质量、工程成本的管理文件，要编制好施工组织文件必须先了解其编制依据、编制程序及注意事项。掌握工程进度图的作用、分类及编制方法是编制好施工组织设计的基础，而资源需要量计划、临时设施组织与工地运输组织的调查是编制好施工组织设计的先决条件。施工平面布置图是施工组织设计编制的成果之一。施工组织设计实例仅供编制时参考。

思考与训练

1. 施工组织设计的基本原则是什么?
2. 施工方案及施工组织计划的主要内容是什么?
3. 施工阶段施工组织文件的特点和作用是什么?
4. 编制施工组织设计文件的主要步骤是什么?
5. 施工方案包含哪几方面的内容?
6. 施工进度图的主要形式有哪些? 水平图表的制作步骤是什么?
7. 编制施工进度图应有哪些依据?
8. 水平图表与垂直图表的主要区别是什么?
9. 编制作业工期计算表的基本步骤是什么?
10. 安排施工顺序的主要原则是什么?
11. 施工进度图的作用是什么?
12. 施工平面图有几种形式? 分别包括哪些主要内容?
13. 试列出施工平面图设计的基本原则。
14. 施工组织设计的临时设施设计包括哪些内容?
15. 临时用水量的确定方法是什么?
16. 分析累计曲线中供应曲线与消耗曲线的 x、y 方向的实际意义。
17. 请根据表6-16计算各工作的工期、劳动力人数,绘制水平图表,并用不均衡系数进行调整,以优化水平图表。工期为两年(2014.10~2016.9)。

计算参数 表6-16

工程名称	单位	数量	劳动量(工日)	机械量(台班)	工程名称	单位	数量	劳动量(工日)	机械量(台班)
1. 准备工作					基础混凝土	m^3	3307	3313	242
清理场地	m^2	182000	2400	37	桩基础	m	1815	7409	411
汽车运材料	kt	58.6		2500	下部构造	m^3	9339	14345	682
临时工程	m^2	45000	11000		上部构造	m^3	4676	18433	320
2. 路基工程					其他工程	m^3	2518	9559	
土石方工程	m^3	808448	2425	420	桥面系	m^3	1559	3218	134
汽车运土	m^3	500400		1380	5. 钢筋工作	t	1148	1172	
清淤工程	m^3	54493	330	220	6. 路面工程				
3. 涵洞通道					垫层	m^2	46586	400	32
盖板涵	座	1	818		基层	m^2	120045	3720	110
石拱涵	座	1	1448		路肩	m^3	6801	1300	140
圆管涵	座	28	16658		面层	m^2	120045	24850	1540
盖板通道	座	16	12084		7. 防护工程				
石拱通道	座	4	6953		挡土墙	m^3	1982	2160	
4. 桥梁工程					护坡	m^3	1642	1920	
天然基础	m^3	18195	3840	630	急流槽	m^3	181	220	

第七章
CHAPTER SEVEN

公路工程定额

学习目标

1. 能够描述定额的概念及作用;
2. 掌握公路工程定额的类型及其运用。

学习指南

能结合定额的特点和工程实际情况进行公路工程定额的套用及换算调整。

第一节 概述

定额是指企业在生产经营活动中,在一定的条件下,对人力、物力、财力的使用和消耗,经过科学的测定、分析、计算,确定一些合理的数学指标,作为管理和生产所应遵守或达到的标准。其意义是指在正常的施工条件下,完成单位合格产品或一定工作量所消耗的人力、机械、材料、资金等数量的标准。正常的施工条件是指生产过程按生产工艺和施工验收规范操作,施工条件完善,劳动组织合理,机械运转正常,材料储备合理。在这样的条件下,对完成单位合格产品或一定量的工作进行定人员、定质量、定数量(即劳动工作日数、材料用量、机械台班用量和资金用量),同时规定了工作内容和安全要求等。

一、定额的特点

1. 定额的科学性

定额的科学性表现在,定额中各类参数是遵循客观规律的要求、运用科学的方法确定的。定额项目的内容采用了经过实践证明是成熟的、行之有效的先进技术和先进操作方法,同时在编制定额的技术方法上,吸取了现代科学管理的成就,具有一套科学的、严密的定额水平确定的手段和方法。因此,定额中的各种消耗量指标,能够反映当前社会生产力水平。

2. 定额的系统性

任何专业的定额都是一个完整、独立的系统,公路工程也不例外,它从测定到使用,直至再修订都是为了全面地反映公路工程所有的工程内容和项目。公路工程定额与公路工程技术标准、规范配套,完全、准确地反映公路工程施工工艺流程中的每一环节。

公路工程定额是为公路建设服务,虽然公路是一个庞大的实体,但定额将其项目分解为成千上万道工序,内容层次分明,如项、目、节的划分。任何一个分部分项工程在公路定额中都能一一确定。如概算定额中,用7个章节将所有公路工程的内容进行分割和包容,而且在编制定额的过程中,每一个不同工作都有不同的计算规则和计算模型,它们互相协调组成一个完善的系统。

3. 定额的统一性

公路工程定额由初期借助于国家统一的技术标准、规范,到现在依据交通工程的统一标准、规范,在交通运输部公路工程定额站的统一领导下,按照定额的制定、颁布和贯彻执行统一的制度,使定额管理有统一的程序、统一的原则、统一的要求和统一的标准。

4. 定额的法令性

定额的法令性表现在,定额是国家主管部门或其他授权机关统一制定的,一经颁布便具有法令的性质,只要在执行范围以内,任何单位都必须严格执行,不得任意变更定额的内容和水平。定额的法令性保证对工程项目有一个统一的核算尺度,使国家对设计的经济效果和施工管理水平能够实行统一的考核和监督。

5. 定额的稳定性

定额所反映的是一定时期内施工技术和先进工艺的水平,所以表现为一定的稳定性,公路工程定额的稳定期一般在5~10年。由于定额水平是一定时期内社会生产力水平的反映。因此,它不是一成不变的,而是随着生产力水平变化而变化。只是由于编制和修改定额是一项十分重要的工作,它需要动员和组织大量的人力、物力,需要很长的周期来收集大量的资料、数据,并进行反复的调查研究、测算、比较、平衡、审查、批准,最后才能印刷发行。因此,当生产力水平变化不大时,有必要保持定额的相对稳定性;但当生产力变化幅度较大时,定额必须随之变化。

二、定额的作用

1. 定额有利于节约社会劳动和提高生产效率

生产性的施工定额直接作用于建筑安装工人,企业以定额作为促进工人节约社会劳动(工作时间、原材料等)和提高劳动效率、加快工作进度的手段,以增加市场竞争能力,获得更多利润;作为工程造价计算依据的各类定额,促使企业加强管理,把社会劳动的消耗控制在合理的限度范围内;作为项目决策的定额指标,在更高层次上促使项目投资者合理而有效地利用和分配社会劳动。因此,定额在工程建设中对节约社会劳动和优化资源配置方面起着十分重要的作用。

2. 定额有利于对工程建设项目进行宏观调控和管理

市场经济并不排斥宏观调控,即使在资本主义国家,政府也要利用各种手段影响和调控经济的发展。利用定额对工程建设进行宏观调控和管理主要表现在:对工程造价进行管理和调控;对资源配置和流向进行预测和平衡;对经济结构,包括企业结构和所有制结构进行合理的调控,也包括对技术结构和产品结构的调整。

3. 定额有利于对市场信息的加工、传递和完善市场的信息系统

定额所提供的准确信息为市场需求主体和供给主体之间的竞争,以及供给主体之间的公平竞争,提供了有利条件。

定额管理是对大量的市场信息进行和传递,同时也收集市场信息的反馈的过程。信息是市场体系中不可缺少的要素。它的可靠性、完备性和灵敏性是市场成熟和市场效率的标志。在我国,以定额形式建立和完善市场信息系统,是以公有制经济为主体的社会主义市场经济的特点,在发达的资本主义国家是难以想象的。

4. 定额有利于对市场主体的经济行为的规范

定额既是投资决策的依据,又是价格决策的依据。对于投资者来说,他可以利用定额来权衡自己的财务状况和支付能力、预测资金投入和预期回报,还可以充分利用有关定额的大量信息,有效地提高其项目决策的科学性,优化其投资行为。对于施工企业来说,由于有关定额在一定程度上制约着工程中人工、物资的消耗,因此会影响到工程产品的价格水平。企业在投标报价时,只有充分考虑定额的要求,做出正确的价格决策,才能具有市场竞争优势,才能获得更多的工程合同。因而对完善我国固定资产投资市场和工程承包市场,都能起到重要作用。

5. 定额有利于推广先进的施工技术和工艺

定额水平中包含着某些已成熟的先进的施工技术和经验,工人要达到和超过定额,就必须掌握和应用这些先进技术;如果工人要大幅度超过定额水平,他就必须创造性地劳动,主要可以从以下几方面着手:第一,在自己的工作中注意改进工具和改进技术操作方法,注意原材料的节约,避免原材料和能源的浪费;第二,企业或主管部门为了推行施工工具和施工方法,因此贯彻定额也就意味着推广先进技术;第三,企业或主管部门为了推行定额,往往要组织技术培训,以帮助工人能达到或超过定额。这样,新技术、新工艺、新材料、新经验就很容易得到推广,从而大大提高全社会的劳动生产率。

第二节 定额的分类

不同的专业有不同的定额,如建筑安装工程定额(亦称土建定额)、给排水工程定额、公路工程定额、铁路工程定额、水利水电工程定额、水运工程定额、井巷工程定额等。各专业定额按编制单位的执行的范围不同,又有全国统一定额、主管部定额、地方定额和企业定额之分。具体分类如图 7-1 所示。

公路工程定额一般分为两类,即按生产因素分类和按定额用途分类。

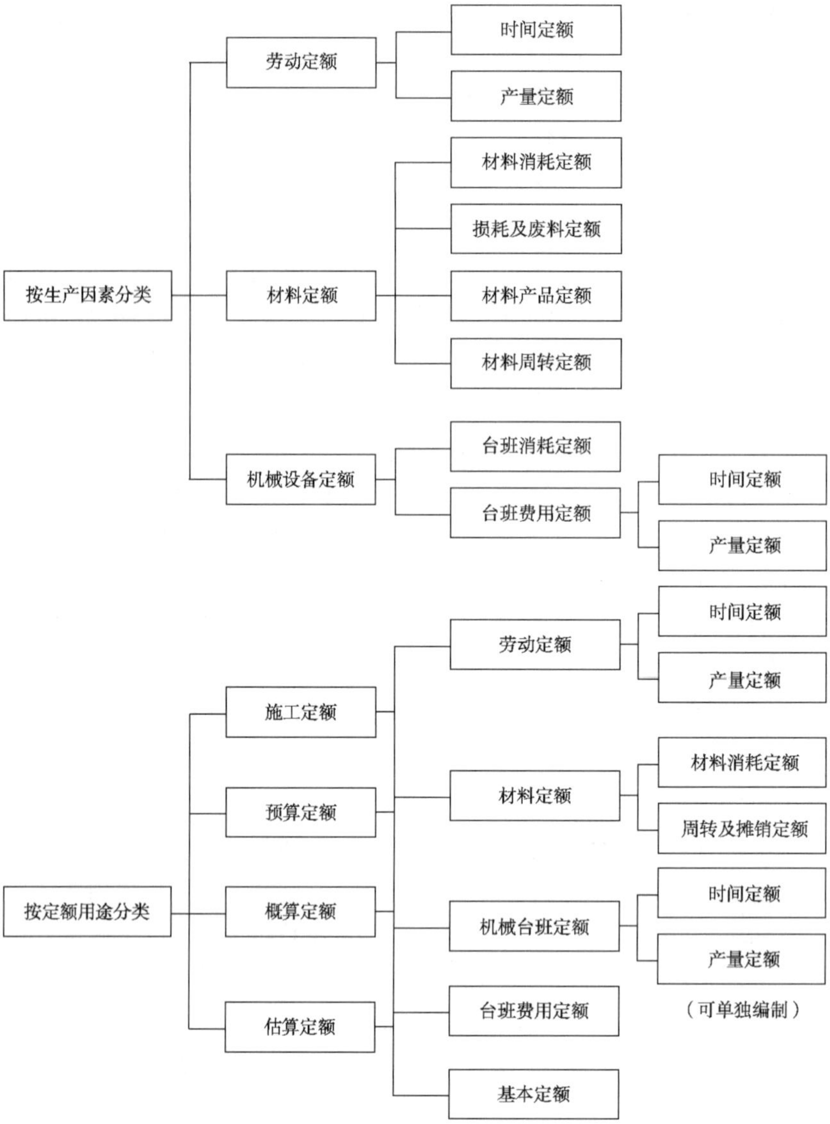

图7-1 公路工程定额分类图

一、按生产因素分类

1. 劳动定额

劳动定额又称劳动消耗定额、工时定额或人工定额,它是指在正常的生产技术和生产组织条件下,完成单位合格产品或工作所消耗的数量标准。劳动定额的表现形式有时间定额和产量定额两种。

1)时间定额

时间定额是指在技术条件正常、生产工具使用合理和劳动组织正确的条件下,工人为生产单位合格产品所消耗的劳动时间。时间定额以工日为单位,1个工日相当于1个工人工作8h

的劳动量。其中,潜水工作按 6h、隧道工作按 7h 计算。时间定额的计算方法如下:

$$S=\frac{D}{Q} \tag{7-1}$$

式中:S——时间定额(劳动量单位/产品单位);

D——耗用劳动量数量,一般单位为工日;

Q——完成合格产品数量(产品实物单位)。

2)产量定额

产量定额是指在技术条件正常、生产工具使用合理和劳动组织正确的条件下,工人在单位时间内完成合格产品的数量。其计量单位以产品数量/工日计,如 m^3/工日、m^2/工日。产量定额的计算方法如下:

$$C=\frac{Q}{D}=\frac{1}{S} \tag{7-2}$$

式中:C——产量定额(产品单位/劳动量单位);

其余符号意义同前。

例 7-1

试确定人工挖运(人工运输 20m)普通土的每工日产量定额。

解:《公路工程预算定额》(JTG/T 3832—2018)[1]表 1-1-6-2 中规定,人工挖运(人工运输 20m)普通土,其工作内容包括挖松、装土、运送、卸除、空回全部操作过程。产品单位 1000m^3 天然密实方,时间定额是 145.5 工日。每工日产量定额为:

$$C=\frac{Q}{D}=1000\text{m}^3/145.5\text{ 工日}=6.87(\text{m}^3/\text{工日})$$

2. 材料定额

材料定额也可称材料消耗定额,它是指在节约和合理使用材料的条件下,生产单位合格产品所必须消耗的一定品种规格材料、半成品、配件和水、电、燃料等的数量标准。其计算单位是以材料的实物计量单位表示,如 m、kg、t、m^3 等。它包括材料的净用量和必要的工艺性质损耗及废料数量。

因为在浇筑混凝土构件或浆砌砌体时,所需混凝土混合料或砂浆混合料在搅拌运输过程中,由于不可避免的损耗,以及振捣后体积变得密实等原因,材料定额中应加入损耗量,如每 1m^3 实体的混凝土产品就需要耗用 1.01 m^3(预制)、1.02 m^3(现浇)、1.04 m^3(泵送、商品混凝土)的混凝土混合料。

工艺性材料损耗以百分率表示,即损耗率,计算如下式:

$$\text{材料损耗率}=\frac{\text{材料损耗量}}{\text{材料净消耗量}}\times 100\% \tag{7-3}$$

一般材料消耗定额的基本计算公式为:

$$\text{材料消耗定额}=(1+\text{材料损耗率})\times\text{完成单位产品的材料净用量} \tag{7-4}$$

[1] 后文中再次出现时,省略标准号。

材料消耗定额还有下述两种表现形式：

1)材料产品定额

材料产品定额是指用一定规格的原料,在合理的操作条件下获得的标准产品的数量。

2)材料周转定额

在工程中有些材料不是一次性使用,而是周转使用的,如模板、支架、拱盔等,这种材料统称为周转材料。其用量是按正常周转次数分摊于定额之中的。因此,材料周转定额是指周转性材料在施工中合理周转使用的次数或用量的定额。

例 7-2

试确定完成现浇普 C30 混凝土墩、台帽 10 m^3 实体的原材料消耗定额(采用非泵送)。

解:《公路工程预算定额》表 4-6-3-1 中规定,现浇普 C30-32.5-4 混凝土墩、台帽,每完成 $10m^3$ 实体需要 $10.2m^3$ 的普 C30-32.5-4 混凝土混合料,则完成 $10m^3$ 实体的原材料消耗定额按式(7-4)及基本定额中混凝土材料配合比计算如下：

$$32.5\text{ 级水泥} = (1+2\%)\times 377kg/m^3\times 10m^3 = 3845kg = 3.845t$$

$$\text{中(粗)砂} = (1+2\%)\times 0.46m^3/m^3\times 10m^3 = 4.69m^3$$

$$4cm\text{ 碎石} = (1+2\%)\times 0.83m^3/m^3\times 10m^3 = 8.47m^3$$

完成 10 m^3 实体混凝土其他材料消耗定额还有：钢模板 0.049 t、螺栓 5.91kg、铁件 3.48kg、水 $12m^3$、其他材料费 86.2 元。

3. 机械台班消耗定额(简称机械定额)

机械定额是指在正常施工条件下,合理组织和利用某种机械完成单位合格产品所必需的机械台班消耗标准,或在单位时间内机械完成的产品数量。因此,机械台班定额有时间定额和产量定额两种。

1)时间定额

时间定额指在正常和合理使用机械的条件下,完成单位合格品所必需的工作时间。时间定额以台班为单位。每 1 个台班等于 1 台机械工作 8h 的劳动量。

2)产量定额

产量定额指在正常和合理使用机械的条件下,完成单位台班内完成合格产品的数量标准。产量定额与时间定额是互为倒数的关系。

例 7-3

试确定柴油打桩机打混凝土方桩的机械产量定额。

解:《公路工程预算定额》表 4-3-1-2 中规定,柴油打桩机打混凝土方桩,其机械时间定额为完成 10 m^3 基桩需 2.35 台班,则机械产量定额为：

$$10m^3/2.35\text{ 台班} = 4.255m^3/\text{台班}$$

4. 机械台班费用定额

交通运输部发布的《公路工程机械台班费用定额》(JTG/T 3833—2018)[1]是编制公路工程建

[1] 后文中再次出现时,省略标准号。

设项目概、预算,进行工程经济核算与工程结算的依据。公路养护的大、中修工程,可参考使用。

该定额的用途主要是:

(1)分析计算台班单价。按《公路工程预算定额》总说明第十三条及第十四条的规定编制预算的台班单价,应按该定额分析计算。

(2)计算台班消耗人工、燃料等实物量。为了编制施工组织设计,需要统计人工、材料、机械的实物量,以确保劳动力和材料等的供应。有关机械所消耗的各种物资的实物量,要根据本定额分析计算。

(3)某些省、市或地方,可按当地交通运输厅的规定,直接引用定额中的基价作为台班单位来编制预算。

机械台班费用由不变费用与可变费用组成,不变费用包括折旧费、检修费、维护费和安装拆卸及辅助费 4 项内容,可变费用包括人工费、动力燃料费和车船使用税 3 项内容。在编制工程概(预)算时,必须以一个台班为单位,按其所消耗的工时、燃料及费用折算为货币形式表示。

二、按定额用途分类

1. 公路工程施工定额

施工定额是指规定建筑安装工人或小组在规定的正常施工条件下,完成单位合格产品的劳动力、材料和机械消耗的数量标准。它是施工企业组织生产、编制施工阶段施工组织设计和施工作业计划、签发工程任务单和限额领料单、考核工效、评奖、计算劳动报酬、加强企业成本管理和经济核算、编制施工预算的依据,而且是编制预算定额和补充定额的基础。它包括时间定额和产量定额,定额水平是先进的。采用的产品单位一般比较细,其中时间以工日计,产品以最小单位(m、m^2、m^3 等)计,则定额子目多、细目划分复杂。

现行《公路工程施工定额》是由交通运输部公路工程定额站编制,于 2009 年颁布施行的。它的内容包括:总说明,准备工作,路基工程,路面工程,隧道工程,基础工程,打桩工程,灌注桩造孔工程,砌筑工程,模板、架子及木作工程,钢筋及钢丝束工程,混凝土及钢筋混凝土工程,预制构件运输工程,安装工程,钢结构工程,杂项工程,临时工程,备料,材料运输及附录等。在应用时,可根据各地区、各部门的实际生产力水平的高低进行调整,不强求统一。

2. 公路工程预算定额

预算定额的性质是属于计价定额的性质。它体现一个工程细目在正常条件下,用货币形式描述的一定时期的工程造价。工程造价的确定是以预算定额为编制依据的。

预算定额采用的产品单位比施工定额大,如时间以工日、台班计,产品单位以 $10m^2$、$10m^3$ 等计 ,它是按分项工程和结构构件的要求,以一定产品单位(如 $10m^2$、$10m^3$)来规定材料和机械的消耗数量,主要是为满足编制施工图预算的要求。它是编制施工图预算的基本依据;是确定和控制基本建设投资额,对结构的设计方案进行技术经济比较,对新结构、新材料进行技术经济分析的依据;是编制施工组织计划,确定劳动力、材料和机械需要量的依据;是工程结算、施工企业贯彻经济核算进行活动分析的依据;是编制概算定额的扩大定额的基础。预算定额水平先进合理,但比施工定额水平略低。

现行的《公路工程预算定额》(JTG/T 3832—2018)由交通运输部于 2018 年颁布施行的。

3. 公路工程概算定额

概算定额在性质上与预算定额是相同的。在基本建设程序中,概算文件是国家对工程项目造价进行宏观控制,国民经济部门对资金流向进行控制的主要依据。概算定额与预算定额只是侧重面与编制的阶段不同。

概算定额是在预算定额的基础上加以综合而成的,因而常使用更大的单位来表示,如涵洞以道等。定额水平比预算定额为低,它是编制设计概算、修正概算的主要依据,是进行设计方案和施工方案的经济比较和选择的重要依据,是主要材料购置计划的计算基础,是编制估算指标的基础。

现行的《公路工程概算定额》(JTG/T 3831—2018)❶由交通运输部于2018年颁布施行的。概算定额的内容、格式与预算基本相同,但除了计量单位不同外,概算定额章节的编排也与预算定额不同。《公路工程概算定额》包括路基工程、路面工程、隧道工程、桥涵工程、交通工程及沿线设施、绿化及环境保护工程、临时工程等7章。

4. 公路工程估算指标

估算指标是以某项目或其单位工程或单项工程为对象,综合项目全过程投资和建设成本的技术性指标,在研究阶段编制估算的文件。由于估算的总费用仅作为社会效益、内部收益率、回收期计算的参考,以及项目建议书和可行性研究的依据。

现行的《公路工程估算指标》(JTG/T 3821—2018)❷和《公路工程建设项目投资估算编制办法》(JTG 3820—2018)❸于2018年由交通运输部发布施行。估算指标是根据交通运输部对公路建设项目建议书和可行性研究报告的工作深度要求,以现行的《公路工程技术标准》(JTG B01—2014)及相关技术规范、《公路工程概算定额》、各项费用定额以及近年公路建设项目的设计和竣工资料为依据而制定的,反映了我国当前公路建设的实际情况,适用于公路基本建设新建、改扩建工程。

估算指标的作用主要是作为编制项目建议书和可行性研究报告投资估算的依据,为经济效益评价提供建设项目造价成本的计算依据,也可作为技术方案比较的参考。

《公路工程估算指标》包括路基工程、路面工程、隧道工程、桥涵工程、交叉工程、交通工程、临时工程共7章及附录。

第三节 定额的运用

在公路建设活动中,定额的运用很广泛,进行合理地施工组织设计要运用定额;编制工程估算、概算、预算及结算和决算都要运用定额;要对工程成本控制也要运用定额;因此,正确地运用定额是非常重要的。为了正确地运用定额,必须全面了解定额,深刻地理解定额,熟练地掌握定额。由于公路工程定额项目繁多,本节中主要以《公路工程预算定额》为例,将以重点

---

❶❷❸ 后文中再次出现时,省略标准号。

说明或示例的方式阐述《公路工程预算定额》的主要内容及运用方面的基本知识和基本方法。

一、预算定额的组成结构

现行的《公路工程预算定额》是2018年由交通运输部发布施行的。其内容主要是由颁布定额的文件、总说明、目录、各种工程的章节说明、定额表等五部分组成。

1. 颁布定额的文件

颁布定额的文件是指刊印在《公路工程预算定额》前部分的政府主管部门(交通运输部)关于发布定额、施行日期、阐明定额性质、运用范围、负责解释部门等的法令性文件。

2. 总说明

总说明主要阐述了定额的编制原则、指导思想、编制依据、适用范围以及定额的作用,同时说明了编制时已经考虑和没有考虑的因素、使用方法及有关规定等。它是各章说明的总纲,具有统管全局的作用。总说明对正确使用定额起着全面规定和解释的作用,它是非常重要的。需要正确理解、切实掌握,并且要争取记住这些说明。《公路工程预算定额》的总说明共有20条,现就其内容重点介绍如下:

(1)《公路工程预算定额》是全国公路专业统一定额。它是编制施工图预算的依据,也是编制工程概算定额(指标)的基础,适用于公路建设新建与改建工程,不适用于独立核算执行产品出厂价格的构件厂生产的构配件。对于公路养护的大、中修工程,可参考使用。

(2)本定额是以人工、材料、机械台班消耗量表现的公路工程预算定额。编制预算时,其人工费、材料费、机械使用费,应按《公路工程建设项目概算预算编制办法》的规定计算。

(3)本定额包括路基工程、路面工程、隧道工程、桥涵工程、交通工程及沿线设施、绿化及环境保护工程、临时工程、材料采集及加工、材料运输共9章及附录。

(4)本定额是按照合理的施工组织和一般正常的施工条件编制的。定额中所采用的施工方法及工程质量标准,是根据国家现行的公路工程技术及验收规范、质量评定标准及安全操作规程确定的,除定额中规定允许换算外,均不得因具体工程的施工组织、操作方法和材料消耗与定额的规定不同而调整定额。

(5)本定额除潜水工作每工日6h,隧道工作每工日7h外,其余均按每工日8h计算。

(6)定额中的工程内容均包括定额项目的全部施工过程。定额内除扼要说明施工的主要操作工序外,均包括准备与结束、场内操作范围内的水平与垂直运输、材料工地小搬运、辅助和零星用工、工具及机械小修、场地清理等工程内容。

(7)本定额中的材料消耗量系按现行材料标准的合格料和标准规格料计算的。定额内材料、成品、半成品均已包括场内运输及操作损耗,编制预算时,不得另行增加。其场外运输损耗和仓库保管损耗应在材料预算价格内考虑。

(8)本定额中周转性的材料、模板、支撑、脚手杆、脚手板和挡土板等的数量,已考虑了材料的正常周转次数并记入定额内。其中,就地浇筑钢筋混凝土梁用的支架及拱圈用的拱盔、支架,如确因施工安排达不到规定的周转次数时,可根据具体情况进行换算并按规定计算回收,其余工程一般不予抽换。

(9)定额中列有混凝土、砂浆的强度等级和用量,其材料用量已按《公路工程预算定额》附录二中配合比表规定的数量列入定额,不得重算。如设计采用的混凝土、砂浆强度等级或水泥强度等级与定额所列强度等级不同时,可按配合比表进行换算。但实际施工配合比材料用量与定额配合比表用量不同时,除配合比表说明中允许换算者外,均不得调整。

混凝土、砂浆配合比表的水泥用量,已综合考虑了采用不同品种水泥的因素,实际施工中不论采用何种水泥,均不得调整定额数量。

(10)本定额中各类混凝土均未考虑外掺剂的费用,如设计需要添加外掺剂时,可按设计要求另行计算外掺剂的费用,并适当调整定额中的水泥用量。

(11)本定额中各类混凝土均按施工现场拌和进行编制,当采用商品混凝土时,可将相关定额中的水泥、中(粗)砂、碎石的消耗量扣除,并按定额中所列的混凝土消耗量增加商品混凝土的消耗。

(12)水泥混凝土、钢筋、模板工程的一般规定列在桥涵工程章说明中,该规定同样适用于其他各章。

(13)本定额中各项目的施工机械种类、规格是按一般合理的施工组织确定的,如施工中实际采用机械的种类、规格与定额规定的不同时,一律不得换算。

(14)本定额中的施工机械的台班消耗,已考虑了工地合理的停置、空转和必要的备用量等因素。编制预算的台班单价,应按《公路工程机械台班费用定额》分析计算。

(15)本定额中只列工程所需的主要材料用量和主要机械台班数量。对于次要、零星材料和小型施工机具均未列出,其发生的费用分别列入"其他材料费"及"小型机具使用费"内,以元表示,编制预算即按此计算。

(16)其他未包括的项目,各省级公路造价管理部门可编制补充定额在本地区执行;还缺少的项目,各设计单位可编制补充定额,随同预算文件一并送审。所有补充定额均应按照本定额的编制原则、方法执行编制,并将数据上传至"公路工程造价依据信息管理平台"。

(17)定额表中注明 "某某数以内"或"某某数以下"者,均包括"某某数"本身;而注明"某某数以外"或"某某数以上"者,则不包括"某某数"本身。定额内数量带"( )"者,则表示基价中未包括其价值。

(18)本定额中凡定额名称中带有"※"号者,均为参考定额,使用定额时,可根据情况进行调整。

(19)本定额的基价是人工费、材料费、机械使用费的合计价值。基价中的人工费、材料费按附录四计算,机械使用费按《公路工程机械台班费用定额》计算。项目所在地海拔超过3000m 以上,人工、材料、机械基价乘以系数 1.3。

(20)定额中的"工料机代号"系编制概预算采用电子计算机计算时作为对工、料、机械名称识别的符号,不应随便变动。编制补充定额时,遇有新增材料或机械,编码采用 7 位,第 1、2 位取相近品种的材料或机械代号,第 3、4 位采用偶数编制,后 3 位采用顺序编制。

3. 目录

目录位于总说明之后,简明扼要地反映定额的全部内容及相应的页码,对查用定额起索引作用。根据工程项目特点及性质的不同,将各章分为若干节。附录包括路面材料计算基础数据,基本定额,材料周转及摊销,定额人工、材料及设备单价表 4 个部分内容。基本定额包括桥涵模板工作,砂浆及混凝土材料消耗,脚手架、踏步、井字架工料消耗和基本定额材料规格与质量的内容。

4. 章节说明

各章节前面均附有说明,章节说明主要讲述本章节工程项目的统一规定、综合内容、允许抽换的规定及工程量计算的规则。为了正确地运用定额,要求概预算专业人员和技术人员在使用每章节的定额之前,必须先耐心地、反复地、全面地理解和牢记各章节的说明。

5. 定额表

定额表是各种定额最基本的组成部分,是定额指标数量的具体表示,一般由定额表号及名称、工程内容、工程项目计量单位、顺序号、项目、单位、代号、工程细目、栏号、定额值、基价和小注组成,见表 7-1。

1-1-5 耕地填前夯(压)实及填前挖松 表 7-1

工程内容:填前夯(压)实,原地面平整,夯(压)实。

填前挖松:将土挖松。 单位:1000m²

顺序号	项目	单位	代号	耕地填前夯(压)实				填前挖松
				人工夯实	履带式拖拉机 功率(kW) 75 以内	履带式拖拉机 功率(kW) 120 以内	12～15t 光轮压路机	
				1	2	3	4	5
1	人工	工日	1001001	25.8	2	2	2	4.9
2	75kW 以内履带式拖拉机	台班	8001066	—	0.17		—	—
3	120kW 以内履带式拖拉机	台班	8001068	—	—	0.11	—	—
4	12～15t 光轮压路机	台班	8001081	—	—	—	0.27	—
5	基价	元	9999001	2742	317	333	371	521

注:1. 夯(压)实如需用水时,备水费用另行计算。

2. 填前挖松适用于地面横坡 1:10～1:5。

3. 二级及二级以上公路的填前压实应采用压路机压实。

(1)定额表名称。定额是由大量的定额表组成,每张定额表都具有自己的表号和表名,如定额表 1-1-5。预算定额也可采用章节表栏构成的 8 位数的形式,第一位数表示章,第二、三位数表示节,第四、五位数表示表号,第六、七、八位数表示栏号。如 10105001,其内涵是第 1 章第 1 节第 5 个表的第一栏。概算定额则采用章节表栏构成的 7 位数的形式,第一位数表示章,第二位数表示节,第三、四位数表示表号,第五、六、七位数表示栏号。

(2)工程内容。位于定额表的左上方,工程内容主要说明本定额表所包括的操作内容。查定额时,必须将实际发生的操作内容与表中的工作内容相对照,若不一致时,应按照章(节)说明中的规定进行调整或抽换。

(3)定额单位。位于定额表的右上方。如定额表 1-1-5 中"单位:1000m²",定额单位是合格产品的计量单位,实际的工程数量应是定额单位的倍数。

(4)顺序号。顺序号是定额表中的第一项内容,如定额表 1-1-5 中"1,2,3,4,5",它是表征人工、材料、机械及基价的顺序号,起简化说明的作用。

(5)项目。项目是定额表中的第二项内容,如定额表 1-1-5 中"人工、75kW 以内履带式拖拉机、120kW 以内履带式拖拉机、12 ~ 15t 光轮压路机、基价”。项目是本定额表中工程所需的人工、材料、机械、费用的名称和规格。

(6)单位。它与工程计量单位的概念不同,是指项目内容对应的单位。

(7)代号。当采用电算来编制造价文件时,可引用表中代号作为对工、料、机名称的识别符号。每个定额表中工、料、机均按代号由小到大进行排列。代号由 7 位数字组成,第 1、2 位表示大类,第 3、4 位表示种类,后 3 位表示规格。如人工的代号为 10 开头,材料的代号为 15 ~ 79 开头,机械的代号为 80 开头,基价的代号为 9999 开头。

(8)工程细目。表征本定额表所包括的具体内容,如定额表 1-1-5 “人工夯实”“填前挖松”等。

(9)栏号。栏号是指工程细目的编号,如定额表 1-1-5 “人工夯实”栏号为“1”,“填前挖松”栏号为“5” 。

(10)定额值。定额值是定额表中各种资源消耗量的数量值。其中括号内的数值表示基价中未包括其价值。

(11)基价。基价是指该工程细目以规定的工、料、机基价计算的工程价格。

(12)注解。有些定额表在其表下方列有注解。如定额表 1-1-5 所示的“注”。“注”是以定额表中内容的补充说明,使用时必须仔细阅读,以免发生错误。

二、查用方法

为了能够正确运用定额,必须反复学习定额,熟练地掌握定额,在查用方法上应按以下步骤进行。

1. 确定定额编号

定额编号一般采用[页-表-栏]的编号方法。如《公路工程预算定额》中的[9-1-1-5-1],是指引用第 9 页表 1-1-5 中第 1 栏,即填前人工夯(压)实预算定额。

确定定额编号,首先应根据预算项目表依次按目、节确定欲查定额的项目名称。再据此在《公路工程预算定额》目录中找到其所在的页次,从而确定定额的编号。

2. 阅读说明

在查定额表号后,应详细阅读总说明、章节说明,并核对定额表左上方的“工程内容”及表下方的“注”。目的是:

(1)检查所确定的定额表号是否有误。如“浆砌块石护拱”与“浆砌块石边坡”虽然都是“浆砌块石”工程,但前者为“桥涵工程”,预算定额表号为[630-4-5-3],后者为“路基防护工程”,预算定额表号为[117-1-4-11]。

(2)确定定额值。在确认定额表号无误后,根据其“说明”及“工作内容”“注”的要求,看定额值是否需要调整。若不需要,就直接引用,此时查用定额的工作结束。若需要调整,则需进行定额抽换工作。

三、定额抽换

定额抽换是指当设计中所规定的内容或实际工作与定额表中规定的工作内容、子目录或与表中某序号所列的规格不相符时，则根据"说明"及"注"的规定查用相应的定额或基本定额予以替换。在抽换前应仔细阅读定额的总说明、章说明、节说明及表下方的注解，确定是否要抽换，以及怎样抽换。

例 7-4

某轻型混凝土墩台，采用 C30 钢筋混凝土，试确定混凝土材料的预算定额。

解：依题意，该工程的定额编号为[647-4-6-2-1]，该定额所列的混凝土的强度等级为 C25，与设计强度等级 C30 不符，故混凝土材料定额 32.5 级水泥 3.417t、中(粗)砂 4.90m^3、碎石(4cm)8.47m^3 的定额值应予抽换。

抽换方法如下：

(1)由[647-4-6-2-1]查得每 10m^3 实体需 C25 混凝土的数量为 10.20m^3，故当强度等级为 C30 时，每 10m^3 实体所需的混凝土数量仍为 10.20m^3。

(2)由基本定额(《公路工程预算定额》1216 页)，可知每 1m^3 碎石最大粒径为 40mm 的 C25 普通混凝土需 32.5 级水泥 335kg，中(粗)砂 0.48m^3，碎石(40mm)0.83m^3。而每 1m^3 碎石最大粒径为 40mm 的 C30 普通混凝土需 32.5 级水泥 377kg，中(粗)砂 0.46m^3，碎石(40mm)0.83m^3。

(3)每 10m^3 实体需 C30 水泥混凝土的材料定额抽换值(即采用值)为：

32.5 级水泥：　　$0.377 \times 10.20 = 3.845(t)$

中(粗)砂：　　$0.46 \times 10.20 = 4.692(m^3)$

碎石(40mm)：　　$0.83 \times 10.20 = 8.466(m^3)$

例 7-5

某浆砌块石拱圈工程，跨径为 15m，设计采用 M10 砂浆砌筑，试求砂浆材料的预算定额。

解：该工程的定额编号为[631-4-5-3-6]，由定额可知，每 10m^3 砌体需 M7.5 水泥砂浆 2.70m^3；M10 水泥砂浆 0.11m^3。两者共需 32.5 级水泥 0.752t；中(粗)砂 3.06m^3。由于该工程设计采用 M10 砂浆砌筑，与定额中 M7.5 砂浆不相符，故其组成材料：32.5 级水泥的定额 0.752t及中(粗)砂的定额值 3.06m^3 应予抽换。

(1)由定额[631-4-5-3-6]可知，每 10m^3 砌体共需砂浆数量为：$2.70 + 0.11 = 2.81m^3$。

(2)由基本定额(《公路工程预算定额》1213 页)，可知，每 1m^3 的 M10 砂浆需 32.5 级水泥 311kg；中(粗)砂 1.07m^3。

(3)定额[631-4-5-3-6]中每 10m^3 砌体所需 M10 砂浆的组成材料定额抽换值(即采用值)为：

32.5 级水泥：　　$0.311 \times 2.81 = 0.874(t)$

中(粗)砂：　　$1.07 \times 2.81 = 3.007(m^3)$

四、基本定额

《公路工程预算定额》附录二是基本定额。

基本定额是指在合理的条件下,为生产单位数量半成品、中间产品所规定的各种资源(工、料、机、费用等)消耗量标准。基本定额的作用主要是:

1)进行定额抽换

当定额值需要抽换时,基本定额是定额抽换的依据。如[例7-4]、[例7-5]。

2)分析分项工程或半成品所需人工、材料、机械等消耗量

当设计中出现定额表中查不到的个别分项工程时,可根据基本定额分析计算该工程所需的工、料、机的数量。

例7-6

某浆砌片石基础工程,若需M7.5水泥砂浆2.6 m^3,则需要多少32.5级水泥及中(粗)砂。

解:水泥砂浆是一种复合材料,它是由水泥、砂等一些基本材料组合而成的。基本定额规定了复合材料的消耗量标准,通过它可以计算基本材料的需要数量。

依题意,砂浆的基本定额在《公路工程预算定额》附录二中的第一部分中的第一项"砂浆配合比表"中。

M7.5水泥砂浆每1m^3需32.5级水泥266kg;中(粗)砂1.09m^3。那么2.6m^3 M7.5水泥砂浆则需要:

32.5级水泥: $0.266 \times 2.6 = 0.692(t)$

中(粗)砂: $1.09 \times 2.6 = 2.83(m^3)$

例7-7

某桥台高12m,试确定1处踏步工料消耗的预算定额。

解:桥涵模板工作是基本定额中的第二部分中的第五项"踏步工料消耗"。高度为12m每处踏步工料消耗的基本定额为:

人工:26.2工日,8~12号铁丝:35.4kg,铁钉:1.3kg,原木:0.355m^3,锯材:0.281m^3

五、材料的周转与摊销

在工程施工中使用的材料,按其使用的次数分为两类。一类是只能一次性使用的材料,如水泥、砂、石等;另一类是能够多次使用的材料,如模板、支架、拱盔等。对于这种能够多次使用的材料,称其为周转性材料。材料的周转与摊销就是为周转性材料制定的,它规定了各种周转性材料(模板、拱盔、支架等)在施工中合理使用的周转或摊销的次数。

材料的周转及摊销在《公路工程预算定额》附录三中编制。其分类与组成如图7-2所示。

材料周转及摊销的作用主要是规定各种周转性材料的周转次数、摊销次数和对达不到规定周转次数的材料定额进行抽换。

1. 材料的周转及摊销

材料的周转及摊销规定了周转性材料在施工中合理使用的周转或摊销次数。周转性材料的定额用量按式(7-5)计算:

$$\text{定额用量} = \frac{\text{图纸一次使用量} \times (1 + \text{场内运输及操作损耗})}{\text{周转次数(或摊销次数)}} \tag{7-5}$$

材料的周转及摊销
- (一)混凝土和钢筋混凝土构件、块件模板材料周转及摊销次数
  - 1.现浇混凝土的模板及支架、拱盔、隧道支撑
  - 2.预制混凝土构件的木模板
  - 3.组合钢模板材料的周转次数
  - 4.定型钢模板材料的周转次数
- (二)脚手架、踏板、井字架、金属门式吊架、吊盘等摊销次数
- (三)临时轨道铺设材料摊销
- (四)基础及打桩工程材料摊销次数
- (五)灌注桩设备材料摊销
- (六)吊装设备材料摊销次数
- (七)预制构件和块件的堆放、运输材料的摊销次数

图 7-2 材料周转与摊销分类及组成图

值得注意的是,定额用量不是周转定额的实际用量,而是每周转使用一次应承担的摊销数量。

例 7-8

预制某预应力空心板工程,试求组合钢模板材料的定额用量及周转次数。

解:预制预应力空心板的定额表号为[735 -4 -7 -9 -5],由表知其主要周转材料为:

型钢 0.011t、钢板 0.015t、组合钢模板 0.019 t、铁件 10.2kg、铁钉 0.4kg、原木 0.03m^3、锯材 0.04m^3。

查《公路工程预算定额》附录三中组合钢模板材料周转次数,预制工程的材料周转次数为:

压楞型钢 80 次、钢板 100 次、组合钢模板 60 次、铁件(组合钢模板连接件 25 次、螺栓、拉杆 20 次、扒钉、铁件 10 次)、铁钉(大块木模用圆钉 5 次)、原木(木支撑、木橛 12 次)、锯材(木夹条 5 次、大块木模锯材 12 次)、其他材料费(硬塑料管 1 次、橡胶板 20 次)。

2. 定额抽换

1)抽换原则

由《公路工程预算定额》总说明第八条知,定额抽换不是对达不到规定周转次数的材料都可以进行定额抽换,而只限于就地浇筑钢筋混凝土梁用的支架及拱圈用的拱盔、支架,确因施工安排达不到规定的周转次数时,可根据具体情况进行定额抽换,并按规定计算回收,其余工程一般不予抽换。

2)抽换方法

当材料的实际周转次数达不到规定的周转次数时,定额表中周转材料的定额用量应按照实际的周转次数抽换计算实际定额。即:

$$\text{实际定额用量}=\frac{\text{图纸一次使用量}\times(1+\text{场内运输及操作损耗})}{\text{实际周转次数(或摊销次数)}} \tag{7-6}$$

对于同一工程,由于"图纸一次使用量×(1+场内运输及操作损耗率)"是固定不变的,因此由式(7-5)及式(7-6)得:

$$\text{实际定额用量}=\frac{\text{规定的周转次数}}{\text{实际的周转次数}}\times\text{规定定额用量} \tag{7-7}$$

例 7-9

某3孔现浇钢筋混凝土梁用满堂式桥梁木支架一套,墩台高10m。试确定其实际周转次数的实际定额用量。

解:由《公路工程预算定额》[838-4-9-3-2]查得,每10m^2立面积周转材料的规定定额用量分别为:

8~12铁丝0.5kg、铁件10.0kg、铁钉0.1kg、原木0.69m^3、锯材0.07m^3。

由《公路工程预算定额》附录三查得其规定的周转次数分别为:

木料5次、螺栓、拉杆8次、铁件5次、铁钉4次、8~12铁丝1次。

而该工程桥梁支架的实际周转次数为3次,故该周转性材料的实际定额用量(即摊销数量)为:

8~12号铁丝: $1/1\times0.5=0.5(kg)$

铁件: $5/3\times10.0=16.67(kg)$

铁钉: $4/3\times0.1=0.13(kg)$

原木: $5/3\times0.69=1.15(m^3)$

锯材: $5/3\times0.07=0.12(m^3)$

六、预算定额的运用

正确查用定额是提高预算编制质量的基础,《公路工程预算定额》由于项目划分较细,章、节说明繁多,因此要正确地查用定额,必须反复地学习定额,并在实践中不断加深理解,逐步掌握、运用定额。下面就查定额中应注意的问题,以示例的形式阐述《公路工程预算定额》的运用。

1.准确确定定额编号

定额编号是用[页-表-栏]表示的,每一定额编号只代表一个工程项目。因此,表号与工程项目是一一对应的。在查定额时,首先要鉴别工程项目是属于哪类工程,避免盲目随意确定定额编号从而错误引用定额,或在表中找不到相应的栏号,或无法计算。

例 7-10

试确定干砌片石锥坡与干砌片石护坡工程的预算定额编号。

解:锥坡和护坡虽都是干砌片石工艺,但不是同类工程项目。前者是桥涵工程,定额编号为[627-4-5-1-2];后者属于路基防护工程,定额编号为[117-1-4-11-1]。

例 7-11

试确定下列工程的预算定额编号:

(1)8t以内自卸汽车运路基土5km。

(2)8t以内自卸汽车运土5km。

(3)8t以内自卸汽车运输路面混合料5km。

(4)8t 以内载货汽车运输预制构件 5km。

解:上述各项虽都是汽车运输,但由于运输对象不同,故各自的定额编号亦不同。

(1)汽车运土已明确是运路基土。因此,该工程属于“路基工程”项。其定额编号为[16-1-1-11-(3 +4 ×8)]。

(2)汽车运土因没有明确为何工程运土,该土当作材料来运输,属于“材料运输”项,其定额编号为[1193-9-1-6-(37 +38 ×4)]。

(3)汽车运路面混合料,属于“路面工程”项。其定额编号为[211-2-1-8-(1 +2 ×8)]。

(4)汽车运预制构件,由于运送对象是预制构件,故属于“桥涵工程”项,其定额编号为[823-4-8-3-(9 +13 ×8)]。

2. 仔细阅读定额中的各种说明

《公路工程预算定额》编制有许多说明,除总说明、章说明外,还有节说明,在定额表的下方有时还有注解。这些说明及注解对定额值的采用都有不同的规定或说明作用。因此,在查用定额前应全面、仔细地阅读、理解这些说明,并按照规定对定额值做适当的调整。

例 7-12

某路面采用级配砾石基层,压实厚度 18cm,人工摊铺集料,拖拉机带铧犁分层拌和碾压,试确定其预算定额。

解:该工程的定额编号为[226-2-2-3-(2 +5 ×10)],由于基层的压实厚度为 18cm,根据《公路工程预算定额》第二章第一节第 1 条说明,当级配砾石基层压实厚度超过 15cm,进行分层拌和、摊铺、碾压时,拖拉机和压路机台班按定额数量加倍计算,每 $1000m^2$ 增加 1.5 工日。得:

人工:		11.5 +1.1 ×10 +1.5 =24(工日)
材料:	土	12.3 +1.54 ×10 =27.7(m^3)
	砂	29.03 +3.63 ×10 =65.33(m^3)
	砾石(2cm)	53.08 +6.64 ×10 =119.48(m^3)
	砾石(4cm)	26.54 +3.32 ×10 =59.74(m^3)
	设备摊销费	2.1 +0.1 ×10 =3.1(元)
机械:	75kW 以内履带式拖拉机	0.22 ×2 =0.44(台班)
	12 ~15t 光轮压路机	1.2 ×2 =2.4(台班)
	18 ~21t 光轮压路机	0.8 ×2 =1.6(台班)
	10000L 以内洒水汽车	0.08. +0.01 ×10 =0.18(台班)

基价: 9476 +1047 ×10 +106.28 ×1.5 +654.89 ×0.22 +587.09 ×0.12 +752.93 ×0.8
=20922(元)

例 7-13

某人工挖靠岸桥墩基坑土方工程,湿处,粉砂土,地面水位高 1.5m,基坑深 5m,需基坑挡土板 $100m^2$,试确定其预算定额。

解:该工程的定额编号为[420-4-1-1-4]。根据《公路工程预算定额》第四章第一节说明第5条的规定:开挖基坑定额中不包括挡土板,需要时应据实按有关定额另行计算,其定额表号为[425-4-1-4-1]。且第8条规定:挖基定额中未包括水泵台班,挖基及基础、墩台修筑所需要排水时按基坑排水定额计算,并记入挖基项目中。故该工程的预算定额为:

(1)每 $1000m^3$ 实体定额值为:

人工:411.4 工日

(2)每 $100m^2$ 基坑挡土板的定额值为:

人工:11 工日

材料:铁件6.2kg、原木 $0.56m^3$、锯材 $1.49m^3$、其他材料费6.6元

(3)基坑水泵台班:根据已知条件查基坑水泵台班消耗表得 ϕ150mm 水泵4.39台班

基价: $43724+4164+4.39\times144.43=48522$(元)

例 7-14

某6孔净跨径30m混凝土拱桥,拱盔宽18m,拱矢比1/4,起拱线至地面高度10m,制备2孔满堂式拱盔及支架。试计算该桥的拱盔立面积、支架立面积,并确定其满堂式木拱盔的预算定额及木拱盔实际周转次数的周转性材料预算定额。

解:(1)拱盔立面积(2孔)。

由《公路工程预算定额》第四章第九节"拱盔、支架工程"说明9可知,拱盔立面积工程量:

$$F=2(\text{孔})\times K\times(\text{净跨})^2=2\times0.172\times30^2=309.6(m^2)$$

(2)支架立面积(2孔)。

由该节说明10可知,支架立面积工程量:

$$F=2(\text{孔})\times30(\text{跨径})\times10(\text{高度})=600(m^2)$$

(3)满堂式木拱盔预算定额。

该工程定额编号为[836-4-9-2-3]。由该节说明1可知,定额中拱盔的有效宽度是按8.5m计算的,而该工程拱盔的实际宽度为18m,故其定额值应按比例换算,即 $10m^2$ 立面积木拱盔的定额值为:

人工:	$30.3\times18/8.5=80.3$(工日)
材料:铁件	$35.0\times18/8.5=74.1$(kg)
铁钉	$0.9\times18/8.5=1.9$(kg)
原木	$0.95\times18/8.5=2.01(m^3)$
锯材	$0.57\times18/8.5=1.21(m^3)$
机械:ϕ500mm 以内木工圆锯机	$0.57\times18/8.5=1.21$(台班)
小型机具使用费:	$19.6\times18/8.5=42$(元)
基价:	$5556\times18/8.5=11766$(元)

(4)木拱盔实际周转次数的周转性材料的预算定额。

由《公路工程预算定额》附录三,查得其周转次数分别为:木料5次、螺栓、拉杆8次、铁件5次、铁钉4次,而其实际周转次数为3次,故实际周转定额值为:

铁件: $74.1\times5/3=123.5$(kg)

铁钉:　　$1.9\times4/3=2.5$(kg)
原木:　　$2.01\times5/3=3.35$(m^3)
锯材:　　$1.21\times5/3=2.02$(m^3)

例 7-15

某桥涵预制构件重5t,采用垫滚子绞运运输,运距46m,升坡0.6%,需出坑堆放,试求其预算定额。

解:该工程的预算定额编号为[818-4-8-1-(3+4×4)],根据《公路工程预算定额》第四章第八节说明规定,其定额值做如下调整:

(1)由该节说明1可知,当运距尾数超过半数时,应按一个定额运距单位计算,故该工程46m的运距应按50m的定额运距单位计算。

(2)根据该节说明3规定,出坑堆放的定额应按构件运输第一个运距单位定额计列。

(3)根据该节说明4规定,当构件按0.6%升坡时,其人工及小型机具使用费每增加10m的定额应乘1.1的系数。故该工程的定额值应为:

人工:　　$1.5+0.4\times4+1.5+0.4\times1.1=5.04$(工日)
材料:钢管　　$0.1+0.04\times4+0.1=0.36$(t)
　　锯材　　$0.1+0.04\times4+0.1=0.36$(m^3)
小型机具使用费:　　$3.6+0.9\times4+3.6+0.9\times1.1=12$(元)

3. 工程项目与定额表之间,计量单位应一致

(1)当定额表右上方定额单位有两个或两个以上定额单位时,其定额值不能叠加,而应按不同的定额单位分开单列。

例 7-16

某桥预制立交箱涵,试确定其预算定额。

解:该项目的《公路工程预算定额》编号为[729-4-7-7]。由于其定额表列单位是10m^3实体混凝土或1t钢筋两个,故其定额值应按不同的定额单位分开单列。

①每10m^3实体的混凝土定额值为:

A. 人工:18.6工日。

B. 材料:8~12号铁丝0.1kg、型钢0.004t……原木0.01m^3、锯材0.01m^3……(略)

C. 机械:12t以内汽车式起重机0.62台班、小型机具使用费10.9元。

D. 基价:4998元。

②每1t钢筋现场加工的定额值为:

A. 人工:7.9工日。

B. 材料:HRB400钢筋1.025t、20~22号铁丝1.11kg、电焊条3.7kg。

C. 机械:5t以内汽车式起重机0.06台班、32kV·A以内交流电弧焊机0.57台班、小型机具使用费20.4元。

D. 基价:4359元。

(2)在定额抽换、增量计算时,计量单位应一致。

例 7-17

某桥预制 T 梁,混凝土设计强度等级为普 C35,试确定混凝土组成材料的预算定额。

解:该项目的预算定额编号为[740-4-7-12-1],混凝土设计强度等级普 C35 与定额中强度等级普 C30 不一致,故其组成材料中(粗)砂 $4.65m^3$;碎石(2cm)$7.98m^3$;32.5 级水泥 4.101t 的定额值应予抽换。

根据《公路工程预算定额》附录二"基本定额",每 $1m^3$ 的 C35 混凝土需 32.5 级水泥 450kg,中(粗)砂 $0.45m^3$,碎石(2cm)$0.78m^3$。

在定额抽换时,应注意计量单位的一致性:

(1)定额[740-4-7-12-1]表中,混凝土的计量单位为 $10.10m^3$,而附录二"基本定额"中"混凝土配合比表"的计量单位为 $1m^3$。故定额抽换时,应将 $1m^3$ 统一为 $10.1m^3$,即:

①32.5 级水泥:$450 \times 10.1 = 4545(kg)$。

②中(粗)砂:$0.45 \times 10.1 = 4.545(m^3)$。

③碎石(2cm):$0.78 \times 10.1 = 7.878(m^3)$。

(2)定额[740-4-7-12-1]表中,32.5 级水泥是按 t 计量的,而"混凝土配合比表"中是按 kg 计量,故 32.5 级水泥的抽换值 4545kg 应改为 4.545t,C35 混凝土组成材料的抽换值为:

32.5 级水泥 4.545t、中(粗)砂 $4.55m^3$、碎石(2cm)$7.88m^3$。

4. 当项目中定额值被调整时,其基价也应做相应的调整

例 7-18

某路基工程用 $10m^3$ 以内自行铲运机铲运硬土,平均运距 600m,重车上坡坡度 18%,试确定该铲运机铲运土方的预算定额。

解:该预算定额的编号为[23-1-1-13-(7+8)],根据该表注规定:

(1)采用自行式铲运机铲运土方时,铲运机台班数量应乘以系数 0.7。

(2)上坡推运的坡度大于 10% 时,按坡面的斜距乘以表列的 1.5 系数作为运距,则:

$$运距 = \sqrt{600^2 + (600 \times 18\%)^2} \times 1.5 = 914(m)$$

每 $1000m^3$ 天然密实方铲运机运土方预算定额值为:

①人工:2.9 工日。

②机械:75kW 以内液压履带推土机 0.42(台班)。

$10m^3$ 以内自行式铲运机:$[2.53 + 0.35 \times (900 - 100)/50] \times 0.7 = 5.69$(台班)。

③基价:基价计算需进行调整,由于原基价是按 $10m^3$ 以内拖式铲运机进行计算的,而该工程使用的机械不是 $10m^3$ 以内拖式铲运机而是 $10m^3$ 以内自行式铲运机机械,故该项工程的基价应从原基价中扣除 $10m^3$ 以内拖式铲运机的费用,再加上 $10m^3$ 以内自行式铲运机的费用。由《公路工程机械台班费用定额》知:$10m^3$ 以内拖式铲运机的台班单价为 1331.66 元/台班,$10m^3$ 以内自行式铲运机台班单价为 1434.67 元/台班,故调整后的基价(采用值)为:

$$4049 - 2.53 \times 1331.66 + 5.69 \times 1434.67 = 8843(元)$$

例 7-19

某工地用砂,其成品率为60%,试确定其人工采筛洗堆联合作业的预算定额。

解:该项目的预算定额编号为[1141-8-1-3-(5+7)],则该项目的定额值为:

(1)人工:21.5+30.3=51.8(工日)。

(2)基价:2285+3220=5505(元)。

七、机械台班定额的运用

1. 机械台班费用定额的概念

现行《公路工程机械台班费用定额》已于2019年5月1日起由交通运输部发布执行。

《公路工程机械台班费用定额》是以一个台班为单位,规定其所消耗的班时、燃料、费用等数量标准。它是编制公路工程建设项目概算与预算,进行经济核算和结算的依据。《公路工程机械台班费用定额》将公路施工机械按土石方工程机械,路面工程机械,混凝土及灰浆机械,水平运输机械,起重及垂直运输机械,打桩、钻孔机械,泵类机械,金属、木、石料加工机械,动力机械,工程船舶,工程检测仪器仪表,通风机、其他机械分为13大类。每一大类又划分为若干子目,每一子目对应某一规格、型号的机械,共计972个子目。

《公路工程机械台班费用定额》由以下部分内容组成:

1)序号

序号是机械名称的顺序号,起简化说明的作用。

2)代号

代号是以计算机对各种不同规格、型号的施工机械的识别符号,每一子目对应一个代号,如代号8001044,即斗容量为0.5m^3的轮胎式装载机。

3)费用项目

费用项目由不变费用和可变费用两大项组成。

(1)不变费用。不变费用是指除青海、新疆、西藏等边远地区外,其费用不能变,即应直接采用的费用。该费用由以下4项组成:

①折旧费。折旧费是指施工机械在规定的耐用总台班内,陆续收回其原值(含智能信息化管理设备费)的费用。

②检修费。检修费是指施工机械在规定的耐用总台班内,按规定的检修间隔进行必要的检修,以恢复其正常功能所需的费用。

③维护费。维护费是指施工机械在规定的耐用总台班内,按规定的维护间隔进行各级维护和临时故障排除所需的费用。包括为保障机械正常运转所需替换设备与随机配备工具附具的摊销费用、机械运转及日常维护所需润滑与擦拭的材料费用及机械停滞期间的维护费用等。

④安拆辅助费。安拆辅助费是指施工机械在现场进行安装与拆卸所需的人工、材料、机械和试运转费用以及机械辅助设施的折旧、搭设、拆除等费用。

(2)可变费用。可变费用是指其费用随当地物价水平而变化的费用。在可变费用中,《公路工程机械台班费用定额》只给出了各种资源的耗量标准,即数量指标。将其数量指标乘以相应的单价,才能得到相应的费用。由于各地的物价水平不一样,因此在相同的定额消耗数量指标下,各地的费用数量值是不同的。即定额值是不变量,而各地的物价是变量,由此,两者的积是可变量。

构成可变费用的资源主要有人工费、动力燃料费和车船税。

①人工费。人工费是指随机操作人员的工作日工资,其人工单价按生产工人人工单价计算,消耗量以机械台班费用定额中的数值为准。

②动力燃料费。动力燃料费是指机械在运转施工作业中所耗用的电力、固体燃料(煤、木柴)、液体燃料(汽油、柴油、重油)和水等的费用。动力燃料消耗量应以机械台班费用定额中的数值为准,单价按材料费的计算中的材料预算价格。

③车船税。车船税是指施工机械按照国家、省(自治区、直辖市)规定应缴纳的车船税。

4)定额基价

定额基价是不变费用与可变费用之和。其中可变费用中的单价,是按照《公路工程预算定额》附录四"定额人工、材料、设备单价表"计算的。定额基价主要用于方案比较以及定额抽换的计算(如[例7-17]所示)。

2. 机械台班费用定额的运用

1)计算机械台班单价

台班单价是编概算与预算必不可少的依据。《公路工程机械台班费用定额》以一个台班为单位,规定了其不变费用及可变费用中各种资源的消耗量,根据其机械台班费用定额的消耗量,并结合当地相应的物价,即可计算机械台班的单价。

例 7-20

试计算摊铺宽度为6m的滑模式水泥混凝土摊铺机的台班单价。已知人工106.28元/工日,柴油7.44元/kg。

解:由《公路工程机械台班费用定额》第26页查得,该机械的代号为8003076,由此可知:

(1)不变费用:折旧费1276.23+检修费129.24+维护费262.73+安拆辅助费23.11=1691.31(元)

(2)可变费用:人工费106.28×3+柴油费7.44×83.66=318.84+622.43=941.27(元)

(3)台班单价:11691.31+941.27=2632.58(元)

2)分析机械台班消耗的人工、燃料等实物量

在编制概算与预算时,需要统计施工机械所消耗的人工、燃料等各种资源的实物消耗数量。《公路工程机械台班费用定额》为此提供了计算依据。

例 7-21

某路面工程,需88kW稳定土拌和机6.2台班,需液压锻钎机4.3台班,试求其所需的实物数量。

解:由《公路工程机械台班费用定额》第18页与第16页,查得该机械的代号分别为8003001及8001129。其中:

(1)8003001:88kW 稳定土拌和机的实物消耗量为:

①人工:2 ×6.2 =12.4(工日)。

②柴油:55.32 ×6.2 =345(kg)。

(2)8001129:液压锻钎机的实物消耗量为:

①人工:2 ×4.3 =8.6(工日)。

②电:85.01 ×4.3 =365.54(kW · h)。

3)定额抽换的依据

在编制概算与预算时,当设计采用的机械类别与定额表中规定的机械类别型号不一致时,可根据《公路工程机械台班费用定额》表中“定额基价”值进行抽换,如[例7-17]所示。

本章小结

本章介绍了公路工程定额的基本概念;阐述了公路工程定额的分类;重点讲述了各种定额在公路工程中的运用要点及注意事项。

思考与训练

1. 定额的定义和特点是什么?

2. 定额按生产因素和使用要求可分为哪些类型?

3. 什么是时间定额?什么是机械定额?

4. 什么是材料消耗定额?它包括哪些内容?

5. 定额按使用要求可分为哪些类型?预算定额与概算定额的区别是什么?

6. 机械台班费用定额的用途是什么?

7. 定额抽换的条件是什么?

8. 说明定额基价抽换的过程。

9. 什么是基本定额?其作用是什么?周转摊销定额的作用是什么?

10. 补充定额的作用是什么?

11. 概算定额与预算定额的主要区别是什么?

12. 某二级公路对某路段的土石方分析:挖方 1000m^3(其中松土 200m^3,普通土 600m^3,硬土 200m^3);填方数量为 1200m^3;本桩利用方数量为 900m^3(其中松土 100m^3,普通土 600m^3,硬土 200m^3);远运利用方数量为普通土 200m^3。求:查定额计价时的远运利用方、本桩利用方、借方、弃方数量。

13. 某单车道泥结碎石路面工程,面层厚 14cm,共计 40000m^2,试确定面层的人工和机械预算定额值,并计算其所需人工工日数、机械台班数和所需材料数量。

14. 某路线工程的路缘带采用预制、安装 C30 混凝土块 35m^3,中间填土 350m^3,填土利用路基余方,采用人工挑抬运输普通土 40m,确定预算定额。

15. 某工程路堑开挖前,需开挖盖山土石方,最大开挖深度 0.8m,采用人工开挖土方 210m^3,确定预算定额。

第八章
CHAPTER EIGHT

公路工程概(预)算

学习目标

1. 了解概(预)算的基本概念及概(预)算的编制依据与作用;
2. 掌握概(预)算的费用计算及文件组成和概(预)算文件的编制方法。

学习指南

能够按照要求计算公路工程的直接费、间接费及其他费用,掌握各种概(预)算表格的填表方法。通过课程设计,能够独立编制一般道路及桥梁工程的概(预)算。

第一节 概述

概算或修正概算是初步设计文件或技术设计文件的重要组成部分。概算应控制在批准的建设项目可行性研究报告投资估算允许幅度范围内,因其一经批准,即是公路基本建设项目投资的最高限额。概算是编制建设项目投资计划、确定和控制建设项目投资的依据,是控制施工图设计和施工图预算的依据,是衡量设计方案经济合理性和选择最佳设计方案的依据,是考核建设项目投资效果的依据。设计单位应按不同的设计阶段编制概算或修正概算。编制概算或修正概算,应全面了解工程所在地的建设条件,掌握各项基础资料,正确引用规定的定额、取费标准、工资单价和材料设备价格,按《公路工程建设项目概算预算编制办法》(JTG 3830—2018)[1]的规定进行编制,使概算能完整、准确地反映设计内容。

以批准的初步设计进行设计施工总承包招标的工程,其标底或造价控制值应在批准的总概算范围内。

预算是根据施工图设计文件的工程量和施工组织设计,以及国家颁布的《公路工程预算

[1] 后文中再次出现时,省略标准号。

定额》、取费标准和《公路工程建设项目概算预算编制办法》,并按当地、当时的人工、材料、机械台班的实际价格在开工前进行编制并报请批准。预算是反映工程建设项目所需的人力、物力、财力及全部费用的文件,是施工图设计文件的重要组成部分,也是设计阶段控制工程造价的主要指标。预算经审定后,是确定工程造价、编制或调整固定资产投资计划和考核工程成本的依据。

以施工图设计进行施工招标的工程,经审定后的施工图预算是编制标段清单预算、工程标底或造价控制值的依据,也是分析、考核施工企业投标报价合理性的参考依据,对不宜实行招标而采用施工图预算加调整价结算的工程,经审定后的施工图预算可作为确定合同价款基础或作为审查施工企业提出的施工预算的依据。

施工图预算是考核施工图设计经济合理性的依据。施工图设计应控制在批准的初步设计及其概算范围之内。如单位工程预算突破相应概算时,应分析原因,对施工图设计中不合理的部分进行修改,对其合理部分应在总概算投资范围内调整解决。

不论采取几个阶段设计,设计单位在施工图设计阶段均应编制施工图预算,当建设项目采用两阶段或三阶段设计时,施工图预算是概算或修正概算的进一步深化。施工图预算要紧紧地控制在概算或修正概算所确定下来的建设规模、技术标准、建筑结构、施工方案的范围以内进行编制。

考虑到公路建设的特点,公路工程定额是以实物量法进行编制的,人工、材料、施工机械台班价格必须采用工地的实际价格进行计算。外购材料价格要计算到工地仓库,砂石材料要计算到工地操作地点,预算价格也就是工地实际价格,根据这种方法编制的工程预算才能符合各种不同地区的实际情况,是工程造价的实际价格。

概(预)算通常应由有资质的设计、工程(造价)咨询单位负责编制,工程造价人员应持有执业资格证书,并对工程造价文件的编制质量负责。当一个建设项目有几个设计(咨询)单位共同承担设计时,各设计(咨询)单位应对自己编制的单项或单位工程概(预)算的质量负责,主体设计(咨询)单位负责编制原则和依据、工程设备与材料价格、取费标准等的协调与统一,汇编总概(预)算,并对全部概(预)算编制质量负责。公路工程项目的设计概算或施工图预算造价文件分多段编制时,按累进制计算的工程建设其他费应以各段合计的定额建筑安装工程费为基数进行计算。

概算和预算编制必须严格执行国家的方针、政策和有关制度,符合公路相关设计、施工技术规范。文件应达到的质量要求是:符合规定、结合实际、经济合理、提交及时、不重不漏、计算正确、字迹打印清晰、装订整齐完善。

设计(咨询)单位应加强基本建设经济管理工作,配备和充实公路工程造价人员,切实做好概(预)算的编制工作。公路工程造价人员应不断提高专业素质,掌握设计、施工情况,做好设计方案的经济比较,使技术工作和经济工作结合起来,全面、有效地提高设计质量,合理确定工程造价。

一、公路工程概(预)算的编制依据

公路工程建设项目概算、预算应分别以《公路工程概算定额》《公路工程预算定额》为依据。编制概(预)算时应根据概算与预算定额规定的各工程项目的人工、材料、施工机械台班消耗量和《公路工程建设项目概算预算编制办法》的规定,编制工程所在地的人工工日单价、材料预算单价和施工机械台班单价,计算出各工程项目的工、料、机费用,并按规定计算其他各项费用。

公路工程概(预)算的编制是一项十分细致的工作,编制前应全面了解工程所在地的建设条件,掌握各种基础资料,正确引用定额、取费标准和材料及设备价格。在编制时,严格执行国家的方针、政策和有关制度,符合公路设计规范和施工规范的要求。主要依据如下:

(1)国家发布的有关法律、法规等。

(2)编制概算时,依据批(核)准的可行性研究报告及投资估算、初步设计(或技术设计)图纸等有关资料;编制预算时,依据批准的初步设计(或技术设计)文件及其概算、施工设计图纸等有关资料。

(3)现行的《公路工程概算定额》(JTG/T 3831—2018)、《公路工程预算定额》(JTG/T 3832—2018)、《公路工程机械台班费用定额》(JTG/T 3833—2018)及《公路工程建设项目概算预算编制办法》(JTG 3830—2018)。

(4)工程所在地的人工、材料与设备、施工机械价格等。

(5)工程所在地的自然、技术、经济条件等资料。

(6)工程施工计划或施工组织设计、施工方案。

(7)有关合同、协议等。

(8)工程所在地省级交通运输主管部门发布的补充规定和定额等。

(9)其他有关资料。

二、概(预)算费用的组成

公路工程建设从筹建至竣工验收、交付使用的全过程中需要的建设费用即公路工程概(预)算费用由建筑安装工程费、土地使用及拆迁补偿费、工程建设其他费、预备费和建设期贷款利息共五大部分费用组成,如图 8-1 所示。

三、概(预)算项目

公路工程是由相当数量的分项工程组成的庞大复杂的综合体,而建筑安装工程费可直接通过其相关定额计算出它的全部人工、材料和施工机械台班消耗量及价值。为了准确无误地计算和确定建筑安装工程的造价,须对公路工程建设项目进行科学的分析与分解;同时也为了便于同类工程之间进行比较和对不同分项工程进行技术经济分析,使编制概(预)算时不重不漏,保证质量,必须对概(预)算项目的划分、排列顺序及内容做出统一规定,这就形成了公路工程概(预)算项目表。

编制概(预)算时,应按项目表规定的序列及内容编制,对于初学概(预)算编制人员熟悉项目表是十分重要的。但当实际出现的工程和费用项目与项目表的内容不完全相符时,第一、二、三、四、五部分和“项”的序号、内容应保留不变,项目表中的“项”以下的分项在引用时应保持序号、内容不变,缺少的分项内容可随需要就近增加,并按项目表的顺序以实际出现的级别依次排列,不保留缺少的“项”以下的项目序号。如第二部分土地使用及拆迁补偿费在该项工程中不发生时,第三部分工程建设其他费仍为第三部分。同样,第一部分建筑安装工程费中第五项为隧道工程,第六项为交叉工程,若无隧道工程项目,但其代号仍保留,交叉工程仍为第六项。但如“目”或“节”或“细目”发生如此情况时,可依次递补改变序号。

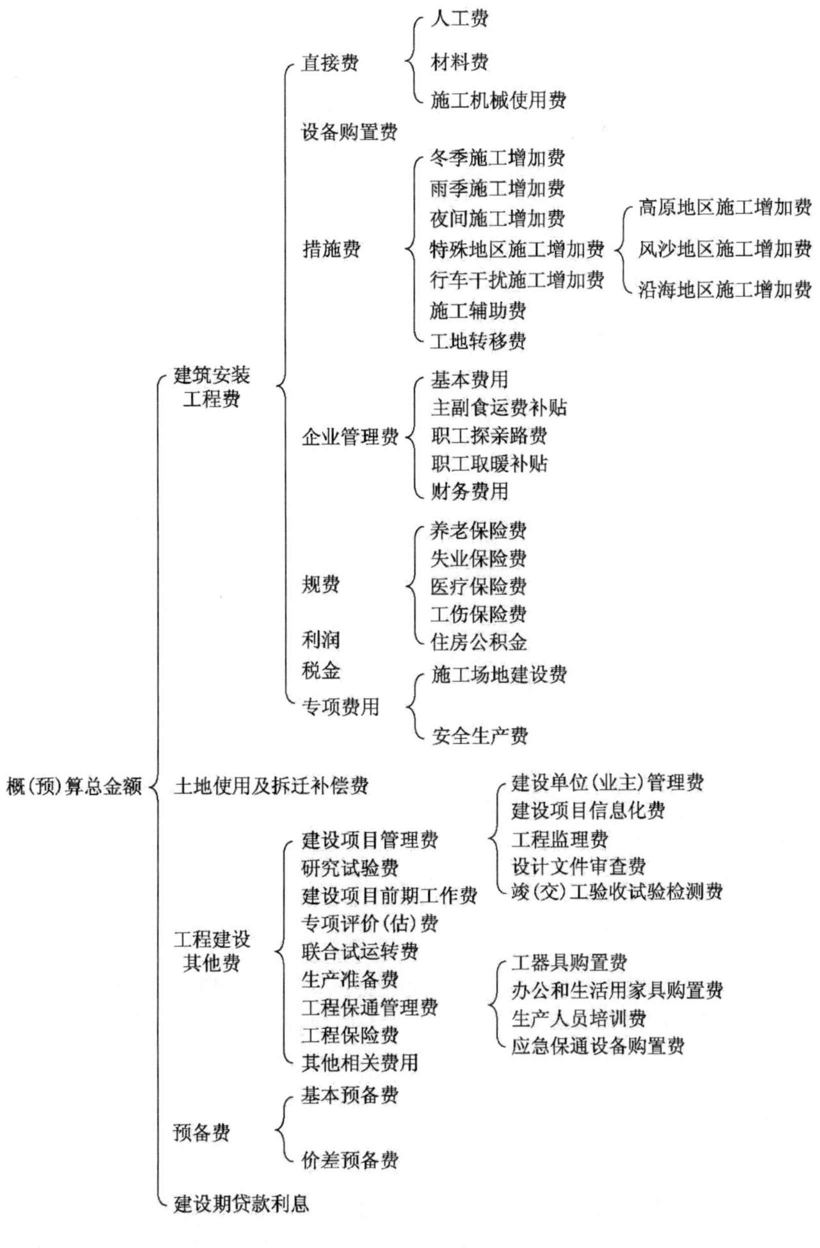

图 8-1　概算、预算费用的组成

分项编号采用部(1 位数)、项(2 位数)、目(2 位数)、节(2 位数)、细目(2 位数)组成,以部、项、目、节、细目等依次逐层展开。

路线建设项目中的互通式立体交叉、辅道、支线,如工程规模较大时,也可按概(预)算项目表单独编制建筑安装工程,然后将其概(预)算建筑安装工程总金额列入路线的总概(预)算表中相应的项目内。

概(预)算项目主要包括:

第一部分　建筑安装工程费
第一项　临时工程
第二项　路基工程
第三项　路面工程
第四项　桥梁涵洞工程
第五项　隧道工程
第六项　交叉工程
第七项　交通工程及沿线设施
第八项　绿化及环境保护工程
第九项　其他工程
第十项　专项费用
1. 施工场地建设费
2. 安全生产费
第二部分　土地使用及拆迁补偿费
第三部分　工程建设其他费
第四部分　预备费
第五部分　建设期贷款利息

具体的概(预)算分项编号详见《公路工程建设项目概算预算编制办法》附录B。

四、公路工程概(预)算文件组成

概(预)算文件是设计文件的组成部分,随设计文件一起呈上级部门审批。它是由封面、扉页、目录、编制说明及全部概(预)算计算表格组成。

1. 封面、扉页及目录

概(预)算文件的封面和扉页应按《公路工程基本建设项目设计文件编制办法》中的规定制作,扉页的次页应有建设项目名称,编制单位,编制、复核人员姓名并加盖执业(从业)资格印章,编制日期及第几册共几册等内容。目录应按概(预)算表的表号顺序编排。

2. 概(预)算编制说明

概(预)算编制完成后,应写出编制说明,文字力求简明扼要。一般应叙述以下内容:

(1)建设项目设计资料的依据及有关文号,如建设项目可行性研究报告批准文号、初步设计和概算批准文号(编修正概算及预算时),以及根据何时的测设资料及比选方案进行编制等。

(2)编制范围和工程概况等。

(3)采用的定额、费用标准,人工、材料与设备、施工机械台班预算单价的依据或来源,补充定额及编制依据的详细说明,以及新增工艺的单价分析等。

(4)与概(预)算有关的委托书、协议书、会议纪要的主要内容(或将抄件附后)。

(5)总概(预)算金额,人工、钢材、水泥、沥青等的总需要量情况。

(6)各设计方案的经济比较,以及编制中存在的问题。

(7)项目综合经济技术指标统计,对比分析本阶段与上阶段工程数量、造价的变化情况。

(8)其他有关费用计算项及计价依据的说明。

(9)采用的公路工程造价软件名称及版本号。

(10)其他与概(预)算有关但不能在表格中反映的事项。

3. 概(预)算表格

公路工程概(预)算的材料与设备、施工机械台班单价及各项费用的计算均应通过规定的、统一的概(预)算表格进行计算,概(预)算表格形式基本相同,在印制表时,应将概算表与预算表分别印制。

4. 甲组文件与乙组文件

概(预)算文件是设计文件的组成部分,应按现行的《公路工程建设项目设计文件编制办法》中关于设计文件的报送份数的要求,随设计文件一并报送,并同时提交可计算的造价电子数据文件和新工艺单价分析的详细资料。

概(预)算文件按不同的需要分为甲、乙组文件。甲组文件为各项费用计算表,乙组文件为建筑安装工程费各项基础数据计算表,只供审批使用。报送乙组文件时,还应提供"建筑安装工程费各项基础数据计算表"的电子文档和编制补充定额的详细资料,并随同概(预)算文件一并报送。乙组文件中的"分项工程概(预)算计算数据表"(21-1 表)和"分项工程概(预)算表"(21-2 表)应根据审批部门或建设项目业主单位的要求全部提供或仅提供其中的一种。

概(预)算应按一个建设项目[如一条路线或一座独立大(中)桥、隧道]进行编制。当一个建设项目需要分段或分部编制时,应根据需要分别编制,但必须汇总编制"总概(预)算汇总表"。

甲、乙组文件包括的内容如下(下列各种表格的样式见附录一):

甲组文件:
- 编制说明
- 前后阶段费用对比表
- 建设项目属性及技术经济信息表(00 表)
- 总概(预)算汇总表(01-1 表)
- 总概(预)算人工、主要材料、施工机械台班数量汇总表(02-1 表)
- 总概(预)算表(01 表)
- 人工、主要材料、施工机械台班数量汇总表(02 表)
- 建筑安装工程费计算表(03 表)
- 综合费率计算表(04 表)
- 综合费率计算表(04-1 表)
- 设备费计算表(05 表)
- 专项费用计算表(06 表)
- 土地使用及拆迁补偿费计算表(07 表)
- 工程建设其他费计算表(08 表)
- 人工、材料、施工机械台班单价汇总表(09 表)

乙组文件
- 分项工程概(预)算计算数据表(21-1 表)
- 分项工程概(预)算表(21-2 表)
- 材料预算单价计算表(22 表)
- 自采材料料场价格计算表(23-1 表)
- 材料自办运输单位运费计算表(23-2 表)
- 施工机械台班单价计算表(24 表)
- 辅助生产人工、材料、施工机械台班单位数量表(25 表)

5. 各种表格间的计算顺序和相互关系

概算与预算文件的编制是通过相应的计算表格来反映的,其各种表格间的计算顺序和相互关系如图 8-2 所示。

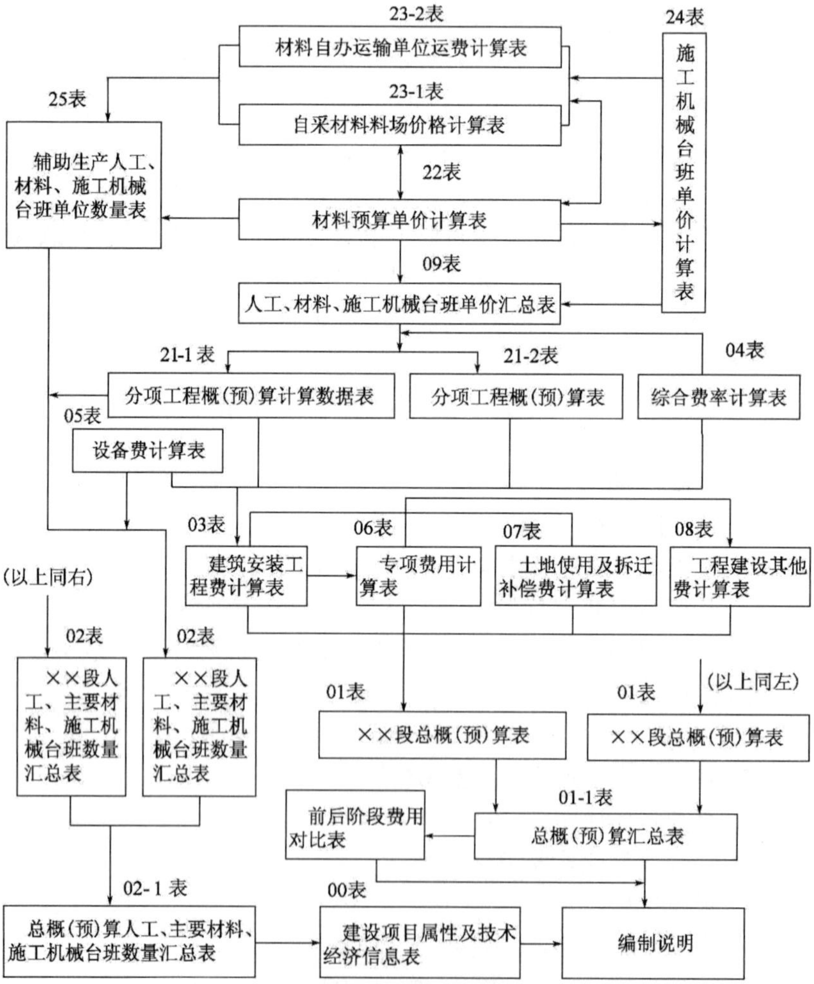

图 8-2 各表格间的计算顺序和相互关系

第二节 公路工程概(预)算费用计算

一、建筑安装工程费

建筑安装工程是公路施工企业按预定生产目标创造的直接生产成果,包括建筑工程和安装工程两大类。现行《公路工程建设项目概算预算编制办法》规定建筑安装工程费由直接费、设备购置费、措施费、企业管理费、规费、利润、税金和专项费用等组成。建筑安装工程费除专项费用外,其他均按"价税分离"计价规则计算,即各项费用均以不含增值税可抵扣进项税额的价格(费率)进行计算,具体要素价格适用增值税税率执行财税部门的相关规定。

定额建筑安装工程费是取费基数,包括定额直接费、定额设备购置费的40%、措施费、企业管理费、规费、利润、税金和专项费用。定额直接费包括定额人工费、定额材料费和定额施工机械使用费。

定额人工费、定额材料费、定额施工机械使用费以及定额设备购置费均按《公路工程预算定额》(JTG/T 3832—2018)附录四"定额人工、材料、设备单价表"及现行《公路工程机械台班费用定额》(JTG/T 3833—2018)中规定的人工、材料、设备、施工机械的相应基价计算的定额费用。

(一)直接费

直接费是指施工过程中耗费的构成工程实体和有助于工程形成的各项费用,包括人工费、材料费和施工机械使用费。

1.人工费

人工费系指列入概算、预算定额的直接从事建筑安装工程施工的生产工人开支的各项费用。

1)人工费的内容

(1)计时工资或计件工资。计时工资或计件工资指按计时工资标准和工作时间或对已做工作按计件单价支付给个人的劳动报酬。

(2)津贴、补贴。津贴、补贴指为了补偿职工特殊或额外的劳动消耗和因其他特殊原因支付给个人的津贴,以及为了保证职工工资水平不受物价影响支付给个人的物价补贴。如流动施工津贴、特殊地区施工津贴、高温(寒)作业临时津贴、高空津贴等。

(3)特殊情况下支付的工资。特殊情况下支付的工资指根据国家法律、法规和政策规定,因病、工伤、产假、计划生育假、婚丧假、事假、探亲假、定期休假、停工学习、执行国家或社会义务等原因按计时工资标准或计时工资标准的一定比例支付的工资。

2)人工费的计算

人工费以概算、预算定额人工工日数乘以综合工日单价计算。

3)综合工日单价的确定

公路建设所有用工(例如小工、混凝土工、钢筋工、木工、起重工、张拉工、隧道掌子面开挖工、交通工程安装工、施工机械工等)都采用同一综合工日单价。

综合工日单价的标准由各省级交通运输主管部门根据当地人民政府的有关规定核定、本地区公路建设项目的人工工资统计情况进行综合分析确定后公布执行,并应根据最低工资标准的变化情况及时进行动态调整。

综合工日单价已包括由个人缴纳的社会保险费中的养老保险费、失业保险费、医疗保险费(生育保险除外)和住房公积金。

综合工日单价不同于公路建设人工劳务市场价,其主要区别在于:

(1)工作时间不同。综合工日单价通常按每天工作8h,隧道按每天工作7h,潜水工按每天工作6h考虑;公路建设市场劳务用工每天工作时间普遍与综合工日有差异。

(2)企业应支出的"四险一金"不同。编制公路工程概(预)算时,由企业支付的社会保险费和住房公积金需单独计算,而公路建设人工劳务市场价一般已包含上述费用。

(3)其他费用计算不同。公路工程概(预)算的工人的冬、雨、夜施工的补助,工地转移、取暖补贴、主副食补贴、探亲路费等单独计算,而公路建设人工劳务市场价不再单独计算。

综合工日单价仅作为编制概算、预算的依据,不作为施工企业实发工资的依据。

例8-1

某四级公路采用泥灰结碎石基层,路线长2km,基层宽8m,基层压实厚度14cm,采用机械摊铺,求该项目的定额人工费。

解:①查《公路工程预算定额》[215-2-1-11-(3 +4 ×6)],见表8-1。

完成长2km、宽8m的基层所需要人工工日数为:

$$(10.3+1.2\times6)\times\frac{2000\times8}{1000}=318.4(\text{工日})$$

②查《公路工程预算定额》附录四 定额人工、材料、设备单价表,其人工工日单价为106.28(元/工日)。

③定额人工费 = 所需的人工工日数 × 人工工日单价 = 318.4 × 106.28 = 33839.55(元)。

2-2-11 泥灰结碎石基层 表8-1

工程内容:1)清扫整理下承层;2)铺料、整平;3)调浆、灌浆;4)撒铺嵌缝料、整形、洒水、碾压、找补。

单位:1000m^2

顺序号	项目	单位	代号	人工摊铺		机械摊铺	
				压实厚度8cm	每增加1cm	压实厚度8cm	每增加1cm
				1	2	3	4
1	人工	工日	1001001	18	2	10.3	1.2
2	水	m^3	3005004	19	2	—	—
3	黏土	m^3	5501003	17.65	2.21	17.65	2.21
4	熟石灰	m^3	5503003	3.733	0.466	3.733	0.466

续上表

顺序号	项　　目	单位	代号	人工摊铺		机械摊铺	
				压实厚度 8cm	每增加 1cm	压实厚度 8cm	每增加 1cm
				1	2	3	4
5	碎石	m^3	5505016	96.72	12.09	96.72	12.09
6	120kW 以内自行式平地机	台班	8001058	—	—	0.3	—
7	12～15t 光轮压路机	台班	8001081	0.25	—	0.25	—
8	18～21t 光轮压路机	台班	8001083	0.45	—	0.45	—
9	10000L 以内洒水汽车	台班	8007043	—	—	0.18	0.02
10	基价	元	9999001	11013	1288	10699	1220

2. 材料费

材料费指施工过程中耗用的构成工程实体的原材料、辅助材料、构(配)件、零件、半成品或成品的用量和周转材料的摊销量等,按工程所在地的材料预算价格计算的费用。

材料预算价格由材料原价、运杂费、场外运输损耗、采购及保管费组成。

$$材料预算价格=(材料原价+运杂费)\times(1+场外运输损耗率)\times(1+采购及保管费率)-包装品回收价值 \quad (8\text{-}1)$$

1)材料原价

材料分为外购材料和自采材料,各种材料原价按以下规定确定:

(1)外购材料。国家或地方的工业产品,按工业产品出厂价格或供销部门的供应价格计算,并根据情况加计供销部门手续费和包装费。如供应情况、交货条件不明确时,外购材料价格参照本行政区域内交通运输主管部门发布的价格和按调查的市场价格进行综合取定。

(2)自采材料。自采的砂、石、黏土等自采材料,按定额中开采单价加辅助生产间接费和矿产资源税(如有)计算。

材料原价应按实计取。各省级交通运输主管部门应通过调查,编制本地的材料价格信息,供编制概(预)算使用。

2)运杂费

运杂费系指材料自供应地点至工地仓库(施工地点存放材料的地方)的费用,包括装卸费、运费,有时还应计囤存费及其他杂费(如过磅、标签、支撑加固、路桥通行等费用)。材料预算价格中的"运杂费"确切地说是"材料单位运杂费"。

由于材料运输方式的不同,其运杂费的计算方法也不同。公路工程建设用材料一般有两种运输方式,即施工单位自办运输及由运输部门运输,由运输部门运输又称非自办运输。

(1)通过铁路、水路和公路运输的材料,按调查的市场运价计算运费。如由汽车运输:

$$\begin{aligned}材料单位运杂费&=单位运费+单位装卸费+单位杂费\\&=(运价\times运距+装卸费+吨次费+其他杂费)\times毛质量系数\times单位毛质量\end{aligned} \quad (8\text{-}2)$$

式中:单位运费——单位运费=运价×运距×毛重系数×单位质量;

单位装卸费——指每装、卸一次单位质量材料的费用;

单位杂费——指单位材料所需的囤存费、过磅费、支撑加固费等;
运价——运输每吨每公里物资金额,元/t·km,按各地运输部门规定计列;
运距——由运料起点至运料终点间的里程,km;
装卸费——一次装车、卸车每吨材料的费用,元/t;
毛质量系数——指有容器或包装的材料及长大轻浮材料,为了计算运输的实际质量而考虑的系数,毛质量系数按表8-2计列;
单位毛质量——指单位材料的质量。

例 8-2

江西省某工程需用汽车运原木,运距50km,按当地的《补充规定》查得原木为二级货物,运输路线为三级,运价为0.45元/t·km,装卸费为6元/t,过路费(往返)为1元/t。试计算原木的单位运杂费。

解:查表8-2可知木材的单位毛质量为0.750t/m³。

原木的单位运杂费=(运价×运距+装卸费+吨次费+其他杂费)×毛质量系数×单位毛质量

$$=(0.45\times50+6+1)\times0.75=22.13\ (元/m^3)$$

(2)施工单位自办的运输。

①单程运距15km以上的长途汽车运输应按市场运价计算其运输费用。

②单程运距5~15km的汽车运输按当地交通部门规定的统一运价计算运费,当工程所在地交通不便、社会运输力量缺乏时,如边远地区和某些山岭区,允许按当地交通部门规定的统一运价加50%计算运费。

③单程运距5km及以内的汽车运输以及人力场外运输,按预算定额计算运费,其中人力装卸和运输另按人工费加计辅助生产间接费(按人工费的3%计)。

(3)同种材料如有多个供应点的运费计算。一种材料如有两个以上的供应点时,应根据不同的运距、运量、运价采用加权平均的方法计算运费。

由于概算、预算定额中汽车运输台班已考虑工地便道的特点,以及定额中已计入了"工地小搬运"的费用,因此汽车运输平均运距中不得乘以调整系数,也不得在工地仓库或堆料场之外再加场内运距或二次倒运的运距。

(4)材料毛质量系数及单位毛质量。有容器或包装的材料及长大轻浮材料,应按表8-2规定的毛质量计算。桶装沥青、汽油、柴油按每吨摊销一个旧汽油桶计算包装费(不计回收)。

材料毛质量系数及单位毛质量表 表8-2

材料名称	单位	毛质量系数	单位毛质量
爆破材料	t	1.35	
水泥、块状沥青	t	1.01	
铁钉、铁件、焊条	t	1.10	
液体沥青、液体燃料、水	t	桶装1.17,油罐车装1.00	
木料	m³		原木0.750t,锯材0.650t
草袋	个		0.004t

例 8-3

人工挑抬运黏土,运距 20m ,已知人工工日单价 98 元/工日,求单位运费。

解: 根据《公路工程预算定额》[1163 -9-1-1 -4],见表 8-3。

人工挑抬 10m、$100m^3$ 黏土需人工 1.2 工日,人工费为 1.2 ×98 =117.6(元)。

则运距 20m 的单位运费为:$\frac{117.6}{100} \times \frac{20}{10} \times (1+5\%) = 2.47$(元/$m^3$)。

9-1-1 人工挑抬运输 表 8-3

工程内容:1)装料;2)挑(抬)运;3)卸料;4)空回。 单位:$100m^3$

顺序号	项目	单位	代号	土、砂、石屑		黏土		砂砾、碎(砾)石、碎(砾)石土		片石、大卵石	
				装卸	挑运 10m	装卸	挑运 10m	装卸	挑运 10m	装卸	挑运 10m
				1	2	3	4	5	6	7	8
1	人工	工日	1001001	6.1	1.3	7.5	1.2	8.8	1.3	10.6	1.7
2	基价	元	9999001	648	138	797	128	935	138	1127	181

3)场外运输损耗

场外运输损耗系指有些材料在正常的运输过程中发生的损耗,这部分损耗应摊入材料单价内。单位材料场外运输损耗费可按式(8-3)计算:

$$单位材料场外运输损耗费 = (材料原价 + 材料单位运杂费) \times 材料场外运输操作损耗率 \quad (8\text{-}3)$$

材料场外运输操作损耗率见表 8-4。

材料场外运输操作损耗率表(%) 表 8-4

材料名称		场外运输(包括一次装卸)	每增加一次装卸
块状沥青		0.5	0.2
石屑、碎砾石、砂砾、煤渣、工业废渣、煤		1.0	0.4
砖、瓦、桶装沥青、石灰、黏土		3.0	1.0
草皮		7.0	3.0
水泥(袋装、散装)		1.0	0.4
砂	一般地区	2.5	1.0
	多风地区	5.0	2.0

注:汽车运水泥,当运距超过 500km 时,袋装水泥损耗率增加 0.5%。

4)采购及保管费

材料采购及保管费系指材料在组织采购、保管过程中,所需的各项费用及工地仓库的材料储存损耗。

材料采购及保管费按式(8-4)计算:

$$单位采购及保管费 = (材料原价 + 单位运杂费 + 单位场外运输损耗费) \times 采购及保管费费率 \tag{8-4}$$

钢材的采购及保管费费率为0.75%。燃料、爆破材料的采购及保管费费率为3.26%,其余材料的采购及保管费费率为2.06%。商品水泥混凝土、沥青混合料和各类稳定土混合料、外购的构件、成品及半成品的预算价格计算方法与材料相同。商品水泥混凝土、沥青混合料和各类稳定土混合料不计采购及保管费,外购的构件、成品及半成品的采购及保管费费率为0.42%。

5)包装品的回收价值

在材料预算价格中,应扣除材料包装品可回收的那部分价值。回收价值应按实计列,如果某材料的包装品有回收价值,则应扣除包装品的回收价值。

例 8-4

某公路工程用袋装水泥,经调查供应价格为320元/t,运价为0.5元/t·km,装卸费为3.5元/t,运距线路75km,试确定其预算价格。

解: 单位运杂费 = 0.5 × 75 + 3.5 = 41.00(元/t)

查表8-4得场外运输损耗率为1.0%。

采购及保管费率为2.06%,包装品的回收价值为零。

$$水泥的预算价格 = (320 + 41) \times (1 + 1\%) \times (1 + 2.06\%) = 372.12(元/t)$$

3. 施工机械使用费

施工机械使用费系指列入概(预)算定额的工程机械和工程仪器仪表台班数量,按相应的施工机械台班费用定额计算的施工机械使用费和小型机具使用费。

1)工程机械使用费

机械台班预算价格应按交通运输部发布的现行《公路工程机械台班费用定额》(JTG/T 3833)计算。

2)工程仪器仪表使用费

工程仪器仪表使用费指机电工程施工作业所发生的仪器仪表使用费,以施工仪器仪表台班耗用量乘以施工仪器仪表台班单价计算。

工程仪器仪表台班预算价格应按现行《公路工程机械台班费用定额》(JTG/T 3833)计算。台班人工费工日单价同生产工人人工费单价,动力燃料费用则按材料费的计算规定计算。

$$施工机械使用费 = \sum 工程细目中的某机械使用费 + 工程细目中的小型机具使用费 \tag{8-5}$$

$$工程细目中机械使用费 = \sum [列入概(预)算定额的施工机械台班数 \times 机械台班预算价格] \tag{8-6}$$

当工程用电为自行发电时,电动机械每kW·h(度)电的单价可由公式(8-7)近似计算:

$$A = \frac{0.15 \times K}{N} \tag{8-7}$$

式中:A——每 kW·h(度)电单价,元;

K——发电机组的台班单价,元;

N——发电机组的总功率,kW。

例 8-5

某路基工程,耕地需填前压实,工程量为 $20000m^2$,用 75kW 以内履带式拖拉机压实,按预算定额求其所需施工机械台班数及施工机械使用费(市场调查柴油价格为 7.9 元/kg,人工工日单价为 98 元/工日)。

解:(1)确定所需的 75kW 以内的履带式拖拉机的台班数。

查《公路工程预算定额》[9-1-1-5-2](见表 7-1)得:$0.16 \times 20000/1000 = 3.2$(台班)。

(2)确定拖拉机台班费用定额。

查《公路工程机械台班费用定额》代号 8001066 即为 75kW 以内履带式拖拉机得:

不变费用为 144.84 元;可变费用中消耗人工 1 工日,柴油 54.27kg。

$$施工机械台班单价 = 144.84 + 1 \times 98 + 54.27 \times 7.9 = 685.36(元/台班)$$

$$施工机械使用费总金额 = 3.2 \times 685.36 = 2330.22(元)$$

例 8-6

在编制某公路工程材料预算单价时,片石材料考虑采用施工企业自采加工。已知工程所在地人工工日单价 105 元/工日,根据施工组织设计,石料场至工地平均运距 100m,采用手推车运输,试计算片石的预算单价。该地区交通主管部门公布的几种常用建筑材料的预算价格见表 8-5。

建筑材料预算单价表 表 8-5

材料规格或名称	单位	预算单价(元)	材料规格或名称	单位	预算单价(元)
HPR300 钢筋	t	3700	合金钻头	个	31.88
HRB400 钢筋	t	3800	硝铵炸药	kg	11.97
32.5 级水泥	t	335	导火线	m	1.25
汽油	kg	8.29	普通雷管	个	1.6
柴油	kg	7.44	煤	t	561.95
空心钢钎	kg	6.84			

解:(1)计算片石料场单价。

①片石采用机械开采,查《公路工程预算定额》第八章材料采集及加工的定额表[8-1-5-2 片石、块石开采,内容见表 8-6。

②表 8-6 中 $9m^3/min$ 机动空压机的台班预算价格计算。

查《公路工程机械台班费用定额》动力机械部分见表 8-7,得 $9m^3/min$ 机动空压机的台班预算单价:$270.17 + 60.34 \times 7.44 = 719.10$(元/台班)。

8-1-5 片石、块石开采 表 8-6

工程内容:片石开采:打眼、爆破、撬石、锲开、解小、码方。
片石捡清:撬石、解小、码方。
块石开采:打眼、爆破、锲开、劈石、粗清、码方。
块石捡清:选石、劈石、粗清、码方。

单位:$100m^3$ 码方

顺序号	项目	单位	代号	片石			块石		
				人工开采	机械开采	捡清	人工开采	机械开采	捡清
				1	2	3	4	5	6
1	人工	工日	10001001	27.5	15.8	18.6	81.4	47.6	67.7
2	钢钎	kg	2009002	3.8	—	—	3.0	—	—
3	空心钢钎	kg	2009003	—	2.1	—	—	0.9	—
4	ϕ50mm 以内合金钻头	个	2009004	—	3.0	—	—	3.0	—
5	煤	t	3005001	0.024	—	—	0.018	—	—
6	硝铵炸药	kg	5005002	20.4	20.4	—	11.9	11.9	—
7	非电毫秒雷管	个	5005008	28	28	—	20	20	—
8	导爆索	m	5005009	13	13	—	9	9	—
9	$9m^3$/min 以内机动空压机	台班	8017049	—	1.31	—	—	3.95	—
10	小型机具使用费	元	8099001	—	48.7	—	—	146.5	—
11	基价	元	9999001	3320	3139	1977	8904	8372	7195

公路工程机械台班费用定额 表 8-7

序号			809	810	811
代号			8017048	8017049	8017050
机械名称		单位	空气压缩机		
			机动		
			排气量(m^3/min)		
			6 以内	9 以内	12 以内
规格型号			WY-6/7A	VY-9/7	2VY1-12/7
不变费用	折旧费	元	42.36	55.93	59.80
	检修费	元	35.59	46.99	50.24
	维护费	元	126.25	166.69	178.23
	安装辅助费	元	0.51	0.56	0.85
	小计	元	204.71	270.17	289.12
可变费用	人工	工日			
	汽油	kg			
	柴油	kg	43.89	60.34	70.63
	重油	kg			
	煤	t			
	电	kW·h			
	水	m^3			
	木柴	kg			
	其他费用	元			
	小计	元	326.54	448.93	525.49
定额基价		元	531.25	719.10	814.61

(2)计算片石的预算单价。

①片石的原价即料场单价计算。

查《公路工程预算定额》表 8-1-5-2 得:人工费:$15.8\times105\div100=16.59$(元/$m^3$)

$$辅助生产间接费=人工费\times3\%=16.59\times3\%=0.50(元)$$

$$材料费=\sum(各种材料消耗指标\times相应材料预算单价)$$
$$=(2.1\times6.84+3.0\times31.88+20.4\times11.97+28\times1.6+13\times1.25)\div100$$
$$=4.15(元/m^3)$$

$$施工机械使用费=\sum(各种施工机械台班消耗指标\times施工机械台班预算单价)$$
$$=(1.31\times719.10+48.7)\div100=9.91(元/m^3)$$

$$片石的料场单价=人工费+材料费+机械费+辅助生产间接费$$
$$=16.59+4.15+9.91+0.50=31.15(元/m^3)$$

②运杂费。

查《公路工程预算定额》第九章材料运输的定额表 9-1-2 手推车运输,见表 8-8。

9-1-2　手推车运输　　表 8-8

工程内容:1)装料;2)推运;3)卸料;4)空回。　　单位:100m^3

顺序号	项目	单位	代号	土、砂、石屑		黏土		砂砾、碎(砾)石、碎(砾)石土		片石、大卵石	
				装卸	推运 10m	装卸	推运 10m	装卸	推运 10m	装卸	推运 10m
				1	2	3	4	5	6	7	8
1	人工	工日	1001001	6.1	0.5	7.5	0.5	8.8	0.5	11.6	0.7
2	基价	元	9999001	648	53	797	53	935	53	1233	74

片石装卸定额查 9-1-2-7;片石推运定额查 9-1-2-8。则:

$$运杂费=(11.6+0.7\times100/10)\times105\div100=19.53(元/m^3)$$

$$辅助生产间接费=19.53\times3\%=0.59(元)$$

$$单位运杂费=19.53+0.59=20.12(元/m^3)$$

$$材料预算价格=(材料原价+运杂费)\times(1+场外运输损耗率)\times(1+采购及保管费率)-$$
$$包装品回收价值=(31.48+20.12)\times(1+0)\times(1+2.06\%)$$
$$=52.66(元/m^3)$$

(二)设备购置费

设备购置费指为满足公路初期运营、管理需要购置的构成固定资产标准的设备和虽低于固定资产标准但属于设计明确列入设备清单的设备的费用,包括渡口设备,隧道照明、消防、通风的动力设备,公路收费、监控、通信、路网运行监测、供配电及照明设备等。

(1)设备购置费应列出计划购置的清单(包括设备的规格、型号、数量),以设备预算价计入。

(2)设备购置费包括设备原价、运杂费、运输保险费、采购及保管费,各种税费按编制期有关部门规定计算。

(3)需要安装的设备,按建筑安装工程费的有关规定计算设备的安装工程费。设备与材料的划分标准见附录二。

(三)措施费

措施费是指为了完成工程项目施工,发生于该工程施工前和施工过程中非工程实体项目的费用。内容包括冬季施工增加费、雨季施工增加费、夜间施工增加费、特殊地区施工增加费、行车干扰施工增加费、施工辅助费及工地转移费等7项。

1.工程类别划分

计算建筑安装工程费时,按工程类别计取措施费和企业管理费。

(1)土方:指人工及机械施工的土方工程、路基掺灰、路基换填及台背回填。

(2)石方:指人工及机械施工的石方工程。

(3)运输:指用汽车、拖拉机、机动翻斗车、船舶等运送土石方、路面基层和面层混合料、水泥混凝土及预制构件、绿化苗木等工程。

(4)路面:指路面所有结构层工程、路面附属工程、便道、特殊路基处理(不含特殊路基处理中的圬工构造物)以及隧道路面、桥面铺装工程。

(5)隧道:指隧道土建工程(不含隧道的钢材及钢结构)。

(6)构造物Ⅰ:指砍树挖根、拆除工程、排水、防护、特殊路基处理中的圬工构造物(不含土石方和换填工程)、涵洞、交通安全设施[不包括金属标志牌、防撞钢护栏、防眩板(网)、隔离栅、防护网等钢结构工程]、拌和站(楼)安拆工程、便桥、便涵、临时电力和电信设施、临时轨道、临时码头、绿化等工程,机电工程不包括设备安装工程。

(7)构造物Ⅱ:指小桥、中桥、大桥、特大桥工程,中特大桥工程不包括技术复杂大桥工程。

(8)构造物Ⅲ:指商品水泥混凝土的浇筑、商品沥青混合料和各类商品稳定土混合料的铺筑、外购混凝土构件、设备安装等工程。

(9)技术复杂大桥:指钢管拱桥、斜拉桥、悬索桥、单孔跨径在120m以上(含120m)和基础水深在10m以上(含10m)的大桥主桥部分的基础、下部和上部工程(不含桥梁的钢材及钢结构)。

(10)钢材及钢结构:指路基、路面、桥、涵洞、隧道、交通工程及沿线设施等所有工程的钢筋及预应力钢材,钢沉井、钢围堰、钢套箱及钢护筒等基础工程,钢构件[含钢索塔、钢管拱、钢锚箱、钢锚梁、钢箱(桁)梁、索鞍、斜拉索、索股、索夹、吊杆、系杆]等安装工程,伸缩缝,支座,路基和隧道工程的锚杆、隧道管棚及钢支撑、金属标志牌、防撞钢护栏、防眩板(网)、隔离栅、防护网等钢材及钢结构工程。

购买的路基填料、绿化苗木、商品水泥混凝土、商品沥青混合料和各类稳定土混合料、外购混凝土构件不作为措施费及企业管理费的计算基数。

2. 冬季施工增加费

冬季施工增加费是指按照公路工程施工及验收规范所规定的冬季施工要求,为保证工程质量和安全生产所需采取的防寒保温设施、工效降低和机械作业效率降低以及技术操作过程的改变等所增加的有关费用。

(1)冬季施工增加费的内容。

①因冬季施工所需增加的一切人工、机械与材料的支出。

②施工机械所需修建的暖棚(包括拆、移),增加其他保温设备购置费用。

③因施工组织设计确定,需增加的一切保温、加温等有关支出。

④清除工作地点的冰雪等与冬季施工有关的其他各项费用。

(2)冬季气温区的划分。冬季气温区的划分是根据气象部门提供的满15年以上的气温资料确定的。从每年秋冬第一次连续5d出现室外日平均温度在5℃以下、日最低温度在-3℃以下的第一天算起,至第二年春夏最后一次连续5d出现同样温度的最末一天为冬季期。冬季期内平均气温在-1℃以上者为冬一区,-1~-4℃者为冬二区,-4~-7℃者为冬三区,-7~-10℃者为冬四区,-10~-14℃者为冬五区,-14℃以下者为冬六区。冬一区内平均气温低于0℃的连续天数在70d以内的为Ⅰ副区,70d以上的为Ⅱ副区;冬二区内平均气温低于0℃的连续天数在100d以内的为Ⅰ副区,100d以上的为Ⅱ副区。

气温高于冬一区,但砖石混凝土工程施工须采取一定措施的地区为准冬季区。准冬季区分两个副区,简称准一区和准二区。凡一年内日最低气温在0℃以下的天数多于20d的,日平均气温在0℃以下的天数少于15d的为准一区,多于15d的为准二区。

全国各地的冬季区划分见附录三。若当地气温资料与附录三中划定的冬季气温区划分有较大出入时,可按当地气温资料及上述划分标准确定工程所在地的冬季气温区。

(3)冬季施工增加费的计算。冬季施工增加费的计算方法是根据各类工程的特点,规定各气温区的取费标准。为了简化计算手续,采用全年均摊销的方法,即不论是否在冬季施工,均按规定的取费标准计取冬季施工增加费。

一条路线穿过两个以上的气温区时,可分段计算或按各区的工程量比例求得全线的平均增加率,计算冬季施工增加费。

冬季施工增加费以各类工程的定额人工费和定额施工机械使用费之和为基数,按工程所在地的气温区选用表8-9的费率计算。

冬季施工增加费费率表(%) 表8-9

气温区 / 工程类别	冬季期平均温度(℃)								准一区	准二区
	-1以上		-1~-4		-4~-7	-7~-10	-10~-14	-14以下		
	冬一区		冬二区		冬三区	冬四区	冬五区	冬六区		
	Ⅰ	Ⅱ	Ⅰ	Ⅱ						
土方	0.835	1.301	1.800	2.270	4.288	6.094	9.140	13.720	—	—
石方	0.1646	0.266	0.368	0.429	0.859	1.248	1.861	2.801	—	—

续上表

工程类别 \ 气温区	冬季期平均温度(℃)								准一区	准二区
	-1 以上		-1 ~ -4		-4 ~ -7	-7 ~ -10	-10 ~ -14	-14 以下		
	冬一区		冬二区		冬三区	冬四区	冬五区	冬六区		
	Ⅰ	Ⅱ	Ⅰ	Ⅱ						
运输	0.166	0.250	0.354	0.437	0.832	1.165	1.748	2.643	—	—
路面	0.566	0.842	1.181	1.371	2.449	3.273	4.909	7.364	0.073	0.198
隧道	0.203	0.385	0.548	0.710	1.175	1.520	2.269	3.425		
构造物Ⅰ	0.652	0.940	1.265	1.438	2.607	3.527	5.291	7.936	0.115	0.288
构造物Ⅱ	0.868	1.240	1.675	1.902	3.452	4.693	7.028	10.542	0.165	0.393
构造物Ⅲ	1.616	2.296	3.114	3.523	6.403	8.680	13.020	19.520	0.292	0.721
技术复杂大桥	1.019	1.444	1.975	2.230	4.057	5.479	8.219	12.338	0.170	0.446
钢材及钢结构	0.040	0.101	0.141	0.181	0.301	0.381	0.581	0.861	—	—

注:绿化工程不计冬季施工增加费。

3. 雨季施工增加费

雨季施工增加费系指在雨季期间施工,为保证工程质量和安全生产所需采取的防雨、排水、防潮和防护措施、工效降低和机械作业率降低以及技术操作过程的改变等,所需增加的有关费用。

(1)雨季施工增加费的内容包括:

①因雨季施工所需增加的工、料、机费用的支出,包括工作效率的降低及易被雨水冲毁的工程所增加的工作内容等(如坍塌基坑和排水沟等堵塞的清理、路基边坡冲沟的填补等)。

②路基土方工程的开挖和运输,因雨季施工(非土壤中水影响)而引起的黏附工具,降低工效所增加的费用。

③因防止雨水必须采取的防护措施的费用,如挖临时排水沟、防止基坑坍塌所需的支撑、挡板等。

④材料因受潮、受湿的耗损费用。

⑤增加防雨、防潮设备的费用。

⑥因河水高涨致使工作困难等其他有关雨季施工所需增加的费用。

(2)雨量区和雨季期的划分。雨量区和雨季期的划分是根据气象部门提供的满 15 年以上的降雨资料确定的。凡月平均降雨天数在 10d 以上,月平均日降雨量在 3.5 ~ 5mm 之间者为Ⅰ区,月平均日降雨量在 5mm 以上者为Ⅱ区。全国各地雨量区及雨季期的划分见附录四。若当地气象资料与附录四所划定的雨量区及雨季期出入较大时,可按当地气象资料及上述划分标准确定工程所在地的雨量区及雨季期。

(3)雨季施工增加费的计算。雨季施工增加费的计算方法是将全国划分为若干个雨量区和雨季期,并根据各类工程的特点规定各雨量区和雨季期的取费标准。为了简化计算手续,采用全年平均摊销的方法,即不论是否在雨季施工,均按规定的取费标准计取雨季施工增加费。

一条路线通过不同的雨量区和雨季期时,应分别计算雨季施工增加费或按工程量比例求得平均的增加率,计算全线雨季施工增加费。

雨季施工增加费以各类工程的定额人工费和定额施工机械使用费之和为基数,按工程所在地的雨量区、雨季期选用表8-10的费率计算。

雨季施工增加费费率表(%) 表8-10

工程类别 \ 雨量区	雨季期(月数)																			
	1	1.5	2		2.5		3		3.5		4		4.5		5		6		7	8
	Ⅰ	Ⅰ	Ⅰ	Ⅱ	Ⅰ	Ⅱ	Ⅰ	Ⅱ	Ⅰ	Ⅱ	Ⅰ	Ⅱ	Ⅰ	Ⅱ	Ⅰ	Ⅱ	Ⅰ	Ⅱ	Ⅱ	Ⅱ
土方	0.140	0.175	0.245	0.385	0.315	0.455	0.385	0.525	0.455	0.595	0.523	0.700	0.595	0.805	0.665	0.939	0.764	1.114	1.289	1.499
石方	0.105	0.140	0.212	0.349	0.280	0.420	0.349	0.491	0.418	0.563	0.487	0.667	0.555	0.772	0.626	0.876	0.701	1.018	1.194	1.373
运输	0.142	0.178	0.249	0.391	0.320	0.462	0.391	0.568	0.462	0.675	0.533	0.781	0.604	0.888	0.675	0.959	0.781	1.136	1.314	1.527
路面	0.115	0.153	0.230	0.366	0.306	0.480	0.366	0.557	0.425	0.634	0.501	0.710	0.578	0.825	0.654	0.940	0.749	1.093	1.267	1.459
隧道	—	—	—	—	—	—	—	—	—	—	—	—	—	—	—	—	—	—	—	—
构造物Ⅰ	0.098	0.131	0.164	0.262	0.196	0.295	0.229	0.360	0.262	0.426	0.327	0.491	0.393	0.557	0.458	0.622	0.524	0.753	0.884	1.015
构造物Ⅱ	0.106	0.141	0.177	0.282	0.247	0.353	0.282	0.424	0.318	0.494	0.388	0.565	0.459	0.636	0.530	0.742	0.600	0.883	1.059	1.201
构造物Ⅲ	0.200	0.266	0.366	0.565	0.466	0.699	0.565	0.832	0.665	0.998	0.765	1.164	0.898	1.331	1.031	1.497	1.164	1.730	1.996	2.295
技术复杂大桥	0.109	0.181	0.254	0.363	0.290	0.435	0.363	0.508	0.435	0.580	0.508	0.689	0.580	0.798	0.653	0.907	0.725	1.052	1.233	1.414
钢材及钢结构	—	—	—	—	—	—	—	—	—	—	—	—	—	—	—	—	—	—	—	—

注:室内和隧道内工程及设备安装工程不计雨季施工增加费。

4.夜间施工增加费

夜间施工增加费系指根据设计、施工技术规范和合理的施工组织要求,必须在夜间施工或必须昼夜连续施工而发生的夜班补助费、夜间施工降效、施工照明设施摊销及照明用电等费用。

夜间施工增加费以夜间施工工程项目的定额人工费与定额施工机械使用费之和为基数,按表8-11的费率计算。

夜间施工增加费费率表(%) 表8-11

工程类别	费率	工程类别	费率
构造物Ⅱ	0.903	技术复杂大桥	0.928
构造物Ⅲ	1.702	钢材及钢结构	0.874

注:设备安装工程及金属标志牌、防撞钢护栏、防眩板(网)、隔离栅、防护网等不计夜间施工增加费。

5.特殊地区施工增加费

特殊地区施工增加费包括高原地区施工增加费、风沙地区施工增加费和沿海地区施工增加费3项。

(1)高原地区施工增加费。高原地区施工增加费系指在海拔高度2000m以上地区施工，由于受气候、气压的影响，致使人工、机械效率降低而增加的费用。

一条路线通过两个以上(含两个)不同的海拔高度分区时，应分别计算高原地区施工增加费或按工程量比例求得平均的增加率，计算全线高原地区施工增加费。

高原地区施工增加费以各类工程的定额人工费与定额施工机械使用费之和为基数，按表8-12的费率计算。

高原地区施工增加费费率表(%) 表8-12

工程类别	海拔高度(m)						
	2001~2500	2501~3000	3001~3500	3501~4000	4001~4500	4501~5000	5000以上
土方	13.295	19.709	27.455	38.875	53.102	70.162	91.853
石方	13.711	20.358	29.025	41.435	56.875	75.358	100.223
运输	13.288	19.666	26.575	37.205	50.493	66.438	85.040
路面	14.572	21.618	30.689	45.032	59.615	79.500	102.640
隧道	13.364	19.850	28.490	40.767	56.037	74.302	99.259
构造物Ⅰ	12.799	19.051	27.989	40.356	55.723	74.098	95.521
构造物Ⅱ	13.622	20.244	29.082	41.617	57.214	75.874	101.408
构造物Ⅲ	12.786	18.985	27.054	38.616	53.004	70.217	93.371
技术复杂大桥	13.912	20.645	29.257	41.670	57.134	75.640	100.205
钢材及钢结构	13.204	19.622	28.269	40.492	55.699	73.891	98.930

(2)风沙地区施工增加费。风沙地区施工增加费系指在沙漠地区施工时，由于受风沙的影响，按照施工及验收规范的要求，为保证工程质量和安全生产而增加的有关费用。内容包括防风、防沙及气候影响的措施费，人工、机械效率降低增加的费用，以及积沙、风蚀的清理修复等费用。

根据《公路自然区划标准》《沙漠地区公路建设成套技术研究报告》的公路自然区划和沙漠公路区划，结合风沙地区的气候状况将风沙地区分为三区九类：半干旱、半湿润沙地为风沙一区，干旱、极干旱寒冷沙漠地区为风沙二区，极干旱炎热沙漠地区为风沙三区；根据覆盖度(沙漠中植被、戈壁等覆盖程度)又将每区分为固定沙漠(覆盖度>50%)、半固定沙漠(覆盖度10%~50%)、流动沙漠(覆盖度<10%)三类，覆盖度由工程勘察设计人员在公路工程勘察设计时确定。

全国风沙地区公路施工区划见附录五。若当地气象资料及自然特征与附录五中的风沙地区划分有较大出入时，由项目所在省级交通运输主管部门按当地气象资料和自然特征及上述划分标准确定工程所在地的风沙区划。

一条路线穿过两个以上不同风沙区时，按路线长度经过不同的风沙区加权计算项目全线风沙地区施工增加费。

风沙地区施工增加费以各类工程的定额人工费与定额施工机械使用费之和为基数，根据工程所在地的风沙区划及类别，按表8-13的费率计算。

风沙地区施工增加费费率表(%) 表8-13

风沙区划 / 工程类别	风沙一区			风沙二区			风沙三区		
	沙漠类型								
	固定	半固定	流动	固定	半固定	流动	固定	半固定	流动
土方	4.558	8.056	13.674	5.618	12.614	23.426	8.056	17.331	27.507
石方	0.745	1.490	2.981	1.014	2.236	3.959	1.490	3.726	5.216
运输	4.304	8.608	13.988	5.380	12.912	19.368	8.608	18.292	27.976
路面	1.364	2.727	4.932	2.205	4.932	7.567	3.365	7.137	11.025
隧道	0.261	0.522	1.043	0.355	0.783	1.386	0.522	1.304	1.826
构造物Ⅰ	3.968	6.944	11.904	4.960	10.912	16.864	6.944	15.872	23.808
构造物Ⅱ	3.254	5.694	9.761	4.067	8.948	13.828	5.694	13.015	19.523
构造物Ⅲ	2.976	5.208	8.928	3.720	8.184	12.648	5.208	11.904	17.226
技术复杂大桥	2.778	4.861	8.333	3.472	7.638	11.805	8.861	11.110	16.077
钢材及钢结构	1.035	2.070	4.140	1.409	3.105	5.498	2.070	5.175	7.245

(3)沿海地区工程施工增加费。沿海地区工程施工增加费系指工程项目在沿海地区施工受海风、海浪和潮汐的影响,致使人工、机械效率降低等所需增加的费用。本项费用由沿海各省份省级交通运输主管部门制定具体的适用范围(地区)。

沿海地区工程施工增加费以各类工程的定额人工费与定额施工机械使用费之和为基数,按表8-14的费率计算。

沿海地区工程施工增加费费率表(%) 表8-14

工程类别	费率	工程类别	费率
构造物Ⅱ	0.207	技术复杂大桥	0.212
构造物Ⅲ	0.195	钢材及钢结构	0.200

注:1.表中的构造物Ⅲ系指桥梁工程所用的商品水泥混凝土浇筑及混凝土构件、钢构件的安装。
2.表中的钢材及钢结构系桥梁工程所用的钢材及钢结构。

6.行车干扰工程施工增加费

行车干扰工程施工增加费系指由于边施工边维持通车,受行车干扰的影响,致使人工、机械效率降低而增加的费用。该费用以受行车影响部分的工程项目的定额人工费和定额施工机械使用费之和为基数,按表8-15的费率计算。

行车干扰工程施工增加费费率表(%) 表8-15

工程类别	施工期间平均每昼夜双向行车次数(机动车、非机动车合计)							
	51~100	101~500	501~1000	1001~2000	2001~3000	3001~4000	4001~5000	5000以上
土方	1.499	2.343	3.194	4.118	4.775	5.314	5.885	6.468
石方	1.279	1.881	2.618	3.479	4.035	4.492	4.973	5.462
运输	1.451	2.230	3.041	4.001	4.641	5.164	5.719	6.285
路面	1.390	2.098	2.802	3.487	4.046	4.496	4.987	5.475

续上表

工程类别	施工期间平均每昼夜双向行车次数(机动车、非机动车合计)							
	51~100	101~500	501~1000	1001~2000	2001~3000	3001~4000	4001~5000	5000以上
隧道	—	—	—	—	—	—	—	—
构造物Ⅰ	0.924	1.386	1.858	2.320	2.693	2.988	3.313	3.647
构造物Ⅱ	1.007	1.516	2.014	2.512	2.915	3.244	3.593	3.943
构造物Ⅲ	0.948	1.417	1.896	2.365	2.745	3.044	3.373	3.713
技术复杂大桥	—	—	—	—	—	—	—	—
钢材及钢结构	—	—	—	—	—	—	—	—

注:新建工程、中断交通进行封闭施工或为保证交通正常通行而修建保通便道改的扩建工程,不计行车干扰施工增加费。

7. 施工辅助费

施工辅助费包括生产工具用具使用费、检验试验费和工程定位复测、工程点交、场地清理等费用。

生产工具用具使用费指施工所需不属于固定资产的生产工具、检验、试验用具及仪器、仪表等的购置、摊销和维修费,以及支付给生产工人自备工具的补贴费。

检验试验费指施工企业对建筑材料、构件和建筑安装工程进行一般鉴定、检查所发生的费用,包括自设试验室进行试验用所耗用的材料和化学药品的费用,以及技术革新和研究试验费。但不包括新结构、新材料的试验费和建设单位要求对具有出厂合格证明的材料进行检验、对构件破坏性试验及其他特殊要求检验的费用。

高填方和软基沉降监测、高边坡稳定监测、桥梁施工监测、隧道施工监控量测及超前地质预报等施工监控费含在施工辅助费中,不得另行计算。

施工辅助费以各类工程的定额直接费为基数,按表8-16的费率计算。

施工辅助费费率表(%) 表8-16

工程类别	费率	工程类别	费率
土方	0.521	构造物Ⅰ	1.201
石方	0.470	构造物Ⅱ	1.537
运输	0.154	构造物Ⅲ	2.729
路面	0.818	技术复杂大桥	1.677
隧道	1.195	钢材及钢结构	0.564

8. 工地转移费

工地转移费系指施工企业根据建设任务的需要,由已竣工的工地或后方基地迁至新工地的搬迁费用,其内容包括:

①施工单位职工及随职工迁移的家属向新工地转移的车费、家具行李运费、途中住宿费、行程补助费及杂费等。

②公物、工具、施工设备器材、施工机械的运杂费,以及外租机械的往返费及施工机械、设备、公物、工具的转移费等。

③非固定工人进退场的费用。

工地转移费以各类工程的定额人工费与定额施工机械使用费之和为基数,按表 8-17 的费率计算。

工地转移费费率表(%) 表 8-17

工程类别	工地转移距离(km)					
	50	100	300	500	1000	每增加 100
土方	0.224	0.301	0.470	0.614	0.815	0.036
石方	0.176	0.212	0.363	0.476	0.628	0.030
运输	0.157	0.203	0.315	0.416	0.543	0.025
路面	0.321	0.435	0.682	0.891	1.191	0.062
隧道	0.257	0.351	0.549	0.717	0.959	0.049
构造物Ⅰ	0.262	0.351	0.552	0.720	0.963	0.051
构造物Ⅱ	0.333	0.449	0.706	0.923	1.236	0.066
构造物Ⅲ	0.622	0.841	1.316	1.720	2.304	0.119
技术复杂大桥	0.389	0.523	0.818	1.067	1.430	0.073
钢材及钢结构	0.351	0.473	0.737	0.961	1.288	0.063

高速公路、一级公路及独立大桥、独立隧道项目转移距离按省会城市至工地的里程计算;二级及二级以下公路项目转移距离按地级城市所在地至工地的里程计算。

工地转移里程数在表列里程之间时,费率可内插计算。工地转移距离在 50km 以内的工程按 50km 计算。

9. 辅助生产间接费

辅助生产间接费指由施工单位自行开采加工的砂、石等自采材料及施工单位自办的人工、机械装卸和运输的间接费。

辅助生产间接费按定额人工费的 3% 计。该项费用并入材料预算单价内构成材料费,不直接出现在概(预)算中。

在编制概(预)算文件时,施工单位自办运输和自采材料加工时,若用《公路工程预算定额》第八、九章两章所讲的方法计算,其人工费的计算就必须将该项辅助生产间接费计算进去。如果材料是通过购买再由地方运输车辆运输(如使用元/t · km),就不可再加进辅助生产间接费。

例 8-7

人力手推车运砂、人力装卸,平均运距 100m,按《公路工程预算定额》表 9-1-2(见表 8-8)规定可知每 100m^3 砂消耗人工数为 $(6.1+0.5\times10)=11.1$ 工日,若已知当地人工工日单价为 105 元/工日,计算运杂费。

解:人力装卸运输时应按人工费加计辅助生产间接费,其费率为 3%,则:

运杂费 $=11.1$ 工日 $\times105$ 元/工日 $\times(1+3\%)/100m^3=1200.47$ 元/$100m^3=12$ 元/m^3

高原地区施工单位的辅助生产,可按高原地区施工增加费费率,以定额人工费与定额施工机械费之和为基数计算。高原地区施工增加费(其中:人工采集、加工材料、人工装卸、运输材料按土方费率计算;机械采集、加工材料按石方费率计算;机械装卸、运输材料按运输费率计算)。辅助生产高原地区施工增加费不作为辅助生产间接费的计算基数。

(四)企业管理费

企业管理费由基本费用、主副食运费补贴、职工探亲路费、职工取暖补贴和财务费用5项组成。

1. 基本费用

基本费用是指建筑安装企业组织施工生产和经营管理所需的费用。

(1)基本费用的组成。

①管理人员工资:指管理人员的基本工资、绩效工资、津贴补贴及特殊情况下支付的工资以及缴纳的养老、医疗、失业、工伤保险费和住房公积金等。

②办公费:指企业管理办公用的文具、纸张、账表、印刷、通信、网络、书报、办公软件、会议、水电、烧水和集体取暖降温(包括现场临时宿舍取暖降温)用煤(电、气)等费用。

③差旅交通费:指职工因公出差、调动工作的差旅费、住勤补助费,市内交通费和误餐补助费,劳动力招募费,职工退休、退职一次性路费,工伤人员就医路费以及管理部门使用的交通工具的油料、燃料等费用。

④固定资产使用费:指管理部门及附属生产单位使用的属于固定资产的房屋、设备等的折旧、大修、维修或租赁费。

⑤工具用具使用费:指企业管理使用的不属于固定资产的工具、器具、家具、交通工具和检验、试验、测绘、消防用具等的购置、维修和摊销费。

⑥劳动保险费:指企业支付的离退休职工的易地安家补助费、职工退职金、6个月以上的病假人员工资、职工死亡丧葬补助费、抚恤费、按规定支付给离休干部的各项经费。

⑦职工福利费:指按国家规定标准计提的职工福利费。

⑧劳动保护费:指企业按国家有关部门规定标准发放的劳动保护用品的购置费及修理费、防暑降温费、在有碍身体健康环境中施工的保健费用等。

⑨工会经费:指企业根据《中华人民共和国工会法》的规定按全部职工工资总额比例计提的工会经费。

⑩职工教育经费:指按职工工资总额的规定比例计提,企业为职工进行专业技术和职业技能培训,专业技术人员继续教育、职工职业技能鉴定、职业资格认定以及根据需要对职工进行各类文化教育所发生的费用,不含职工安全教育费、培训费用。

⑪保险费:指企业财产保险、管理用及生产用车辆等保险费用及人身意外伤害险的费用。

⑫工程排污费:指施工现场按规定缴纳的排污费用。

⑬税金:指企业按规定缴纳的维护建设税、教育费附加、地方教育附加、房产税、车船使用税、土地使用税及印花税等。

⑭其他:上述项目以外的其他必要的费用支出,包括技术转让费、技术开发费、竣(交)工文件编制费、招投标费、业务招待费、绿化费、广告费、公证费、定额测定费、法律顾问费、审计费、咨询费以及施工标准化、规范化、精细化管理等费用。

(2)基本费用的计算。基本费用以各类工程的定额直接费为基数,按表 8-18 的费率计算。

基本费用费率表(%) 表 8-18

工程类别	费率	工程类别	费率
土方	2.747	构造物Ⅰ	3.587
石方	2.792	构造物Ⅱ	4.726
运输	1.374	构造物Ⅲ	5.976
路面	2.427	技术复杂大桥	4.143
隧道	3.569	钢材及钢结构	2.242

2. 主副食运费补贴费

主副食运费补贴费是指施工企业在远离城镇及乡村的野外施工购买生活必需品所需增加的费用。该费用以各类工程的定额直接费为基数,按表 8-19 的费率计算。

主副食运费补贴费费率表(%) 表 8-19

工程类别	综合里程(km)										
	3	5	8	10	15	20	25	30	40	50	每增加 10
土方	0.122	0.131	0.164	0.191	0.235	0.284	0.322	0.377	0.444	0.519	0.070
石方	0.108	0.117	0.149	0.175	0.218	0.261	0.293	0.346	0.405	0.473	0.063
运输	0.118	0.130	0.166	0.192	0.233	0.285	0.322	0.379	0.447	0.519	0.073
路面	0.066	0.088	0.119	0.130	0.165	0.194	0.224	0.259	0.308	0.356	0.051
隧道	0.096	0.104	0.130	0.152	0.185	0.229	0.260	0.304	0.359	0.418	0.054
构造物Ⅰ	0.114	0.120	0.145	0.167	0.207	0.254	0.285	0.338	0.394	0.463	0.062
构造物Ⅱ	0.126	0.140	0.168	0.196	0.242	0.292	0.338	0.394	0.467	0.540	0.073
构造物Ⅲ	0.225	0.248	0.303	0.352	0.435	0.528	0.599	0.705	0.831	0.969	0.132
技术复杂大桥	0.101	0.115	0.143	0.165	0.205	0.245	0.280	0.325	0.389	0.452	0.063
钢材及钢结构	0.104	0.113	0.146	0.168	0.207	0.247	0.281	0.331	0.387	0.449	0.062

注:综合里程 = 粮食运距 ×0.06 + 燃料运距 ×0.09 + 蔬菜运距 ×0.15 + 水运距 ×0.70,粮食、燃料、蔬菜、水的运距均为全线平均运距;如综合里程数在表列里程之间时,费率可内插,综合里程在 3km 以内的工程,按 3km 计取本项费用。

3. 职工探亲路费

职工探亲路费指按照有关规定发放给施工企业职工在探亲期间发生的往返交通费和途中住宿费等费用。该费用以各类工程的定额直接费为基数,按表 8-20 的费率计算。

职工探亲路费费率表(%) 表 8-20

工程类别	费率	工程类别	费率
土方	0.192	构造物Ⅰ	0.274
石方	0.204	构造物Ⅱ	0.348
运输	0.132	构造物Ⅲ	0.551
路面	0.159	技术复杂大桥	0.208
隧道	0.266	钢材及钢结构	0.164

4. 职工取暖补贴费

职工取暖补贴是指按规定发放给施工企业职工的冬季取暖费和为职工在施工现场设置的临时取暖设施的费用。该费用以各类工程的定额直接费为基数,按工程所在地的气温区(见附录三)选用表8-21的费率计算。

职工取暖补贴费费率表(%) 表8-21

工程类别	气温区						
	准二区	冬一区	冬二区	冬三区	冬四区	冬五区	冬六区
土方	0.060	0.130	0.221	0.331	0.436	0.554	0.663
石方	0.054	0.118	0.183	0.279	0.373	0.472	0.569
运输	0.065	0.130	0.228	0.336	0.444	0.552	0.671
路面	0.049	0.086	0.155	0.229	0.302	0.376	0.456
隧道	0.045	0.091	0.158	0.249	0.318	0.409	0.488
构造物Ⅰ	0.065	0.130	0.206	0.304	0.390	0.499	0.607
构造物Ⅱ	0.070	0.153	0.234	0.352	0.481	0.598	0.727
构造物Ⅲ	0.126	0.264	0.425	0.643	0.849	1.067	1.297
技术复杂大桥	0.059	0.120	0.203	0.310	0.406	0.501	0.609
钢材及钢结构	0.047	0.082	0.141	0.222	0.293	0.363	0.433

5. 财务费用

财务费用是指施工企业为筹集资金提供投标担保、预付款担保、履约担保、职工工资支付担保等所发生的各种费用,包括企业经营期间发生的短期贷款利息净支出、汇兑净损失、调剂外汇手续费、金融机构手续费,以及企业筹集资金发生的其他财务费用。财务费用以各类工程的定额直接费为基数,按表8-22的费率计算。

财务费用费率表(%) 表8-22

工程类别	费率	工程类别	费率
土方	0.271	构造物Ⅰ	0.466
石方	0.259	构造物Ⅱ	0.545
运输	0.264	构造物Ⅲ	1.094
路面	0.404	技术复杂大桥	0.637
隧道	0.513	钢材及钢结构	0.653

(五)规费

规费是指按法律、法规、规章及规程规定施工企业必须缴纳的费用。规费包括:

(1)养老保险费:指施工企业按规定标准为职工缴纳的基本养老保险费。

(2)失业保险费:指施工企业按规定标准为职工缴纳的失业保险费。

(3)医疗保险费:指施工企业按规定标准为职工缴纳的医疗保险费(含生育保险费)。

(4)工伤保险费:指施工企业按规定标准为职工缴纳的工伤保险费,包括流动作业人员的工伤强制险。

(5)住房公积金:指施工企业按规定标准为职工缴纳的住房公积金。

各项规费以各类工程的人工费之和为基数,按国家或工程所在地法律、法规、规章及规程规定的标准计算。

(六)利润

利润是指施工企业完成所承包工程获得的盈利。利润按定额直接费及措施费、企业管理费之和的7.42%计算。

(七)税金

税金是指按国家税法规定应计入建筑安装工程造价的。其计算公式:

$$税金=(直接费+设备购置费+措施费+企业管理费+规费+利润)\times 10\% \quad (8\text{-}8)$$

(八)专项费用

专项费用是指为施工场地的建设与施工安全生产所需要的费用。编制概(预)算时,施工场地建设费和安全生产费单独计列,分项工程费中不再计取。

1. 施工场地建设费

(1)施工场地建设费的组成。

①按照工地建设标准化要求进行承包人驻地、工地试验室建设,钢筋集中加工、混合料集中拌制、构件集中预制等所需的办公、生活居住房屋(包括职工家属房屋及探亲房屋),公用房屋(如广播室、文体活动室、医疗室等)和施工生产用房屋(如仓库、加工厂、加工棚、发电站、变电站、空压机站、停机棚及值班室等)等费用。

②包括场区平整(山岭重丘区的土石方工程除外)、场地硬化、排水、绿化、标志、污水处理设施、围墙隔离设施等的费用,不包括钢筋加工的机械设备、混合料拌和设备及安拆、预制构件台座、预应力张拉设备、起重及养护设备,以及概算、预算定额中临时工程的费用。

③包括以上范围内的各种临时工作便道(包括汽车、人力车道)、人行便道,工地临时用水、用电的水管支线和电线支线,临时构筑物(如水井、水塔等)、其他小临时设施等的搭设或租赁、维修、拆除、清理的费用;但不包括红线范围内贯通便道、进出场的临时道路、保通便道。

④工地试验室所发生的属于固定资产的试验设备和仪器等折旧、维修或租赁费用。

⑤施工扬尘污染防治措施费:指裸露的施工场地覆盖防尘网、施工便道和施工场地洒水或喷洒抑尘剂,运输车辆的苫盖和冲洗、环境敏感区设置围挡,防尘标识设置,环境监控与检测等所需要的费用。

⑥文明施工、职工健康生活的费用。

(2)施工场地建设费的计算。施工场地建设费以施工场地计费基数,按表8-23的费率,以累进法计算。施工场地计费基数为定额建筑安装工程费扣除专项费。

施工场地建设费费率表 表 8-23

施工场地计费基数(万元)	费率(%)	算例(万元)	
		施工场地计费基数	施工场地建设费
500 及以下	5.338	500	500×5.338% =26.69
500~1000	4.228	1000	26.69+(1000-500)×4.228% =47.83
1000~5000	2.665	5000	47.83+(5000-1000)×2.665% =154.43
5000~10000	2.222	10000	154.43+(10000-5000)×2.222% =265.53
10000~30000	1.785	30000	265.53+(30000-10000)×1.785% =622.53
30000~50000	1.694	50000	622.53+(50000-30000)×1.694% =961.33
50000~100000	1.579	100000	961.33+(100000-50000)×1.579% =1750.83
100000~150000	1.498	150000	1750.83+(150000-100000)×1.498% =2499.83
150000~200000	1.415	200000	2499.83+(200000-150000)×1.415% =3207.33
200000~300000	1.348	300000	3207.33+(300000-200000)×1.348% =4555.33
300000~400000	1.289	400000	4555.33+(400000-300000)×1.289% =5844.33
400000~600000	1.235	600000	5844.33+(600000-400000)×1.235% =8314.33
600000~800000	1.188	800000	8314.33+(800000-600000)×1.188% =10690.33
800000~1000000	1.149	1000000	10690.33+(1000000-800000)×1.149% =12988.33
1000000 以上	1.118	1200000	12988.33+(1200000-1000000)×1.118% =15224.33

2. 安全生产费

安全生产费包括完善、改造和维护安全设施设备费用,配备、维护、保养应急救援器材、设备费用,开展重大危险源和事故隐患评估和整改费用,安全生产检查、评价、咨询费用,配备和更新现场作业人员安全防护用品支出,安全生产宣传、教育、培训费用,安全设施及特种设备检验费用,施工安全风险评估、应急演练等有关工作及其他与安全生产直接相关的费用。

安全生产费按建筑安装工程费乘以安全生产费费率计算,费率按不少于 1.5% 计取。

例 8-8

某分项工程的定额直接费为 35000 元,人工费为 3100 元,材料费为 23000 元,施工机械使用费为 12000 元,措施费综合费率为 5.86%,企业管理费综合费率为 3.82%,规费综合费率为 30%,利润率为 7.42%,税率为 10%,安全生产费费率为 1.5%,无设备购置费,求其建筑安装工程费。

解: 直接费 = 人工费 + 材料费 + 施工机械使用费 = 3100 + 23000 + 12000 = 38100(元)

措施费 = 定额直接费 × 措施费综合费率 = 35000 × 5.86% = 2051(元)

企业管理费 = 定额直接费 × 企业管理费综合费率 = 35000 × 3.82% = 1337(元)

规费 = 人工费 × 规费综合费率 = 3100 × 30% = 930(元)

利润 = (定额直接费 + 措施费 + 企业管理费) × 利润率 = (35000 + 2051 + 1337) × 7.42%
= 2848.39(元)

税金 = (直接费 + 措施费 + 企业管理费 + 规费 + 利润) × 税率
= (38100 + 2051 + 1337 + 930 + 2848.39) × 10% = 4526.64(元)

施工场地建设费 =(定额直接费 + 措施费 + 企业管理费 + 规费 + 利润 + 税金)× 累进费率

=(35000 + 2051 + 1337 + 930 + 2848.39 + 4526.64)× 5.338% = 2492.47(元)

安全生产费 =(定额直接费 + 措施费 + 企业管理费 + 规费 + 利润 + 税金 + 施工场地建设费)× 安全生产费费率

=(35000 + 2051 + 1337 + 930 + 2848.39 + 4526.64 + 2492.47)× 1.5%

= 737.78(元)

建筑安装工程费 = 直接费 + 措施费 + 企业管理费 + 规费 + 利润 + 税金 + 专项费用(施工场地建设费 + 安全生产费)

= 38100 + 2051 + 1337 + 930 + 2848.39 + 4526.64 + 2492.47 + 737.78

= 53023.28(元)

二、土地使用及拆迁补偿费

土地征用及拆迁补偿费是指按照《中华人民共和国土地管理法》等法律、法规规定，为进行公路建设需征用土地所支付的土地征用及拆迁补偿费等费用。

1. 土地使用及拆迁补偿费的组成

土地使用及拆迁补偿费由永久占地费、临时占地费、拆迁补偿费、水土保持补偿费以及其他费用组成。

(1)永久占地费。永久占地费包括土地补偿费、征用耕地安置补助费、耕地开垦费、森林植被恢复费以及失地农民养老保险费。

①土地补偿费：指征地补偿费、被征用土地上的青苗补偿费，征用城市郊区的地等缴纳的菜地开发建设基金，耕地占用税，用地图编制费及勘界费等。

②征用耕地安置补助费：指征用耕地需要安置农业人口的补助费。

③耕地开垦费：指公路建设项目占用耕地的，应由建设项目法人(业主)负责补充耕地所发生的费用；没有条件开垦或者开垦的耕地不符合要求的，按规定缴纳耕地开垦费。

④公路建设项目发生跨省域补充耕地国家统筹的，应执行《关于印发跨省域补充耕地国家统筹管理办法和城乡建设用地增减挂钩节余指标跨省域调剂管理办法的通知》(国办发[2018]16 号)的规定；发生省内跨区域补充耕地的，执行本省相关规定。

⑤森林植被恢复费：指公路建设项目需要占用、征用林地的，经县级以上林业主管部门审核同意或批准，建设项目法人(业主)单位按照省级人民政府有关规定向县级以上林业主管部门预缴的森林植被恢复费。

⑥失地农民养老保险费：指根据国家规定为保障依法被征地的农民养老而交纳的保险费用。失地农民养老保险费按项目所在地省级人民政府的相关规定进行计算。

(2)临时占地费。临时占地费包括临时征地使用费和复耕费。

①临时征地使用费：指为满足施工所需的承包人驻地、预制场、拌和场、仓库、加工厂(棚)、堆料场、取弃土场、进出场便道、便桥等所有的临时用地及其附着物的补偿费用。

②复耕费：指临时占用的耕地、鱼塘等，在工程交工后将其恢复到原有标准所发生的费用。

(3)拆迁补偿费。拆迁补偿费是指被征用或占用土地地上、地下的房屋及附属构筑物，公用设施、文物等的拆除、发掘及迁建补偿费,拆迁管理费等。

(4)水土保持补偿费。水土保持补偿费是指根据《中华人民共和国水土保持法》、《财政部、国家发展改革委、水利部、中国人民银行关于印发〈水土保持补偿费征收使用管理办法〉的通知》等国家相关法律、法规的规定征收的费用。

(5)其他费用。其他费用是指国务院行政主管部门及省级人民政府规定的与征地拆迁相关的费用。

2. 土地使用及拆迁补偿费的计算

(1)土地使用及拆迁补偿费应根据设计文件确定的建设工程用地和临时用地面积及其附着物的情况,以及实际发生的费用项目,按国家有关规定及工程所在地的省(自治区、直辖市)颁布的有关规定和标准计算。

(2)森林植被恢复费应根据审批单位批准的建设工程占用林地的类型及面积,按国家有关规定及工程所在地的省(自治区、直辖市)颁布的有关规定和标准计算。

(3)当与原有的电力电信设施、管线、水利工程、铁路及铁路设施互相干扰时,应与有关部门联系,商定合理的解决方案和补偿金额,也可由这些部门按规定编制费用以确定补偿金额。

(4)水土保持补偿费按各省(自治区、直辖市)制定的水土保持补偿费收费标准进行计算。

三、工程建设其他费用

工程建设其他费用包括建设项目管理费、研究试验费、前期工作费、专项评价(估)费、联合试运转费、生产准备费、工程保通管理费、工程保险费以及其他相关费用。

1. 建设项目管理费

建设项目管理费包括建设单位(业主)管理费、建设项目信息化费、工程监理费、设计文件审查费及竣(交)工验收试验检测费。其中建设单位(业主)管理费、建设项目信息化费和工程监理费均为实施建设项目管理的费用,可根据建设单位(业主)、施工单位、监理单位所实际承担的工作内容和工作量统筹使用。

建设单位(业主)管理费、建设项目信息化费、工程监理费、设计文件审查费、竣(交)工验收试验检测费、建设项目前期工作费等的费率仅作为确定建设项目概算预算的依据,不作为项目实际支出的依据。

(1)建设单位(业主)管理费。建设单位(业主)管理费系指建设单位(业主)为建设项目的立项、筹建、建设、竣(交)工验收、总结等工作所发生的费用。不包括应计入材料与设备预算价格的建设单位采购及保管材料与设备所需的费用。该费用的内容包括:

①工作人员的工资、工资性津贴和施工现场津贴。

②社会保险费用(基本养老、基本医疗、失业、工伤保险)、住房公积金、职工福利费、工会经费以及劳动保护费。

③办公费、会议费、差旅交通费、固定资产使用费(包括办公及生活房屋折旧、维修或租赁费,车辆折旧、维修、使用或租赁费,通信设备 购置、使用费,测量、试验设备仪器折旧、维修或租赁费,其他设备折旧、维修或租赁费等)、零星固定资产购置费、招募生产工人费、技术图书资料费、职工教育培训经费。

④招标管理费、合同契约公证费、法律顾问费及咨询费。

⑤建设单位的临时设施费、完工清理费、竣(交)工验收费[含其他行业或部门要求的竣工验收费用、建设单位负责的竣(交)工文件编制费]。

⑥各种税费(包括房产税、车船使用税和印花税等)。

⑦对建设项目前期工作、项目实施及竣工决算等全过程进行审计所发生的审计费用。

⑧境内外融资费用(不含建设期贷款利息)、业务招待费、工程质量与安全生产管理费、其他管理性开支。

⑨由施工企业代建设单位(业主)办理"土地、青苗等补偿费"的工作人员所发生的费用,应在建设单位管理费项目中支付。

⑩代建费用在建设单位(业主)管理费中开支,审计费为建设单位(业主)内部审计所发生的费用。

建设单位(业主)管理费以建筑安装工程费总额为基数,按表8-24的费率,以累进办法计算。

建设单位管理费费率表 表8-24

定额建筑安装工程费(万元)	费率(%)	算例(万元)	
		定额建筑安装工程费	建设单位(业主)管理费
500及以下	4.858	500	500×4.858% =24.29
501~1000	3.813	1000	24.29+(1000-500)×3.813% =43.355
1001~5000	3.049	5000	43.355+(5000-1000)×3.049% =165.315
5001~10000	2.562	10000	165.315+(10000-5000)×2.562% =293.415
10001~30000	2.125	30000	293.415+(30000-10000)×2.125% =718.415
30001~50000	1.773	50000	718.415+(50000-30000)×1.773% =1073.015
50001~100000	1.312	100000	1073.015+(100000-50000)×1.312% =1729.015
100001~150000	1.057	150000	1729.015+(150000-100000)×1.057% =2257.515
150001~200000	0.826	200000	2257.515+(200000-150000)×0.826% =2670.515
200001~300000	0.595	300000	2670.515+(300000-200000)×0.595% =3265.515
300001~400000	0.498	400000	3265.515+(400000-300000)×0.498% =3763.515
400001~600000	0.450	600000	3763.515+(600000-400000)×0.450% =4663.515
600001~800000	0.400	800000	4663.515+(800000-600000)×0.4% =5463.515
800001~1000000	0.375	1000000	5463.515+(1000000-800000)×0.375% =6213.515
1000000以上	0.350	1200000	6213.515+(1200000-1000000)×0.35% =6913.515

对于双洞长度超过5000m的独立隧道,水深大于15m、跨度不小于400m的斜拉桥和跨度不小于800m的悬索桥等独立特大型桥梁工程,其建设单位(业主)管理费按表8-24中的费率乘以1.3的系数计算;"独立隧道"和"独立特大型桥梁工程"是指按基本建设程序单独立项的项目,不包括路线项目中的隧道和桥梁。

对于海上工程[指由于风浪影响,工程施工期(不包括封冻期)全年月平均工作日少于15d的工程],其建设单位(业主)管理费按表8-24中的费率乘以1.2的系数计算。

(2)建设项目信息化费。建设项目信息化费是指建设单位(业主)和各参建单位用于建设项目的质量、安全、进度、费用等方面的信息化建设、运维及各种税费等费用。该费用包括建设项目全寿命周期的建筑信息模型(Building Information Modeling)等相关费用。

建设项目信息化费以定额建筑安装工程费为基数,按表8-25的费率,以累进方法计算。

建设项目信息化费费率表

表8-25

定额建筑安装工程费(万元)	费率(%)	算例(万元)	
		定额建筑安装工程费	建设项目信息化费
500及以下	0.600	500	500×0.6% =3
501~1000	0.452	1000	3+(1000-500)×0.452% =5.26
1001~5000	0.356	5000	5.26+(5000-1000)×0.356% =19.5
5001~10000	0.285	10000	19.5+(10000-5000)×0.285% =33.75
10001~30000	0.252	30000	33.75+(30000-10000)×0.252% =84.15
30001~50000	0.224	50000	84.15+(50000-30000)×0.224% =128.95
50001~100000	0.202	100000	128.95+(100000-50000)×0.202% =229.95
100001~150000	0.171	150000	229.95+(150000-100000)×0.171% =315.45
150001~200000	0.160	200000	315.45+(200000-150000)×0.16% =395.45
200001~300000	0.142	300000	395.45+(300000-200000)×0.142% =537.45
300001~400000	0.135	400000	537.45+(400000-300000)×0.135% =672.45
400001~600000	0.131	600000	672.45+(600000-400000)×0.131% =934.45
600001~800000	0.127	800000	934.45+(800000-600000)×0.127% =1188.45
800001~1000000	0.125	1000000	1188.45+(1000000-800000)×0.125% =1438.45
1000000以上	0.122	1200000	1438.415+(1200000-1000000)×0.122% =1682.45

(3)工程监理费。工程监理费是指建设单位(业主)委托具有监理资格的单位承担试验检测、计量支付费用监理等,按施工监理规范进行全面的监督和管理所发生的费用。该费用内容包括:

①监理人员的基本工资、工资性津贴、社会保障费用(基本养老、基本医疗、失业、工伤保险)、住房公积金、职工福利费、工会经费以及劳动保护费。

②办公费、会议费和差旅交通费。

③办公、试验固定资产使用费(包括办公及生活房屋折旧、维修或租赁费,车辆折旧、维修、使用或租赁费。

④通信设备购置、使用费,测量、试验、检测设备仪器折旧、维修或租赁费,其他设备折旧、维修或租赁费等)、零星固定资产购置费、招募生产工人费。

⑤技术图书资料费、职工教育经费、投标费用。

⑥合同契约公证费、法律顾问费、咨询费、业务招待费。

⑦财务费用、监理单位的临时设施费、完工清理费、竣(交)工验收费、各种税费、安全生产管理费和其他管理性开支。

工程监理费以定额建筑安装工程费为基数,按表8-26的费率,以累进方法计算。

工程监理费费率表 表 8-26

定额建筑安装工程费(万元)	费率(%)	算例(万元)	
		定额建筑安装工程费	建设项目信息化费
500 及以下	3.00	500	500×3% =15
501 ~1000	2.40	1000	15 +(1000 −500)×2.4% =27
1001 ~5000	2.10	5000	27 +(5000 −1000)×2.1% =111
5001 ~10000	1.94	10000	111 +(10000 −5000)×1.94% =208
10001 ~30000	1.87	30000	208 +(30000 −10000)×1.87% =582
30001 ~50000	1.83	50000	582 +(50000 −30000)×1.83% =948
50001 ~100000	1.78	100000	948 +(100000 −50000)×1.78% =1838
100001 ~150000	1.72	150000	1838 +(150000 −100000)×1.72% =2698
150001 ~200000	1.64	200000	2698 +(200000 −150000)×1.64% =3518
200001 ~300000	1.55	300000	3518 +(300000 −200000)×1.55% =5068
300001 ~400000	1.49	400000	5068 +(400000 −300000)×1.49% =6558
400001 ~600000	1.45	600000	6558 +(600000 −400000)×1.45% =9458
600001 ~800000	1.42	800000	9458 +(800000 −600000)×1.42% =12298
800001 ~1000000	1.37	1000000	12298 +(1000000 −800000)×1.37% =15038
1000000 以上	1.33	1200000	15038 +(1200000 −1000000)×1.33% =17698

(4)设计文件审查费。设计文件审查费是指在项目审批前,建设单位(业主)为保证勘察设计工作的质量,组织有关专家或委托有资质的单位,对提交的建设项目可行性研究报告和勘察设计文件进行审查所需要的相关费用。建设项目若有地质勘查监理、设计咨询(或称设计监理、设计双院制),费用在此项目开支。

设计文件审查费以定额建筑安装工程费为基数,按表 8-27 的费率,以累进方法计算。

设计文件审查费费率表 表 8-27

定额建筑安装工程费(万元)	费率(%)	算例(万元)	
		定额建筑安装工程费	建设项目信息化费
5000 及以下	0.077	5000	5000×0.077% =3.85
5001 ~10000	0.072	10000	3.85 +(10000 −5000)×0.072% =7.45
10001 ~30000	0.069	30000	7.45 +(30000 −10000)×0.069% =21.25
30001 ~50000	0.066	50000	21.25 +(50000 −30000)×0.066% =34.45
50001 ~100000	0.065	100000	34.45 +(100000 −50000)×0.065% =66.95
100001 ~150000	0.061	150000	66.95 +(150000 −100000)×0.061% =97.45
150001 ~200000	0.059	200000	97.45 +(200000 −150000)×0.059% =126.95
200001 ~300000	0.057	300000	126.95 +(300000 −200000)×0.057% =183.95
300001 ~400000	0.055	400000	183.95 +(400000 −300000)×0.055% =238.95
400001 ~600000	0.053	600000	238.95 +(600000 −400000)×0.053% =344.95
600001 ~800000	0.052	800000	344.95 +(800000 −600000)×0.052% =448.95
800001 ~1000000	0.051	1000000	448.95 +(1000000 −800000)×0.051% =550.95
1000000 以上	0.050	1200000	550.95 +(1200000 −1000000)×0.05% =650.95

(5)竣(交)工验收试验检测费。竣(交)工验收试验检测费是指在公路建设项目竣(交)工验收前,由建设单位(业主)或工程质量监督机构委托有资质的公路工程质量检测单位按照有关规定对建设项目的工程质量进行检测并出具检测意见,以及进行桥梁动(静)载试验或其他特殊检测等所需的费用。

竣(交)工验收试验检测费按表 8-28 规定的费率计算。

竣(交)工验收试验检测费标准表 表 8-28

检测项目			竣(交)工验收试验检测费	备注
道路工程(元/km)		高速公路	23500	包括路基、路面、涵洞、通道、路段安全设施和机电、房建、绿化、环境保护及其他工程
		一级公路	17000	
		二级公路	11500	
		三级及三级以下公路	5750	
桥梁工程	一般桥梁(元/延米)		40	包括桥梁范围内的所有土建、安全设施和机电、声屏障等环境保护工程及必要的动(静)载试验
	技术复杂桥梁(元/延米)	钢管拱	750	
		连续刚构	500	
		斜拉桥	600	
		悬索桥	560	
隧道工程(元/延米)			80	包括隧道范围内的所有土建、安全设施、机电、消防设施等

道路工程按主线路基长度计算,桥梁工程以主线桥梁、分离式立交、匝道桥的长度之和进行计算,隧道按单洞长度计算。

道路工程:高速公路、一级公路按四车道计算,二级及二级以下公路按两车道计算,每增加 1 个车道,按表 8-26 的费用增加 10%。桥梁和隧道:按双向四车道计算,每增加 1 个车道费用增加 15%;二级及二级以下公路的桥隧工程,按表 8-28 费用的 40% 计算。

2. 研究试验费

研究试验费是指按项目特点和有关规定,在建设过程中必须进行的研究和试验所需的费用,以及支付科技成果、专利、先进技术的一次性技术转让费。该费用不包括:

(1)应由科技 3 项费用(即新产品试制费、中间试验费和重要科学研究补助费)开支的项目。

(2)应由施工辅助费开支的施工企业对建筑材料、构件和建筑物进行一般鉴定、检查所发生的费用及技术革新研究实验费。

(3)应由前期工作费(为建设项目提供或验证设计数据、资料等专题研究)开支的项目。

计算方法:按照设计提出的研究试验内容和要求进行编制。

3. 建设项目前期工作费

建设项目前期工作费是指委托勘察设计单位、咨询单位对建设项目进行可行性研究、工程勘察设计,以及设计、监理、施工招标文件及招标标底或造价控制值文件编制时,按规定应支付的费用。

(1)建设项目前期工作费的组成。

①编制项目建议书(或预可行性研究报告)、可行性研究报告、投资估算,以及相应的勘察、设计等所需的费用。

②通过风洞试验、地震动参数、索塔足尺模型试验、桥墩局部冲刷试验、桩基承载力试验等为建设项目提供或验证设计数据所需的专题研究费用。

③初步设计和施工图设计的勘察费(包括测量、水文气象调查、工程地质勘探、室内试验等)、设计费、概(预)算编制及调整概算编制费用等。

④设计、监理、施工招标文件及招标标底(或造价控制值或清单预算)文件编制费等。

(2)建设项目前期工作费的计算。建设项目前期工作费以定额建筑安装工程费为基数,按表8-29的费率,以累进方法计算。

建设项目前期工作费费率表 表8-29

定额建筑安装工程费(万元)	费率(%)	算例(万元)	
		定额建筑安装工程费	建设项目信息化费
500及以下	3.00	500	500×3.00%=15
501~1000	2.70	1000	15+(1000-500)×2.70%=28.5
1001~5000	2.55	5000	28.5+(5000-1000)×2.55%=130.5
5001~10000	2.46	10000	130.5+(10000-5000)×2.46%=253.5
10001~30000	2.39	30000	253.5+(30000-10000)×2.39%=731.5
30001~50000	2.34	50000	731.5+(50000-30000)×2.34%=1199.5
50001~100000	2.27	100000	1199.5+(100000-50000)×2.27%=2334.5
100001~150000	2.19	150000	2334.5+(150000-100000)×2.19%=3429.5
150001~200000	2.08	200000	3429.5+(200000-150000)×2.08%=4469.5
200001~300000	1.99	300000	4469.5+(300000-200000)×1.99%=6459.5
300001~400000	1.94	400000	6459.5+(400000-300000)×1.94%=8399.5
400001~600000	1.86	600000	8399.5+(600000-400000)×1.86%=12119.5
600001~800000	1.80	800000	12119.5+(800000-600000)×1.80%=15719.5
800001~1000000	1.76	1000000	15719.5+(1000000-800000)×1.76%=19239.5
1000000以上	1.72	1200000	19239.5+(1200000-1000000)×1.72%=22679.5

4.专项评价(估)费

专项评价(估)费是指依据国家法律、法规规定进行评价(评估)、咨询,按规定应支付的费用。该费用包括环境影响评价费、水土保持评估费、地震安全性评价费、地质灾害危险性评价费、压覆重要矿床评估费、文物勘察费、通航认证费、行洪认证(评估)费、使用林地可行性研究报告编制费、用地预审报告编制费、项目风险评估费、节能评估费和社会风险评估费、放射性影响评估费、规划选址意见书编制费等费用。

计算方法:依据委托合同,按国家颁发的收费标准和有关规定进行编制,或参照类似工程已发生的费用进行计列。

5. 联合试运转费

联合试运转费是指建设项目的机电工程,按照有关规定标准,需要进行整套设备带负荷联合试运转所需的全部费用,不包括应由设备安装工程费中开支的调试费用。

该费用包括联合试运转期间所需的材料、燃料和动力的消耗,机械和检测设备使用费,工具用具和低值易耗品费,参加联合试运转的人员工资及其他费用等。

计算方法:联合试运转费以定额建筑安装工程费为基数,按0.04%费率计算。

6. 生产准备费

生产准备费是指为保证新建、改扩建项目交付使用后满足正常的运行、管理用的工器具购置、办公和生活用家具购置、生产人员培训、应急保通设备购置等费用。

(1)工器具购置费。工器具购置费是指建设项目交付使用后为满足初期正常运营必须购置的第一套不构成固定资产的设备、仪器、仪表、工卡模具、器具、工作台(框、架、柜)等的费用,不包括:构成固定资产的设备、工器具和备品、备件,已列入设备购置费中的专用工具和备品、备件。工器具购置费由设计单位列出计划购置清单(包括规格、型号、数量),计算方法同设备购置费。

(2)办公和生活用家具购置费。办公和生活用家具购置费是指新建、改扩建工程项目,为保证初期正常生产、使用和管理所购置的办公和生活用家具、用具的费用,包括行政、生产部门的办公室、会议室、资料档案室、阅览室、宿舍及生活福利设施等的家具、用具。办公和生活用家具购置费按表8-30的规定计算。

办公和生活用家具购置费标准表 表8-30

工程所在地	路线(元/公路公里)				单独管理或单独收费的桥梁、隧道(元/座)		
	高速公路	一级公路	二级公路	三、四级公路	特大、大桥		特长隧道
					一般桥梁	技术复杂大桥	
内蒙古、黑龙江、青海、新疆、西藏	21500	15600	7800	4000	24000	60000	78000
其他省、自治区、直辖市	17500	14600	5800	2900	19800	49000	63700

注:改(扩)建工程按表列费用的70%计。

(3)生产人员培训费。生产人员培训费是指为保证生产的正常运行,在工程交工验收交付使用前对运营部门生产人员和管理人员进行培训所需的费用,包括培训人员的工资、工资性津贴、职工福利费、差旅交通费、劳动保护费、培训及教学实习费等。该费用按设计定员和3000元/人的标准计算。

(4)应急保通设备购置费。应急保通设备购置费是指新建、改扩建工程项目,为满足初期正常营运,购置保障抢修保通、应急处置,且构成固定资产的设备所需的费用。该费用由设计单位列出计划购置清单,计算方法同设备购置费。

7. 工程保通管理费

工程保通管理费是指新建或改(扩)建工程需边施工边维持通车或通航的建设项目,为保证公(铁)路运营安全、船舶航行安全及施工安全而进行交通(公路、航道、铁路)管制、交通(铁路)与船舶疏导所需的和媒体、公告等宣传费用及协管人员经费等。

工程保通管理费仅为保通管理方面的费用,其他保通措施需要根据保通工程方案另行计算,例如保通便道、保通安全设施则需要根据设计方案单独计算。

工程保通管理费应按设计需要进行列支。涉水项目施工期通航安全保障费用计算方法按附录六执行。

8. 工程保险费

工程保险费是指在合同执行期工地范围内,施工企业按合同条款要求办理保险的费用。材料和设备运输保险不在其中,施工企业的办公、生活、施工机械、员工的人身意外险在企业管理费中支出。设备的保险在设备单价中计列。该费用包括建筑工程一切险和第三方责任险。

(1)建筑工程一切险。建筑工程一切险是指为永久工程、临时工程和设备及已运至施工工地用于永久工程的材料和设备所投的保险。

(2)第三方责任险。第三方责任险是指对因实施合同工程而造成的财产(本工程除外)损失或损害,或人员(业主和承包人雇员除外)的死亡或伤残所负责进行的保险。

工程保险费以建筑安装工程费(不含设备费)为基数,按0.4%费率计算。

9. 其他相关费

其他相关费是指国务院行政主管部门及省级人民政府规定的其他与公路建设相关的费用。其费用按相关规定计算。

四、预备费

预备费由基本预备费及价差预备费两部分组成。

1. 基本预备费

基本预备费是指在初步设计和概算、施工图设计和施工图预算中难以预料的工程和费用。

(1)基本预备费的用途。

①在进行技术设计、施工图设计和施工过程中,在批准的初步设计和概算范围内所增加的工程费用。

②在设备订货时,由于规格、型号改变的价差;材料货源变更、运输距离或方式的改变以及因规格不同而代换使用等原因发生的价差。

③在项目主管部门组织竣(交)工验收时,验收委员会(或小组)为鉴定工程质量必须开挖和修复隐蔽工程的费用。

(2)基本预备费的计算。以建筑安装工程费、土地使用及拆迁补偿费、工程建设其他费之和为基数按下列费率计算:

①设计概算按5%计列。

②修正概算按4%计列。

③施工图预算按3%计列。

2. 价差预备费

价差预备费是指设计文件编制年至工程竣(交)工年期间,建筑安装工程费中的人工费、材料费、设备费、施工机械使用费、措施费以及企业管理费等由于政策、价格变化可能发生上浮而预留的费用及外资贷款汇率变动部分的费用。

(1)计算方法:价差预备费以建筑安装工程费总额为基数,按设计文件编制年始至建设项目工程竣(交)工年终的年数和年工程造价增长率计算。采用公式(8-9)计算:

$$价差预备费 = P \times [(1+i)^{n-1} - 1] \tag{8-9}$$

式中:P——建筑安装工程费总额,元;

i——年造价增长率,%;

n——设计文件编制年至建设项目开工年 + 建设项目建设期限,年。

(2)年造价增长率按有关部门公布的工程投资价格指数计算。

(3)设计文件编制至工程完工在一年以内的工程,不列此项费用。

五、建设期贷款利息

建设期贷款利息是指工程项目使用的贷款部分在建设期内应计取的贷款利息。该费用内容包括各种金融机构贷款、建设债券和外汇贷款等利息。

利息计算方法:根据不同的资金来源分年度投资计算所需支付的利息,按公式(8-10)计算。

建设期贷款利息 = Σ(上年末付息贷款本息累计 + 本年度付息贷款额 ÷ 2) × 年利率

即:

$$S = \sum_{n=1}^{N} (F_{n-1} + b_n \div 2) \times i \tag{8-10}$$

式中:S——建设期贷款利息,元;

N——项目建设期,年;

n——施工年度,年;

F_{n-1}——建设期第 $n-1$ 年末需付息贷款本息累计,元;

b_n——建设期第 n 年度付息贷款额,元;

i——中国人民银行公布的贷款基准年利率,%。

例 8-9

某项目总投资 2000 万元,项目建设期为 3 年,第一年投资 1000 万元,第二年投资 600 万元,第三年投资 400 万元,贷款基准年利率为 7%,则建设期应付利息为多少?

解:$S_1 = (0 + 1000 \div 2) \times 7\% = 35$(万元)　　$F_2 = 1000 + 35 = 1035$(万元)

$S_2 = (1035 + 600 \div 2) \times 7\% = 93.45$(万元)　　$F_3 = 1035 + 600 + 93.45 = 1728.45$(万元)

$S_3 = (1728.45 + 400 \div 2) \times 7\% = 134.99$(万元)

故建设期应付利息为 $S = S_1 + S_2 + S_3 = 35 + 93.45 + 134.99 = 263.44$(万元)。

第三节 各项费用的计算程序及计算方式

公路工程建设项目各项费用的计算程序及计算方式见表8-31。

公路工程建设各项费用的计算程序及计算方式 表8-31

序号	项目	说明及计算式
(一)	定额直接费	Σ人工消耗量×人工基价+Σ(材料消耗量×材料基价+机械台班消耗量×机械台班基价)
(二)	定额设备购置费	Σ设备购置数量×设备基价
(三)	直接费	Σ人工消耗量×人工单价+Σ(材料消耗量×材料预算单价+机械台班消耗量×机械台班预算单价)
(四)	设备购置费	Σ设备购置数量×预算单价
(五)	措施费	(一)×施工辅助费费率+定额人工费和定额施工机械使用费之和×其余措施费费综合率
(六)	企业管理费	(一)×企业管理费综合费率
(七)	规费	各类工程人工费(含施工机械人工费)×规费综合费率
(八)	利润	[(一)+(五)+(六)]×利润率
(九)	税金	[(三)+(四)+(五)+(六)+(七)+(八)]×10%
(十)	专项费用	
	施工场地建设费	[(一)+(二)×40%+(五)+(六)+(七)+(八)+(九)]×累进费率
	安全生产费	建筑安装工程费(不含安全生产费本身)×(≥1.5%)
(十一)	定额建筑安装工程费	(一)+(二×40%)+(五)+(六)+(七)+(八)+(九)+(十)
(十二)	建筑安装工程费	(三)+(四)+(五)+(六)+(七)+(八)+(九)+(十)
(十三)	土地使用及拆迁补偿费	按规定计算
(十四)	工程建设其他费	
	建设项目管理费	
	建设单位(业主)管理费	(十一)×累进费率
	建设项目信息化费	(十一)×累进费率
	工程监理费	(十一)×累进费率
	设计文件审查费	(十一)×累进费率
	竣(交)工验收试验检测费	按规定计算
	研究试验费	
	建设项目前期工作费	(十一)×累进费率
	专项评价(估)费	按规定计算

续上表

序号	项目	说明及计算式
	联合试运转费	(十一)×费率
	生产准备费	
	工具器购置费	按规定计算
	办公和生活用家具购置费	按规定计算
	生产人员培训费	按规定计算
	应急保通设备购置费	
	工程保通管理费	按规定计算
	工程保险费	[(十二)-(四)]×费率
	其他相关费用	
(十五)	预备费	
	基本预备费	[(十二)+(十三)+(十四)]×费率
	价差预备费	(十二)×费率
(十六)	建设期贷款利息	按实际贷款额度及利率计算
(十七)	公路基本造价	(十二)+(十三)+(十四)+(十五)+(十六)

第四节 公路工程概(预)算文件的编制

一、概(预)算文件的编制步骤

编制概(预)算一般都用计算机软件进行,具体计算、填表都通过计算软件完成。对于初学者应该通过手算,才能更深刻地理解编制过程中各种数据和表格之间的相互关系,故讲述概(预)算的编制步骤与方法时,是按照手算的程序进行介绍的。编制概算与预算的操作程序基本相同。具体编制步骤如下:

1. 熟悉设计图纸和资料

编制概算、修正概算、施工图预算等文件前,应对相应阶段的初步设计、技术设计和施工图设计内容进行检查和整理,认真阅读和核对设计图纸及有关表格,如工程一览表、工程数量表等,若图纸中所用材料规格或要求不清时,要核对查实。

2. 准备概(预)算资料

概(预)算资料包括概(预)算表格、定额和有关文件及现场调查的一系列数据等。在编制概(预)算前,应将有关文件,如《公路工程基本建设项目设计文件编制办法》、现行《公路工程建设项目概算预算编制办法》《公路工程概算定额》《公路工程预算定额》及各类补充定额等准备齐全。最后要将概(预)算表格备齐。

3. 分析外业调查资料及施工方案

1)概(预)算调查资料分析

概(预)算资料的调查工作是一项关系到概(预)算文件质量的基础工作,一般在公路工程外业勘查时同时进行。调查的内容很广,原则上凡对施工生产有影响的一切因素都必须调查,主要是筑路材料的来源(沿线料场及有无自采材料),材料运输方式及运距,运费标准,占用土地的补偿费、安置费及拆迁补偿费,沿线可利用房屋及劳动力供应情况等,对这些调查资料应进行分析,若有不明确或不全的部分,应另行调查,以保证概(预)算的准确和合理。

2)施工方案的分析

对与相应设计阶段配套的施工组织设计文件(尤其是施工方案),应认真分析其可行性、合理性、经济性。因为施工方案将直接影响概(预)算金额的高低和定额的查用,所以在编制概(预)算时,重点应对施工方案进行认真分析。

同一工程内容,可以采用不同的施工方法来完成,应根据工程设计意图和要求同工程实际结合,选择最经济的施工方法。施工机械的选择也将直接影响施工费用,应根据选定的施工方法选配相应的施工机械。另外,材料堆放的位置及仓库的设置,土方取土坑、弃土堆的位置选择等运距远近的确定,人员高峰期等都是影响费用的因素。

4. 分项

公路工程概(预)算是以分项工程概(预)算表为基础计算和汇总而来的,所以工程分项是概(预)算工作中的一项重要基础工作。一般公路工程分项时,必须满足 3 个方面的要求:

(1)按照概(预)算项目表的要求分项,这是最基本的要求。概(预)算项目表实质上是将一个复杂的建设项目分解成许多分项工程的一种科学划分方法。

(2)符合定额项目的要求。定额项目表是定额的主体内容,分项后的分项工程必须能够直接在定额项目表中查到。

(3)符合费率的要求。措施费费率、企业管理费费率、规费费率都是按不同工程类别确定的费率定额,因此所分的项目应满足其要求。

按以上 3 个方面的要求分项后,即可将工程细目一一列出并填入 21 表中。

5. 计算工程量

在编制概(预)算时,应对各分项工程量按工程量计算原则进行计算。一是对设计中已有的工程量进行核对,二是对设计文件中缺少或未列的工程量进行补充计算,计算时应注意计算单位和计算规则与定额的计量单位及计算规则一致。将算得的分项工程量填入 21 表中。

6. 查定额

按照选用的施工方法、使用的材料、结构构件规格等,根据分项所得的工程细目(分项工程)即可从定额中查出相应的人工、材料、施工机械名称、单位及消耗量定额值。如发现定额内容与设计内容不符合时,还需根据实际情况对定额进行调整,这个计算在 21-2 表中进行。

7. 工料机预算价格的确定

编制概(预)算的另一项重要工作便是确定预算价格。定额中除基价和小额零星材料及小型机具用货币指标外,其他均是资料消耗的实物指标。要以货币来表现消耗,就必须计算各种资源的预算价格。有关预算价格的计算方法已在前面介绍,公路工程概(预)算的预算价格通过22表、23表和24表来计算。

(1)根据21表中所出现的材料种类、规格及机械作业所需的燃料和水电编制22表。

(2)根据实际工程所发生的自采材料种类、规格,按照外业料场调查资料编制“自采材料料场价格计算表(23表)”,并将计算结果汇入22表的材料原价栏中。

(3)根据21表、23表中所出现的所有机械种类和23表中自办运输的机械种类,计算工程所有机械的台班单价,即编制“施工机械台班单价计算表(24表)”。

(4)根据地区类别和地方规定等资料确定人工工日单价。

(5)将上面(1)、(2)、(3)、(4)项所算得的各预算价格汇总,编制“人工、材料、施工机械台班单价汇总表(09表)”。

8.计算直接费

将09表中的工料机预算价格填入22-2表中相应的工料机单价栏中,用“单价”乘以“数量”得到工料机的费用,汇总得直接费。

9.确定各项费率

查《公路工程建设项目概算预算编制办法》及地方补充规定,确定措施费费率、企业管理费费率、规费费率,将查得的各费用的费率填入“综合费率计算表”04表中,在04-1表中计算措施费、企业管理费、规费。

10.计算建筑安装工程费

将21表中各分项工程的人工费、材料费、机械使用费转入“建筑安装工程费计算表”03表中,并把04-1表中的综合费转入03表,计算直接费、设备购置费05表、利润、税金,专项费用06表、汇总得建筑安装工程费。

11.实物指标计算

概(预)算还必须编制工程项目的实物消耗量指标,这可通过02表和25表的计算完成。

(1)将22表和23表、24表中的人工、材料、机械消耗量及机械实物消耗量汇总编制辅助生产工、料、机单位数量表(25表)。

(2)汇总22表中人工、主要材料、施工机械台班数量。

(3)合计(1)、(2)项中的各项数据得出工程概(预)算的实物数量,得到02表。

12.计算其他有关费用

按规定计算土地使用及拆迁补偿费和工程建设其他费,即编制07表和08表。

13.编制总概(预)算表并进行造价分析

(1)编制总概(预)算表:将03表、05表、06表、07表以及08表中的各项费用填入01表中相应栏目,并计算各项技术经济指标。

(2)造价分析:根据概(预)算总金额,各单位工程或分项工程的费用比值和各项技术经济信息进行全面分析填入00表,对设计提出修改建议和从经济角度对设计是否合理予以评价,找出挖潜措施。

14. 编制概(预)算汇总表

根据建设项目要求,当分段或分部编制01表和02表时,需要编制概(预)算汇总表。

(1)汇总各种概(预)算表,编制总概(预)算汇总表(01-1表)。

(2)汇总各段的02表,编制总概(预)算人工、材料、施工机械台班数量汇总表(02-1表)。

15. 编制说明

概(预)算表格计算并编制完成后,必须编制概(预)算说明,主要说明概(预)算编制依据,编制中存在的问题,工程造价的货币和实物量指标及其他与概(预)算有关但不能在表格中反映的事项。

16. 复核、印刷、装订、报批

当全面复核,确认无误后,参编人员应签字并加盖资格印章,待设计单位各级负责人签字审批后,即可印刷,并按甲、乙组文件分别装订成册,上报待批。

二、编制注意问题

(1)现行的《公路工程建设项目概算预算编制办法》适用于新建、改(扩)建的公路工程建设项目,但各省、自治区、直辖市交通运输厅(局)一般都制定和公布了执行现行《公路工程建设项目概算预算编制办法》的相应补充规定。一般都明确规定了可"参照执行的范围"。《公路工程建设项目概算预算编制办法》具有法令性,要注意其适用范围,不可滥用。

(2)注意表格之间的内在联系,理清其交叉关系。概(预)算表格是一个有机的整体,互相联系,相互补充。通过这些表格反映整个工程项目的资源消耗,故应熟练掌握各表格之间的内在联系。特别是其中的09表、21表、22表、23表、24表5个表格,在编制时交叉进行,需要特别注意。如23表中出现的外购材料单价及24表中出现的动力燃料单价通过23表计算,但要注意其运料终点是"料场"还是"工地料场"等。23表中出现的自办运输台班单价与施工机械台班单价通过24表计算。

(3)注意各取费费率适用范围的说明,如无路面的便道工程属于土方,有路面的便道工程属于路面等。

(4)使用定额时,一定要注意其小注和章节说明等。

(5)按地方的规定计算有关费用时,要注意各地规定中的细目要求,如各省制定的《汽运规则实施细则》中,对25km以下短途运输的计价方法就不相同。

(6)编制中,应注意公路工程概(预)算的工程费用中未包含的专业工程的建筑安装工程费可执行相应行业定额及规定,但其他费用应按公路工程其他费用项目划分及计算办法编制。一般工业与民用建筑应执行所在地的地区统一定额及规定。

三、概(预)算表格式及计算方法

01表~25表的计算格式与计算方法见附录一及表中填表说明。

第五节 概(预)算编制软件

公路工程概(预)算的编制是一项较为复杂性的工作。为了提高效率,现在编制概(预)算都应用计算机软件进行。目前,国内常用的计算软件有交通运输部编制的 XJTU 公路工程造价软件、广州同望公司编制的 WCOST 造价软件以及珠海海德纵横 SmartCost 公路工程造价系统等。

《海德纵横 SmartCost 公路工程造价系统》是一套全新设计的公路工程造价产品,具有多项旧式软件所不具备的创新功能。广泛适用于设计、施工招投标、施工成本管理、项目造价审核、监理等领域。

一、《海德纵横 SmartCost 公路工程造价系统》软件简介

1. 主要功能

1)清单精灵功能

这是一个智能化的清单组价工具。在编制标底时,能有效防止错漏项,提高编标效率,智能化程度高。

只需要根据工程实际情况选择参数,系统"自动选择定额"。使用清单精灵,将大大降低组价时的漏项和多算;同时,成倍地提高预算效率;尤其对于施工、报价经验不足的用户具有特别的应用价值。真正做到快、准、轻松(招投标版特有)。

2)智能定额调整

所有定额调整均自动完成,简单易用,不错不漏,抛弃半手工调整状态。提炼定额附注说明成为提示性的选项,对有需要调整的项目直接勾选。

厚度、运距调整,只需输入实际值,自动查找辅助定额;同步计算调整结果;自动更改定额名称。混凝土/砂浆标号调整、工料机抽换、稳定土配比调整等,一应俱全。

3)智能定额逼近

输入定额号时,系统自动根据输入的定额号智能逼近所需的定额,边输入边提示,无须死记定额号。

4)即时造价计算功能

任何数据一经修改,相关计算结果立即显示,造价即时刷新,便于及时审核单价,发现问题。无须"造价计算"、无须"工料机分析"、无须"分项剖析"。

5)复制清单

由多人分专业编制,一人合并汇总,组成一个完整的标底文件,在编制大型工程造价时有利于协同工作,提高效率;有利于专业分工,提高标底编制的准确性;有利于标底保密。

6)支持定额成批复制——大大减少重复录入工作

在计算材料单价时,对同运距的各种材料只需输入一次计算数据,则可成批计算材料预算

单价。

7)自动读取数据

与《造价管理信息网》结合,自动读取供应价文件中的原价数据,不必一个个输入。

8)灵活的报表

同类软件的报表多为固定的,不能做任何修改,而实际上项目的报表形式千差万别,用户只能导出到 Excel 后,花大量时间手工修改。海德纵横 SmartCost 具有灵活报表功能,能快速完成的报表编排工作。

9)可自定义报表的基本格式

报表直接保存为 Excel 文件,格式保持完美(直接保存,并非一行一行输出)。可将数据直接复制到 Excel 中,编制特殊报表。提供报表快速定制报表模板服务。

10)定额模糊查找

不必强记定额号,省去手工查找的麻烦。如在定额名称处输入"水泥",系统立即将名称中含"水泥"的定额过滤出来,可大大加快定额选择的速度。

11)定额打包

将常用的定额组合保存为模板,随时调用。

12)造价审核/比较

特别适用于造价审核部门,可对上报的造价文件进行对照审核。对于招投标过程,可进行清单项目一级的单价审核比较,利于快速分析投标人报价的合理性,控制不平衡报价。

13)数据通用性强

报表模板与系统分离。可根据业主对项目单价分析的要求,快速制定报表模板,系统计算结果直接写入模板。报表可直接保存成 Excel 文件,格式保留完整,便于进一步分析、修改。利于投标人根据不同项目的报表格式要求进行修改。

14)兼容同类造价产品数据

略。

15)分摊及调价

将清单中没开列的合理费用,按报价策略分摊,可将其分摊到任意指定的清单项目内,分摊方式可为:按清单金额比重分摊、按工料机用量分摊、按自定义比例分摊。调价为多方式实时调价,可成批对工料机消耗调价;快速对任意清单调出目标报价;调价幅度无限制(招投标版)。

16)利用与 Excel 相互复制数据功能,可在 Excel 中进行多方案比选

提供调价前、后两套报表,适应不同需要。费率调整,对分项工程费率乘以系数。率先解决 m^2、m^3 输出问题(而不是只能输出 m2、m3)。

17)追踪工料机来源

可追踪工料机出处,出自何定额、项目。不仅可得到水泥、砂石的消耗量,还可得到混凝土、砂浆的消耗量。

2. 设计依据

《海德纵横 SmartCost 公路工程造价管理系统》的设计依据:《公路工程建设项目概算预算编制办法》《公路工程预算定额》《公路工程概算定额》《公路工程建设项目投资估算编制办法》《公路工程估算指标》《公路工程机械台班费用定额》《公路工程标准招标文件》(2018 年

版)及地方规定和相关补充规定。

3.《海德纵横 SmartCost 公路工程造价管理系统》的应用范围

《海德纵横 SmartCost 公路工程造价管理系统》适用于施工投标、施工成本管理、项目招标、项目造价审核、设计、监理等,故设计、施工、管理、审核、监理等部门都可使用。而且它的优势不可小视,施工单位能快速、准确、轻松地编制投标书,成倍提高效率,大大增强竞争力。项目业主能有效地对多项目实行投资审核与监管。咨询机构可以快速地向客户提交咨询方案或结果并进行项目审核。工程设计单位使用本软件,便于协同工作、重复修改和多方案比较。

4. 安装 SmartCost 造价系统

将系统光盘插入 CD-ROM。运行 Setup,按提示操作。

5.《海德纵横 SmartCost 公路工程造价管理系统》的运行环境及推荐配置

中文 Microsoft Windows 98/XP/2000/2000Server。P3/赛扬以上 CPU;CD-ROM;256M 内存;1024×768 分辨率显示器;500M 可用硬盘空间。

建议经常访问 www. smartcost. com. cn 以获取最新的帮助信息。

二、用 SmartCost 软件编制概(预)算的程序

工程造价由实体项目工料机消耗量、工料机单价、利税费(利润、税金、各项管理费用)三大部分组成。软件操作中是围绕这三大部分展开,编制造价文件主要需进行如下几部分工作:

1. 建立建设项目

需要编制哪个项目的造价文件,则需先建立建设项目。

2. 建立造价文件

一个建设项目可能包括多个编制范围或标段。如需对同一项目的不同范围或不同标段分别编制其造价,则可通过新建多个造价文件。造价文件一般以编制范围或标段命名。

3. 建立概预算项目表

即划分该造价文件的项目组成结构,一般按部颁标准项目表进行划分,根据工程项目的规模不同,项目表的划分可粗可细。纵横 SmartCost 采用独有的树表结构、清单结构及计算结果同屏显示,一览无遗。《海德纵横 SmartCost》可以用以下方式建立概预算项目表:

(1)使用标准项目表建立预算项目。

(2)补充在标准项目表中没有的项目。

4. 为各项目选择计算方式

即套定额计算、数量单价计算或以基数计算

建筑安装工程费中实体项目主要通过套用定额计算,部分项目会采用数量乘以单价方式计算。套用定额的方式一般有以下几种:

(1)从定额库中选择定额。

(2)直接输入定额号。

(3)使用分项模板选择定额。

(4)定额模糊查找。

(5)使用清单精灵自动套用定额(仅适用于编标版)。

选完定额后,可输入相应的工程数量及选择取费类别,如所套定额需调整,则进行定额调整。软件本身还有非常方便地建立补充定额的功能。

其他各项费用一般以基数计算,即输入相应的计算公式,软件会自动计算出相应的费用。并实时反映出来,每一处变动,系统会立即自动反映。

5. 输入工料机预算单价

对项目套用了定额后,定额内含工料机消耗量,这时录入工料机预算单价,即可计算出造价。工料机预算单价相当于工料机的市场价,编制预算时,可自行调查或参考各省定额站发布的价格信息。预算价可直接输入或通过“计算运费加原价”的方式进行计算。

6. 设置工程各项利税费率值

各项基数×利税费率=各项利税费。

7. 查看报表

点按“报表”按钮,报表中即有数据结果。

第六节 施工图预算编制实训

题目名称:××公路水泥混凝土路面工程施工图预算。

实训资料:江西省宜春地区××二级公路改造的水泥混凝土路面工程,拟单独作为一个项目进行招标,现需编制某段5km水泥混凝土路面工程的施工图预算,并以此作为该段招标工程的标底。

1. 路面工程数量

(1)底基层:20cm厚水泥石灰稳定土(水泥:石灰:土=6:4:90)共计40000m^2。

(2)基层:18cm厚水泥碎石(水泥含量5%),共计37500m^2。

(3)面层:23cm厚7m宽水泥混凝土,共计35000m^2,传力杆钢筋8830kg。

(4)培路肩:厚41cm,共计7500m^2。

(5)挖路槽:深20cm土质路槽,共计7500m^2。

2. 施工方法

(1)底基层采用稳定土拌和机拌和。

(2)基层也采用稳定土拌和机拌和。

(3)面层所需混凝土在附近大桥预制厂设混凝土拌和站1座集中拌和(场地不必再清理),混合料用汽车运输运至工地摊铺,平均运距2km。

本预算应考虑混凝土拌和站的安装、拆除费用。

3. 实训内容及要求

1)实训内容

完成本预算文件的全部内容,主要有以及3点:

(1)对建筑安装工程进行工、料、机分析,求所需人工、材料、机械台班数量及资金数量。

(2)正确选取费率标准,完成01表~25表各表的填算,正确计算各种费用,确定工程造价。

(3)书写编制说明,预算文件装订成册。

2)实训要求

(1)按照交通运输部2018年颁布的《公路工程建设项目概算预算编制办法》《公路工程预算定额》《公路工程机械台班费用定额》以及省交通运输厅《补充规定》等进行编制。

(2)各表计算应按编制办法填表说明分步骤、程序进行。

(3)预算文件中的数据有效位数,以相应公路工程定额位数为准。

(4)编写编制说明,文字力求简练扼要,内容包括:本施工图预算编制范围、编制原则、依据、定额、费率的取定以及人工、主要材料、机械台班数量,预算资金总额等,请参照《编制办法》中的编制说明提纲书写。

(5)独立完成本实训,文字、数据、符号要清晰整洁,并用铅笔书写。

(6)手工操作完成后,上机用预算软件进行检验其成果。

(7)未尽事项和特殊要求由老师确定。

4. 应交阅的实训成果(按以下顺序装订成册)

(1)封面。

(2)目录(应有各表页数)。

(3)编制说明。

(4)附录。

(5)总概(预)算表(01表)。

(6)人工、主要材料、施工机械台班数量汇总表(02表)。

(7)建筑安装工程费计算表(03表)。

(8)综合费率计算表(04表)。

(9)设备费计算表(05表)。

(10)专项费用计算表(06表)。

(11)土地使用及拆迁补偿费计算表(07表)。

(12)工程建设其他费计算表(08表)。

(13)人工、材料、施工机械台班单价汇总表(09表)。

(14)分项工程概(预)算表(21-2表)。

(15)材料预算单价计算表(22表)

(16)自采材料料场价格计算表(23-1表)。

(17)施工机械台班单价计算表(24表)。

(18)辅助生产人工、材料、施工机械台班单价数量表(25表)。

(19)封底。

5. 设计日期

实训开始日期:　　　年　　月　　日,完成日期:　　　年　　月　　日。

6. 附件

1)材料供应价格、运距、运输方式(表8-32)

材料供应价格、运距、运输方式一览表　　　表8-32

序号	规格名称	单位	原价(元)	供应地点	运输方式比重及运距	加工方法及备注
1	HRB400钢筋、型钢	t	3680	南昌	汽运224km	
2	HPR300钢筋	t	3550	南昌	汽运224km	
3	汽油	t	7424	南昌	汽运224km	
4	柴油	t	7430	南昌	汽运224km	
5	组合钢模板	t	5800	南昌	汽运224km	
6	石油沥青	t	2860	南昌	汽运224km	
7	42.5级水泥(袋装)	t	422	萍乡市	汽运148km	
8	煤	t	370	萍乡市	汽运121km	
9	生石灰	t	270	××乡	汽运5km	
10	锯材	m^3	1417	××乡	汽运5km	
11	铁件	kg	7.60	××乡	汽运5km	
12	20~22号铁丝	kg	4.8	××乡	汽运5km	
13	青(红)砖	千块	820	××乡	汽运10km	
14	中粗砂	m^3		××料场自采	汽运30km	成品率60%采筛洗堆
15	4cm碎石	m^3		片石工地加工		机械轧碎石、筛分
16	碎石	m^3		片石工地加工		机轧、未筛分
17	土	m^3		山坡采集	手推车运100m	人力自采
18	片石	m^3	30	××料场	汽运2km	
19	水	m^3	2.60			
20	电	度	0.60			

2)预算调查其他资料

(1)老路交通量1000辆/昼夜以下,老路利用率40%。

(2)施工队伍由南昌路桥工程局调来,工地转移距离100km。

本章小结

本章讲述了概(预)算有关的概念,概(预)算的编制依据与作用;重点介绍了概(预)算的费用计算及文件组成;阐述了概(预)算文件编制的要点;简要列出了用软件编制施工图预算的示例。

思考与训练

1. 公路工程概(预)算的概念是什么?
2. 公路工程概(预)算的作用是什么?
3. 公路工程概(预)算的编制依据是什么?
4. 公路工程概(预)算由哪些费用组成?
5. 什么叫概(预)算项目表?
6. 编制概(预)算项目时应注意哪些事项?
7. 概(预)算文件是由哪些表格组成的?
8. 为什么要计算路线用材料的平均运距?
9. 何谓建筑安装工程费?它包含哪些费用项目?在概(预)算哪个表格中计算汇总?
10. 什么叫定额直接费、直接费、措施费?
11. 概(预)算第二部分费用包括的各项费用的含义是什么?通过何表计算?
12. 概(预)算第三部分费用包括哪些费用?
13. 预备费所包括的各项费用的含义是什么?
14. 建筑安装工程费的计算公式是什么?
15. 袋装32.5级水泥,供应价330元/t,汽车运输的平均运距100km,单位运价0.49元/t·km,装卸费5元/t。不计包装回收,试计算其预算单价。
16. 某工程项目的人工费为2770元,材料费为9250元,机械费160元,综合费率为15.42%,间接费的综合费率为5.32%,试计算直接工程费、间接费和建筑安装工程费。

附录一
APPENDIX ONE

概(预)算计算样表

项目前后阶段费用对比表

附表 1-1

建设项目名称：　　　　　　　　　　　　　　　　　　　　　　第　页　共　页

分项编号	工程或费用名称	单位	本阶段设计概算(施工图预算)			上阶段施工估算(设计概算)			费用变化		备注
			数量	单价	金额	数量	单价	金额	金额	比例(%)	
1	2	3	4	5＝6÷4	6	7	8＝9÷7	9	10＝6－9	11＝10÷9	12

填表说明：

1. 本表反映一个建设项目的前后阶段各项费用组成；
2. 本阶段和上阶段费用均从各阶段的01-1 表转入。

编制：　　　　　　　　　　　　　　　　　　　　　　　　　　复核：

建设项目属性及技术经济信息表 附表 1-2

建设项目名称： 编制日期： 00 表

一	项目基本属性				
编号	名　　称	单位	信　　息		备　　注
001	工程所在地				
002	地形类别				平原或微丘
003	新建/改(扩)建				
004	公路技术等级				
005	设计速度	km/h			
006	路面结构				
007	路基宽度	m			
008	路线长度	公路公里			不含连接线
009	桥梁长度	km			
010	隧道长度	km			双洞长度
011	桥隧比例	%			[(009)+(010)]/(008)
012	互通式立体交叉数量	km/处			
013	支线、联络线长度	km			
014	辅道、连接线长度	km			
二	项目工程数量信息				
编号	内　　容	单位	数　　量	数量指标	备　　注
10202	路基挖方	$1000m^3$			
10203	路基填方	$1000m^3$			
10205	特殊路基	km			
10206	排水圬工	$1000m^3$			包括防护、排水
10207	防护圬工	$1000m^3$			
10301	沥青混凝土路面	$1000m^2$			
10302	水泥混凝土路面	$1000m^2$			
10401	涵洞	m			
10402	小桥	m			
10403	中桥	m			
10404	大桥	m			
10405	特大桥	m			
10501	连拱隧道	m			
10502	小净距隧道	m			
10503	分离式隧道	m			
10602	通道	m			
10605	分离式立体交叉	处			

续上表

二	项目工程数量信息				
编号	内　　容	单位	数　　量	数 量 指 标	备　　注
10606	互通式立体交叉	处			
10703	管理养护服务房屋	m^2			
10901	联络线、支线工程	km			
10902	连接线工程	km			
10903	辅道工程	km			
20101	永久征地	亩			不含取(弃)土场征地
20102	临时征地	亩			
三	项目造价指标信息表				
编号	工 程 造 价	总金额(万元)	造价指标(万元/km)	占总造价百分比(%)	备　　注
1	建筑安装工程费		(必填)		
101	临时工程				
102	路基工程				
103	路面工程				
104	桥梁工程				
105	隧道工程				
106	交叉工程				
107	交通工程				
108	绿化及环境保护工程				
109	其他工程				
110	专项工程		(必填)		
2	土地使用及拆迁补偿费		(必填)		
3	工程建设其他费		(必填)		
4	预备费		(必填)		
5	建设期贷款利息		(必填)		
6	公路基本造价		(必填)		
四	分项造价指标信息表				
编号	名　　称	单位	造价指标(元)	备　　注	
10202	路基挖方	m^3			
10203	路基填方	m^3			
10205	特殊路基	km			
10206	排水圬工	m^3			
10207	防护圬工	m^3			
10301	沥青混凝土路面	m^2			

续上表

四	分项造价指标信息表			
编号	名　　称	单位	造价指标(元)	备　　注
10302	水泥混凝土路面	m^2		
10401	涵洞	m		
10402	预制空心板桥	m^2		
10403	预制小箱梁桥	m^2		
10404	预制T梁桥	m^2		
10405	现浇箱梁桥	m^2		
10406	特大桥	m^2		
10501	连拱隧道	m		
10502	小净距隧道	m		
10503	分离式隧道	m		
10602	通道	m		
10605	分离式立体交叉	处		
10606	互通式立体交叉	处		
10701	交通安全设施	km		
10702	机电及设备安装工程	km		
10707	管理养护服务房屋	m^2		含土建和安装,不含外场
10901	联络线、支线工程	km		
10902	连接线工程	km		
10903	辅道工程	km		
20101	永久征地	亩		
20102	临时征地	亩		
20201	拆迁补偿	km		
30101	建设单位管理费	km		
30103	工程监理费	km		
30301	建设项目前期工作费	km		
五	主要材料单价信息表			
编号	名　　称	单位	单价(元)	备　　注
1001001	人工	工日		
2001002	HRB400 钢筋	t		
3001001	石油沥青	t		
5503005	中(粗)砂	m^3		
5505016	碎石(4cm)	m^3		
5509002	42.5 级水泥	t		

编制：　　　　　　　　　　　　　　　　　　　　复核：

总概(预)算汇总表

附表 1-3

建设项目名称： 第 页 共 页 01-1 表

分项编号	工程或费用名称	单位	总数量										总金额(元)	全路段技术经济指标	各项费用比例(%)
				数量	金额(元)	技术经济指标	数量	金额(元)	技术经济指标	数量	金额(元)	技术经济指标			

填表说明：

1. 一个建设项目分若干单项工程编制概(预)算时，应通过本表汇总全部建设项目概(预)算金额；
2. 本表反映一个建设项目的各项费用组成，概(预)算总值和技术经济指标；
3. 本表分项编号、工程或费用名称、单位、总数量、概(预)算金额应由各单项或单位工程总概(预)算表(01 表)转来，"部分""项""子项"应保留，其他可视需要增减；
4. "全路段技术经济指标"以各项金额汇总合计除以相应总数量计算；"各项费用比例"以汇总的各项目公路工程造价除以公路基本造价合计计算。

编制： 复核：

总概(预)算人工、主要材料、施工机械台班数量汇总表

附表 1-4

建设项目名称： 第 页 共 页 02-1 表

代号	规格名称	单位	总数量	编制范围									

填表说明：

1. 一个建设项目分若干个单项工程编制概(预)算时，应通过本表汇总全部建设项目的人工、主要材料与设备、施工机械台班数量；
2. 本表各栏数据均由各单项或单位工程概(预)算中的人工、主要材料、施工机械台班数量汇总表(02 表)转来，编制范围指单项或单位工程。

编制： 复核：

总概(预)算表 附表 1-5

建设项目名称：

编制范围： 第 页 共 页 01 表

分项编号	工程或费用名称	单位	数量	金额(元)	技术经济指标	各项费用比例(%)	备注
	填表说明： 1. 本表反映一个单项或单位工程的各项费用组成,概(预)算金额,技术经济指标、各项费用比例(%)等; 2. 本表“分项编号”“工程或费用名称”“单位”等应按概(预)算项目表的编号及内容填写; 3. “数量”“金额”由专项费用计算表(06 表)、建筑工程费计算表(03 表)、土地使用及拆迁补偿费计算表(07 表)、工程建设其他费计算表(08 表)转来; 4. “技术经济指标”以各项目金额除以相应数量计算;“各项费用比例”以各项金额除以公路基本造价计算。						

编制： 复核：

人工、主要材料、施工机械台班数量汇总表 附表 1-6

建设项目名称：

编制范围： 第 页 共 页 02 表

代号	规格名称	单位	单价(元)	总数量	分项统计								场外运输损耗	
													比例(%)	数量
			填表说明： 本表各栏数据由人工、材料、施工机械台班单价汇总表(09 表)及分项工程概(预)算表(21-2 表),辅助生产人工、材料、施工机械台班单位数量表(25 表)经分析计算后统计而来。											

编制： 复核：

附表 1-7

建筑安装工程费计算表

建设项目名称：

编制范围：　　　　　　　　　　　　第　页　共　页　　03 表

序号	分项编号	工程名称	单位	工程量	定额直接费（元）	定额设备购置费（元）	直接费（元）				设备购置费	措施费	企业管理费	规费	利润（元）	税金（元）	金额（元）	
							人工费	材料费	施工机械使用费	合计					费率（%）	税率（%）	合计	单价
1	2	3	4	5	6	7	8	9	10	11	12	13	14	15	16	17	18	19
	110	专项费用																
	11001	施工场地建设费	元															
	11002	安全生产费	元															
合计																		

填表说明：

1. 本表各栏数据由 05 表、06 表、21-2 表经计算转来；
2. 本表中除列出具体分项外，还应列出子项（如临时工程、路基工程、路面工程……），并将子项下的具体分项的费用进行汇总。

编制：　　　　　　　　　　　　复核：

附表 1-8

综合费率计算表

建设项目名称：

编制范围：

第　页　共　页　　04 表

序号	工程类别	措施费(%)											企业管理费(%)						规费(%)					
		冬季施工增加费	雨季施工增加费	夜间施工增加费	高原地区施工增加费	风沙地区施工增加费	沿海地区施工增加费	行车干扰工程施工增加费	施工辅助费	工地转移费	综合费率		基本费用	主副食运费补贴	职工探亲路费	职工取暖补贴	财务费用	综合费率	养老保险费	失业保险费	医疗保险费	工伤保险费	住房公积金	综合费率
											Ⅰ	Ⅱ												
1	2	3	4	5	6	7	8	9	10	11	12	13	14	15	16	17	18	19	20	21	22	23	24	25

填表说明：

本表应根据建设项目具体情况，按概(预)算编制办法有关规定填入数据计算：

其中，12 = 3 + 4 + 5 + 6 + 7 + 8 + 9 + 11；13 = 10；19 = 14 + 15 + 16 + 17 + 18；25 = 20 + 21 + 22 + 23 + 24。

编制：　　　　　　　　　　　　　　　　复核：

综合费率计算表

附表 1-9

建设项目名称:

编制范围:

第　页　共　页　04-1 表

序号	工程类别	措施费											企业管理费						规费					
		冬季施工增加费	雨季施工增加费	夜间施工增加费	高原地区施工增加费	风沙地区施工增加费	沿海地区施工增加费	行车干扰工程施工增加费	施工辅助费	工地转移费	综合费率		基本费用	主副食运费补贴	职工探亲路费	职工取暖补贴	财务费用	综合费率	养老保险费	失业保险费	医疗保险费	工伤保险费	住房公积金	综合费率
											Ⅰ	Ⅱ												
1	2	3	4	5	6	7	8	9	10	11	12	13	14	15	16	17	18	19	20	21	22	23	24	25

填表说明:

本表应根据建设项目具体分项工程,按概算预算编制办法规定的计算方法分别计算各项费用:

其中,12 = 3 + 4 + 5 + 6 + 7 + 8 + 9 + 11;13 = 10;19 = 14 + 15 + 16 + 17 + 18;25 = 20 + 21 + 22 + 23 + 24。

编制:　　　　　　　　复核:

设备费计算表

附表 1-10

建设项目名称:

编制范围: 第　页　共　页　05 表

代号	设备名称	规格型号	单位	数量	基价	定额设备购置费(元)	设备预算单价(元)	设备购置费(元)	税金(元)	定额设备费(元)	设备费(元)

填表说明:

本表应根据具体的设备购置清单进行计算,包括“规格型号”“单位”“数量”“基价”“定额设备购置费”“设备预算单价”“税金”“定额设备费”和“设备费”。“设备购置费”不计取措施费及企业管理费。

编制: 复核:

专项费用计算表

附表 1-11

建设项目名称:

编制范围: 第　页　共　页　06 表

序号	工程或费用名称	说明及计算式	金额(元)	备　注

填表说明:

本表应依据项目按概算预算编制办法规定的专项费用项目填写,在“说明及计算式”栏内填写需要说明的内容及计算式。

编制: 复核:

土地使用及拆迁补偿费计算表

附表 1-12

建设项目名称：

编制范围： 第 页 共 页 07 表

序号	费用名称	单位	数量	单价(元)	金额(元)	说明及计算式	备 注
		填表说明： 本表按规定填写“单位”“数量”“单价”和“金额”；“说明及计算式”栏内应注明标准及计算式；子项下边有分项的，可以按顺序依次往下编号。					

编制： 复核：

工程建设其他费计算表

附表 1-13

建设项目名称：

编制范围： 第 页 共 页 08 表

序号	费用名称及项目	说明及计算式	金额(元)	备 注
	填表说明： 本表应按具体发生的其他费用项目填写，需要说明和具体计算的费用项目依次相应在“说明及计算式”栏内填写或具体计算，各项费用具体填写如下： 1. 建设项目管理费包括建设单位(业主)管理费、建设项目信息化费、工程监理费、设计文件审查费、竣(交)工验收试验检测费，按概算预算编制办法规定的计算基数、费率、方法或有关规定列式计算； 2. 研究试验费应根据设计需要进行研究试验的项目分别填写项目名称及金额或列式计算或进行说明； 3. 建设项目前期工作费按概算预算编制办法规定的计算基数、费率及方法计算； 4. 专项评价(估)费、联合试运转费、生产准备费、工程保通管理费、工程保险费、预备费及建设期贷款利息等其他费用根据概算预算编制办法规定或国家有关规定依次类推计算。			

编制： 复核：

人工、材料、施工机械台班单价汇总表

附表 1-14

建设项目名称：

编制范围： 第 页 共 页 09表

序号	名称	单位	代号	预算单价(元)	备注	序号	名称	单位	代号	预算单价(元)	备注

填表说明：

本表"预算单价"主要由材料预算单价计算表(22表)和施工机械台班单价计算表(24表)转来。

编制： 复核：

分项工程概(预)算计算数据表

附表 1-15

建设项目名称：

编制范围： 标准定额库版本号： 校验码： 第 页 共 页 21-1表

分项编号/定额代号/工料机代号	项目、定额或工料机的名称	单位		数量		输入单价	输入金额	分项组价类型或定额子目取费类别	定额调整情况或分项算式

填表说明：

1. 本表应逐行从左到右横向逐栏填写；

2. "分项编号""定额代号""工料机代号"等应根据实际需要按概算预算编制办法附录B概算预算项目表及现行《公路工程概算定额》(JTG/T 3831)、《公路工程预算定额》(JTG/T 3832)的相关内容填写；

3. 本表主要是为利用计算机软件编制概算、预算提供分项组价基础数据，列明工程项目全部计算分项的组价参数；分项组价类型包括：输入单价、输入金额、算式列表、费用列表和定额组价5类；定额调整情况分配合比调整、钢筋调整、抽换、乘系数、综合调整等，非标准补充定额列出其工料机及其消耗量；具体填表规则由软件用户手册详细制定；

4. 标准定额库版本号由公路工程造价依据信息平台和最新的标准定额库一起发布，造价软件接收后直接输出；

5. 校验码由定额库版本号加密生成，由公路工程造价依据信息平台与定额库版本号同时发布，造价软件直接输出。为便于校验，造价软件可按条形码形式输出。

编制： 复核：

分项工程概(预)算表

附表 1-16

编制范围：

分项编号： 工程名称： 单位： 数量： 单价： 第 页 共 页 21-2 表

代号	工程项目												合计	
	工程细目													
	定额单位													
	工程数量													
	定额表号													
	工、料、机名称	单位	单价(元)	定额	数量	金额(元)	定额	数量	金额(元)	定额	数量	金额(元)	数量	金额(元)
1	人工	工日												
2														
	直接费	元												
	措施费 Ⅰ	元												
	措施费 Ⅱ	元												
	企业管理费	元			%			%			%			
	规费	元			%			%			%			
	利润	元			%			%			%			
	税金	元			%			%			%			
	金额合计	元												

填表说明：

1. 本表按具体分项工程项目数量、对应概(预)算定额子目填写，单价由 09 表转来，金额 = Σ工、料、机各项的单价 × 定额 × 数量；
2. 措施费、企业管理费按相应项目的定额人工费与定额施工机械使用费之和或定额直接费 × 规定费率计算；
3. 规费按相应项目的人工费 × 规定费率计算；
4. 利润按相应项目的(定额直接费 + 措施费 + 企业管理费) × 利润率计算；
5. 税金按相应项目的(直接费 + 措施费 + 企业管理费 + 规费 + 利润) × 税率计算；
6. 措施费、企业管理费、规费、利润、税金对应定额列填入相应的计算基数，数量列填入相应的费率。

编制： 复核：

材料预算单价计算表

附表1-17

建设项目名称：

编制范围：　　　　　　　　　　　　　　　　　　　　　　　　第　页　共　页　22表

代号	规格名称	单位	原价（元）	运杂费					原价运费合计（元）	场外运输损耗		采购及保管费		预算单价（元）
				供应地点	运输方式、比重及运距	毛质量系数或单位毛质量	运杂费构成说明或计算式	单位运费（元）		费率（%）	金额（元）	费率（%）	金额（元）	

填表说明：

1. 本表计算各种材料自供应地点或料场至工地的全部运杂费与材料原价及其他费用组成预算单价；
2. 运输方式按火车、汽车、船舶等及所占运输比重填写；
3. “毛质量系数”“场外运输损耗”“采购及保管费”按规定填写；
4. 根据材料供应地点、运输方式、运输单价、毛质量系数等，通过“运杂费构成说明或计算式”，计算得出材料单位运费；
5. 材料原价与单位运费、场外运输损耗、采购及保管费组成材料预算单价。

编制：　　　　　　　　　　　　　　　　　　　　　　　　　　复核：

自采材料料场价格计算表

附表1-18

建设项目名称：

自采材料名称：　　　单位：　　　数量：　　　材料价格：　　　第　页　共　页　23-1表

代号	工程项目												合计	
	工程细目													
	定额单位													
	工程数量													
	定额表号													
	工、料、机名称	单位	单价（元）	定额	数量	金额（元）	定额	数量	金额（元）	定额	数量	金额（元）	数量	金额（元）
	直接费	元												
	辅助生产间接费	元			%			%			%			
	高原取费	元			%			%			%			
	金额合计	元												

填表说明：

1. 本表主要用于分析计算自采材料料场价格，应将选用的定额人工、材料、施工机械台班数量全部列出，包括相应的工、料、机单价；
2. 材料规格用途相同生产方式（如人工捶碎石、机械轧碎石）不同时，应分别计算单价，再以各种生产方式所占比重根据合计价格加权平均计算料场价格；
3. 定额中施工机械台班有调整系数时，应在本表内计算；
4. “辅助生产间接费”“高原取费”对应定额列填入相应的计算基数，数量列填入相应的费率。

编制：　　　　　　　　　　　　　　　　　　　　　　　　　　复核：

材料自办运输单位运费计算表

附表 1-19

编制范围：

自采材料名称：　　单位：　　数量：　　单位运费：　　第　页　共　页　23-2 表

代号	工程项目												合计	
	工程细目													
	定额单位													
	工程数量													
	定额表号													
	工、料、机名称	单位	单价（元）	定额	数量	金额（元）	定额	数量	金额（元）	定额	数量	金额（元）	数量	金额（元）
			填表说明： 1. 本表主要用于分析计算材料自办运输单位运费，应将选用的定额人工、材料、施工机械台班数量全部列出，包括相应的工、料、机单价； 2. 材料运输地点或运输方式不同时，应分别计算单价，再按所占比重加权平均计算材料的运输价格； 3. 定额中施工机械台班有调整系数时，应在本表内计算； 4. "辅助生产间接费""高原取费"对应定额列填入相应的计算基数，数量列填入相应的费率。											
	直接费	元												
	辅助生产间接费	元			%			%			%			
	高原取费	元			%			%			%			
	金额合计	元												

编制：　　复核：

施工机械台班单价计算表

附表 1-20

建设项目名称：

编制范围：　　第　页　共　页　24 表

序号	代号	规格名称	台班单价（元）	不变费用（元）		可变费用（元）									
				调整系数		人工（元/工日）		汽油（元/kg）		柴油（元/kg）		…		车船税	合计
				定额	调整值	定额	金额	定额	金额	定额	金额	定额	金额		
		填表说明： 1. 本表应根据现行《公路工程机械台班费用定额》（JTG/T 3833）进行计算。不变费用如有调整系数应填入"调整值"；列"可变费用"各栏填入定额数量； 2. 人工、动力燃料的单价由材料预算单价计算表（22 表）中转来。													

编制：　　复核：

辅助生产人工、材料、施工机械台班单价数量表　　附表 1-21

建设项目名称：

编制范围：　　第　页　共　页　25 表

<table>
<tr><th>序号</th><th>规 格 名 称</th><th>单位</th><th>人工(工日)</th><th></th><th></th><th></th><th></th><th></th><th></th><th></th></tr>
<tr><td></td><td></td><td></td><td></td><td></td><td></td><td></td><td></td><td></td><td></td><td></td></tr>
<tr><td></td><td></td><td></td><td></td><td></td><td></td><td></td><td></td><td></td><td></td><td></td></tr>
<tr><td></td><td></td><td></td><td></td><td></td><td></td><td></td><td></td><td></td><td></td><td></td></tr>
<tr><td></td><td></td><td colspan="8" rowspan="4">填表说明：
本表各栏数据由自采材料料场价格计算表(23-1 表)和材料自办运输单位运费计算表(23-2 表)统计而来</td><td></td></tr>
<tr><td></td><td></td><td></td></tr>
<tr><td></td><td></td><td></td></tr>
<tr><td></td><td></td><td></td></tr>
<tr><td></td><td></td><td></td><td></td><td></td><td></td><td></td><td></td><td></td><td></td><td></td></tr>
<tr><td></td><td></td><td></td><td></td><td></td><td></td><td></td><td></td><td></td><td></td><td></td></tr>
<tr><td></td><td></td><td></td><td></td><td></td><td></td><td></td><td></td><td></td><td></td><td></td></tr>
<tr><td></td><td></td><td></td><td></td><td></td><td></td><td></td><td></td><td></td><td></td><td></td></tr>
</table>

编制：　　复核：

附录二
APPENDIX TWO

设备与材料的划分标准

C.0.1 工程建设设备与材料的划分,直接关系到投资构成的合理划分、概(预)算的编制以及施工产值的计算等方面。为合理确定工程造价,加强对建设过程投资管理,统一概(预)算编制口径,对交通工程中设备与材料的划分提出如下划分原则和规定。本规定如与国家主管部门新颁布的规定相抵触,按国家规定执行。

C.0.2 适用范围:

本标准适用于公路建设机电设备和建筑材料的划分。

C.0.3 设备与材料的划分原则:

(1)凡是经过加工制造,由多种材料和部件按各自用途组成生产加工、动力、传送、储存、运输、科研等功能的机器、容器和其他机械、成套装置等均为设备。设备分为标准设备和非标准设备。

①标准设备(包括通用设备和专用设备):指按国家规定的产品标准批量生产的、已进入设备系列的设备。

②非标准设备:指国家未定型、非批量生产的,由设计单位提供制造图纸,委托承制单位或施工企业在工厂或施工现场制作的设备。

(2)设备一般包括以下各项:

①各种设备的本体及随设备到货的配件、备件和附属于设备本体制作成型的梯子、平台、栏杆及管道等。

②各种计量器、仪表及自动化控制装置、试验仪器及属于设备本体部分的仪器仪表等。

③附属于设备本体的油类、化学药品等设备的组成部分。

④用于生产或生活、附属于建筑物的水泵、锅炉及水处理设备、电气、通风设备等。

(3)为完成建筑、安装工程所需的原料和经过工业加工在工艺生产过程中不起单元工艺生产作用的设备本体以外的零配件、附件、成品、半成品等,均为材料。材料一般包括以下各项:

①设备本体以外的不属于设备配套供货,需由施工企业进行加工制作或委托加工的平台、梯子、栏杆及其他金属构件等,以及成品、半成品形式供货的管道、管件、阀门、法兰等。

②设备本体以外的各种行车轨道、滑触线、电梯的滑轨等均为材料。

C.0.4 设备与材料的划分界限:

(1)设备。

①通信系统:市内、长途电话交换机、程控电话交换机,微波、载波通信设备,电报和传真设备,中、短波通信设备及中短波电视天馈线装置,移动通信设备、卫星地球站设备,通信电源设备,光纤通信数字设备,有线广播设备等各种生产及配套设备和随机附件等。

②监控和收费系统:自动化控制装置、计算机及其终端、工业电视、检测控制装置、各种探测器、除尘设备、分析仪表、显示仪表、基地式仪表、单元组合仪表、变送器、传送器及调节阀、盘上安装器,压力、温度、流量、差压、物位仪表,成套供应的盘、箱、柜、屏(包括箱和已经安装就位的仪表、元件等)及随主机配套供应的仪表等。

③电气系统:各种电力变压器、互感器、调压器、感应移相器、电抗器、高压断路器、高压熔断器、稳压器、电源调整器、高压隔离开关、装置式空气开关、电力电容器、蓄电池、磁力启动器、交直流报警器、成套箱式变电站、共箱母线、封闭式母线槽,成套供应的箱、盘、柜、屏及其随设备带来的母线和支持瓷瓶等。

④通风及管道系统:空气加热器、冷却器、各种空调机、风尘管、过滤器、制冷机组、空调机组、空调器、各类风机、除尘设备、风机盘管、净化工作台、风淋室、冷却塔、公称直径 300m 以上的人工阀门和电动阀门等。

⑤房屋建筑:电梯、成套或散装到货的锅炉及其附属设备、汽轮发电机及其附属设备、电动机、污水处理装置、电子秤、地中衡、开水炉、冷藏箱,热力系统的除氧器水箱和疏水箱,工业水系统的工业水箱,油冷却系统的油箱,酸碱系统的酸碱储存槽,循环水系统的旋转滤网、启闭装置的启闭机等。

⑥消防及安全系统:隔膜式气压水罐(气压罐)、泡沫发生器、比例混合器、报警控制器、报警信号前端传输设备、无线报警发送设备、报警信号接收机、可视对讲主机、联动控制器、报警联动一体机、重复显示器、远程控制器、消防广播控制柜、广播功放、录音机、广播分配器、消防通信电话交换机、消防报警备用电源、X 射线安全检查设备、金属武器探测门、摄像设备、监视器、镜头、云台、控制台、监视器柜、支台控制器、视频切换器、全电脑视频切换设备、音频分配器、视频分配器、脉冲分配器、视频补偿器、视频传输设备、汉字发生设备、录像、录音设备、电源、CRT 显示终端、模拟盘等。

⑦炉窑砌筑:装置在炉窑中的成品炉管、电机、鼓风机和炉窑传动、提升装置,属于炉窑本体的金属铸体、锻件、加工件及测温装置、仪器仪表、消烟装置、回收装置、除尘装置,随炉供应已安装就位的金具、耐火衬里、炉体金属预埋件等。

⑧各种机动车辆。

⑨各种工艺设备在试车时必须填充的一次性填充材料(如各种瓷环、钢环、塑料环、钢球等)、各种化学药品(如树脂、珠光砂、触煤、干燥剂、催化剂等)及变压器油等,不论是随设备带来的,还是单独订货购置的,均视为设备的组成部分。

(2)材料:

①各种管道、管件、配件、公称直径 300mm 以内的人工阀门、水表、防腐保温及绝缘材料、油漆、支架、消火栓、空气泡沫枪、泡沫炮、灭火器、灭火机、灭火剂、泡沫液、水泵接合器、可曲橡

胶接头、消防喷头、卫生器具、钢制排水漏斗、水箱、分气缸、疏水器、减压器、压力表、温度计、调压器、散热器、供暖器具、凝结水箱、膨胀水箱、冷热水混合器、除污器、分水缸(器)、风管及其附件和各种调节阀、风口、风帽、罩类、消声器及其部(构)件、散流器、护壳、风机减震台座、减震器、凝结水收集器、单双人焊接装置、煤气灶、煤气表、烘箱灶、火管式沸水器、水型热水器、开关、引火棒、防雨帽、放散管拉紧装置等。

②各种电线、母线、绞线、电缆、电缆终端头、电缆中间头、吊车滑触线、接地母线,接地极、避雷线、避雷装置(包括各种避雷器、避雷针等)、高低压绝缘子、线夹、穿墙套管、灯具、开关、灯头盒、开关盒、接线盒、插座、闸盒保险器、电杆、横担、铁塔、各种支架、仪表插座、桥架、梯架、立柱、托臂、人孔手孔、挂墙照明配电箱、局部照明变压器、按钮、行程开关、刀闸开关、组合开关、转换开关、铁壳开关、电扇、电铃、电表、蜂鸣器、电笛、信号灯、低音扬声器、电话单机、熔断器等。

③循环水系统的钢板闸门及拦污栅、启闭构架等。

④现场制作与安装的炉管及其他所需的材料或填料,现场砌筑用的耐火、耐酸、保温、防腐、捣打料、绝热纤维、天然白泡石、玄武岩、金具、炉门及窥视孔、预埋件等。

⑤所有随管线(路)同时组合安装的一次性仪表、配件、部件及元件(包括就地安装的温度计、压力表)等。

⑥制造厂以散件或分段分片供货的塔、器、罐等,在现场拼接、组装、焊接、安装内件或改制时所消耗的物料均为材料。

⑦ 各种金属材料、金属制品、焊接材料、非金属材料、化工辅助材料、其他材料等。

(3)对于一些在制造厂未整体制作完成的设备,或分片压制成型,或分段散装供货的设备,需要建安工人在施工现场加工、拼装、焊接的,按上述划分原则和其投资构成应属于设备。为合理反映建安工人付出的劳动和创造的价值,可按其在现场加工组装焊接的工作量,将其分片或组装件按其设备价值的一部分以加工费的形式计入安装工程费内。

(4)供应原材料,在施工现场制作安装或施工企业附属生产单位为本单元承包工程制作并安装的非标准设备,除配套的电机、减速机外,其加工制作消耗的工、料(包括主材)、机等均应计入安装工程费内。

(5)凡是制造厂未制造完成的设备,已分片压制成型、散装或分段供货,需要建安工人在施工现场拼装、组装、焊接及安装内件的,其制作、安装所需的物料为材料,内件、塔盘为设备。

附录三
APPENDIX THREE

全国冬季施工气温区划分表

全国冬季施工气温区划分表 附表 3-1

省、自治区、直辖市	地区、市、自治州、盟(县)	气温区	
北京	全境	冬二	Ⅰ
天津	全境	冬二	Ⅰ
河北	石家庄、邢台、邯郸、衡水市(冀州市、枣强县、故城县)	冬一	Ⅱ
	廊坊、保定(涞源县及以北除外)、衡水(冀州市、枣强县、故城县除外)、沧州市	冬一	Ⅰ
	唐山、秦皇岛市		Ⅱ
	承德(围场县除外)、张家口(沽源县、张北县、尚义县、康保县除外)、保定市(涞源县及以北)	冬三	
	承德(围场县)、张家口市(沽源县、张北县、尚义县、康保县)	冬四	
山西	运城市(万荣县、夏县、绛县、新绛县、稷山县、闻喜县除外)	冬一	Ⅱ
	运城(万荣县、夏县、绛县、新绛县、稷山县、闻喜县)、临汾(尧都区、侯马市、曲沃县、翼城县、襄汾县、洪洞县)、阳泉(孟州市除外)、长治(黎城县)、晋城市(城区、泽州县、沁水县、阳城县)	冬二	Ⅰ
	太原(娄烦县除外)、阳泉(孟州市)、长治(黎城县除外)、晋城(城区、泽州县、沁水县、阳城县除外)、晋中(寿阳县、和顺县、左权县除外)、临汾(尧都区、侯马市、曲沃县、翼城县、襄汾县、洪洞县除外)、吕梁市(孝义市、汾阳市、文水县、交城县、柳林县、石楼县、交口县、中阳县)		Ⅱ
	太原(娄烦县)、大同(左云县除外)、朔州(右玉县除外)、晋中(寿阳县、和顺县、左权县)、忻州、吕梁市(离石区、临县、岚县、方山县、兴县)	冬三	
	大同(左云县)、朔州市(右玉县)	冬四	
内蒙古	乌海市,阿拉善盟(阿拉善左旗、阿拉善右旗)	冬二	Ⅰ
	呼和浩特(武川县除外)、包头(固阳县除外)、赤峰、鄂尔多斯、巴彦淖尔、乌兰察布市(察哈尔右翼中旗除外),阿拉善盟(额济纳旗)	冬三	
	呼和浩特(武川县)、包头(固阳县)、通辽、乌兰察布市(察哈尔右翼中旗),锡林郭勒(苏尼特右旗、多伦县)、兴安盟(阿尔山市除外)	冬四	

续上表

省、自治区、直辖市	地区、市、自治州、盟（县）	气温区	
内蒙古	呼伦贝尔市（海拉尔区、新巴尔虎右旗、阿荣旗），兴安（阿尔山市）、锡林郭勒盟（冬四区以外各地）	冬五	
	呼伦贝尔市（冬五区以外各地）	冬六	
辽宁	大连（瓦房店市、普兰店市、庄河市除外）、葫芦岛市（绥中县）	冬二	Ⅰ
	沈阳（康平县、法库县除外）、大连（瓦房店市、普兰店市、庄河市）、鞍山、本溪（桓仁县除外）、丹东、锦州、阜新、营口、辽阳、朝阳（建平县除外）、葫芦岛（绥中县除外）、盘锦市	冬三	
	沈阳（康平县、法库县）、抚顺、本溪（桓仁县）、朝阳（建平县）、铁岭市	冬四	
吉林	长春（榆树市除外）、四平、通化（辉南县除外）、辽源、白山（靖宇县、抚松县、长白县除外）、松原（长岭县）、白城市（通榆县），延边自治州（敦化市、汪清县、安图县除外）	冬四	
	长春（榆树市）、吉林、通化（辉南县）、白山（靖宇县、抚松县、长白县）、白城（通榆县除外）、松原市（长岭县除外），延边自治州（敦化市、汪清县、安图县）	冬五	
黑龙江	牡丹江市（绥芬河市、东宁县）	冬四	
	哈尔滨（依兰县除外）、齐齐哈尔（讷河市、依安县、富裕县、克山县、克东县、拜泉县除外）、绥化（安达市、肇东市、兰西县）、牡丹江（绥芬河市、东宁县除外）、双鸭山（宝清县）、佳木斯（桦南县）、鸡西、七台河、大庆市	冬五	
	哈尔滨（依兰县）、佳木斯（桦南县除外）、双鸭山（宝清县除外）、绥化（安达市、肇东市、兰西县除外）、齐齐哈尔（讷河市、依安县、富裕县、克山县、克东县、拜泉县）、黑河、鹤岗、伊春市，大兴安岭地区	冬六	
上海	全境	准二	
江苏	徐州、连云港市	冬一	Ⅰ
	南京、无锡、常州、淮安、盐城、宿迁、扬州、泰州、南通、镇江、苏州市	准二	
浙江	杭州、嘉兴、绍兴、宁波、湖州、衢州、舟山、金华、温州、台州、丽水市	准二	
安徽	亳州市	冬一	Ⅰ
	阜阳、蚌埠、淮南、滁州、合肥、六安、马鞍山、巢湖、芜湖、铜陵、池州、宣城、黄山市	准一	
	淮北、宿州市	准二	
福建	宁德（寿宁县、周宁县、屏南县）、三明市	准一	
江西	南昌、萍乡、景德镇、九江、新余、上饶、抚州、宜春市	准一	
山东	全境	冬一	Ⅰ
河南	安阳、商丘、周口（西华县、淮阳县、鹿邑县、扶沟县、太康县）、新乡、三门峡、洛阳、郑州、开封、鹤壁、焦作、济源、濮阳、许昌市	冬一	Ⅰ
	驻马店、信阳、南阳、周口（西华县、淮阳县、鹿邑县、扶沟县、太康县除外）、平顶山、漯河市	准二	
湖北	武汉、黄石、荆州、荆门、鄂州、宜昌、咸宁、黄冈、天门、潜江、仙桃市，恩施自治州	准一	
	孝感、十堰、襄樊、随州市，神农架林区	准二	
湖南	全境	准一	

续上表

<table>
<tr><th>省、自治区、直辖市</th><th>地区、市、自治州、盟(县)</th><th colspan="2">气温区</th></tr>
<tr><td rowspan="6">四川</td><td>阿坝(黑水县)、甘孜自治州(新龙县、道孚县、泸定县)</td><td>冬一</td><td>Ⅱ</td></tr>
<tr><td>甘孜自治州(甘孜县、康定县、白玉县、炉霍县)</td><td rowspan="2">冬二</td><td>Ⅰ</td></tr>
<tr><td>阿坝(壤塘县、红原县、松潘县)、甘孜自治州(德格县)</td><td>Ⅱ</td></tr>
<tr><td>阿坝(阿坝县、若尔盖县、九寨沟县)、甘孜自治州(石渠县、色达县)</td><td colspan="2">冬三</td></tr>
<tr><td>广元市(青川县),阿坝(汶川县、小金县、茂县、理县)、甘孜(巴塘县、雅江县、得荣县、九龙县、理塘县、乡城县、稻城县)、凉山自治州(盐源县、木里县)</td><td colspan="2">准一</td></tr>
<tr><td>阿坝(马尔康县、金川县)、甘孜自治州(丹巴县)</td><td colspan="2">准二</td></tr>
<tr><td rowspan="2">贵州</td><td>贵阳、遵义(赤水市除外)、安顺市,黔东南、黔南、黔西南自治州</td><td colspan="2">准一</td></tr>
<tr><td>六盘水市,毕节地区</td><td colspan="2">准二</td></tr>
<tr><td rowspan="2">云南</td><td>迪庆自治州(德钦县、香格里拉县)</td><td>冬一</td><td>Ⅱ</td></tr>
<tr><td>曲靖(宣威市、会泽县)、丽江(玉龙县、宁蒗县)、昭通市(昭阳区、大关县、威信县、彝良县、镇雄县、鲁甸县),迪庆(维西县)、怒江(兰坪县)、大理自治州(剑川县)</td><td colspan="2">准一</td></tr>
<tr><td rowspan="6">西藏</td><td>拉萨市(当雄县除外),日喀则(拉孜县)、山南(浪卡子县、错那县、隆子县除外)、昌都(芒康县、左贡县、类乌齐县、丁青县、洛隆县除外)、林芝地区</td><td rowspan="2">冬一</td><td>Ⅰ</td></tr>
<tr><td>山南(隆子县)、日喀则地区(定日县、聂拉木县、亚东县、拉孜县除外)</td><td>Ⅱ</td></tr>
<tr><td>昌都地区(洛隆县)</td><td rowspan="2">冬二</td><td>Ⅰ</td></tr>
<tr><td>昌都(芒康县、左贡县、类乌齐县、丁青县)、山南(浪卡子县)、日喀则(定日县、聂拉木县)、阿里地区(普兰县)</td><td>Ⅱ</td></tr>
<tr><td>拉萨市(当雄县),那曲(安多县除外)、山南(错那县)、日喀则(亚东县)、阿里地区(普兰县除外)</td><td colspan="2">冬三</td></tr>
<tr><td>那曲地区(安多县)</td><td colspan="2">冬四</td></tr>
<tr><td rowspan="5">陕西</td><td>西安、宝鸡、渭南、咸阳(彬县、旬邑县、长武县除外)、汉中(留坝县、佛坪县)、铜川市(耀州区)</td><td rowspan="2">冬一</td><td>Ⅰ</td></tr>
<tr><td>铜川(印台区、王益区)、咸阳市(彬县、旬邑县、长武县)</td><td>Ⅱ</td></tr>
<tr><td>延安(吴起县除外)、榆林(清涧县)、铜川市(宜君县)</td><td>冬二</td><td>Ⅱ</td></tr>
<tr><td>延安(吴起县)、榆林市(清涧县除外)</td><td colspan="2">冬三</td></tr>
<tr><td>商洛、安康、汉中市(留坝县、佛坪县除外)</td><td colspan="2">准二</td></tr>
<tr><td rowspan="5">甘肃</td><td>陇南市(两当县、徽县)</td><td>冬一</td><td>Ⅱ</td></tr>
<tr><td>兰州、天水、白银(会宁县、靖远县)、定西、平凉、庆阳、陇南市(西和县、礼县、宕昌县),临夏、甘南自治州(舟曲县)</td><td>冬二</td><td>Ⅱ</td></tr>
<tr><td>嘉峪关、金昌、白银(白银区、平川区、景泰县)、酒泉、张掖、武威市,甘南自治州(舟曲县除外)</td><td colspan="2">冬三</td></tr>
<tr><td>陇南市(武都区、文县)</td><td colspan="2">准一</td></tr>
<tr><td>陇南市(成县、康县)</td><td colspan="2">准二</td></tr>
</table>

续上表

省、自治区、直辖市	地区、市、自治州、盟(县)	气温区	
青海	海东地区(民和县)	冬二	Ⅱ
	西宁市,海东地区(民和县除外),黄南(泽库县除外)、海南、果洛(班玛县、达日县、久治县)、玉树(囊谦县、杂多县、称多县、玉树县)、海西自治州(德令哈市、格尔木市、都兰县、乌兰县)	冬三	
	海北(野牛沟、托勒除外)、黄南(泽库县)、果洛(玛沁县、甘德县)、玉树(曲麻莱县、治多县)、海西自治州(冷湖、茫崖、大柴旦、天峻县)	冬四	
	海北(野牛沟、托勒)、玉树(清水河)、海西自治州(唐古拉山区)	冬五	
宁夏	全境	冬二	Ⅱ
新疆	阿拉尔市,喀什(喀什市、伽师县、巴楚县、英吉沙县、麦盖提县、莎车县、叶城县、泽普县)、哈密(哈密市泌城镇)、阿克苏(沙雅县、阿瓦提县)、和田地区,伊犁(伊宁市、新源县、霍城县霍尔果斯镇)、巴音郭楞(库尔勒市、若羌县、且末县、尉犁县铁干里可)、克孜勒苏自治州(阿图什市、阿克陶县)	冬二	Ⅰ
	喀什地区(岳普湖县)		Ⅱ
	乌鲁木齐市(牧业气象试验站、达坂城区、乌鲁木齐县小渠子乡),塔城(乌苏市、沙湾县、额敏县除外)、阿克苏(沙雅县、阿瓦提县除外)、哈密(哈密市十三间房、哈密市红柳河、伊吾县淖毛湖)、喀什(塔什库尔干县)、吐鲁番地区,克孜勒苏(乌恰县、阿合奇县)、巴音郭楞(和静县、焉耆县、和硕县、轮台县、尉犁县、且末县塔中)、伊犁自治州(伊宁市、霍城县、察布查尔县、尼勒克县、巩留县、昭苏县、特克斯县)	冬三	
	乌鲁木齐市(冬三区以外各地),塔城(额敏县、乌苏市)、阿勒泰(阿勒泰市、哈巴河县、吉木乃县)、哈密地区(巴里坤县),昌吉(昌吉市、米泉区、木垒县、奇台县北塔山镇、阜康市天池)、博尔塔拉(温泉县、精河县、阿拉山口口岸)、克孜勒苏自治州(乌恰县吐尔尕特口岸)	冬四	
	克拉玛依、石河子市,塔城(沙湾县)、阿勒泰地区(布尔津县、福海县、富蕴县、青河县),博尔塔拉(博乐市)、昌吉(阜康市、玛纳斯县、呼图壁县、吉木萨尔县、奇台县、米泉区蔡家湖)、巴音郭楞自治州(和静县巴音布鲁克乡)	冬五	

注:表中行政区划以 2006 年地图出版社出版的《中华人民共和国行政区划简册》为准。为避免烦冗,各民族自治州名称予以简化,如青海省的“海西蒙古族藏族自治州”简化为“海西自治州”。

附录四
APPENDIX FOUR

全国雨季施工雨量区及雨季期划分表

全国雨季施工雨量区及雨季期划分表　　附表4-1

省、自治区、直辖市	地区、市、自治州、盟(县)	雨量区	雨季期(月数)
北京	全境	Ⅱ	2
天津	全境	Ⅰ	2
河北	张家口、承德地区(围场县)	Ⅰ	1.5
	承德(围场县除外)、保定、沧州、石家庄、廊坊、邢台、衡水、邯郸、唐山、秦皇岛市	Ⅱ	2
山西	全境	Ⅰ	1.5
内蒙古	呼和浩特、通辽、呼伦贝尔(海拉尔区、满洲里市、陈巴尔虎旗、鄂温克旗)、鄂尔多斯(东胜区、准格尔旗、伊金霍洛旗、达拉特旗、乌审旗)、赤峰、包头、乌兰察布市(集宁区、化德县、商都县、兴和县、四子王旗、察哈尔右翼中旗、察哈尔右翼后旗、卓资县及以南),锡林郭勒盟(锡林浩特市、多伦县、太仆寺旗、西乌珠穆沁旗、正蓝旗、正镶白旗)	Ⅰ	1
	呼伦贝尔市(牙克石市、额尔古纳市、鄂伦春旗、扎兰屯市及以东)、兴安盟		2
辽宁	大连(长海县、瓦房店市、普兰店市、庄河市除外)、朝阳市(建平县)	Ⅰ	2
	沈阳(康平县)、大连(长海县)、锦州(北镇市除外)、营口(盖州市)、朝阳市(凌源市、建平县除外)		2.5
	沈阳(康平县、辽中县除外)、大连(瓦房店市)、鞍山(海城市、台安县、岫岩县除外)、锦州(北镇市)、阜新、朝阳(凌源市)、盘锦、葫芦岛(建昌县)、铁岭市		3
	抚顺(新宾县)、辽阳市		3.5
	沈阳(辽中县)、鞍山(海城市、台安县)、营口(盖州市除外)、葫芦岛市(兴城市)	Ⅱ	2.5
	大连(普兰店市)、葫芦岛市(兴城市、建昌县除外)		3
	大连(庄河市)、鞍山(岫岩县)、抚顺(新宾县除外)、丹东(凤城市、宽甸县除外)、本溪市		3.5
	丹东市(凤城市、宽甸县)	4	4

续上表

省、自治区、直辖市	地区、市、自治州、盟(县)	雨量区	雨季期(月数)
吉林	辽源、四平(双辽市)、白城、松原市	Ⅰ	2
	吉林、长春、四平(双辽市除外)、白山市、延边自治州	Ⅱ	2
	通化市		3
黑龙江	哈尔滨(市区、呼兰区、五常市、阿城区、双城市)、佳木斯(抚远县)、双鸭山(市区、集贤县除外)、齐齐哈尔(拜泉县、克东县除外)、黑河(五大连池市、嫩江县)、绥化(北林区、海伦市、望奎县、绥棱县、庆安县除外)、牡丹江、大庆、鸡西、七台河市,大兴安岭地区(呼玛县除外)	Ⅰ	2
	哈尔滨(市区、呼兰区、五常市、阿城区、双城市除外)、佳木斯(抚远县除外)、双鸭山(市区、集贤县)、齐齐哈尔(拜泉县、克东县)、黑河(五大连池市、嫩江县除外)、绥化(北林区、海伦市、望奎县、绥棱县、庆安县)、鹤岗、伊春市,大兴安岭地区(呼玛县)	Ⅱ	2
上海	全境	Ⅱ	4
江苏	徐州、连云港市	Ⅱ	2
	盐城市		3
	南京、镇江、淮安、南通、宿迁、扬州、常州、泰州市		4
	无锡、苏州市		4.5
浙江	舟山市	Ⅱ	4
	嘉兴、湖州市		4.5
	宁波、绍兴市		6
	杭州、金华、温州、衢州,台州、丽水市		7
安徽	亳州、淮北、宿州、蚌埠、淮南、六安、合肥市	Ⅱ	1
	阜阳市		2
	滁州、巢湖、马鞍山、芜湖、铜陵、宣城市		3
	池州市		4
	安庆、黄山市		5
福建	泉州市(惠安县崇武)	Ⅰ	4
	福州(平潭县)、泉州(晋江市)、厦门(同安区除外)、漳州市(东山县)	Ⅱ	5
	三明(永安市)、福州(市区、长乐市)、莆田市(仙游县除外)		6
	南平(顺昌县除外)、宁德(福鼎市、霞浦县)、三明(永安市、尤溪县、大田县除外)、福州(市区、长乐市、平潭县除外)、龙岩(长汀县、连城县)、泉州(晋江市、惠安县崇武、德化县除外)、莆田(仙游县)、厦门(同安区)、漳州市(东山县除外)		7
	南平(顺昌县)、宁德(福鼎市、霞浦县除外)、三明(尤溪县、大田县)、龙岩(长汀县、连城县除外)、泉州市(德化县)		8
江西	南昌、九江、吉安市	Ⅱ	6
	萍乡、景德镇、新余、鹰潭、上饶、抚州、宜春、赣州市		7

续上表

省、自治区、直辖市	地区、市、自治州、盟(县)	雨量区	雨季期(月数)
山东	济南、潍坊、聊城市	Ⅰ	3
	淄博、东营、烟台、济宁、威海、德州、滨州市		4
	枣庄、泰安、莱芜、临沂、菏泽市		5
	青岛市	Ⅱ	3
	日照市		4
河南	郑州、许昌、洛阳、济源、新乡、焦作、三门峡、开封、濮阳、鹤壁市	Ⅰ	2
	周口、驻马店、漯河、平顶山、安阳、商丘市		3
	南阳市		4
	信阳市	Ⅱ	2
湖北	十堰、襄樊、随州市,神农架林区	Ⅰ	3
	宜昌(秭归县、远安县、兴山县)、荆门市(钟祥市、京山县)	Ⅱ	2
	武汉、黄石、荆州、孝感、黄冈、咸宁、荆门(钟祥市、京山县除外)、天门、潜江、仙桃、鄂州、宜昌市(秭归县、远安县、兴山县除外),恩施自治州		6
湖南	全境	Ⅱ	6
广东	茂明、中山、汕头、潮州市	Ⅰ	5
	广州、江门、肇庆、顺德、湛江、东莞市		6
	珠海市	Ⅱ	5
	深圳、阳江、汕尾、佛山、河源、梅州、揭阳、惠州、云浮、韶关市		6
	清远市		7
广西	百色、河池、南宁、崇左市	Ⅱ	5
	桂林、玉林、梧州、北海、贵港、钦州、防城港、贺州、柳州、来宾市		6
海南	全境	Ⅱ	6
重庆	全境	Ⅱ	4
四川	甘孜自治州(巴塘县)	Ⅰ	1
	阿坝(若尔盖县)、甘孜自治州(石渠县)		2
	乐山(峨边县)、雅安市(汉源县),甘孜自治州(甘孜县、色达县)		3
	雅安(石棉县)、绵阳(平武县)、泸州(古蔺县)、遂宁市,阿坝(若尔盖县、汶川县除外)、甘孜自治州(巴塘县、石渠县、甘孜县、色达县、九龙县、得荣县除外)		4
	南充(高坪区)、资阳市(安岳县)		5
	宜宾市(高县),凉山自治州(雷波县)	Ⅱ	3
	成都、乐山(峨边县、马边县除外)、德阳、南充(南部县)、绵阳.(平武县除外)、资阳(安岳县除外)、广元、自贡、攀枝花、眉山市,凉山(雷波县除外)、甘孜自治州(九龙县)		4
	乐山(马边县)、南充(高坪区、南部县除外)、雅安(汉源县、石棉县除外)、广安(邻水县除外)、巴中、宜宾(高县除外)、泸州(古蔺县除外)、内江市		5
	广安(邻水县)、达州市		6

续上表

省、自治区、直辖市	地区、市、自治州、盟(县)	雨量区	雨季期(月数)
贵州	贵阳、遵义市,毕节地区	Ⅱ	4
	安顺市,铜仁地区,黔东南自治州		5
	黔西南自治州		6
	黔南自治州		7
云南	昆明(市区、嵩明县除外)、玉溪、曲靖(富源县、师宗县、罗平县除外)、丽江(宁蒗县、永胜县)、思茅(墨江县)、昭通市,怒江(兰坪县、泸水县六库镇)、大理(大理市、漾濞县除外)、红河(个旧市、开远市、蒙自县、红河县、石屏县、建水县、弥勒县、泸西县)、迪庆、楚雄自治州	Ⅰ	5
	保山(腾冲县、龙陵县除外)、临沧市(凤庆县、云县、永德县、镇康县),怒江(福贡县、泸水县)、红河自治州(元阳县)		6
	昆明(市区、嵩明县)、曲靖(富源县、师宗县、罗平县)、丽江(古城区、华坪县)、普洱市(翠云区、景东县、镇沅县、普洱县、景谷县),大理(大理市、漾濞县)、文山自治州	Ⅱ	5
	保山(腾冲县、龙陵县)、临沧(临祥区、双江县、耿马县、沧源县)、普洱市(西盟县、澜沧县、孟连县、江城县),怒江(贡山县)、德宏、红河(绿春县、金平县、屏边县、河口县)、西双版纳自治州		6
西藏	那曲(索县除外)、山南(加查县除外)、日喀则(定日县)、阿里地区		1
	拉萨市,那曲(索县)、昌都(类乌齐县、丁青县、芒康县除外)、日喀则(拉孜县)、林芝地区(察隅县)		2
	昌都(类乌齐县)、林芝地区(米林县)		3
	昌都(丁青县)、林芝地区(米林县、波密县、察隅县除外)		4
西藏	林芝地区(波密县)	Ⅱ	5
	山南(加查县)、日喀则地区(定日县、拉孜县除外)		1
	昌都地区(芒康县)		2
陕西	榆林,延安市	Ⅰ	1.5
	铜川、西安、宝鸡、咸阳、渭南市,杨凌区		2
	商洛、安康、汉中市		3
甘肃	天水(甘谷县、武山县)、陇南市(武都区、文县、礼县),临夏(康乐县、广河县、永靖县)、甘南自治州(夏河县)	Ⅰ	1
	天水(麦积区、秦州区)、定西(渭源县)、庆阳(西蜂区)、陇南市(西和县),临夏(临夏市)、甘南自治州(临潭县、卓尼县)		1.5
	天水(秦安县)、定西(临洮县、岷县)、平凉(崆峒区)、庆阳(华池县、宁县、环县)、陇南市(宕昌县),临夏(临夏县、东乡县、积石山县)、甘南自治州(合作市)		2
	天水(张家川县)、平凉(静宁县、庄浪县)、庆阳(镇原县)、陇南市(两当县),临夏(和政县)、甘南自治州(玛曲县)		2.5
	天水(清水县)、平凉(泾川县、灵台县、华亭县、崇信县)、庆阳(西峰区、合水县、正宁县)、陇南市(徽县、成县、康县),甘南自治州(碌曲县、迭部县)		3

续上表

省、自治区、直辖市	地区、市、自治州、盟(县)	雨量区	雨季期(月数)
青海	西宁市(湟中县、大通县),海东地区(互助县),黄南(泽库县)、果洛自治州(达日县)	Ⅰ	1
	海北(门源县、野牛沟)、果洛(甘德县、久治县、班玛县)、玉树自治州(称多县、杂多县、囊谦县、玉树县、清水河),河南自治县		1.5
宁夏	固原地区(隆德县、泾源县)	Ⅰ	2
新疆	乌鲁木齐市(小渠子乡、牧业气象试验站、大西沟乡),昌吉地区(阜康市天池),克孜勒苏(吐尔尕特、托云、巴音库鲁提)、伊犁自治州(昭苏县、霍城县二台、松树头)	Ⅰ	1
香港、澳门	资料暂缺		
台湾	资料暂缺		

注:1. 表中未列的地区除西藏林芝地区墨脱县因无资料未划分外、其余地区因降雨天数或平均日降雨量未达到计算雨季施工增加费的标准,故未划雨量区及雨季期。
2. 行政区划依据资料及自治州、市的名称列法同冬季施工气温区划分说明。

附录五
APPENDIX FIVE

全国风沙地区公路施工区划表

全国风沙地区公路施工区划表 附表 5-1

区划	沙漠(地)名称	地理位置	自然特征
风沙一区	呼伦贝尔沙地、嫩江沙地	呼伦贝尔沙地位于内蒙古呼伦贝尔平原,嫩江沙地位于东北平原西北部嫩江下游	属半干旱、半湿润严寒区,年降水量280~400mm,年蒸发量1400~1900mm,干燥度1.2~1.5
	科尔沁沙地	散布于东北平原西辽河中、下游主干及支流沿岸的冲积平原上	属半湿润温冷区,年降水量300~450mm,年蒸发量1700~2400mm,干燥度1.2~2.0
	浑善达克沙地	位于内蒙古锡林郭勒盟南部和昭乌达盟西北部	属半湿润温冷区,年降水量100~400mm,年蒸发量2200~2700mm,干燥度1.2~2.0,年平均风速3.5~5.0m/s,年大风日数50~80d
	毛乌素沙地	位于内蒙古鄂尔多斯中南部和陕西北部	属半干旱温热区,年降水量东部400~440mm,西部仅250~320mm,年蒸发量2100~2600mm,干燥度1.6~2.0
	库布齐沙漠	位于内蒙古鄂尔多斯北部,黄河河套平原以南	属半干旱温热区,年降水量150~400mm,年蒸发量2100~2700mm,干燥度2.0~4.0,年平均风速3~4m/s
风沙二区	乌兰布和沙漠	位于内蒙古阿拉善东北部,黄河河套平原西南部	属干旱温热区,年降水量100~145mm,年蒸发量2400~2900mm,干燥度8.0~16.0 地下水相当丰富,埋深一般为1.5~3.0m
	腾格里沙漠	位于内蒙古阿拉善东南部及甘肃武威部分地区	属干旱温热区,沙丘、湖盆、山地、残丘及平原交错分布,年降水量116~148mm,年蒸发量3000~3600mm,干燥度4.0~12.0
	巴丹吉林沙漠	位于内蒙古阿拉善西南边缘及甘肃酒泉部分地区	属干旱温热区,沙山高大密集,形态复杂,起伏悬殊,一般高200~300m,最高可达420m,年降水量40~80mm,年蒸发量1720~3320mm,干燥度7.0~16.0

续上表

区划	沙漠(地)名称	地理位置	自然特征
风沙二区	柴达木沙漠	位于青海柴达木盆地	属极干旱寒冷区,风蚀地、沙丘、戈壁、盐湖和盐土平原相互交错分布,盆地东部年均气温2~4℃,西部为1.5~2.5℃,年降水量东部为50~170mm,西部为10~25mm,年蒸发量2500~3000mm,干燥度16.0~32.0
	古尔班通古特沙漠	位于新疆北部准噶尔盆地	属干旱温冷区,其中固定、半固定沙丘面积占沙漠面积的97%,年降水量70~150mm,年蒸发量1700~2200mm,干燥度2.0~10.0
风沙三区	塔克拉玛干沙漠	位于新疆南部塔里木盆地	属极干旱炎热区,年降水量东部20mm左右,南部30mm左右,西部40mm左右,北部50mm以上,年蒸发量在1500~3700mm,中部达高限,干燥度>32.0
	库姆达格沙漠	位于新疆东部、甘肃西部,罗布泊低地南部和阿尔金山北部	属极干旱炎热区,全部为流动沙丘,风蚀严重,年降水量10~20mm,年蒸发量2800~3000mm,干燥度>32.0,8级以上大风天数在100d以上

附录六

APPENDIX SIX

涉水项目施工期通航安全保障费用计算方法

1 一般规定

1.1 为适应公路工程涉水项目施工期通航安全保障工作的需要,合理确定公路工程涉水项目施工期通航安全保障费用,规范施工期通航安全保障费用的计算方法,编制本计算方法。

1.2 本计算方法适用于沿海水域、航道等级Ⅲ级及以上的内河水域需要开展通航安全保障工作的设计概算、施工图预算的编制和管理。

1.3 需要开展通航安全保障工作的公路工程涉水项目应根据该项目的通航环境、施工组织等进行专项设计,确定施工期通航安全保障的工作内容,按本计算方法规定计算各项费用。

1.4 通航安全保障费用由临时设施设备费、现场保障费、管理经费、税金组成,费用组成如图 1.4 所示。

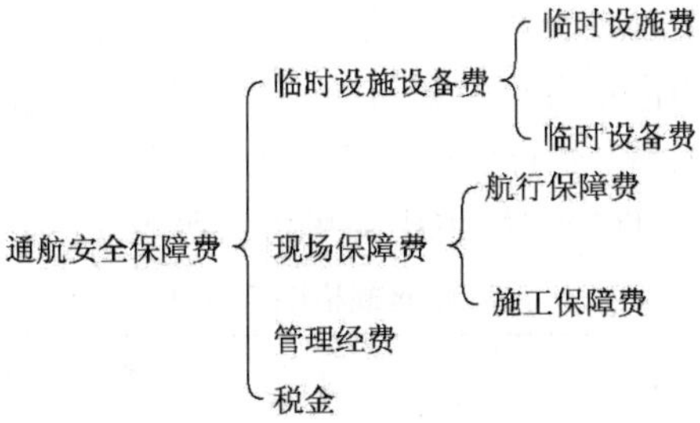

图 1.4 通航安全保障费用组成图

2 临时设施设备费

2.1 临时设施设备费由临时设施费和临时设备费组成。

2.2 临时设施费指为实施通航安全保障工作而需使用的办公及生活临时建筑物、通航保障船艇临时靠泊设施所发生的费用等。临时设施费按摊销和周转考虑。

2.3 临时设备费指因工程建设,导致船舶航路、航法或交通管理系统改变,为引导船舶安全航行而需要新建或改建导助航设备所需的费用,内容包括:

1 导助航设备(如 AIS 基站、雷达应答器、航标等)的新建或改建所需的设备购置与安装费、租赁费、施工期维护费等。

2 交管专台设备的建立或完善所需的设备购置与安装费、租赁费、施工期维护费等。

2.4 通航安全保障费不包括因工程建设影响船舶航行而设置临时航道所发生的疏浚、扫测与制图等有关费用,需要时另行计算。临时设备根据专项设计,按相关行业概算、预算编制规定以及配套定额计算各项费用。

3 现场保障费

3.1 现场保障费由航行保障费和施工保障费组成。

3.2 航行保障费指因项目施工影响了过往船舶通航秩序时,采用巡航、值守等方式,对施工水域水上通航秩序进行管理及利用交管专台进行监控而发生的船艇及人员费用。巡航是指以动态巡查的方式对受影响水域实施警戒、疏导与管理,以及在接到现场应急处置需求时,巡航船艇从停泊点驶往现场等工作。值守是指以静态值守的方式对受影响水域实施警戒、疏导与管理。航行保障费的计算公式见式(3.2)。

$$Fn = D \times [Ns \times (Pt \times At + Ps \times As) + Nm \times Am] \tag{3.2}$$

式中:Fn——航行保障费,元;

D——航行保障工作天数,指在船舶可航行水域施工开始至结束的总天数,天;

Ns——保障船艇数量,具体计取方法根据专项设计确定,可参考表 3.2-1,艘;

保障船艇数量计取方法 表 3.2-1

项目轴线跨越船舶航行水域长度 L(km)	$L \leq 0.5$	$0.5 < L \leq 1$	$1 < L \leq 10$	$L > 10$
保障船艇数量 Ns	1	2	3	$Ns = [3 + (L - 10)/5]$(向上取整)

Pt——巡航日艘班数,按 0.25 艘班/d 计;

At——船艇巡航艘班单价,按现行《公路工程机械台班费用定额》(JTG/T 3833)相同或相近主机功率的拖轮台班单价计算,即船艇巡航艘班单价 = 不变费用 + 可变费用(人工费、燃料费、淡水费);保障船艇类型根据专项设计确定,可参照表 3-2-2 中水域范围对应;保障船艇主机功率可参照表 3.2-2 中保障船艇类型确定,元;

保障船艇规格确定方法 表 3.2-2

水域范围	保障船艇	
	类型	主机总功率(kW)
沿海航区	沿海(40m 级)	2700
遮蔽航区	沿海(30m 级)	2200
主要指内河 A 级航区	内河(30m 级)	750
主要指内河 B 级航区	内河(20 m 级)	400
主要指内河 C 级航区	内河(15 级)	130

Ps——值守日艘班数，按 2.75 艘班/d 计；

As——船艇值守艘班单价，按巡航艘班可变费用中的人工费、10% 燃料费及淡水费计算，即船艇值守艘班单价 = 人工费 + 10% 燃料费 + 淡水费，元；

Nm——航行保障单日工作人员总数，为保障船艇单日工作人员和交管专台单日工作人员数量之和，根据专项设计确定。保障船艇单日工作人员可按每艘船每日 6 人计；交管专台单日工作人员可按每专台每日 6 人计，人；

Am——航行保障工作人员人工单价，按现行《公路工程机械台班费用定额》(JTG/T 3833)中的船舶人工工日单价计算，元。

3.3 施工保障费是指大型构件运输和安装等高风险施工作业过程中，对外部通航环境要求较高时，为防止外部因素对施工作业造成不利影响，需要专门投入船艇和设施设备进行现场警戒所发生的费用。如禁航区、封航、警戒等需要发生的导助航设施、船艇及人员等费用。施工保障工作内容由专项设计确定，施工保障费根据施工保障工作内容，按相关行业概算、预算编制规定以及配套定额计算各项费用。船艇巡航与值守艘班单价、施工保障工作人员人工单价按航行保障费计算方法计算。

4 管理经费

管理经费是指通航安全保障实施单位为管理和组织保障工作所需的费用，包括办公费、会议费、差旅交通费、固定资产使用费、工具用具使用费、宣传宣贯费、审计费、调研和咨询费、保障方案编制费、管理人员工资以及其他管理性开支等。管理经费以临时设施设备费、现场保障费之和为基数，费率按 5% 计算。

5 税金

5.1 按国家税法规定计算相关税金。

6 通航安全保障费用计算方式

6.1 通航安全保障费用计算方式见表 6.1。

通航安全保障费用计算表　　表 6.1

序　号	项　目	说明及计算式
(一)	临时设施设备费	
	临时设施费	按本附录规定计算
	临时设备费	按本附录规定计算
(二)	现场保障费	
	航行保障费	按本附录规定计算
	施工保障费	按本附录规定计算
(三)	管理经费	[(一)+(二)]×5%
(四)	税金	按国家税法规定计算相关税金
(五)	通航安全保障费	(一)+(二)+(三)+(四)

附录七
APPENDIX SEVEN

《公路工程管理》课程教学大纲

一、课程性质与任务

《公路工程管理》课程是交通工科类各专业的一门重要的必修专业课程,是学生必备的知识结构之一。根据高等职业教育的培养目标,通过对本课程的学习,使学生掌握公路施工过程的组织设计与管理的基本原则和方法,公路工程概、预算编制的方法与计算程序的基础知识和基本技能,同时也让学生了解公路基本建设的内容和程序,以及我国公路基本建设投资的构成和资金来源等基本知识,使学生具备编制施工组织设计和概、预算的能力,同时为后续课程的学习打下必要基础,对学生综合能力的培养有着极其重要的意义。

二、课程教学目标

本课程的教学目标是全面讲授《公路工程管理》内容,培养学生的创新精神,同时注重培养学生认真负责的工作态度和一丝不苟的工作作风。

1. 知识目标

通过本课程的学习,应掌握公路建设管理及施工组织管理的基本知识,以及公路施工企业管理的基本原理和方法;掌握现代化机械施工的组织原理、方式和工艺流程;掌握网络计划技术,解释公路施工生产过程组织的基本原理,能熟练根据已知条件进行网络计划的绘制;掌握公路工程的施工方案及相关定额的正确引用;了解工程概预算的编制方法和计算程序。

2. 技能目标

通过本课程的学习,掌握施工组织的原理和方法,会应用施工生产过程时间和空间组织的基本作业方法，初步具备编制施工组织计划。掌握和运用公路工程概、预算定额，能搜集施工组织及概、预算有关资料，具备按现行概、预算编制办法编制公路工程概、预算的能力。应用工程质量管理的基本方法，检查公路工程产品质量。

3. 思想教育目标

学生应具有谦虚、好学、追求上进的态度，具有创新精神和良好的职业道德。

三、教学内容与要求

（一）基础模块

本课程的重点和难点是流水作业施工原理，双代号网络计划图的绘制、时间参数的计算以及概预算的计算编制。

1. 绪论

内容：公路工程管理的主要对象、特点和任务；公路建设的性质、特点、内容和管理体制；公路基本建设的内容、项目组成和基层单位；公路施工程序；公路施工组织学科的研究对象与任务。

要求：掌握公路工程管理的基本概念；公路建设的性质、特点和基本建设程序。

2. 公路工程项目管理

内容：工程项目管理的概念、组织机构；叙述公路工程各项管理的意义和任务。

要求：掌握工程项目合同、质量、安全、技术、成本管理的内容；进行公路工程质量的检查与评定。

3. 流水作业

内容：描述公路建设生产过程的划分；分析施工生产过程的组成；识别生产类型；施工过程的组织原理；施工过程的时间组织和空间组织的概念；流水施工原理。

要求：掌握施工过程的组织原则及时间排序问题；会应用时间组织的基本作业方法；流水施工的特点、主要参数以及总工期的计算；确定工程最短工期的合理施工顺序及作图。

4. 网络计划技术

内容：叙述网络计划技术概念；网络图的绘制原则；双代号及单代号网络计划技术的绘制；时间参数及关键线路的计算；时间坐标网络计划；实施网络计划的优化和资源配置。

要求：熟练掌握双代号网络计划图的绘制；各种时间参数的计算，关键线路的计算，时间坐标网络计划的绘制；实施网络计划的优化和资源配置。

5. 公路工程机械化施工

内容：机械化施工组织原理；施工机械；机械化施工方案与组织措施；机械的选型与配套。

要求：掌握机械化施工组织的作用，机械化施工组织设计的内容，土石方施工机械以及各个机械的主要施工方式，机械选型配套的一般原则，主导机械及相关注意事项。

6. 公路施工组织设计

内容:叙述施工组织设计的基本概念;设计阶段和施工阶段施工组织设计文件的内容;描述施工组织设计与概预算资料调查工作内容;编制施工方案、施工组织计划和施工平面图设计。

要求:掌握施工组织设计的基本原则;编制施工方案、施工组织计划和施工平面图设计;临时设施的形式。

7. 公路工程定额

内容:定额的概念;公路工程定额的分类及其组成;公路工程定额的运用与管理。

要求:掌握定额的特点、作用、分类以及运用。

8. 公路工程概(预)算

内容:公路工程概、预算的作用及其文件组成;公路工程概预算费用的构成与计算;公路工程概、预算文件的编制方法和步骤;概算示例。

要求:掌握概、预算的作用、内容;各项费用的组成及其计算方法;概、预算文件的编制步骤;会对概、预算文件进行审核。

(二)应用模块

给定某一单项工程的资料,会利用给定的资料编制工程的施工组织设计与施工图预算。

四、教学安排与学时分配表

1. 基础模块(72 学时)

序号	课程内容	教学学时		
		授课	实践	小计
1	绪论	4		4
2	公路工程项目管理	6		6
3	流水作业	6		6
4	网络图技术	10	2	12
5	公路工程机械化施工	6		6
6	公路施工组织设计	10	2	12
7	公路工程定额	6	2	8
8	公路工程概(预)算	14	2	16
9	机动	2		2
合计		64	8	72

2. 应用模块(1 周)

在本课程的教学过程中,学生在给定设计资料的情况下,应在停课的课程设计周内接受和完成下列项目的技能训练。

序　号	技能训练项目	训练时间
1	公路工程定额应用	8
2	编制公路工程单项工程的施工图预算	12
3	公路施工组织设计	8
总计		28

五、说明

1. 大纲的适用对象

本大纲适用于三年制交通工科类高职高专各相关专业。

2. 教学建议

(1)本教学大纲是交通工科类各专业《公路工程管理》课程的基本内容。这些内容是通过讲课的形式以及学生的观察进行教学的。

(2)本课程是公路专业学生重要的、适应性很强的课程,要求学生必须具备《路基路面》《道路建筑材料》等相关专业的知识后,才能很好地进行这门课程的学习。

(3)本课程着重使学生掌握本课程的基本概念和基本原理以及方法,注重培养学生分析问题和解决问题的能力。课堂讲授中既要保持理论的联系性,又要注意联系工程实际。

(4)在课程教学中要积极改进教学方法,根据学生学习的规律和特点,从学生的实际出发,以学生为主体,充分调动学生的学习积极性、主动性。应尽量采用多媒体等现代教育技术进行教学,增强学生的感性知识,启迪学生的科学思维,提高学生的学习兴趣和教学效果。

(5)积极改革考核手段与方法。

参 考 文 献

[1] 中华人民共和国交通运输部. 公路工程建设项目概算预算编制办法:JTG 3830—2018[S]. 北京:人民交通出版社股份有限公司,2018.

[2] 中华人民共和国交通运输部. 公路工程概算定额:JTG/T 3831—2018[S]. 北京:人民交通出版社股份有限公司,2018.

[3] 中华人民共和国交通运输部. 公路工程预算定额:JTG/T 3832—2018[S]. 北京:人民交通出版社股份有限公司,2018.

[4] 中华人民共和国交通运输部. 公路工程机械台班费用定额:JTG/T 3833—2018[S]. 北京:人民交通出版社股份有限公司,2018.

[5] 邢凤岐. 公路工程管理[M]. 北京:人民交通出版社,1997.

[6] 李宗佳. 公路工程管理[M]. 北京:人民交通出版社,2000.

[7] 周直. 工程项目管理[M]. 北京:人民交通出版社,2002.

[8] 桑培东. 建筑工程项目管理[M]. 北京:中国电力出版社,2004.

[9] 田恒久. 工程招投标与合同管理[M]. 北京:中国电力出版社,2004.

[10] 张起森. 公路施工组织及概预算[M]. 北京:人民交通出版社,2005.

[11] 廖正环. 公路施工与管理[M]. 北京:人民交通出版社,2002.

[12] 马敬坤. 公路施工组织设计[M]. 北京:人民交通出版社,2002.

[13] 梁金江. 公路工程管理[M]. 北京:人民交通出版社,2005.

[14] 全国建筑业企业项目经理培训教材编写委员会. 施工项目质量与安全管理[M]. 北京:中国建筑工业出版社,2002.